Антология Сатиры и Юмора России XX века

Антология Сатиры и Юмора России XX века

Евгений Шварц

«ЭКСМО-Пресс» 2000

УДК 882
ББК 84(2Рос-Рус)6-4
А 72

АНТОЛОГИЯ САТИРЫ И ЮМОРА РОССИИ XX ВЕКА
Евгений Шварц

Серия основана в 2000 году

Редколлегия:
Аркадий Арканов, Никита Богословский, Игорь Иртеньев,
проф., доктор филолог. наук Владимир Новиков,
Лев Новоженов, Александр Ткаченко,
академик Вилен Федоров, Леонид Шкурович

Главный редактор, автор проекта
Юрий Кушак

Автор серийного оформления
Евгений Поликашин

Художественное оформление тома
Андрей Ирбит

Подготовка макета — творческое объединение
«Черная курица» при фонде Ролана Быкова

Компьютерная верстка — Дмитрий Мозоль

Шарж на обложке А.Акимова

В оформлении использованы рисунки А.Бондаренко.

А 72   **Антология** сатиры и юмора России XX века. Том 4. — М.: Изд-во ЭКСМО-Пресс, Изд-во ЭКСМО-МАРКЕТ, 2000. — 608 с.

УДК 882
ББК 84(2Рос-Рус)6-4

ISBN 5-04-004894-7 (Т.4)
ISBN 5-04-003950-6

© Н.Н.Заболоцкая, наследники, 2000
© Е.Е.Владимирова, вступ. статья, примечания, 2000
© А.А.Ирбит, оформление, 2000
© Ю.Н.Кушак, составление, 2000

Содержание

Елена Владимирова. Душа легкая 7

Приятно быть поэтом

«Я не пишу больших полотен...» 19
Случай 20
На именины хирурга Грекова 21
Басня 22
Страшный Суд 23
«Один зоил...» 27
Песенка клоуна 28
Стихи о Серапионовых братьях, сочиненные в 1924 году 29
«Приятно быть поэтом...» 31
Авторы и Леногиз 32
«Кто приехал на съезд?..» 33
Перечень расходов на одного делегата 34
→ Торжественное заседание. *Шуточная пьеса* 35
Эпистолярные послания 43
«Я прожил жизнь свою неправо...» 46

Приятно быть волшебником

Обыкновенное чудо 49
Голый король 115
Тень 185
Дракон 254

Приятно быть детским писателем

Сказка о потерянном времени 323
Новые приключения Кота в Сапогах 331
Рассеянный волшебник 343
Приключения Шуры и Маруси 347
Война Петрушки и Стёпки-растрёпки 358
Снежная Королева 364
Золушка 423

Приятно вспоминать о Шварце

Николай Чуковский. Какая мне выпала в жизни удача... 463
Леонид Пантелеев. До самой смерти росла его душа 482

Комментарии 509

Душа легкая

Его еще при жизни называли сказочником.

Евгений Шварц (1896–1958) действительно был блестящим сказочником — добрым, ироничным, тонким и очень романтичным. Он верил и утверждал всем своим творчеством, что прекрасные свойства — верность, благородство, умение любить — будут жить вечно и «никакие связи не помогут сделать ножку маленькой, душу — большой, а сердце — справедливым». Пьесы Шварца, фильмы по его сценариям известны сейчас во всем мире.

Но путь Шварца в литературу вовсе не был ровным и гладким. Евгений Львович начинал как актер. В течение нескольких лет он выступал на сцене. В Петрограде в «Театральной мастерской», приехавшей из Ростова, он играл Пилата в «Трагедии об Иуде» Алексея Ремизова. Уже в то время, задолго до того как он стал писателем, рецензенты отмечали ясную иронию, которая впоследствии придавала удивительное своеобразие его писательскому голосу. Его хвалили признанные театральные авторитеты, но сам он отчетливо понимал, что полностью высказаться в актерской работе не сумеет, что на сцене он не полноправный хозяин, а всего лишь гость. «Я ненавидел актерскую работу и, как влюбленный, мечтал о литературе… был влюблен во всех без разбора людей, ставших писателями», — писал он позже в своем дневнике. В результате он оставил профессию, которой отдал несколько лет.

Первые десять лет его жизни в литературе заполнены пробами, попытками, редакционной работой. Друг Евгения Шварца Николай Чуковский вспоминал, что первыми произведениями Шварца были шуточные стихотворения, которые он сочинял с легкостью по всякому поводу и без повода. Не относясь всерьез к своим поэтическим опытам (кроме детских стихов), он никогда их не публиковал, но его ранние стихи, написанные в обэриутской манере, не уступают произведениям классиков этого жанра — Д.Хармса, Н.Олейникова, А.Введенского. Мы предлагаем читателям познакомиться с шуточными стихами Шварца. Большинство из них вынуто из архивов и впервые было опубликовано в книге «Житие сказочника... Из дневников».

В двадцатые годы Шварц был широко известен в писательских кругах Петрограда своими устными остротами. Он, актер, отлично владел всей оснасткой устной речи. Был организатором всех театральных и кинопредставлений. Вместе с Зощенко и Лунцем сочинял сценарии и пьесы, которые затем под его руководством разыгрывались в гостиной Дома искусств. Он часто появлялся на эстраде и обрушивал на зрителей каскад великолепных собственных афоризмов. Он сочинял шуточные сценарии кинофильмов и сам при этом выступал с чтением умопомрачительно смешных сопроводительных текстов. Его шуточная пьеса для кукол «Торжественное заседание» была показана на открытии ленинградского Дома писателей в ночь на 1 января. Пьеса эта имеет ярко выраженный капустнический характер. Музыку к ней написал Василий Соловьев-Седой. Роли Алексея Толстого, Самуила Маршака и Николая. Чуковского исполнял Ираклий Андроников.

В петроградском Доме искусств, получившем прозвище «сумасшедший корабль», где размещались писатели всех поколений, приобщившиеся к молодой советской литературе, Евгений Шварц играл исключительную роль. У Ольги Форш есть роман «Сумасшедший корабль», где она увековечила завсегдатаев этого Дома, и, конечно же, в их числе был весельчак и острослов, выдумщик и насмешник Евгений Шварц. Она вспоминала затем: «Шварц изумлял нас талантом импровизации, он был неистощимый выдумщик. Живое и тонкое остроумие, насмешливый ум сочетались в нем с добротой, мягкостью, человечностью и завоевывали всеобщую симпатию. Мой сын, тогда 14-летний подросток, и его сверстники, дети жильцов-писателей, не чаяли в нем души. Но и он не мог жить без них. Каждый день Женя придумывал мальчишкам новые роли. Сегодня они драконы, завтра — корсары, потом — дети капитана Гранта или дельфины... Женя Шварц был задумчивый художник с сердцем поэта, он слышал и видел больше, добрее, чем многие из нас».

Евгений Шварц был блистательным импровизатором и балагуром. «У меня душа легкая...» — написал он о себе. В какой-то мере эти слова верны, потому что его отличали жизнерадостность, веселость, вера в людей и в добро. Он казался человеком, жившим легко и бездумно, блистал в любом обществе, но мало кто догадывался о его душевном напряжении, о мучительных поисках самого себя. Шуточные выступления на «сумасшедшем корабле», обязанности веселого импровизатора на писательских вечерах, исполненные на редкость талантливо и ярко, постепенно исчерпали себя. Но, по его собственному выражению, он «подходил к литературе на цыпочках», а поэтому никак не мог решиться вступить на путь литератора.

Печататься Шварц начал в провинциальной прессе. Произошло это так. Весной 1923 года он вместе со своим другом Михаилом Слонимским уехал к родителям в Донбасс. Здесь, в Бахмуте, они начали работать в газете «Кочегарка», где познакомились с Николаем Олейниковым. Именно в «Кочегарке» Евгений Шварц и начал публиковаться под псевдонимом Шур.

В Ленинграде по привычке его считали то ли актером, то ли конферансье, но, вернувшись туда, он уже твердо ощущал, что нашел свое место в жизни. Место это — литература. С первой своей большой рукописью — детской сказкой в стихах «Рассказ старой балалайки» — он пришел к Самуилу Маршаку. Именно вокруг Маршака тогда начал собираться первый отряд детских писателей. Вместе с Николаем Олейниковым Евгений Шварц стал работать в детском отделе Госиздата. Все, кому приходилось общаться в те годы с детским отделом, не могли не проникнуться той атмосферой блестящей театральности, которая там царила. Весь этаж, который занимал этот отдел, постоянно сотрясался от хохота.

Прочтите в последнем разделе этого тома воспоминания Леонида Пантелеева — и вы попадете в атмосферу «бессмысленной радости бытия», как однажды сказал об этом сам Шварц.

«Рассказ старой балалайки», написанный тем самым раешником, на котором он уже набил руку, появился в журнале «Воробей», руководимом Маршаком. «Балалайка» сразу получила одобрение Маршака и Мандельштама. Только после этого Шварц почувствовал себя «равным другим». В следующем году у него вышла целая обойма небольших детских книжек. Среди них книжка для малышей «Война Петрушки и Степки-растрепки» — о борьбе благоразумного Петрушки с ленивым грязнулей Степкой, у которого всегда «в чернилах руки, в известке брюки, на рубашке пятна». Шур стал детским писателем Евгением Шварцем.

Писать для детей было потребностью Шварца. Он отлично знал детские души, очень любил детей, и они всегда отвечали ему взаимностью. Свою же дочь, Наташу, он не просто любил, а обожал. В своих дневниках он писал: «Любовь моя к Наташе росла вместе с ней... Любовь к дочери пронизывала всю мою жизнь, вплеталась в сны... Что бы я ни переживал в те годы, Наташа занимала свое место, и удивляла, и утешала, и беспокоила, и все это до самой глубины».

Эта любовь к дочери пронизывает все его детские рассказы и повести: «Первоклассницу» — о девочке Марусе, которая пошла в первый класс, «Чужую девочку» — о том, как на даче смелая и смышленая Маруся подружилась с мальчиками Сережей и Шурой, или «Приключения Шуры и Маруси» — о двух сестричках, которые нечаянно захлопнули дверь в квартиру. Все они написаны языком простым и доходчивым. Так же талантливо, с блеском, с искрометным шварцевским юмором написаны и его сказки в прозе: «Сказка о потерянном времени» — о ленивых мальчишках и девчонках, которых злые волшебники превратили в стариков, или «Рассеянный волшебник» — о добром волшебнике Иване Ивановиче Сидорове, который однажды превратил лошадь в кошку, а затем вновь вернул ей лошадиное обличье, но она стала мяукать басом и ловить мышей. У Шварца был органический дар романтика и сказочника.

В начале тридцатых годов Евгений Шварц расстался с детским отделом. Он чувствовал в себе дар драматурга, и, повинуясь ему, начал писать пьесы. Ничего неожиданного в этом не было. Шварц был насквозь театральным человеком. Дело не только в том, что он когда-то был актером. Отпечаток кипучей и блестящей театральности лежал на всем, чем он занимался. Еще в «Кочегарке» он был организатором импровизированных спектаклей-миниатюр, в которые втягивал всех сотрудников. Ему не было равных по части жизнерадостного дурокаваляния. Очень театрализованной была и вся работа «Чижа» и «Ежа», где постоянно шел импровизированный спектакль, свидетелями которого могли стать случайные посетители.

О первых своих пьесах — «Похождения Гогенштауфена» и «Ундервуд». четверть века спустя Шварц писал, что ему даже не приходило в голову, что он сочиняет сказки. «С удивлением и удовольствием услыхал я, что у меня получился новый вид сказки. Очень мне это понравилось. Думаю, что в дальнейшем я сознательнее, чем прежде, старался, чтобы пьесы мои походили на сказки». В 1927 году его пьесу «Ундервуд» поставили в Ленинградском ТЮЗе А.Брянцев и Б.Зон. Именно тогда Шварц впервые испытал успех, почувствовал послушное оживление зала. Детский писатель стал детским драматургом.

Вспоминая о своих первых опытах в детской драматургии, Шварц писал: «Начиная свою работу, я был смел, но в смелости моей никакой заслуги не было. Эта смелость была прямым результатом моей неопытности. Я не знал о так называемой «специфике детского театра».

Шварц упорно искал жанр, который дал бы ему возможность свободно выразить свое понимание мира. И он нашел такой жанр — сказку. Обращение к жанру сказки, считавшемуся низким, было для него не случайным. «Правдоподобием не связан, а правды больше» — так сам он объяснял свою приверженность к этому жанру. Он писал позже, что у него вдруг появляется отвращение к сюжету, если он оставляет сказку и начинает пробовать писать с натуры. Всякая попытка построить сюжет кажется ему ложью, если речь идет не о сказках.

Обращение к творчеству Андерсена было для Шварца отнюдь не случайным. Именно Андерсен помог ему укрепить позиции самого жанра театральной сказки и определить границы того образного мира, в котором ярче и отчетливее проявилась его творческая фантазия. Соприкоснувшись с манерой Андерсена, Шварц постиг и свою собственную художественную манеру, услышал собственный голос и понял, как им лучше всего пользоваться. Писатель ни в коей мере не подражал высокому образцу, и тем более не стилизовал своих героев под героев Андерсена. И все же «Снежная Королева» оказалась написанной в андерсеновском интонационном ключе, словно сам датский сказочник решил пересоздать ее, пользуясь найденным им выражением, для сцены. Юмор Шварца оказался сродни юмору Андерсена.

В довоенные годы произошла знаменательная встреча Театра комедии Акимова со своим автором — Евгением Шварцем. Наиболее яркие произведения создавались именно в их тесном сотрудничестве. Язык Шварца — писателя мудрого, проницательного, лиричного и в то же время иронически-едкого — удивительно совпадал с устремлениями и вкусами Николая Акимова. Отсутствие назидательного тона, способность серьезнейшие вопросы решать в занятной и иносказательной форме — эти драгоценные качества не могли не привлечь к себе такого режиссера, как Акимов. Особенно привлекала его насквозь театральная природа шварцевской драматургии: фантастический сказочный мир манил Акимова. Родство их душ сказывалось во всем. Их роднила идиосинкразия к пафосу, к громкой фразе, к возвышенным словам, к пустословию. Шварц, как никто, умел посмеяться над дутыми чувствами, помпезностью, напыщенностью и об очень сложных вещах сказать просто, человечно и мудро. Николай Акимов ставил сказки Шварца, усиливая волшебство и очарование этого жанра сценическими средствами. В разные годы на сцене Театра комедии одна за другой были поставлены все пьесы Шварца для взрослых.

Первой пьесой, принесшей Шварцу всемирную славу, стал «Голый король». Она появилась в ответ на просьбу Николая Акимова написать что-либо на современную тему. В «Голом короле» Шварц использовал сюжетные мотивы «Свинопаса», «Нового платья короля» и «Принцессы на горошине» — но невозможно назвать «Голого короля», как и другие пьесы Евгения Шварца, инсценировками. Конечно, и в «Снежной Королеве», и в «Тени» использованы мотивы сказок Андерсена, «Золушка» — экранизация известной народной сказки, а «Дон Кихот» — знаменитого романа. Даже в пьесах «Дракон», «Два клена» и «Обыкновенное чудо» отдельные мотивы явно заимствованы из известных сказок, — но число сюжетов, если верить Борхесу, вообще крайне ограниченно. Шварц брал известные сюжеты, как в свое время это делали Шекспир и Гете, Крылов и Алексей Толстой. Старые, хорошо известные образы начинали у Шварца жить новой жизнью, освещались новым светом. Он создавал свой мир — мир грустных, ироничных сказок для детей и взрослых, и трудно найти более самобытные произведения, чем его сказки.

В одной из прозаических сказок Шварц рассказал о новых приключениях Кота в Сапогах. Сильно растолстевший от безделья Кот, которому даже трудно надевать сапоги, решает покинуть хозяина. Он отправляется на корабль, где расправляется с корабельными крысами, а позже перевоспитывает вздорного сына капитана Сережу. В конце сказки Кот вместе с детьми попадает на праздничную демонстрацию. С трибуны о нем кричат: «Смотрите, какая маска хорошая!» А Кот им отвечает: «Я не маска, я — настоящий Кот в Сапогах». Так могли о себе сказать все сказочные герои Шварца. Они все были настоящие, живые существа, способные любить и ненавидеть, размышлять и чувствовать. Его короли, палачи, министры, людоеды — абсолютно живые люди. И рассуждают они, и идут к своей цели так же, как живые люди, и говорят на современном русском языке — со всеми своими характерными особенностями, оборотами, словечками.

Конечно же, за простодушными высказываниями героев всегда кроется авторское лукавство. «...Чужой сюжет как бы вошел в мою плоть и кровь, я пересоздал его и тогда только выпустил в свет», — эти слова Г.Х. Андерсена из «Сказки моей жизни» Евгений Шварц не случайно сделал эпиграфом «Тени». Пожалуй, он сам с полным правом мог бы отнести эти слова и к себе. Поэтому-то и сейчас, спустя десятилетия, веселые и печальные герои Шварца — короли и министры, свинопасы и принцессы, ученые и олени — продолжают вести с нами свой необыкновенный разговор.

«Голый король» так и не был поставлен при жизни Евгения Шварца. Многие герои, видимо, вызывали у бдительных чиновников слишком ясные ассоциации. Уже в фигуре тупицы короля, разговаривающего со своими подчиненными только на языке угроз — «сожгу», «стерилизую», «убью как собаку», — нетрудно было узнать диктатора, державшего весь народ в страхе. А когда повар, рассказывая о моде сжигать на площадях книги, в ответ на возмущенный возглас: «Но ведь это ужасно, да?», озираясь по сторонам, говорил: «Только вам скажу! Да! Ужасно!» — то кто же не узнавал в этом своих знакомых, боящихся собственных слов? Не удивительно, что «Голый король» появился на сцене лишь в 1960 году. Пьеса была поставлена в «Современнике» и шла там с триумфальным успехом.

О чем бы ни писал Евгений Шварц, он всегда отстаивал ценности, прямо противоположные официальной идеологии. В то время когда декларировалось, что «жалость унижает человека» и воспевались люди, из которых можно было делать гвозди, он писал: «Жалейте друг друга! Жалейте — и вы будете счастливы!» Шварц никого не учил классовой ненависти, он всего-навсего зло называл злом, а добро — добром, но этого оказалось вполне достаточно, чтобы его пьесы запрещались советской цензурой. Конечно, можно сказать, что ему в какой-то мере повезло. В отличие от его друзей — Николая Олейникова, Даниила Хармса, Николая Заболоцкого, он избежал ареста, но вряд ли можно назвать благополучным драматурга, чьи лучшие пьесы, кроме детских, при жизни практически не шли на сцене.

Так сложилось, что самое трагическое в жизни страны десятилетие — с 1934 по 1944 год — оказалось для Шварца наиболее плодотворным. Именно в это время он создал свои лучшие пьесы «Тень» (1940) и «Дракон» (1945). Сам Акимов считал «Тень» для Театра комедии таким же определяющим спектаклем, как «Чайка» для МХАТа и «Принцесса Турандот» для Театра имени Евг. Вахтангова.

Блистательное мастерство Шварца — умение передавать в афористической форме самую суть сложных психологических явлений — оказалось очень близко театру.

Обличительный гнев писателя был направлен в «Тени» против того, что Александр Куприн назвал когда-то «тихим оподлением души человеческой». Поединок творческого начала в человеке с бесплодной догмой, борьба равнодушного потребительства и страстного подвижничества, тема беззащитности человеческой честности и чистоты перед подлостью и хамством — вот что занимало писателя.

Предательство, цинизм, бездушие — истоки любого зла — сконцентрированы в образе Тени. Тень могла похитить у Ученого его имя, внешний облик, его невесту, его труды, она могла ненавидеть его острой ненавистью подражателя — но при всем том обойтись без Ученого она не могла, а потому у Шварца конец в пьесе принципиально иной, чем в сказке Андерсена. Если у Андерсена Тень побеждала Ученого, то у Шварца она не могла выйти победительницей. «Тень может победить лишь на время», — утверждал он.

В 1943 году Шварц стал завлитом Театра комедии Акимова, ибо «не было в штатном расписании театра должности "душа театра", на которую, по существу, он должен был бы быть зачислен», как писал впоследствии Николай Акимов. Специально для этого театра Шварц создавал и «Дракона». Он начал писать эту пьесу еще до войны, в тот момент, когда сложные дипломатические отношения с гитлеровской Германией в попытках сохранения мира исключали возможность открытого выступления со сцены против уже достаточно явного противника. Сказочная форма, олицетворение фашизма в отвратительном образе Дракона, принимающего разные обличья, национальная неопределенность города, подавленного двухсотлетним владычеством чудовища, давали возможность открыто выступить против коричневой чумы без риска дипломатического конфликта. Конечно, пьеса Шварца вскрывала философию фашизма. Сейчас она может восприниматься и как сатира на Сталина, хотя сам Шварц смеяться над Сталиным, видимо, и не думал.

В 1944 году Театр комедии показал премьеру «Дракона», после чего спектакль почти сразу же был запрещен. Только через 18 лет, уже после смерти автора, «Дракон» вновь увидел свет в Театре комедии. А уже в наше время по этой пьесе снял свой фильм Марк Захаров.

Современному читателю и зрителю Евгений Шварц более всего известен в качестве блестящего сказочника, его язык не спутаешь ни с кем. Кто, кроме него, мог придумать такое: «Спящая Красавица умерла. Людоед до сих пор жив и работает в городском ломбарде оценщиком. Мальчик с Пальчик женился на очень высокой женщине по прозвищу Гренадер, и дети их — люди обыкновенного роста»?

В 1956 году, на праздновании шестидесятилетия Шварца, которое усилиями самого юбиляра было лишено всякой помпезности и слащавого лицемерия, Николай Акимов сказал о своем друге удивительно точные слова: «...На свете есть вещи, которые производятся только для детей: всякие пищалки, скакалки, лошадки на колесиках и т. д.

Другие вещи фабрикуются только для взрослых: арифмометры, бухгалтерские отчеты, машины, танки, бомбы, спиртные напитки и папиросы.

Однако трудно определить: для кого существуют солнце, море, песок на пляже, цветущая сирень, ягоды, фрукты, взбитые сливки?

Вероятно — для всех! И дети, и взрослые одинаково это любят. Так и с драматургией.

Бывают пьесы исключительно детские. Их ставят только для детей, и взрослые не посещают такие спектакли.

Много пьес пишется специально для взрослых, и даже если взрослые не заполняют зрительного зала, дети не очень рвутся на свободные места.

А вот у пьес Евгения Шварца, в каком бы театре они ни ставились, такая же судьба, как у цветов, морского прибоя и других даров природы: их любят все, независимо от возраста.

...Секрет успеха сказок Шварца в том, что, рассказывая о волшебниках, принцессах, говорящих котах, юноше, превращенном в медведя, он выражает наши мысли о справедливости, наше представление о счастье, наши взгляды на добро и зло».

Е. Владимирова

Приятно быть поэтом

* * *

Я не пишу больших полотен —
Для этого я слишком плотен,
Я не пишу больших поэм,
Когда я выпью и поем.

20-е годы

Случай

Был случай ужасный — запомни его:
По городу шел гражданин Дурнаво.
Он всех презирал, никого не любил.
Старуху он встретил и тростью побил.
Ребенка увидел — толкнул, обругал.
Котенка заметил — лягнул, напугал.
За бабочкой бегал, грозя кулаком,
Потом воробья обозвал дураком.
Он шествовал долго, ругаясь и злясь,
Но вдруг поскользнулся и шлепнулся в грязь.

Он хочет подняться — и слышит: «Постой,
Позволь мне, товарищ, обняться с тобой,
Из ила ты вышел когда-то —
Вернись же в объятия брата.
Тебе, Дурнаво, приключился конец.
Ты был Дурнаво, а теперь ты мертвец.

Лежи, Дурнаво, не ругайся,
Лежи на земле — разлагайся».

Тут всех полюбил Дурнаво — но увы!
Крыжовник растет из его головы,
Тюльпаны растут из его языка,
Орешник растет из его кулака.
Все это прекрасно, но страшно молчать,
Когда от любви ты желаешь кричать.
Не вымолвить доброго слова
Из вечного сна гробового!

....

Явление это ужасно, друзья:
Ругаться опасно, ругаться нельзя!

Начало 30-х годов

На именины хирурга Грекова

Привезли меня в больницу
С поврежденною рукой.
Незнакомые мне лица
Покачали головой.

Осмотрели, завязали
Руку бедную мою,
Положили в белом зале
На какую-то скамью.

Вдруг профессор в залу входит
С острым ножиком в руке,
Лучевую кость находит
Локтевой невдалеке.

Лучевую удаляет
И, в руке ее вертя,
Он берцовой заменяет,
Улыбаясь и шутя.

Молодец, профессор Греков,
Исцелитель человеков!
Он умеет все исправить,
Хирургии властелин!
Честь имеем вас поздравить
Со днем ваших именин!

30-е годы

Басня

Один развратник*
Попал в курятник.
Его петух
Обидел вдрух.
Пусть тот из вас,
кто без греха,
Швырнет камнями в петуха.

1924

---

*Е. Шварц.

Здесь и далее пояснения к сноскам, обозначенным звездочкой, принадлежат Е.Л. Шварцу.

Страшный Суд

Поднимается в гору
Крошечный филистимлянин
В сандалиях,
Парусиновых брючках,
Рубашке без воротничка.
Через плечо пиджачок,
А в карманах пиджачка газеты
И журнал «Новое время».
Щурится крошка через очки
Рассеянно и высокомерно
На бабочек, на траву,
На березу, на встречных
И никого не замечает.
Мыслит,
Щупая небритые щечки.
Обсуждает он судьбу народов?
Создает общую теорию поля?
Вспоминает расписание поездов?
Все равно — рассеянный,
Высокомерный взгляд его
При небритых щечках,
Подростковых брючках,
Порождает во встречных
Глубокий гнев.

А рядом жена,
Волоокая, с негритянскими,
Дыбом стоящими волосами.
Кричит нескромно:
— Аня! Саня!

У всех народностей
Дети отстают по пути
От моря до дачи:
У финнов, эстонцев,
Латышей, ойротов,
Но никто не орет
Столь бесстыдно:
— Аня! Саня!
Саня с длинной шейкой,
Кудрявый, хрупкий,
Уставил печальные очи свои
На жука с бронзовыми крылышками.
Аня, стриженая,
Квадратная,
Как акушерка,
Перегородила путь жуку
Листиком,
Чтобы убрать с шоссе неосторожного.
— Аня! Саня! Скорее. Вам пора
Пить кефир. —
С горы спускается
Клавдия Гавриловна,
По отцу Петрова,
По мужу Сидорова,
Мать пятерых ребят,
Вдова трех мужей,
Работающая маляром
В стройремонтконторе.
Кассир звонил из банка,
Что зарплату сегодня не привезут.
И вот — хлеб не куплен.
Или, как некий пленник, не выкуплен.
Так говорит Клавдия Гавриловна:
Хлеб не выкуплен,
Мясо не выкуплено,
Жиры не выкуплены.
Выкуплена только картошка,
Не молодая, но старая,
Проросшая, прошлогодняя,
Пять кило древней картошки
Глядят сквозь петли авоськи.

Встретив филистимлян,
Света не взвидела
Клавдия Гавриловна.
Мрак овладел ее душой.
Она взглянула на них,
Сынов Божьих, пасынков человеческих,
И не было любви в ее взоре.
А когда она шла
Мимо Сани и Ани,
Худенький мальчик услышал тихую брань.
Но не поверил своим ушам.
Саня веровал: так
Женщины не ругаются.
И только в очереди
На Страшном Суде,
Стоя, как современники,
рядышком,
Они узнали друг друга
И подружились.
Рай возвышался справа,
И Клавдия Гавриловна
клялась,
Что кто-то уже въехал туда:
Дымки вились над райскими кущами.
Ад зиял слева,
С колючей проволокой
Вокруг ржавых огородов,
С будками, где на стенах
Белели кости и черепа,
И слова «не трогать, смертельно!»
С лужами,
Со стенами без крыш,
С оконными рамами без стекол,
С машинами без колес,
С уличными часами без стрелок,
Ибо времени не было.
Словно ветер по траве,
Пронесся по очереди слух:
«В рай пускают только детей».
«Не плачьте, Клавдия Гавриловна, —
Сказал маленький филистимлянин,

улыбаясь, —
Они будут посылать нам оттуда посылки».
Словно вихрь по океану,
Промчался по очереди слух:
«Ад только для ответственных».
«Не радуйтесь, Клавдия Гавриловна, —
Сказал маленький филистимлянин,
улыбаясь,—
Кто знает, может быть, и мы с вами
За что-нибудь отвечаем!»
«Нет, вы просто богатырь, Семен Семенович,
Воскликнула Клавдия Гавриловна, —
Шутите на Страшном Суде!»

1946–1947

* * *

Один зоил
Коров доил
И рассуждал над молоком угрюмо:
Я детскую литературу не люблю,
Я детскую литературу погублю
Без криков и без шума.
Но вдруг корова дерзкого — в висок,
И пал, бедняга, как свинца кусок.
Зоил восстановил против себя натуру,
Ругая детскую литературу.
Читатель, осторожен будь
И день рождения Любарской[1] не забудь.

Конец 20-х годов

---

[1] Любарская Александра Исааковна (р. 1908), прозаик, переводчик, редактор детского отдела ГИЗа.

Песенка клоуна

Шел по дорожке
Хорошенький щенок,
Нес в правой ножке
Песочный пирожок
Своей невесте,
Возлюбленной своей,
Чтоб с нею вместе
Сожрать его скорей.

Вдруг выползает
Наган Наганыч Гад
И приказает
Ступать ему назад.

И отбирает
Подарок дорогой,
И ударяет
Счастливчика ногой.

Нет, невозможен
Такой худой конец.
Выну из ножен
Я меч-кладенец!

Раз! И умирает
Наган Наганыч Гад,
А щенок визжает:
«Спасибо, очень рад!»

Начало 30-х годов

Стихи о Серапионовых братьях, сочиненные в 1924 году[1]

Серапионовы братья —
Непорочного зачатья.
Родил их Дом искусств
От эстетических чувств.

Михаил Слонимский:
Рост исполинский, —
Одна нога в Госиздате
И не знает, с какой стати,
А другая в «Ленинграде»
И не знает, чего ради.
Голова на том свете,
На дальней планете,
На чужой звезде.
Прочие части неизвестно где.

Константин Федин
Красив и бледен.
Пишет всерьез
Задом наперед[2].
Целуется взасос.
И баритоном поет.

Зощенко Михаил
Всех дам покорил —
Скажет слово сказом[3],
И готово разом.

Любит радио,
Пишет в «Ленинграде» о
Разных предметах
Полонская Елизавета.

Вениамин Каверин
Был строг и неумерен.
Вне себя от гнева
Так и гнул налево.
Бил быт,
Был бит[4].
А теперь Вениамин
Образцовый семьянин,
Вся семья Серапионова
Ныне служит у Ионова[5].

15/III 1928

---

[1]К 1924 г. «серапионы» были вынуждены поступить на государственную службу.

[2]Намек на композицию романа К. Федина «Города и годы».

[3]В то время критики хором сообщали читателям, что Зощенко пишет «сказом».

[4]Самые молодые из «серапионов», Лунц и Каверин, восставали в то время против бытовой литературы. Им казалось, что нужна литература «бури и натиска», бешеных страстей и трагедий.

[5]Ионов (Бернштейн) Илья Ионович (1887–1942), директор Госиздата РСФСР. Впоследствии незаконно репрессирован.

* * *

Приятно быть поэтом
И служить в Госиздате при этом.
Служебное положение
Развивает воображение.

19.II–IX.27

Авторы и Леногиз

Все у нас идет гладко,
Только авторы ведут себя гадко.
Прямо сказать неприятно —
Не желают работать бесплатно.
Все время предъявляют претензии:
Плати им и за рукописи, и за рецензии,
И за отзывы, и за иллюстрации,
Так и тают, так и тают ассигнации.
Невольно являются думы:
Для чего им такие суммы?
Может, они пьют пиво?
Может, ведут себя игриво?
Может, занимаются азартной игрой?*
Может, едят бутерброды с икрой?
Нельзя допускать разврата
Среди сотрудников Госиздата.

1927

---

*Есть вариант более удачный, но менее приличный.

* * *

Кто приехал на съезд?[1]
Во-первых, Б. Рест,
Во-вторых,
Г. Белых,
Шишков,
Козаков,
К. Чуковский
(Украшение Большой Московской).
Лебеденко,
Черненко,
Миттельман
(Который о съезде напишет роман),
Моргулис
(Которые еще, в сущности, не проснулись),
И, наконец, я сам:
Который от счастья близок к небесам!
Академик[*]

15.VIII.1934. Столовая (Бывшая Филиппова)

---

[1] Первый Всесоюзный съезд писателей состоялся в Москве в августе 1934 года. Ленинградские писатели ехали на съезд веселой и дружной компанией.

[*] Е. Шварц после обеда.

ПЕРЕЧЕНЬ РАСХОДОВ НА ОДНОГО ДЕЛЕГАТА

Руп
На суп,
Трешку
На картошку*,
Пятерку
На тетерку,
Десятку
На куропатку**,
Сотку
На водку
И тысячу рублей
На удовлетворение страстей.

1934

---

* Вариант — на тешку.
** Вариант — на шоколадку (мармеладку).

Торжественное заседание

Шуточная пьеса

АЛЕКСЕЙ ТОЛСТОЙ. Товарищи. Вот что на банкетах отвратительно. Хочется есть, хочется пить водку. А все безумно мешают. Лезут говорить речи. Открыли клуб. Вот он открыт. Тоска безумная. А ты изволь председательствуй... Что делать? Тут никакой черт не может помочь.

Гром, дым, пламя из-под земли.

ГОЛОС. Извиняюсь.
ТОЛСТОЙ. Кто это говорит?
ГОЛОС. Я-с.
ТОЛСТОЙ. Кто это «я-с»?
ГОЛОС. Тот самый.
ТОЛСТОЙ. Который?

Гром и молния. Из-под земли вырастает Черт.

ЧЕРТ. Вы изволили сказать — «никакой черт не может помочь».
ТОЛСТОЙ. Ты кто такой?
ЧЕРТ. Черт.
ТОЛСТОЙ. Черт?
ЧЕРТ. Вы перед ним находитесь.
ТОЛСТОЙ (*издает неопределенный вопль, выражающий крайнее изумление*). У-и-ой.
ЧЕРТ. Здравствуйте, Алексей Николаевич.
ТОЛСТОЙ. Зачем ты сюда пришел?
ЧЕРТ. Как вы изволили жаловаться, будто никакой черт не может помочь, то я счел своим долгом почтительно опровергнуть. Я помогу-с.
ТОЛСТОЙ. Ничего не понимаю. Ты где работаешь?
ЧЕРТ. Известно-с. В пекле.
ТОЛСТОЙ. Писатель?
ЧЕРТ. Библиотекарь.
ТОЛСТОЙ. Чего врешь?

ЧЕРТ. Никак нет. Я библиотекой заведую. Центральной адской библиотекой.

ТОЛСТОЙ. Совершенно отвратительное вранье. На кой бес чертям библиотека?

ЧЕРТ. Простите, Алексей Николаевич, вы хоть и передовой писатель, но отстали от потусторонней жизни-с. У нас в пекле книга играет основную роль. Пламя, огонь, котлы — все это кустарщина. Мы теперь их книжками.

ТОЛСТОЙ. Кого это «их»?

ЧЕРТ. Грешников-с. Преступивших заповеди. Дашь ему книжку-другую, ну и того. Заместо мучений-с.

ТОЛСТОЙ. Подожди. Ведь это же безумно обидно. Это, может быть, и мои книги у вас вместо мучения.

ЧЕРТ. Простите, Алексей Николаевич, не все-с.

ТОЛСТОЙ. А «Петр», вторая часть?

ЧЕРТ. Не употребляем-с. Там есть у нас историки, профессора. Тех мы, правда, помучили-с. Но и только.

ТОЛСТОЙ. Совершенно нахальный черт. А другие мои книжки? Вот «Ибикус», например, «Похождения Невзорова». Совершенно замечательная книга. Я ее в 24-м году писал. Деньги нужны были. Или «Приключения на волжском пароходе»?

ЧЕРТ. Я же докладывал. Кое-какие применяем-с. За малые грехи. За прелюбодеяние, за пьянство.

ТОЛСТОЙ. В таком случае, моментально пошел вон.

ЧЕРТ. За что же, Алексей Николаевич? Не гоните. Я очень писателей уважаю. Библиотечный работник-с должен быть в контакте. Отзывы захватил, угольками написаны. Не гоните, я вам услужу.

ТОЛСТОЙ. Ты мне услужить не можешь. У меня есть шофер Костя. Скоро будет другой шофер.

ЧЕРТ. Могу.

ТОЛСТОЙ. Чем это?

ЧЕРТ. Вам не хочется речи слушать и собрание вести. Вам хочется спокойно сидеть, пить, есть.

ТОЛСТОЙ. Ну так что ж?

ЧЕРТ. Пожалуйста.

Делает резкие жесты руками. Взвивается в воздух. Толстой за ним.
Адская музыка. Через некоторое время оба спускаются обратно.

Обратите внимание, что я совершил. Вы здесь?

ТОЛСТОЙ. Здесь.
ЧЕРТ. А вместе с тем и в публике. В зале сидит другой Толстой.
ТОЛСТОЙ. Который?
ЧЕРТ. Вы перед ним находитесь.
ТОЛСТОЙ *(издает неопределенный вопль, выражающий крайнее изумление).* У-и-ой.
ЧЕРТ. Алексей Николаевич, который в публике, встаньте, пожалуйста. Вот вас два. Одинаковы: который в публике — более емкий, чтобы в ем могли уместиться еда и питье. Вам же легче, чтобы вести собрание, во все вникать и тому подобное.
ТОЛСТОЙ. Это совершенно безумное удобство. Слушай, Толстой. Ты домой поезжай на «Форде», а я поеду на «Бьюике». Это совершенно замечательная машина цвета бычьей кожи.
ЧЕРТ. Это еще не все. Вам не хотелось, чтобы присутствующие тут писатели говорили речи?
ТОЛСТОЙ. Да.
ЧЕРТ. Вызовите любого из них на эстраду и дайте ему слово.
ТОЛСТОЙ. Что из этого будет?
ЧЕРТ. Увидите.
ТОЛСТОЙ. А вдруг заговорят?
ЧЕРТ. У меня ни один не заговорит.
ТОЛСТОЙ. Чтобы ни один зря не брехал.
ЧЕРТ. Будьте покойны.
ТОЛСТОЙ. Кого бы вызвать? Тихонов пьет водку. Федин тоже пьет водку. Козаков тоже пьет водку. Давай вызовем Козакова. Совершенно безумный риск, но попробую. Козаков, милый, пойди сюда. Послушай, вонючий черт, Козаков не идет.
ЧЕРТ. Это ему только кажется. Дайте ему слово.
ТОЛСТОЙ. Слово предоставляется Козакову.

За сценой трели, которые явно берет каскадная певица.

Это что же?
ЧЕРТ. Он.
ТОЛСТОЙ. Бессмысленная ложь.
ЧЕРТ. Факт!

На сцену врывается Козаков в юбочке. Танцует.

ТОЛСТОЙ. Это что же такое?
ЧЕРТ. Это заместо речи. Выступление.
КОЗАКОВ *(поет).*

> Чтоб голос мой звонкий
> В вас чувства будил,
> Я буду девчонкой,
> Хоть я Михаил.
> Я мудрой считаю
> Задачу мою.
> Я птичкой летаю,
> Порхаю, пою.
> Смотрите здесь, смотрите там —
> Нравится ли это вам?

Козаков танцует.

ТОЛСТОЙ. Я считаю, что это с твоей стороны безумное нахальство. Во что ты его обратил? Он человек серьезный, красноречивый, похож на француза. Между прочим, редактирует газету.
ЧЕРТ. Это нам для ужина не подходит. Нам давай чего-нибудь соответствующего.
ТОЛСТОЙ. Это ему безумно не соответствует.
ЧЕРТ. Какое мое дело. Обстановке соответствует.
КОЗАКОВ.

> Ведь, чтобы удачным
> Считался наш клуб,
> Не надо быть мрачным
> И твердым, как дуб.
> Застенчивость бросим,
> Уныние прочь.
> Мы очень вас просим:
> Шалите всю ночь.
> Смотрите здесь, смотрите там —
> Нравится ли это вам?

ТОЛСТОЙ. Совершенно не похоже.
ЧЕРТ. Ведь если его похоже выпустить, обидится. А под Новый год людей обижать не хочется.
ГИТОВИЧ[1] *(выскакивает из-под земли).* Козаков...
ТОЛСТОЙ и ЧЕРТ *(бросаются на него).* Ничего подобного...

Не ври. Не преувеличивай... *(Выгоняют его.)*
ТОЛСТОЙ. Гони его ко всем чертям.
ЧЕРТ *(укоризненно)*. А еще командир запаса.
ТОЛСТОЙ. Слово предоставляется председателю нашего Союза товарищу Тихонову.

Восточная музыка. Звон бубенчиков.

Это почему?
ЧЕРТ. Много путешествовал. Чисто восточный выход.

Медленно выезжает Тихонов на верблюде, которого ведут под уздцы Слонимский и Федин.

ЧЕРТ. Перед вами наши классики в классическом репертуаре.
ТИХОНОВ.

>Достиг я высшей власти!
>Который день я царствую спокойно.
>Но счастья нет в моей душе. Обидно.
>*(Плачет, обнимая верблюда).*

СЛОНИМСКИЙ.

>Я отворил им житницы. Я злато
>Рассыпал им, я им сыскал работу.
>Я выстроил им новые жилища.
>Они ж меня, беснуясь, проклинали.

ФЕДИН.

>Я, с давних лет в правленье искушенный,
>Мог удержать смятенье и мятеж.
>Но ты, младой, неопытный властитель,
>Как управлять ты будешь?

ТИХОНОВ.

>Что же... Возьму уеду
>В горы на верблюде.
>А иногда и гриппом заболею.

Федин, Слонимский и Тихонов медленно удаляются.

ЧЕРТ. Ну, что?
ТОЛСТОЙ. Безумно — величественно.

ЧЕРТ. А как же! Ведущие! У нас они только для самых главных грешников употребляются. Возьмешь какого-нибудь нераскаянного... дашь ему тома три...
ТОЛСТОЙ. Ладно... Давай следующих... Есть хочется...
ГИТОВИЧ *(выскакивает из-под земли).* Козаков...

> Толстой и Черт бросаются на него с криками: «Не ври, ничего подобного, он не такой». Прогоняют его.

ЧЕРТ. А еще командир запаса.
ТОЛСТОЙ. Ну, что же... Маршаку и Чуковскому, что ли, слово дать? Я, откровенно говоря, детскую литературу не...

> Маршак и Чуковский выходят с корзиной, полной детей. Жонглируя ими, разговаривают.

МАРШАК. Алексей Николаевич. Это хамство. Вы не знаете детской литературы. У нас сейчас делаются изумительные вещи.
ЧУКОВСКИЙ. Да, прекрасные. Дети их так любят. Как учебники или как рыбий жир.
МАРШАК. Корней Иванович, я нездоров, и у меня нет времени. Я бы доказал вам, что я прав.
ЧУКОВСКИЙ. Никто вас так не любит, как я. Я иногда ночи не сплю, думаю, что же это он делает.
МАРШАК. А я две ночи не спал.
ЧУКОВСКИЙ. А я три.
МАРШАК. А я четыре.
ЧУКОВСКИЙ. Дети, любите ли вы Маршака?
ДЕТИ. Любим!
ЧУКОВСКИЙ. Вы ведь не знаете Чуковского?
ДЕТИ. Знаем.
ЧУКОВСКИЙ. Кого вы больше любите — меня или Маршака?
ДЕТИ. Нат Пинкертона.

> Маршак и Чуковский с трепетом исчезают.

ТОЛСТОЙ. Слушай, проклятый бес. Слово предоставляется всему Союзу. Зови всех по очереди. Давай хором петь. Я повеселел.
ЧЕРТ. Пожалуйста. Слово предоставляется Корнилову.

> Тихая музыка. Из-под земли подымается Корнилов. Мелодекламирует под нежные мелодии.

КОРНИЛОВ. Ах, как хорошо, что меня позвали сюда. Там на столах стоит водка. А она такая вредная, нехорошая. Ах, как я ее ненавижу. Здесь можно не пить. Ай, ай, ай. Как приятно.
ЧЕРТ. Слово предоставляется Прокофьеву.
ПРОКОФЬЕВ. Боря. *(Целуются.)*
КОРНИЛОВ. Саша. *(Целуются.)*
ПРОКОФЬЕВ. Как приятно мне видеть лучшего нашего поэта.
КОРНИЛОВ. Нет, нет, нет. Лучший наш поэт — это ты.
ГИТОВИЧ *(выскакивает).* Козаков...

Все бросаются на него. Гитович убегает.

(На бегу.) Дайте сказать. Козаков — лучший наш писатель...
Н.ЧУКОВСКИЙ, БЕРЗИН², ТОЛСТОЙ *(выгоняют его. Все хором).* А еще командир запаса.
ЧЕРТ. Держи писателей!..
ТОЛСТОЙ. А что случилось? Водку, что ли, несут?
ЧЕРТ. Нет, критик идет.
ТОЛСТОЙ. Держи меня за руки.

Входит Камегулов. Писатели...

КАМЕГУЛОВ. Не трогайте нас. Пожалейте нас. Критики тоже люди.
ТОЛСТОЙ *(бросается на него).* Совершенно обидные заявления.
ЧЕРТ. Товарищи, успокойтесь.
КАМЕГУЛОВ. Я...
БЕРЗИН. Вы слышите, как он меня травит.
КАМЕГУЛОВ. Он...
Н.ЧУКОВСКИЙ. Простите, вы слышите, как он меня заушает?
КАМЕГУЛОВ. Но...
КОРНИЛОВ. Вы слышите, как он мне заезжает?

Камегулов плачет.

ЧЕРТ. Эх вы, расстроили человека. Сейчас я его утешу. Формалист идет.
КАМЕГУЛОВ. Где? Где?

Входит Тынянов.

(Плачет.) Он теперь романы пишет. *(Падает ему в ноги.)* Будь отцом родным. Напиши что-нибудь этакое. Дай душу отвести. Сделай вылазку.

ТЫНЯНОВ *(ехидно)*. Накося выкуси.

ЧЕРТ. Ольга Дмитриевна Форш.

ФОРШ. Ну, что же, хором споем. Этак стройно. Алешка-то, Алешка Толстой за дирижера. Ха-а. А Тынянов-то. Тынянов сердитый какой. Ха-а. А Мишка-то, Мишка все из Бориса Годунова…

ТОЛСТОЙ. Ольга Дмитриевна, начинаем.

ЧЕРТ, Начинай, Алексей Николаевич.

ТОЛСТОЙ. Слово предоставляется всему Союзу.

Выходят все писатели, которые имеются в наличности. Толстой берет гитару. Общий хор на мотив «Луизианы», под аккомпанемент джаза:

> Все вы пишете давно,
> С Новым годом!
> Все вы пишете умно,
> С Новым годом!

В публике поют «Луизиану». На сцене — парад писателей. Черт сидит на трапеции. Толстой на переднем плане. Пляшут Берзин, Коля Чуковский, Маршак, Козаков, Чуковский, Слонимский, Федин, Форш, Корнилов, Прокофьев, Тынянов, Гитович. Занавес опускается.

---

[1]Гитович Александр Ильич (1909–1966), поэт.
[2]Берзин Юлий Соломонович (1904–1942), писатель.

Эпистолярные послания

Е.И. Зильбер (Шварц)

I

Служу я в Госиздате, А думаю я о Кате. Думаю целый день — И как это мне не лень?

Обдумаю каждое слово, Отдохну — и думаю снова.

II

Барышне нашей Кате Идет ее новое платье. Барышне нашей хорошей Хорошо бы купить калоши. Надо бы бедному Котику На каждую ножку по ботику. И надо бы теплые... эти... Ведь холодно нынче на свете!

На свете зима-зимище, Ветер на улице свищет.

III

Холодно нынче на свете, Но тепло и светло в буфете.

Люди сидят и едят Шницель, филе и салат. Лакеи, вьются, стараются, Между столиками пробираются.

А я говорю: «Катюша, Послушай меня, послушай. Послушай меня, родимая, Родимая, необходимая!»

Катюша и слышит, и нет, Шумит, мешает буфет. Лотерея кружит, как волчок, Скрипач подымает смычок — И ах! — музыканты в слезы, Приняв музыкальные позы.

IV

Извозчик бежит домой, А моя Катюша со мной. А на улице ночь и зима, И пьяные сходят с ума, И сердито свистят мильтоны, И несутся пустые вагоны.

И вдруг далеко, на Садовой, — Трамвай появляется новый. На нем футляр из огня, Просверкал он, гремя и звеня.

А я говорю: «Катюша, Послушай меня, послушай, Не ссорься со мной, — говорю, — Ты мой родной, — говорю».

V

Я прощаюсь — потише, потише, Чтобы не было слышно Ирише. Я шагаю один, одинокий Дворник дремлет овчинный, широкий.

Посмотрел Катюше в окно — А Катюше-то скучно одной. Занавески, радио, свет — А Катюша-то — смотрит вслед!

VI

До свидания, маленький мой. Когда мы пойдем домой? На улице ветер, ветер, Холодно нынче на свете.

А дома тепло, темно, Соседи уснули давно, А я с тобою, курносый, Даю тебе папиросы, Пою вишневой водой, Удивляюсь, что ты не худой.

Я тебя укрываю любя, Я любя обнимаю тебя. Катюша, Катюша, Катюша, Послушай меня, послушай!

4.I.1929

Н.К. Чуковскому (Петроград)

(Бахмут) **Послание первое**

Так близко масло, простокваша,
Яичница и молоко,
Сметана, гречневая каша,
А ты, Чуковский, далеко.

Прославленные шевриеры*
Пасутся скромно под окном.
Котенок деревенский серый
Играет с медленным котом.

Цыплята говорят о зернах,
Слонимский[1] говорит о снах —
И крошки на его позорных
Давно невыбритых устах.

---
*Шевриеры *(от фр.)* здесь — козочки.

Мы утопаем в изобильном,
Густом и медленном быту,
На солнце щуримся бессильно
И тихо хвалим теплоту.

И каждый палец, каждый волос
Доволен, благодарен, тих,
Как наливающийся колос
Среди товарищей своих.

Да, уважаемый Радищев[2],
Веселый, изобильный край
Вернул с теплом, с забытой пищей
Знакомый, величавый рай.

И стали снова многоплодны
Мои досуги. И опять
Стал М.Слонимский благородный
Сюжеты разные рожать.

....

Пиши. Мы радостно ответим.
Пусть осенью, в родном чаду
Посланья о веселом лете
С улыбкой вялою найду.

---

[1]В июне 1923 года Евгений Шварц, пригласив с собой М.Слонимского, поехал к родителям в Донбасс (под Бахмутом), где Лев Борисович Шварц работал тогда врачом.

[2]Чуковский поначалу избрал себе псевдоним Радищев.

* * *

Execu Monumentum

Я прожил жизнь свою неправо,
Уклончиво, едва дыша,
И вот — позорно моложава
Моя лукавая душа.

Ровесники окаменели,
Окаменеешь тут, когда
Живого места нет на теле,
От бед, грехов, страстей, труда.

А я всё боли убегаю,
Да лгу себе, что я в раю.
Я все на дудочке играю,
Да близким песенки пою.

Упрекам внемлю и не внемлю.
Все так. Но твердо знаю я:
Недаром послана на землю
Ты, легкая душа моя.

24.07.1945

Приятно быть волшебником

Обыкновенное чудо

Сказка в трех действиях

Екатерине Ивановне Шварц

ДЕЙСТВУЮЩИЕ ЛИЦА

ХОЗЯИН
ХОЗЯЙКА
МЕДВЕДЬ
КОРОЛЬ
ПРИНЦЕССА
МИНИСТР-АДМИНИСТРАТОР
ПЕРВЫЙ МИНИСТР
ПРИДВОРНАЯ ДАМА
ОРИНТИЯ
АМАНДА
ТРАКТИРЩИК
ОХОТНИК
УЧЕНИК ОХОТНИКА
ПАЛАЧ

Пролог

Перед занавесом появляется человек, который говорит зрителям негромко и задумчиво:

— «Обыкновенное чудо» — какое странное название! Если чудо — значит, необыкновенное! А если обыкновенное — следовательно, не чудо.

Разгадка в том, что у нас речь пойдет о любви. Юноша и девушка влюбляются друг в друга — что обыкновенно. Ссорятся — что тоже не редкость. Едва не умирают от любви. И наконец сила их чувства доходит до такой высоты, что начинает творить настоящие чудеса,— что и удивительно, и обыкновенно.

О любви можно и говорить, и петь песни, а мы расскажем о ней сказку.

В сказке очень удобно укладываются рядом обыкновенное и чудесное и легко понимаются, если смотреть на сказку как на сказку. Как в детстве. Не искать в ней скрытого смысла. Сказка рассказывается не для того, чтобы скрыть, а для того, чтобы открыть, сказать во всю силу, во весь голос то, что думаешь.

Среди действующих лиц нашей сказки, более близких к «обыкновенному», узнаете вы людей, которых приходится встречать достаточно часто. Например, Король. Вы легко угадаете в нем обыкновенного квартирного деспота, хилого тирана, ловко умеющего объяснять свои бесчинства соображениями принципиальными. Или дистрофией сердечной мышцы. Или психастенией. А то и наследственностью. В сказке сделан он королем, чтобы черты его характера дошли до своего естественного предела. Узнаете вы и Министра-Администратора, лихого снабженца. И заслуженного деятеля охоты. И некоторых других.

Но герои сказки, более близкие к «чуду», лишены БЫТОВЫХ черт сегодняшнего дня. Таковы и Волшебник, и его жена, и Принцесса, и Медведь.

Как уживаются столь разные люди в одной сказке? А очень просто. Как в жизни.

И начинается наша сказка просто. Один волшебник женился, остепенился и занялся хозяйством. Но как ты волшебника ни корми — его все тянет к чудесам, превращениям и удивительным приключениям. И вот ввязался он в любовную историю тех самых молодых людей, о которых говорил я вначале. И все запуталось, перепуталось — и наконец распуталось так неожиданно, что сам волшебник, привыкший к чудесам, и тот всплеснул руками от удивления.

Горем все окончилось для влюбленных или счастьем — узнаете вы в самом конце сказки. *(Исчезает.)*

Действие первое

Усадьба в Карпатских горах. Большая комната, сияющая чистотой. На очаге — ослепительно сверкающий медный кофейник. Бородатый человек, огромного роста, широкоплечий, подметает комнату и разговаривает сам с собой во весь голос. Это Хозяин усадьбы.

ХОЗЯИН. Вот так! Вот славно! Работаю и работаю, как подобает хозяину, всякий глянет и похвалит, все у меня как у людей. Не пою, не пляшу, не кувыркаюсь, как дикий зверь. Нельзя хозяину отличной усадьбы в горах реветь зубром, нет, нет! Работаю безо всяких вольностей... Ах! *(Прислушивается, закрывает лицо руками.)* Она идет! Она! Она! Ее шаги... Пятнадцать лет я женат, а влюблен до сих пор в жену свою как мальчик, честное слово так! Идет! Она! *(Хихикает застенчиво.)* Вот пустяки какие, сердце бьется так, что даже больно... Здравствуй, жена!

Входит Хозяйка, еще молодая, очень привлекательная женщина.

Здравствуй, жена, здравствуй! Давно ли мы расстались, часик всего назад, а рад я тебе, будто мы год не виделись, вот как я тебя люблю... *(Пугается.)* Что с тобой? Кто тебя посмел обидеть?

ХОЗЯЙКА. Ты.

ХОЗЯИН. Да не может быть! Ах я грубиян! Бедная женщина, грустная такая стоит, головой качает... Вот беда-то! Что же я, окаянный, наделал?

ХОЗЯЙКА. Подумай.

ХОЗЯИН. Да уж где тут думать... Говори, не томи...

ХОЗЯЙКА. Что ты натворил нынче утром в курятнике?

ХОЗЯИН *(хохочет).* Так ведь это я любя!

ХОЗЯЙКА. Спасибо тебе за такую любовь. Открываю курятник, и вдруг — здравствуйте! У всех моих цыплят по четыре лапки...

ХОЗЯИН. Ну что ж тут обидного?

ХОЗЯЙКА. А у курицы усы, как у солдата.

ХОЗЯИН. Ха-ха-ха!

ХОЗЯЙКА. Кто обещал исправиться? Кто обещал жить как все?

ХОЗЯИН. Ну дорогая, ну милая, ну прости меня! Что уж тут поделаешь... Ведь все-таки я волшебник!

ХОЗЯЙКА. Мало ли что!

ХОЗЯИН. Утро было веселое, небо ясное, прямо силы девать некуда, так хорошо. Захотелось пошалить...

ХОЗЯЙКА. Ну и сделал бы что-нибудь полезное для хозяйства. Вон песок привезли дорожки посыпать. Взял бы да превратил его в сахар.

ХОЗЯИН. Ну какая же это шалость!

ХОЗЯЙКА. Или те камни, что сложены возле амбара, превратил бы в сыр.

ХОЗЯИН. Не смешно!

ХОЗЯЙКА. Ну что мне с тобой делать? Бьюсь, бьюсь, а ты все тот же дикий охотник, горный волшебник, безумный бородач!

ХОЗЯИН. Я стараюсь!

ХОЗЯЙКА. Так все идет славно, как у людей, и вдруг — хлоп! — гром, молния, чудеса, превращения, сказки, легенды там всякие... Бедняжка... *(Целует его.)* Ну, иди, родной!

ХОЗЯИН. Куда?

ХОЗЯЙКА. В курятник.

ХОЗЯИН. Зачем?

ХОЗЯЙКА. Исправь то, что там натворил.

ХОЗЯИН. Не могу!

ХОЗЯЙКА. Ну пожалуйста!

ХОЗЯИН. Не могу. Ты ведь сама знаешь, как повелось на свете. Иногда пошалишь — а потом все исправишь. А иной раз щелк — и нет пути назад! Уж я этих цыплят и волшебной палочкой колотил, и вихрем их завивал, и семь раз ударил молнией — все напрасно! Значит, уж тут сделанного не поправишь.

ХОЗЯЙКА. Ну что ж, ничего не поделаешь... Курицу я каждый день буду брить, а от цыплят отворачиваться. Ну а теперь перейдем к самому главному. Кого ты ждешь?

ХОЗЯИН. Никого.

ХОЗЯЙКА. Посмотри мне в глаза.

ХОЗЯИН. Смотрю.

ХОЗЯЙКА. Говори правду — что будет? Каких гостей нам сегодня принимать? Людей? Или привидения зайдут поиграть с тобой в кости? Да не бойся, говори. Если у нас появится призрак молодой монахини, то я даже рада буду. Она обещала захватить с того света выкройку кофточки с широкими рукавами, какие носили триста лет назад. Этот фасон опять в моде. Придет монашка?

ХОЗЯИН. Нет.

ХОЗЯЙКА. Жаль. Так никого не будет? Нет? Неужели ты думаешь, что от жены можно скрыть правду? Ты себя скорей обманешь, чем меня. Вон, вон уши горят, из глаз искры сыплются...

ХОЗЯИН. Неправда! Где?

ХОЗЯЙКА. Вон, вон они! Так и сверкают. Да ты не робей, ты признавайся! Ну? Разом!

ХОЗЯИН. Ладно! Будут, будут у нас гости сегодня. Ты уж прости меня, я стараюсь. Домоседом стал. Но... Но просит душа чего-нибудь этакого... волшебного. Не обижайся!
ХОЗЯЙКА. Я знала, за кого иду замуж.
ХОЗЯИН. Будут, будут гости! Вот, вот сейчас, сейчас!
ХОЗЯЙКА. Поправь воротник скорее. Одерни рукава!
ХОЗЯИН, *(хохочет.)* Слышишь, слышишь? Едет.

Приближающийся топот копыт.

Это он, это он!
ХОЗЯЙКА. Кто?
ХОЗЯИН. Тот самый юноша, из-за которого и начнутся у нас удивительные события. Вот радость-то! Вот приятно!
ХОЗЯЙКА. Это юноша как юноша?
ХОЗЯИН. Да, да!
ХОЗЯЙКА. Вот и хорошо, у меня как раз кофе вскипел.

Стук в дверь.

ХОЗЯИН. Войди, войди, давно ждем! Очень рад!

Входит юноша. Одет изящно. Скромен, прост, задумчив. Молча кланяется хозяевам.

(Обнимает его.) Здравствуй, здравствуй, сынок!
ХОЗЯЙКА. Садитесь к столу, пожалуйста, выпейте кофе, пожалуйста. Как вас зовут, сынок?
ЮНОША. Медведь.
ХОЗЯЙКА. Как вы говорите?
ЮНОША. Медведь.
ХОЗЯЙКА. Какое неподходящее прозвище!
ЮНОША. Это вовсе не прозвище. Я и в самом деле медведь.
ХОЗЯЙКА. Нет, что вы... Почему? Вы двигаетесь так ловко, говорите так мягко.
ЮНОША. Видите ли... Меня семь лет назад превратил в человека ваш муж. И сделал он это прекрасно. Он у вас великолепный волшебник. У него золотые руки, хозяйка.
ХОЗЯИН. Спасибо, сынок! *(Пожимает Медведю руку.)*
ХОЗЯЙКА. Это правда?
ХОЗЯИН. Так ведь это когда было! Дорогая! Семь лет назад!
ХОЗЯЙКА. А почему ты мне сразу не признался в этом?
ХОЗЯИН. Забыл! Просто-напросто забыл, и все тут! Шел, понимаешь, по лесу, вижу: молодой медведь. Подросток

еще. Голова лобастая, глаза умные. Разговорились мы, слово за слово, понравился он мне. Сорвал я ореховую веточку, сделал из нее волшебную палочку — раз, два, три — и этого... Ну чего тут сердиться, не понимаю. Погода была хорошая, небо ясное...

ХОЗЯЙКА. Замолчи! Терпеть не могу, когда для собственной забавы мучают животных. Слона заставляют танцевать в кисейной юбочке, соловья сажают в клетку, тигра учат качаться на качелях. Тебе трудно, сынок?

МЕДВЕДЬ. Да, хозяйка! Быть настоящим человеком очень нелегко.

ХОЗЯЙКА. Бедный мальчик! *(Мужу.)* Чего ты хохочешь, бессердечный?

ХОЗЯИН. Радуюсь! Любуюсь на свою работу. Человек из мертвого камня сделает статую — и гордится потом, если работа удалась. А поди-ка из живого сделай еще более живое. Вот это работа!

ХОЗЯЙКА. Какая там работа! Шалости, и больше ничего. Ах, прости, сынок, он скрыл от меня, кто ты такой, и я подала сахару к кофе.

МЕДВЕДЬ. Это очень любезно с вашей стороны! Почему вы просите прощения?

ХОЗЯЙКА. Но вы должны любить мед.

МЕДВЕДЬ. Нет, я видеть его не могу! Он будит во мне воспоминания.

ХОЗЯЙКА. Сейчас же, сейчас же преврати его в медведя, если ты меня любишь! Отпусти его на свободу!

ХОЗЯИН. Дорогая, дорогая, все будет отлично! Он для того и приехал к нам в гости, чтобы снова стать медведем.

ХОЗЯЙКА. Правда? Ну, я очень рада. Ты здесь будешь его превращать? Мне выйти из комнаты?

МЕДВЕДЬ. Не спешите, дорогая хозяйка. Увы, это случится не так скоро. Я стану вновь медведем только тогда, когда в меня влюбится принцесса и поцелует меня.

ХОЗЯЙКА. Когда, когда? Повтори-ка!

МЕДВЕДЬ. Когда какая-нибудь первая попавшаяся принцесса меня полюбит и поцелует — я разом превращусь в медведя и убегу в родные мои горы.

ХОЗЯЙКА. Боже мой, как это грустно!

ХОЗЯИН. Вот здравствуйте! Опять не угодил... Почему?

ХОЗЯЙКА. А о принцессе-то вы и не подумали?

ХОЗЯИН. Пустяки! Влюбляться полезно.

ХОЗЯЙКА. Бедная влюбленная девушка поцелует юношу, а он вдруг превратится в дикого зверя?

ХОЗЯИН. Дело житейское, жена.

ХОЗЯЙКА. Но ведь он потом убежит в лес!

ХОЗЯИН. И это бывает.

ХОЗЯЙКА. Сынок, сынок, ты бросишь влюбленную девушку?

МЕДВЕДЬ. Увидев, что я медведь, она меня сразу разлюбит, хозяйка.

ХОЗЯЙКА. Что ты знаешь о любви, мальчуган! *(Отводит мужа в сторону. Тихо.)* Я не хочу пугать мальчика, но опасную, опасную игру затеял ты, муж! Землетрясениями ты сбивал масло, молниями приколачивал гвозди, ураган таскал нам из города мебель, посуду, зеркала, перламутровые пуговицы. Я ко всему приучена, но теперь я боюсь.

ХОЗЯИН. Чего?

ХОЗЯЙКА. Ураган, землетрясение, молнии — все это пустяки. Нам с людьми придется дело иметь. Да еще с молодыми. Да еще с влюбленными! Я чувствую — непременно, непременно случится то, чего мы совсем не ждем!

ХОЗЯИН. Ну а что может случиться? Принцесса в него не влюбится? Глупости! Смотри, какой он славный...

ХОЗЯЙКА. А если...

Гремят трубы.

ХОЗЯИН. Поздно тут рассуждать, дорогая. Я сделал так, что один из королей, проезжающих по большой дороге, вдруг ужасно захотел свернуть к нам в усадьбу!

Гремят трубы.

И вот он едет сюда со свитой, министрами и принцессой, своей единственной дочкой. Беги, сынок! Мы их сами примем. Когда будет нужно, я позову тебя.

Медведь убегает.

ХОЗЯЙКА. И тебе не стыдно будет смотреть в глаза королю?

ХОЗЯИН. Ни капельки! Я королей, откровенно говоря, терпеть не могу!

ХОЗЯЙКА. Все-таки гость!

ХОЗЯИН. Да ну его! У него в свите едет палач, а в багаже везут плаху.

ХОЗЯЙКА. Может, сплетни просто?

ХОЗЯИН. Увидишь. Сейчас войдет грубиян, хам, начнет безобразничать, распоряжаться, требовать.

ХОЗЯЙКА. А вдруг нет! Ведь пропадем со стыда!

ХОЗЯИН. Увидишь!

Стук в дверь.

Можно!

Входит Король.

КОРОЛЬ. Здравствуйте, любезные! Я король, дорогие мои.

ХОЗЯИН. Добрый день, ваше величество.

КОРОЛЬ. Мне, сам не знаю почему, ужасно понравилась ваша усадьба. Едем по дороге, а меня так и тянет свернуть в горы, подняться к вам. Разрешите нам, пожалуйста, погостить у вас несколько дней!

ХОЗЯИН. Боже мой... Ай-ай-ай!

КОРОЛЬ. Что с вами?

ХОЗЯИН. Я думал, вы не такой. Не вежливый, не мягкий. А впрочем, это не важно! Чего-нибудь придумаем. Я всегда рад гостям.

КОРОЛЬ. Но мы беспокойные гости!

ХОЗЯИН. Да это черт с ним! Дело не в этом... Садитесь, пожалуйста!

КОРОЛЬ. Вы мне нравитесь, хозяин. *(Усаживается.)*

ХОЗЯИН. Фу ты черт!

КОРОЛЬ. И поэтому я объясню вам, почему мы беспокойные гости. Можно?

ХОЗЯИН. Прошу вас, пожалуйста!

КОРОЛЬ. Я страшный человек!

ХОЗЯИН *(радостно).* Ну да?

КОРОЛЬ. Очень страшный. Я тиран!

ХОЗЯИН. Ха-ха-ха!

КОРОЛЬ. Деспот. А кроме того, я коварен, злопамятен, капризен.

ХОЗЯИН. Вот видишь? Что я тебе говорил, жена?

КОРОЛЬ. И самое обидное, что не я в этом виноват...

ХОЗЯИН. А кто же?

КОРОЛЬ. Предки. Прадеды, прабабки, внучатые дяди, тети разные, праотцы и праматери. Они вели себя при жизни как свиньи, а мне приходится отвечать. Паразиты они, вот что я вам скажу, простите невольную резкость выражения. Я по натуре добряк, умница, люблю музыку, рыбную ловлю, кошек. И вдруг такого натворю, что хоть плачь.

ХОЗЯИН. А удержаться никак невозможно?

КОРОЛЬ. Куда там! Я вместе с фамильными драгоценностями унаследовал все подлые фамильные черты. Представляете удовольствие? Сделаешь гадость — все ворчат, и никто не хочет понять, что это тетя виновата.

ХОЗЯИН. Вы подумайте! *(Хохочет.)* С ума сойти! *(Хохочет.)*

КОРОЛЬ. Э, да вы тоже весельчак!

ХОЗЯИН. Просто удержу нет, король.

КОРОЛЬ. Вот это славно! *(Достает из сумки, висящей у него через плечо, пузатую плетеную флягу.)* Хозяйка, три бокала!

ХОЗЯЙКА. Извольте, государь!

КОРОЛЬ. Это драгоценное трехсотлетнее королевское вино. Нет, нет, не обижайте меня. Давайте отпразднуем нашу встречу. *(Разливает вино.)* Цвет, цвет какой! Костюм бы сделать такого цвета — все другие короли лопнули бы от зависти! Ну, со свиданьицем! Пейте до дна!

ХОЗЯИН. Не пей, жена.

КОРОЛЬ. То есть как это «не пей»?

ХОЗЯИН. А очень просто!

КОРОЛЬ. Обидеть хотите?

ХОЗЯИН. Не в том дело.

КОРОЛЬ. Обидеть? Гостя? *(Хватается за шпагу.)*

ХОЗЯИН. Тише, тише, ты! Не дома.

КОРОЛЬ. Ты учить меня вздумал?! Да я только глазом моргну — и нет тебя. Мне плевать, дома я или не дома. Министры спишутся, я выражу сожаление. А ты так и останешься в сырой земле на веки веков. Дома, не дома... Наглец! Еще улыбается... Пей!

ХОЗЯИН. Не стану!

КОРОЛЬ. Почему?

ХОЗЯИН. Да потому, что вино-то отравленное, король!

КОРОЛЬ. Какое, какое?

ХОЗЯИН. Отравленное, отравленное!

КОРОЛЬ. Подумайте, что выдумал!

ХОЗЯИН. Пей ты первый! Пей, пей! *(Хохочет.)* То-то, брат! *(Бросает в очаг все три бокала.)*

КОРОЛЬ. Ну, это уж глупо! Не хотел пить — я вылил бы зелье обратно в бутылку. Вещь в дороге необходимая! Легко ли на чужбине достать яду?

ХОЗЯЙКА. Стыдно, стыдно, ваше величество!

КОРОЛЬ. Не я виноват!

ХОЗЯЙКА. А кто?

КОРОЛЬ. Дядя! Он так же вот разговорится, бывало, с кем придется, наплетет о себе с три короба, а потом ему делается стыдно. А у него душа тонкая, деликатная, легко уязвимая. И чтобы потом не мучиться, он, бывало, возьмет да и отравит собеседника.

ХОЗЯИН. Подлец!

КОРОЛЬ. Скотина форменная! Оставил наследство, негодяй!

ХОЗЯИН. Значит, дядя виноват?

КОРОЛЬ. Дядя, дядя, дядя! Нечего улыбаться! Я человек начитанный, совестливый. Другой свалил бы вину за свои подлости на товарищей, на начальство, на соседей, на жену. А я валю на предков как на покойников. Им все равно, а мне полегче.

ХОЗЯИН. А...

КОРОЛЬ. Молчи! Знаю, что ты скажешь! Отвечать самому, не сваливая вину на ближних, за все свои подлости и глупости — выше человеческих сил! Я не гений какой-нибудь. Просто король, каких пруд пруди. Ну и довольно об этом! Все стало ясно. Вы меня знаете, я — вас: можно не притворяться, не ломаться. Чего же вы хмуритесь? Остались живы-здоровы, ну и слава богу... Чего там...

ХОЗЯЙКА. Скажите, пожалуйста, король, а принцесса тоже...

КОРОЛЬ *(очень мягко).* Ах, нет, нет, что вы! Она совсем другая.

ХОЗЯЙКА. Вот горе-то какое!

КОРОЛЬ. Не правда ли? Она очень добрая у меня. И славная. Ей трудно приходится...

ХОЗЯЙКА. Мать жива?

КОРОЛЬ. Умерла, когда принцессе было всего семь минут от роду. Уж вы не обижайте мою дочку.

ХОЗЯЙКА. Король!

КОРОЛЬ. Ах, я перестаю быть королем, когда вижу ее или думаю о ней. Друзья, друзья мои, какое счастье, что я так люблю только родную дочь! Чужой человек веревки из меня вил бы, и я скончался бы от этого. В бозе почил бы... Да... Так-то вот.
ХОЗЯИН *(достает из кармана яблоко).* Скушайте яблочко!
КОРОЛЬ. Спасибо, не хочется.
ХОЗЯИН. Хорошее. Не ядовитое!
КОРОЛЬ. Да я знаю. Вот что, друзья мои. Мне захотелось рассказать вам обо всех моих заботах и горестях. А раз уж захотелось — конец! Не удержаться. Я расскажу! А? Можно?
ХОЗЯИН. Ну о чем тут спрашивать? Сядь, жена. Поуютней. Поближе к очагу. Вот и я сел. Так вам удобно? Воды принести? Не закрыть ли окна?
КОРОЛЬ. Нет, нет, спасибо.
ХОЗЯИН. Мы слушаем, ваше величество! Рассказывайте!
КОРОЛЬ. Спасибо. Вы знаете, друзья мои, где расположена моя страна?
ХОЗЯИН. Знаю.
КОРОЛЬ. Где?
ХОЗЯИН. За тридевять земель.
КОРОЛЬ. Совершенно верно. И вот сейчас вы узнаете, почему мы поехали путешествовать и забрались так далеко. Она причиною этому.
ХОЗЯИН. Принцесса?
КОРОЛЬ. Да! Она. Дело в том, друзья мои, что принцессе еще и пяти лет не было, когда я заметил, что она совсем не похожа на королевскую дочь. Сначала я ужаснулся. Даже заподозрил в измене свою бедную покойную жену. Стал выяснять, выспрашивать — и забросил следствие на полдороге. Испугался. Я успел так сильно привязаться к девочке! Мне стало даже нравиться, что она такая необыкновенная. Придешь в детскую — и вдруг, стыдно сказать, делаешься симпатичным. Хе-хе. Прямо хоть от престола отказывайся... Это все между нами, господа!
ХОЗЯИН. Ну еще бы! Конечно!
КОРОЛЬ. До смешного доходило. Подписываешь, бывало, кому-нибудь там смертный приговор — и хохочешь, вспоминая ее смешные шалости и словечки. Потеха, верно?
ХОЗЯИН. Да нет, почему же!

КОРОЛЬ. Ну вот. Так мы и жили. Девочка умнеет, подрастает. Что сделал бы на моем месте настоящий добрый отец? Приучил бы дочь постепенно к житейской грубости, жестокости, коварству. А я, эгоист проклятый, так привык отдыхать возле нее душою, что стал, напротив того, охранять бедняжку от всего, что могло бы ее испортить. Подлость, верно?

ХОЗЯИН. Да нет, отчего же!

КОРОЛЬ. Подлость, подлость! Согнал во дворец лучших людей со всего королевства. Приставил их к дочке. За стенкой такое делается, что самому бывает жутко. Знаете, небось, что такое королевский дворец?

ХОЗЯИН. Ух!

КОРОЛЬ. Вот то-то и есть! За стеной люди давят друг друга, режут родных братьев, сестер душат... Словом, идет повседневная, будничная жизнь. А войдешь на половину принцессы — там музыка, разговоры о хороших людях, о поэзии, вечный праздник. Ну и рухнула эта стена из-за чистого пустяка. Помню как сейчас — дело было в субботу. Сижу я, работаю, проверяю донесения министров друг на дружку. Дочка сидит возле, вышивает мне шарф к именинам... Все тихо, мирно, птички поют. Вдруг церемониймейстер входит, докладывает: тетя приехала. Герцогиня. А я ее терпеть не мог. Визгливая баба. Я и говорю церемониймейстеру: скажи ей, что меня дома нет. Пустяк?

ХОЗЯИН. Пустяк.

КОРОЛЬ. Это для нас с вами пустяк, потому что мы люди как люди. А бедная дочь моя, которую я вырастил как в теплице, упала в обморок!

ХОЗЯИН. Ну да?

КОРОЛЬ. Честное слово. Ее, видите ли, поразило, что папа — ее папа! — может сказать неправду. Стала она скучать, задумываться, томиться, а я растерялся. Во мне вдруг проснулся дед с материнской стороны. Он был неженка. Он так боялся боли, что при малейшем несчастье замирал, ничего не предпринимал, а все надеялся на лучшее. Когда при нем душили его любимую жену, он стоял возле да уговаривал: потерпи, может быть, все обойдется! А когда ее хоронили, он шел за гробом да посвистывал. А потом упал да умер. Хорош мальчик?

ХОЗЯИН. Куда уж лучше.

КОРОЛЬ. Вовремя проснулась наследственность? Понимаете, какая получилась трагедия? Принцесса бродит по дворцу, думает, глядит, слушает — а я сижу на троне сложа ручки да посвистываю. Принцесса вот-вот узнает обо мне такое, что убьет ее насмерть — а я беспомощно улыбаюсь. Но однажды ночью я вдруг очнулся. Вскочил. Приказал запрягать коней — и на рассвете мы уже мчались по дороге, милостиво отвечая на низкие поклоны наших любезных подданных.
ХОЗЯЙКА. Боже мой, как все это грустно!
КОРОЛЬ. У соседей мы не задерживались. Известно, что за сплетники соседи. Мы мчались все дальше и дальше, пока не добрались до Карпатских гор, где о нас никто никогда ничего и не слыхивал. Воздух тут чистый, горный. Разрешите погостить у вас, пока мы не построим замок со всеми удобствами, садом, темницей и площадкой для игр...
ХОЗЯЙКА. Боюсь, что...
ХОЗЯИН. Не бойся, пожалуйста! Прошу! Умоляю! Мне все это так нравится! Ну милая, ну дорогая! Идем, идем, ваше величество, я покажу вам комнаты.
КОРОЛЬ. Благодарю вас!
ХОЗЯИН *(пропускает Короля вперед).* Пожалуйста, сюда, ваше величество! Осторожней, здесь ступенька. Вот так. *(Оборачивается к жене. Шепотом.)* Дай ты мне хоть один денек пошалить! Влюбляться полезно! Не умрет, господи боже мой! *(Убегает.)*
ХОЗЯЙКА. Ну уж нет! Пошалить! Разве такая девушка перенесет, когда милый и ласковый юноша на ее глазах превратится в дикого зверя! Опытной женщине и то стало бы жутко. Не позволю! Уговорю этого бедного медведя потерпеть еще немного, поискать другую принцессу, похуже. Вон, кстати, и конь его стоит нерасседланный, фыркает в овес — значит, сыт и отдохнул. Садись верхом да скачи за горы! Потом вернешься! *(Зовет.)* Сынок! Сынок! Где ты? *(Уходит.)*

Голос ее слышен за сценой: «Где же ты? Сынок!» Вбегает Медведь.

МЕДВЕДЬ. Здесь я.
ХОЗЯЙКА *(за сценой).* Выйди ко мне в садик!
МЕДВЕДЬ. Бегу!

Распахивает дверь. За дверью девушка с букетом в руках.

Простите, я, кажется, толкнул вас, милая девушка?

Девушка роняет цветы. Медведь поднимает их.

Что с вами? Неужели я напугал вас?
ДЕВУШКА. Нет. Я только немного растерялась. Видите ли, меня до сих пор никто не называл просто «милая девушка».
МЕДВЕДЬ. Я не хотел обидеть вас!
ДЕВУШКА. Да ведь я вовсе и не обиделась!
МЕДВЕДЬ. Ну, слава богу! Моя беда в том, что я ужасно правдив. Если я вижу, что девушка милая, то так прямо и говорю ей об этом.
ГОЛОС ХОЗЯЙКИ. Сынок, сынок, я тебя жду!
ДЕВУШКА. Это вас зовут?
МЕДВЕДЬ. Меня.
ДЕВУШКА. Вы сын владельца этого дома?
МЕДВЕДЬ. Нет, я сирота.
ДЕВУШКА. Я тоже. То есть отец мой жив, а мать умерла, когда мне было всего семь минут от роду.
МЕДВЕДЬ. Но у вас, наверное, много друзей?
ДЕВУШКА. Почему вы думаете?
МЕДВЕДЬ. Не знаю... Мне кажется, что все должны вас любить.
ДЕВУШКА. За что же?
МЕДВЕДЬ. Очень уж вы нежная. Правда... Скажите, когда вы прячете лицо свое в цветы — это значит, что вы рассердились?
ДЕВУШКА. Нет.
МЕДВЕДЬ. Тогда я вам еще вот что скажу: вы красивы! Вы так красивы! Очень. Удивительно. Ужасно.
ГОЛОС ХОЗЯЙКИ. Сынок, сынок, где же ты?
МЕДВЕДЬ. Не уходите, пожалуйста!
ДЕВУШКА. Но ведь вас зовут.
МЕДВЕДЬ. Да. Зовут. И вот что я еще скажу вам. Вы мне очень понравились. Ужасно. Сразу.

Девушка хохочет.

Я смешной?
ДЕВУШКА. Нет. Но... что же мне еще делать? Я не знаю. Ведь со мною так никто не разговаривал...

МЕДВЕДЬ. Я очень этому рад. Боже мой, что же это я делаю? Вы, наверное, устали с дороги, проголодались, а я все болтаю. Садитесь, пожалуйста. Вот молоко. Парное. Пейте! Ну же! С хлебом, с хлебом!

Девушка повинуется. Она пьет молоко и ест хлеб, не сводя глаз с Медведя.

ДЕВУШКА. Скажите, пожалуйста, вы не волшебник?
МЕДВЕДЬ. Нет, что вы!
ДЕВУШКА. А почему же тогда я так слушаюсь вас? Я очень сытно позавтракала всего пять минут назад — и вот опять пью молоко, да еще с хлебом. Вы честное слово не волшебник?
МЕДВЕДЬ. Честное слово.
ДЕВУШКА. А почему же, когда вы говорили... что я... понравилась вам, то... я почувствовала какую-то странную слабость в плечах и в руках и... Простите, что я у вас об этом спрашиваю — но кого же мне еще спросить? Мы так вдруг подружились! Верно?
МЕДВЕДЬ. Да, да!
ДЕВУШКА. Ничего не понимаю... Сегодня праздник?
МЕДВЕДЬ. Не знаю. Да. Праздник.
ДЕВУШКА. Я так и знала.
МЕДВЕДЬ. А скажите, пожалуйста, кто вы? Вы состоите в свите короля?
ДЕВУШКА. Нет.
МЕДВЕДЬ. Ах, понимаю! Вы из свиты принцессы?
ДЕВУШКА. А вдруг я и есть сама принцесса?
МЕДВЕДЬ. Нет, нет, не шутите со мной так жестоко!
ДЕВУШКА. Что с вами? Вы вдруг так побледнели! Что я такое сказала?
МЕДВЕДЬ. Нет, нет, вы не принцесса. Нет! Я долго бродил по свету и видел множество принцесс — вы на них совсем не похожи!
ДЕВУШКА. Но...
МЕДВЕДЬ. Нет, нет, не мучайте меня. Говорите о чем хотите, только не об этом.
ДЕВУШКА. Хорошо. Вы... Вы говорите, что много бродили по свету?
МЕДВЕДЬ. Да. Я все учился да учился, и в Сорбонне, и в Лейдене, и в Праге. Мне казалось, что человеку жить очень трудно, и я совсем загрустил. И тогда я стал учиться.

ДЕВУШКА. Ну и как?
МЕДВЕДЬ. Не помогло.
ДЕВУШКА. Вы грустите по-прежнему?
МЕДВЕДЬ. Не все время, но грущу.
ДЕВУШКА. Как странно! А мне-то казалось, что вы такой спокойный, радостный, простой!
МЕДВЕДЬ. Это оттого, что я здоров как медведь. Что с вами? Почему вы вдруг покраснели?
ДЕВУШКА. Сама не знаю. Ведь я так изменилась за последние пять минут, что совсем не узнаю себя. Сейчас попробую понять, в чем тут дело. Я... я испугалась!
МЕДВЕДЬ. Чего?
ДЕВУШКА. Вы сказали, что вы здоровы как медведь. Медведь... Шутка сказать. А я так беззащитна с этой своей волшебной покорностью. Вы не обидите меня?
МЕДВЕДЬ. Дайте мне руку.

Девушка повинуется. Медведь становится на одно колено. Целует ей руку.

Пусть меня гром убьет, если я когда-нибудь обижу вас. Куда вы пойдете — туда и я пойду, когда вы умрете — тогда и я умру.

Гремят трубы.

ДЕВУШКА. Боже мой! Я совсем забыла о них. Свита добралась наконец до места. *(Подходит к окну.)* Какие вчерашние, домашние лица! Давайте спрячемся от них!
МЕДВЕДЬ. Да, да!
ДЕВУШКА. Бежим на речку!

Убегают, взявшись за руки. Тотчас же в комнату входит Хозяйка. Она улыбается сквозь слезы.

ХОЗЯЙКА. Ах, боже мой, боже мой! Я слышала, стоя здесь, под окном, весь их разговор от слова и до слова. А войти и разлучить их не посмела. Почему? Почему я и плачу, и радуюсь, как дура? Ведь я понимаю, что ничем хорошим это кончиться не может, — а на душе праздник. Ну вот и налетел ураган, любовь пришла. Бедные дети, счастливые дети!

Робкий стук в дверь.

Войдите!

Входит очень тихий, небрежно одетый человек с узелком в руках.

ЧЕЛОВЕК. Здравствуйте, хозяюшка! Простите, что я врываюсь к вам. Может быть, я помешал? Может быть, мне уйти?

ХОЗЯЙКА. Нет, нет, что вы! Садитесь, пожалуйста!

ЧЕЛОВЕК. Можно положить узелок?

ХОЗЯЙКА. Конечно, прошу вас!

ЧЕЛОВЕК. Вы очень добры. Ах, какой славный, удобный очаг! И ручка для вертела! И крючок для чайника!

ХОЗЯЙКА. Вы королевский повар?

ЧЕЛОВЕК. Нет, хозяюшка, я первый министр короля.

ХОЗЯЙКА. Кто, кто?

МИНИСТР. Первый министр его величества.

ХОЗЯЙКА. Ах, простите...

МИНИСТР. Ничего, я не сержусь... Когда-то все угадывали с первого взгляда, что я министр. Я был сияющий, величественный такой. Знатоки утверждали, что трудно понять, кто держится важнее и достойнее — я или королевские кошки. А теперь... Сами видите...

ХОЗЯЙКА. Что же довело вас до такого состояния?

МИНИСТР. Дорога, хозяюшка.

ХОЗЯЙКА. Дорога?

МИНИСТР. В силу некоторых причин мы, группа придворных, были вырваны из привычной обстановки и отправлены в чужие страны. Это само по себе мучительно, а тут еще этот тиран.

ХОЗЯЙКА. Король?

МИНИСТР. Что вы, что вы! К его величеству мы давно привыкли. Тиран — это министр-администратор.

ХОЗЯЙКА. Но если вы первый министр, то он ваш подчиненный? Как же он может быть вашим тираном?

МИНИСТР. Он забрал такую силу, что мы все дрожим перед ним.

ХОЗЯЙКА. Как же это удалось ему?

МИНИСТР. Он единственный из всех нас умеет путешествовать. Он умеет достать лошадей на почтовой станции, добыть карету, накормить нас. Правда, все это он делает плохо, но мы и вовсе ничего такого не можем. Не говорите ему, что я жаловался, а то он меня оставит без сладкого.

ХОЗЯЙКА. А почему вы не пожалуетесь королю?

МИНИСТР. Ах, короля он так хорошо... как это говорится на деловом языке... обслуживает и снабжает, что государь ничего не хочет слышать.

Входят две фрейлины и Придворная Дама.

ДАМА (*говорит мягко, негромко, произносит каждое слово с аристократической отчетливостью*). Черт его знает, когда это кончится! Мы тут запаршивеем к свиньям, пока этот ядовитый гад соблаговолит дать нам мыла. Здравствуйте, хозяйка, простите, что мы без стука. Мы в дороге одичали, как чертова мать.

МИНИСТР. Да, вот она, дорога! Мужчины делаются тихими от ужаса, а женщины — грозными. Позвольте представить вам красу и гордость королевской свиты — первую кавалерственную даму.

ДАМА. Боже мой, как давно не слышала я подобных слов! (*Делает реверанс.*) Очень рада, черт побери. (*Представляет Хозяйке.*) Фрейлины принцессы Оринтия и Аманда.

Фрейлины приседают.

Простите хозяйка, но я вне себя! Его окаянное превосходительство министр-администратор не дал нам сегодня пудры, духов келькфлер и глицеринового мыла, смягчающего кожу и предохраняющего от обветривания. Я убеждена, что он продал все это туземцам. Поверите ли, когда мы выезжали из столицы, у него была всего только жалкая картонка из-под шляпы, в которой лежал бутерброд и его жалкие кальсоны. (*Министру.*) Не вздрагивайте, мой дорогой, то ли мы видели в дороге! Повторяю: кальсоны. А теперь у наглеца тридцать три ларца и двадцать два чемодана, не считая того, что он отправил домой с оказией.

ОРИНТИЯ. И самое ужасное, что говорить мы теперь можем только о завтраках, обедах и ужинах.

АМАНДА. А разве для этого покинули мы родной дворец?

ДАМА. Скотина не хочет понять, что главное в нашем путешествии тонкие чувства: чувства принцессы, чувства короля. Мы были взяты в свиту как женщины деликатные, чувствительные, милые. Я готова страдать. Не спать ночами. Умереть даже согласна, чтобы помочь принцес-

се. Но зачем терпеть лишние, никому не нужные, унизительные мучения из-за потерявшего стыд верблюда?
ХОЗЯЙКА. Не угодно ли вам умыться с дороги, сударыни?
ДАМА. Мыла нет у нас!
ХОЗЯЙКА. Я вам дам все что требуется и сколько угодно горячей воды.
ДАМА. Вы святая! *(Целует Хозяйку.)* Мыться! Вспомнить оседлую жизнь! Какое счастье!
ХОЗЯЙКА. Идемте, идемте, я провожу вас. Присядьте, сударь! Я сейчас вернусь и угощу вас кофе.

Уходит с Придворной Дамой и фрейлинами. Министр садится у очага.
Входит Министр-Администратор. Первый Министр вскакивает.

МИНИСТР *(робко).* Здравствуйте!
АДМИНИСТРАТОР. А?
МИНИСТР. Я сказал: здравствуйте!
АДМИНИСТРАТОР. Виделись!
МИНИСТР. Ах, почему, почему вы так невежливы со мной?
АДМИНИСТРАТОР. Я не сказал вам ни одного нехорошего слова. *(Достает из кармана записную книжку и углубляется в какие-то вычисления.)*
МИНИСТР. Простите... Где наши чемоданы?
АДМИНИСТРАТОР. Вот народец! Все о себе, все только о себе!
МИНИСТР. Но я...
АДМИНИСТРАТОР. Будете мешать — оставлю без завтрака.
МИНИСТР. Да нет, я ничего. Я так просто... Я сам пойду поищу его... чемоданчик-то. Боже мой, когда же все это кончится! *(Уходит.)*
АДМИНИСТРАТОР *(бормочет, углубившись в книжку).* Два фунта придворным, а четыре в уме... Три фунта королю, а полтора в уме. Фунт принцессе, а полфунта в уме. Итого в уме шесть фунтиков! За одно утро! Молодец. Умница.

Входит Хозяйка. Администратор подмигивает ей.

Ровно в полночь!
ХОЗЯЙКА. Что — в полночь?
АДМИНИСТРАТОР. Приходите к амбару. Мне ухаживать некогда. Вы привлекательны, я привлекателен — чего же тут время терять? В полночь. У амбара. Жду. Не пожалеете.
ХОЗЯЙКА. Как вы смеете!

АДМИНИСТРАТОР. Да, дорогая моя, смею. Я и на принцессу, ха-ха, поглядываю многозначительно, но дурочка пока что ничего такого не понимает. Я своего не пропущу!
ХОЗЯЙКА. Вы сумасшедший?
АДМИНИСТРАТОР. Что вы, напротив! Я так нормален, что сам удивляюсь.
ХОЗЯЙКА. Ну, значит, вы просто негодяй.
АДМИНИСТРАТОР. Ах, дорогая, а кто хорош? Весь мир таков, что стесняться нечего. Сегодня, например, вижу: летит бабочка. Головка крошечная, безмозглая. Крыльями бяк, бяк — дура дурой! Это зрелище на меня так подействовало, что я взял да украл у короля двести золотых. Чего тут стесняться, когда весь мир создан совершенно не на мой вкус. Береза — тупица, дуб — осел. Речка — идиотка. Облака — кретины. Люди — мошенники. Все. Даже грудные младенцы только об одном мечтают — как бы пожрать да поспать. Да ну его! Чего там в самом деле? Придете?
ХОЗЯЙКА. И не подумаю. Да еще мужу пожалуюсь, и он превратит вас в крысу.
АДМИНИСТРАТОР. Позвольте, он волшебник?
ХОЗЯЙКА. Да.
АДМИНИСТРАТОР. Предупреждать надо! В таком случае — забудьте о моем наглом предложении. *(Скороговоркой.)* Считаю его безобразной ошибкой. Я крайне подлый человек. Раскаиваюсь, раскаиваюсь, прошу дать возможность загладить. Все. Где же, однако, эти проклятые придворные!
ХОЗЯЙКА. За что вы их так ненавидите?
АДМИНИСТРАТОР. Сам не знаю. Но чем больше я на них наживаюсь, тем больше ненавижу.
ХОЗЯЙКА. Вернувшись домой, они вам все припомнят.
АДМИНИСТРАТОР. Глупости! Вернутся, умилятся, обрадуются, захлопочутся, всё забудут. *(Трубит в трубу.)*

Входят Первый Министр, Придворная Дама, фрейлины.

Где вы шляетесь, господа? Не могу же я бегать за каждым в отдельности. Ах! *(Придворной Даме.)* Вы умылись?
ДАМА. Умылась, черт меня подери!
АДМИНИСТРАТОР. Предупреждаю: если вы будете умываться через мою голову, я снимаю с себя всякую ответст-

венность. Должен быть известный порядок, господа. Тогда все делайте сами! Что такое, на самом деле...

МИНИСТР. Тише! Его величество идет сюда!

Входят Король и Хозяин. Придворные низко кланяются.

КОРОЛЬ. Честное слово, мне здесь очень нравится. Весь дом устроен так славно, с такой любовью, что взял бы да отнял! Хорошо все-таки, что я не у себя! Дома я не удержался бы и заточил бы вас в свинцовую башню на рыночной площади. Ужасное место! Днем жара, ночью холод. Узники до того мучаются, что даже тюремщики иногда плачут от жалости... Заточил бы я вас, а домик — себе!

ХОЗЯИН *(хохочет).* Вот изверг-то!

КОРОЛЬ. А вы как думали? Король — от темени до пят! Двенадцать поколений предков — и все изверги, один к одному! Сударыня, где моя дочь?

ДАМА. Ваше величество! Принцесса приказала нам отстать. Их высочеству угодно было собирать цветы на прелестной поляне, возле шумного горного ручья в полном одиночестве.

КОРОЛЬ. Как осмелились вы бросить крошку одну! В траве могут быть змеи, от ручья дует!

ХОЗЯЙКА. Нет, король, нет! Не бойтесь за нее. *(Указывает в окно.)* Вон она идет, живехонька, здоровехонька!

КОРОЛЬ *(бросается к окну).* Правда! Да, да, верно, вон, вон идет дочка моя единственная. *(Хохочет.)* Засмеялась! *(Хмурится.)* А теперь задумалась... *(Сияет.)* А теперь улыбнулась. Да как нежно, как ласково! Что это за юноша с нею? Он ей нравится — значит, и мне тоже. Какого он происхождения?

ХОЗЯИН. Волшебного!

КОРОЛЬ. Прекрасно. Родители живы?

ХОЗЯИН. Умерли.

КОРОЛЬ. Великолепно! Братья, сестры есть?

ХОЗЯИН. Нету.

КОРОЛЬ. Лучше и быть не может. Я пожалую ему титул, состояние, и пусть он путешествует с нами. Не может он быть плохим человеком, если так понравился нам. Хозяйка, он славный юноша?

ХОЗЯЙКА. Очень, но...

КОРОЛЬ. Никаких «но»! Сто лет человек не видел свою дочь радостной, а ему говорят «но»! Довольно, кончено!

Я счастлив — и все тут! Буду сегодня кутить весело, добродушно, со всякими безобидными выходками, как мой двоюродный прадед, который утонул в аквариуме, пытаясь поймать зубами золотую рыбку. Откройте бочку вина! Две бочки! Три! Приготовьте тарелки — я их буду бить! Уберите хлеб из овина — я подожгу овин! И пошлите в город за стеклами и стекольщиком! Мы счастливы, мы веселы, все пойдет теперь как в хорошем сне!

>Входят Принцесса и Медведь.

ПРИНЦЕССА. Здравствуйте, господа!
ПРИДВОРНЫЕ *(хором).* Здравствуйте, ваше королевское высочество!

>Медведь замирает в ужасе.

ПРИНЦЕССА. Я, правда, видела уже вас всех сегодня, но мне кажется, что это было так давно! Господа, этот юноша — мой лучший друг.
КОРОЛЬ. Жалую ему титул принца!

>Придворные низко кланяются Медведю, он озирается с ужасом.

ПРИНЦЕССА. Спасибо, папа! Господа! В детстве я завидовала девочкам, у которых есть братья. Мне казалось, что это очень интересно, когда дома возле живет такое непохожее на нас, отчаянное, суровое и веселое существо. И существо это любит вас, потому что вы ему родная сестра. А теперь я не жалею об этом. По-моему, он...

>Берет Медведя за руку. Тот вздрагивает.

По-моему, он нравится мне больше даже, чем родной брат. С братьями ссорятся, а с ним я, по-моему, никогда не могла бы поссориться. Он любит то, что я люблю, понимает меня, даже когда я говорю непонятно, и мне с ним очень легко. Я его тоже понимаю, как самое себя. Видите, какой он сердитый. *(Смеется.)* Знаете почему? Я скрыла от него, что я принцесса, — он их терпеть не может. Мне хотелось, чтобы он увидал, как не похожа я на других принцесс. Дорогой мой, да ведь я их тоже терпеть не могу! Нет, нет, пожалуйста, не смотрите на меня с таким ужасом! Ну, прошу вас! Ведь это я! Вспомните! Не сердитесь! Не пугайте меня! Не надо! Ну, хотите — я поцелую вас?

МЕДВЕДЬ *(с ужасом).* Ни за что!
ПРИНЦЕССА. Я не понимаю!
МЕДВЕДЬ *(тихо, с отчаянием).* Прощайте, навсегда прощайте! *(Убегает.)*

Пауза. Хозяйка плачет.

ПРИНЦЕССА. Что я ему сделала? Он вернется?

Отчаянный топот копыт.

КОРОЛЬ *(у окна).* Куда вы?! *(Выбегает.)*

Придворные и Хозяин за ним. Принцесса бросается к Хозяйке.

ПРИНЦЕССА. Вы его назвали — сынок. Вы его знаете. Что я ему сделала?
ХОЗЯЙКА. Ничего, родная. Ты ни в чем не виновата. Не качай головой, поверь мне!
ПРИНЦЕССА. Нет, нет, я понимаю, все понимаю! Ему не понравилось, что я его взяла за руку при всех. Он так вздрогнул, когда я сделала это. И это... это еще... Я говорила о братьях ужасно нелепо... Я сказала: интересно, когда возле живет непохожее существо... Существо... Это так по-книжному, так глупо. Или... или... Боже мой! Как я могла забыть самое позорное! Я сказала ему, что поцелую его, а он...

Входят Король, Хозяин, придворные.

КОРОЛЬ. Он ускакал не оглядываясь на своем сумасшедшем коне, прямо без дороги, в горы.

Принцесса убегает.

Куда ты? Что ты? *(Мчится за нею следом.)*

Слышно, как щелкает ключ в замке. Король возвращается. Он неузнаваем.

Палач!

Палач показывается в окне.

ПАЛАЧ. Жду, государь.
КОРОЛЬ. Приготовься!
ПАЛАЧ. Жду, государь!

Глухой барабанный бой.

КОРОЛЬ. Господа придворные, молитесь! Принцесса заперлась в комнате и не пускает меня к себе. Вы все будете казнены!

АДМИНИСТРАТОР. Король!

КОРОЛЬ. Все! Эй, вы там. Песочные часы!

Входит королевский слуга. Ставит на стол большие песочные часы.

Помилую только того, кто, пока бежит песок в часах, объяснит мне все и научит, как помочь принцессе. Думайте, господа, думайте. Песок бежит быстро! Говорите по очереди, коротко и точно. Первый министр!

МИНИСТР. Государь, по крайнему моему разумению, старшие не должны вмешиваться в любовные дела детей, если это хорошие дети, конечно.

КОРОЛЬ. Вы умрете первым, ваше превосходительство. *(Придворной Даме.)* Говорите, сударыня!

ДАМА. Много, много лет назад, государь, я стояла у окна, а юноша на черном коне мчался прочь от меня по горной дороге. Была тихая-тихая лунная ночь. Топот копыт все затихал и затихал вдали...

АДМИНИСТРАТОР. Да говори ты скорей, окаянная! Песок-то сыплется!

КОРОЛЬ. Не мешайте!

АДМИНИСТРАТОР. Ведь одна порция на всех. Нам что останется!

КОРОЛЬ. Продолжайте, сударыня.

ДАМА *(неторопливо, с торжеством глядя на Администратора).* От всей души благодарю вас, ваше королевское величество! Итак, была тихая-тихая лунная ночь. Топот копыт все затихая и затихая вдали и наконец умолк навеки... Ни разу с той поры не видела я бедного мальчика. И как вы знаете, государь, я вышла замуж за другого — и вот жива, спокойна и верно служу вашему величеству.

КОРОЛЬ. А были вы счастливы после того, как он ускакал?

ДАМА. Ни одной минуты за всю мою жизнь!

КОРОЛЬ. Вы тоже сложите свою голову на плахе, сударыня!

Дама кланяется с достоинством.

(Администратору.) Докладывайте!

АДМИНИСТРАТОР. Самый лучший способ утешить принцессу — это выдать замуж за человека, доказавшего свою

практичность, знание жизни, распорядительность и состоящего при короле.
КОРОЛЬ. Вы говорите о палаче?
АДМИНИСТРАТОР. Что вы, ваше величество! Я его с этой стороны и не знаю совсем...
КОРОЛЬ. Узнаете. Аманда!
АМАНДА. Король, мы помолились и готовы к смерти.
КОРОЛЬ. И вы не посоветуете, как нам быть?
ОРИНТИЯ. Каждая девушка поступает по-своему в подобных случаях. Только сама принцесса может решить, что тут делать.

Распахивается дверь. Принцесса появляется на пороге. Она в мужском платье, при шпаге, за поясом пистолеты.

ХОЗЯИН. Ха-ха-ха! Отличная девушка! Молодчина!
КОРОЛЬ. Дочка! Что ты? Зачем ты пугаешь меня? Куда ты собралась?
ПРИНЦЕССА. Этого я никому не скажу. Оседлать коня!
КОРОЛЬ. Да, да, едем, едем!
АДМИНИСТРАТОР. Прекрасно! Палач, уйдите, пожалуйста, родной. Там вас покормят. Убрать песочные часы! Придворные, в кареты!
ПРИНЦЕССА. Замолчите! *(Подходит к отцу.)* Я очень тебя люблю, отец, не сердись на меня, но я уезжаю одна.
КОРОЛЬ. Нет!
ПРИНЦЕССА. Клянусь, что убью каждого, кто последует за мной! Запомните это все.
КОРОЛЬ. Даже я?
ПРИНЦЕССА. У меня теперь своя жизнь. Никто ничего не понимает, никому я ничего не скажу больше. Я одна, одна, и хочу быть одна! Прощайте! *(Уходит.)*

Король стоит некоторое время неподвижно, ошеломленный. Топот копыт приводит его в себя. Он бросается к окну.

КОРОЛЬ. Скачет верхом! Без дороги! В горы! Она заблудится! Она простудится! Упадет с седла и запутается в стремени! За ней! Следом! Чего вы ждете?
АДМИНИСТРАТОР. Ваше величество! Принцесса изволила поклясться, что застрелит каждого, кто последует за ней!

КОРОЛЬ. Все равно! Я буду следить за ней издали. За камушками ползти. За кустами. В траве буду прятаться от родной дочери, но не брошу ее. За мной!

Выбегает. Придворные за ним.

ХОЗЯЙКА. Ну? Ты доволен?
ХОЗЯИН. Очень!

Занавес

Действие второе

Общая комната в трактире «Эмилия». Поздний вечер. Пылает огонь в камине. Светло. Уютно. Стены дрожат от отчаянных порывов ветра. За прилавком — Трактирщик. Это маленький, быстрый, стройный, изящный в движениях человек.

ТРАКТИРЩИК. Ну и погодка! Метель, буря, лавины, обвалы! Даже дикие козы испугались и прибежали ко мне во двор просить о помощи. Сколько лет живу здесь, на горной вершине, среди вечных снегов, а такого урагана не припомню. Хорошо, что трактир мой построен надежно, как хороший замок, кладовые полны, огонь пылает. Трактир «Эмилия»! Трактир «Эмилия»... Эмилия... Да, да... Проходят охотники, проезжают дровосеки, волокут волоком мачтовые сосны, странники бредут неведомо куда, неведомо откуда, и все они позвонят в колокол, постучат в дверь, зайдут отдохнуть, поговорить, посмеяться, пожаловаться. И каждый раз я, как дурак, надеюсь, что каким-то чудом она вдруг войдет сюда. Она уже седая теперь, наверное. Седая. Давно замужем... И все-таки я мечтаю хоть голос ее услышать. Эмилия, Эмилия...

Звонит колокол.

Боже мой!

Стучат в дверь. Трактирщик бросается открывать.

Войдите! Пожалуйста, войдите!

Входят Король, министры, придворные. Все они закутаны с головы до ног, занесены снегом.

К огню, господа, к огню! Не плачьте, сударыни, прошу вас! Я понимаю, что трудно не обижаться, когда вас бьют по лицу, суют за шиворот снег, толкают в сугроб, но ведь буря это делает без всякой злобы, нечаянно. Буря только разыгралась — и все тут. Позвольте, я помогу вам. Вот так. Горячего вина, пожалуйста. Вот так!

МИНИСТР. Какое прекрасное вино!

ТРАКТИРЩИК. Благодарю вас! Я сам вырастил лозу, сам давил виноград, сам выдержал вино в своих подвалах и своими руками подаю его людям. Я все делаю сам. В молодости я ненавидел людей, но это так скучно! Ведь тогда ничего не хочется делать и тебя одолевают бесплодные, печальные мысли. И вот я стал служить людям и понемножку привязался к ним. Горячего молока, сударыни? Да, я служу людям и горжусь этим! Я считаю, что трактирщик выше, чем Александр Македонский. Тот людей убивал, а я их кормлю, веселю, прячу от непогоды. Конечно, я беру за это деньги, но и Македонский работал не бесплатно. Еще вина, пожалуйста! С кем имею честь говорить? Впрочем, как вам угодно. Я привык к тому, что странники скрывают свои имена.

КОРОЛЬ. Трактирщик, я король.

ТРАКТИРЩИК. Добрый вечер, ваше величество!

КОРОЛЬ. Добрый вечер. Я очень несчастен, трактирщик!

ТРАКТИРЩИК. Это случается, ваше величество.

КОРОЛЬ. Врешь, я беспримерно несчастен! Во время этой проклятой бури мне было полегчало. А теперь вот я согрелся, ожил, и все мои тревоги и горести ожили вместе со мной. Безобразие какое! Дайте мне еще вина!

ТРАКТИРЩИК. Сделайте одолжение!

КОРОЛЬ. У меня дочка пропала!

ТРАКТИРЩИК. Ай-ай-ай!

КОРОЛЬ. Эти бездельники, эти дармоеды оставили ребенка без присмотра. Дочка влюбилась, поссорилась, переоделась мальчиком и скрылась.. Она не забредала к вам?

ТРАКТИРЩИК. Увы, нет, государь!

КОРОЛЬ. Кто живет в трактире?

ТРАКТИРЩИК. Знаменитый охотник с двумя учениками.

КОРОЛЬ. Охотник? Позовите его! Он мог встретить мою дочку. Ведь охотники охотятся повсюду!

ТРАКТИРЩИК. Увы, государь, этот охотник теперь совсем не охотится.

КОРОЛЬ. А чем же он занимается?

ТРАКТИРЩИК. Борется за свою славу. Он добыл уже пятьдесят дипломов, подтверждающих, что он знаменит, и подстрелил шестьдесят хулителей своего таланта.

КОРОЛЬ. А здесь от что делает?

ТРАКТИРЩИК. Отдыхает! Бороться за свою славу — что может быть утомительнее?

КОРОЛЬ. Ну, тогда черт с ним. Эй, вы там, приговоренные к смерти! В путь!

ТРАКТИРЩИК. Куда вы, государь? Подумайте! Вы идете на верную гибель!

КОРОЛЬ. А вам-то что? Мне легче там, где лупят снегом по лицу и толкают в шею. Встать!

Придворные встают.

ТРАКТИРЩИК. Погодите, ваше величество! Не надо капризничать, не надо лезть назло судьбе к самому черту в лапы. Я понимаю, что, когда приходит беда, трудно усидеть на месте...

КОРОЛЬ. Невозможно!

ТРАКТИРЩИК. А приходится иногда! В такую ночь никого вы не разыщете, а только сами пропадете без вести.

КОРОЛЬ. Ну и пусть!

ТРАКТИРЩИК. Нельзя же думать только о себе. Не мальчик, слава богу, отец семейства. Ну, ну, ну! Не надо гримасничать, кулаки сжимать, зубами скрипеть. Вы меня послушайте! Я дело говорю! Моя гостиница оборудована всем, что может принести пользу гостям. Слыхали вы, что люди научились теперь передавать мысли на расстоянии?

КОРОЛЬ. Придворный ученый что-то пробовал мне рассказать об этом, да я уснул.

ТРАКТИРЩИК. И напрасно! Сейчас я расспрошу соседей о бедной принцессе, не выходя из этой комнаты.

КОРОЛЬ. Честное слово?

ТРАКТИРЩИК. Увидите. В пяти часах езды от нас — монастырь, где экономом работает мой лучший друг. Это самый любопытный монах на свете. Он знает все, что творится на сто верст вокруг. Сейчас я передам ему все что требуется и через несколько секунд получу ответ. Тише, тише, друзья мои, не шевелитесь, не вздыхайте так тяжело: мне надо сосредоточиться. Так. Передаю мысли на расстоянии. «Ау! Ау! Гоп-гоп! Мужской монастырь, келья девять, отцу эконому. Отец эконом! Гоп-гоп! Ау! Горах заблудилась девушка мужском платье. Сообщи, где она. Целую. Трактирщик». Вот и все. Сударыни, не надо плакать. Я настраиваюсь на прием, а женские слезы расстраивают меня. Вот так. Благодарю вас. Тише. Перехожу на прием. «Трактир «Эмилия». Трактирщику. Не знаю сожалению. Пришли монастырь две туши черных козлов». Все понятно! Отец эконом, к сожалению, не знает, где принцесса, и просит прислать для монастырской трапезы...

КОРОЛЬ. К черту трапезу! Спрашивайте других соседей!

ТРАКТИРЩИК. Увы, государь, уж если отец эконом ничего не знает, то все другие тем более.

КОРОЛЬ. Я сейчас проглочу мешок пороху, ударю себя по животу и разорвусь в клочья!

ТРАКТИРЩИК. Эти домашние средства никогда и ничему не помогают. *(Берет связку ключей.)* Я отведу вам самую большую комнату, государь!

КОРОЛЬ. Что я там буду делать?

ТРАКТИРЩИК. Ходить из угла в угол. А на рассвете мы вместе отправимся на поиски. Верно говорю. Вот вам ключ. И вы, господа, получайте ключи от своих комнат. Это самое разумное из всего, что можно сделать сегодня. Отдохнуть надо, друзья мои! Набраться сил! Берите свечи. Вот так. Пожалуйте за мной!

Уходит, сопровождаемый Королем и придворными. Тотчас же в комнату входит Ученик знаменитого Охотника. Оглядевшись осторожно, он кричит перепелом. Ему отвечает чириканье скворца, и в комнату заглядывает Охотник.

УЧЕНИК. Идите смело! Никого тут нету!

ОХОТНИК. Если это охотники приехали сюда, то я застрелю тебя, как зайца.

УЧЕНИК. Да я-то здесь при чем! Господи!

ОХОТНИК. Молчи! Куда ни поеду отдыхать — везде толкутся окаянные охотники. Ненавижу! Да еще тут же охотничьи жены обсуждают охотничьи дела вкривь и вкось! Тьфу! Дурак ты!

УЧЕНИК. Господи! Да я-то тут при чем?

ОХОТНИК. Заруби себе на носу: если эти приезжие — охотники, то мы уезжаем немедленно. Болван! Убить тебя мало!

УЧЕНИК. Да что же это такое? Да за что же вы меня, начальник, мучаете! Да я...

ОХОТНИК. Молчи! Молчи, когда старшие сердятся! Ты чего хочешь? Чтобы я, настоящий охотник, тратил заряды даром? Нет, брат! Я для того и держу учеников, чтобы моя брань задевала хоть кого-нибудь. Семьи у меня нет, терпи ты. Письма отправил?

УЧЕНИК. Отнес еще до бури. И когда шел обратно, то...

ОХОТНИК. Помолчи! Все отправил? И то, что в большом конверте? Начальнику охоты?

УЧЕНИК. Все, все! И когда шел обратно, следы видел. И заячьи, и лисьи.

ОХОТНИК. К черту следы! Есть мне время заниматься глупостями, когда там внизу глупцы и завистники роют мне яму.

УЧЕНИК. А может, не роют?

ОХОТНИК. Роют, знаю я их!

УЧЕНИК. Ну и пусть. А мы настреляли бы дичи целую гору — вот когда нас боялись бы... Они нам — яму, а мы им — добычу, ну и вышло бы, что мы молодцы, а они подлецы. Настрелять бы...

ОХОТНИК. Осел! «Настрелять бы». Как начнут они там внизу обсуждать каждый мой выстрел — с ума сойдешь! Лису, мол, он убил, как в прошлом году, ничего не внес нового в дело охоты. А если, чего доброго, промахнешься! Я, который до сих пор бил без промаха? Молчи! Убью! *(Очень мягко.)* А где же мой новый ученик?

УЧЕНИК. Чистит ружье.

ОХОТНИК. Молодец!

УЧЕНИК. Конечно! У вас кто новый, тот и молодец.

ОХОТНИК. Ну и что? Во-первых, я его не знаю и могу ждать от него любых чудес. Во-вторых, он меня не знает и поэтому уважает без всяких оговорок и рассуждений. Не то что ты!

Звонит колокол.

Батюшки мои! Приехал кто-то! В такую погоду! Честное слово, это какой-нибудь охотник. Нарочно вылез в бурю, чтобы потом хвастать...

Стук в дверь.

Открывай, дурак! Так бы и убил тебя!
УЧЕНИК. Господи, да я-то здесь при чем?

Отпирает дверь. Входит Медведь, занесенный снегом, ошеломленный. Отряхивается, оглядывается.

МЕДВЕДЬ. Куда это меня занесло?
ОХОТНИК. Идите к огню, грейтесь.
МЕДВЕДЬ. Благодарю. Это гостиница?
ОХОТНИК. Да. Хозяин сейчас выйдет. Вы охотник?
МЕДВЕДЬ. Что вы! Что вы!
ОХОТНИК. Почему вы говорите с таким ужасом об этом?
МЕДВЕДЬ. Я не люблю охотников.
ОХОТНИК. А вы их знаете, молодой человек?
МЕДВЕДЬ. Да, мы встречались.
ОХОТНИК. Охотники — это самые достойные люди на земле! Это все честные, простые парни. Они любят свое дело. Они вязнут в болотах, взбираются на горные вершины, блуждают по такой чаще, где даже зверю приходится жутко. И делают они все это не из любви к наживе, не из честолюбия, нет, нет! Их ведет благородная страсть! Понял?
МЕДВЕДЬ. Нет, не понял. Но умоляю вас, не будем спорить! Я не знал, что вы так любите охотников!
ОХОТНИК. Кто, я? Я просто терпеть не могу, когда их ругают посторонние.
МЕДВЕДЬ. Хорошо, я не буду их ругать. Мне не до этого.
ОХОТНИК. Я сам охотник! Знаменитый!
МЕДВЕДЬ. Мне очень жаль.
ОХОТНИК. Не считая мелкой дичи, я подстрелил на своем веку пятьсот оленей, пятьсот коз, четыреста волков и девяносто девять медведей.

Медведь вскакивает.

Чего вы вскочили?
МЕДВЕДЬ. Убивать медведей — все равно что детей убивать!
ОХОТНИК. Хороши дети! Вы видели их когти?
МЕДВЕДЬ. Да. Они много короче, чем охотничьи кинжалы.
ОХОТНИК. А сила медвежья?
МЕДВЕДЬ. Не надо было дразнить зверя.

ОХОТНИК. Я так возмущен, что просто слов нет, придется стрелять. *(Кричит.)* Эй! Мальчуган! Принеси сюда ружье! Живо! Сейчас я вас убью, молодой человек.
МЕДВЕДЬ. Мне все равно.
ОХОТНИК. Где же ты, мальчуган? Ружье, ружье мне.

Вбегает Принцесса. В руках у нее ружье. Медведь вскакивает.

(Принцессе.) Гляди, ученик, и учись. Этот наглец и невежда сейчас будет убит. Не жалей его. Он не человек, так как ничего не понимает в искусстве. Подай мне ружье, мальчик. Что ты прижимаешь его к себе, как маленького ребенка?

Вбегает Трактирщик.

ТРАКТИРЩИК. Что случилось? А, понимаю. Дай ему ружье, мальчик, не бойся. Пока господин знаменитый охотник отдыхал после обеда, я высыпал порох из всех зарядов. Я знаю привычки моего почтенного гостя!
ОХОТНИК. Проклятье!
ТРАКТИРЩИК. Вовсе не проклятье, дорогой друг. Вы, старые скандалисты, в глубине души бываете довольны, когда вас хватают за руки.
ОХОТНИК. Нахал!
ТРАКТИРЩИК. Ладно! Ладно! Съешь лучше двойную порцию охотничьих сосисок.
ОХОТНИК. Давай, черт с тобой. И охотничьей настойки двойную порцию.
ТРАКТИРЩИК. Вот так-то лучше.
ОХОТНИК *(ученикам)*. Садитесь, мальчуганы. Завтра, когда погода станет потише, идем на охоту.
УЧЕНИК. Ура!
ОХОТНИК. В хлопотах и суете я забыл, какое это высокое, прекрасное искусство. Этот дурачок раззадорил меня.
ТРАКТИРЩИК. Тише ты! *(Отводит Медведя в дальний угол, усаживает за стол.)* Садитесь, пожалуйста, сударь. Что с вами? Вы нездоровы? Сейчас я вас вылечу. У меня прекрасная аптечка для проезжающих... У вас жар?
МЕДВЕДЬ. Не знаю... *(Шепотом.)* Кто эта девушка?
ТРАКТИРЩИК. Все понятно... Вы сходите с ума от несчастной любви. Тут, к сожалению, лекарства бессильны.
МЕДВЕДЬ. Кто эта девушка?

ТРАКТИРЩИК. Здесь ее нет, бедняга!
МЕДВЕДЬ. Ну как же нет! Вон она шепчется с охотником.
ТРАКТИРЩИК. Это вам все чудится! Это вовсе не она, это он. Это просто ученик знаменитого охотника. Вы понимаете меня?
МЕДВЕДЬ. Благодарю вас. Да.
ОХОТНИК. Что вы там шепчетесь обо мне?
ТРАКТИРЩИК. И вовсе не о тебе.
ОХОТНИК. Все равно. Терпеть не могу, когда на меня глазеют. Отнеси ужин ко мне в комнату. Ученики, за мной!

Трактирщик несет поднос с ужином. Охотник с Учеником и Принцессой идут следом. Медведь бросается за ними. Вдруг дверь распахивается, прежде чем Медведь успевает добежать до нее. На пороге Принцесса. Некоторое время Принцесса и Медведь молча смотрят друг на друга. Но вот Принцесса обходит Медведя, идет к столу, за которым сидела, берет забытый там носовой платок и направляется к выходу, не глядя на Медведя.

МЕДВЕДЬ. Простите... У вас нет сестры?

Принцесса отрицательно качает головой.

Посидите со мной немного. Пожалуйста! Дело в том, что вы удивительно похожи на девушку, которую мне необходимо забыть как можно скорее. Куда же вы?
ПРИНЦЕССА. Не хочу напоминать то, что необходимо забыть.
МЕДВЕДЬ. Боже мой! И голос ее!
ПРИНЦЕССА. Вы бредите.
МЕДВЕДЬ. Очень может быть. Я как в тумане.
ПРИНЦЕССА. Отчего?
МЕДВЕДЬ. Я ехал и ехал трое суток, без отдыха, без дороги. Поехал бы дальше, но мой конь заплакал как ребенок, когда я хотел миновать эту гостиницу.
ПРИНЦЕССА. Вы убили кого-нибудь?
МЕДВЕДЬ. Нет, что вы!
ПРИНЦЕССА. От кого же бежали вы, как преступник?
МЕДВЕДЬ. От любви.
ПРИНЦЕССА. Какая забавная история!
МЕДВЕДЬ. Не смейтесь. Я знаю: молодые люди — жестокий народ. Ведь они еще ничего не успели пережить.

Я сам был таким всего три дня назад. Но с тех пор поумнел. Вы были когда-нибудь влюблены?

ПРИНЦЕССА. Не верю я в эти глупости.

МЕДВЕДЬ. Я тоже не верил. А потом влюбился.

ПРИНЦЕССА. В кого же это, позвольте узнать?

МЕДВЕДЬ. В ту самую девушку, которая так похожа на вас.

ПРИНЦЕССА. Смотрите пожалуйста.

МЕДВЕДЬ. Умоляю вас, не улыбайтесь! Я очень серьезно влюбился!

ПРИНЦЕССА. Да уж, от легкого увлечения так далеко не убежишь.

МЕДВЕДЬ. Ах, вы не понимаете... Я влюбился и был счастлив. Недолго, но зато как никогда в жизни. А потом...

ПРИНЦЕССА. Ну?

МЕДВЕДЬ. Потом я вдруг узнал об этой девушке нечто такое, что все перевернуло разом. И в довершение беды я вдруг увидел ясно, что и она влюбилась в меня тоже.

ПРИНЦЕССА. Какой удар для влюбленного!

МЕДВЕДЬ. В этом случае страшный удар! А еще страшнее, страшнее всего мне стало, когда она сказала, что поцелует меня.

ПРИНЦЕССА. Глупая девчонка!

МЕДВЕДЬ. Что?

ПРИНЦЕССА. Презренная дура!

МЕДВЕДЬ. Не смей так говорить о ней!

ПРИНЦЕССА. Она этого стоит.

МЕДВЕДЬ. Не тебе судить! Это прекрасная девушка. Простая и доверчивая, как... как... как я!

ПРИНЦЕССА. Вы? Вы хитрец, хвастун и болтун.

МЕДВЕДЬ. Я?

ПРИНЦЕССА. Да! Первому встречному с худо скрытым торжеством рассказываете вы о своих победах.

МЕДВЕДЬ. Так вот как ты понял меня?

ПРИНЦЕССА. Да, именно так! Она глупа...

МЕДВЕДЬ. Изволь говорить о ней почтительно!

ПРИНЦЕССА. Она глупа, глупа, глупа!

МЕДВЕДЬ. Довольно! Дерзких щенят наказывают! *(Выхватывает шпагу.)* Защищайся!

ПРИНЦЕССА. К вашим услугам!

Сражаются ожесточенно.

Уже дважды я мог убить вас.

МЕДВЕДЬ. А я, мальчуган, ищу смерти!

ПРИНЦЕССА. Почему вы не умерли без посторонней помощи?

МЕДВЕДЬ. Здоровье не позволяет.

Делает выпад. Сбивает шляпу с головы Принцессы. Ее тяжелые косы падают почти до земли. Медведь роняет шпагу.

Принцесса! Вот счастье! Вот беда! Это вы! Вы! Зачем вы здесь?

ПРИНЦЕССА. Три дня я гналась за вами. Только в бурю потеряла ваш след, встретила охотника и пошла к нему в ученики.

МЕДВЕДЬ. Вы три дня гнались за мной?

ПРИНЦЕССА. Да! Чтобы сказать, как вы мне безразличны. Знайте, что вы для меня все равно что... все равно что бабушка, да еще чужая! И я не собираюсь вас целовать! И не думала я вовсе влюбляться в вас. Прощайте! *(Уходит. Возвращается.)* Вы так обидели меня, что я все равно отомщу вам! Я докажу вам, как вы мне безразличны. Умру, а докажу! *(Уходит.)*

МЕДВЕДЬ. Бежать, бежать скорее! Она сердилась и бранила меня, а я видел только ее губы и думал, думал об одном: вот сейчас я ее поцелую! Медведь проклятый! Бежать, бежать! А может быть, еще раз, всего только разик взглянуть на нее? Глаза у нее такие ясные! И она здесь, здесь, рядом, за стеной. Сделать несколько шагов и... *(Смеется.)* Подумать только — она в одном доме со мной! Вот счастье! Что я делаю! Я погублю ее и себя! Эй ты, зверь! Прочь отсюда! В путь!

Входит Трактирщик.

Я уезжаю!

ТРАКТИРЩИК. Это невозможно.

МЕДВЕДЬ. Я не боюсь урагана.

ТРАКТИРЩИК. Конечно, конечно! Но вы разве не слышите, как стало тихо?

МЕДВЕДЬ. Верно. Почему это?

ТРАКТИРЩИК. Я попробовал сейчас выйти во двор взглянуть, не снесло ли крышу нового амбара,— и не мог.

МЕДВЕДЬ. Не могли?

ТРАКТИРЩИК. Мы погребены под снегом. В последние полчаса не хлопья, а целые сугробы валились с неба. Мой старый друг, горный волшебник, женился и остепенился, а то я подумал бы, что это его шалости.

МЕДВЕДЬ. Если уехать нельзя, то заприте меня!

ТРАКТИРЩИК. Запереть?

МЕДВЕДЬ. Да, да, на ключ!

ТРАКТИРЩИК. Зачем?

МЕДВЕДЬ. Мне нельзя встречаться с ней! Я ее люблю!

ТРАКТИРЩИК. Кого?

МЕДВЕДЬ. Принцессу!

ТРАКТИРЩИК. Она здесь?

МЕДВЕДЬ. Здесь. Она переоделась в мужское платье. Я сразу узнал ее, а вы мне не поверили.

ТРАКТИРЩИК. Так это и в самом деле была она?

МЕДВЕДЬ. Она! Боже мой... Только теперь, когда не вижу ее, я начинаю понимать, как оскорбила она меня!

ТРАКТИРЩИК. Нет!

МЕДВЕДЬ. Как — нет? Вы слышали, что она мне тут наговорила?

ТРАКТИРЩИК. Не слышал, но это все равно. Я столько пережил, что все понимаю.

МЕДВЕДЬ. С открытой душой, по-дружески я жаловался ей на свою горькую судьбу, а она подслушала меня, как предатель.

ТРАКТИРЩИК. Не понимаю. Она подслушала, как вы жаловались ей же?

МЕДВЕДЬ. Ах, ведь тогда я думал, что говорю с юношей, похожим на нее! Так понять меня! Все кончено! Больше я не скажу ей ни слова! Этого простить нельзя! Когда путь будет свободен, я только один разик молча взгляну на нее и уеду. Заприте, заприте меня!

ТРАКТИРЩИК. Вот вам ключ. Ступайте. Вон ваша комната. Нет, нет, запирать я вас не стану. В дверях новенький замок, и мне будет жалко, если вы его сломаете. Спокойной ночи. Идите, идите же!

МЕДВЕДЬ. Спокойной ночи. *(Уходит.)*

ТРАКТИРЩИК. Спокойной ночи. Только не найти его тебе, нигде не найти тебе покоя. Запись в монастырь — одиночество напомнит о ней. Открой трактир при дороге — каждый стук двери напомнит тебе о ней.

Входит Придворная Дама.

ДАМА. Простите, но свеча у меня в комнате все время гаснет.

ТРАКТИРЩИК. Эмилия! Ведь это верно? Ведь вас зовут Эмилия?

ДАМА. Да, меня зовут так. Но, сударь...

ТРАКТИРЩИК. Эмилия!

ДАМА. Черт меня побери!

ТРАКТИРЩИК. Вы узнаете меня?

ДАМА. Эмиль...

ТРАКТИРЩИК. Так звали юношу, которого жестокая девушка заставила бежать за тридевять земель, в горы, в вечные снега.

ДАМА. Не смотрите на меня. Лицо обветрилось. Впрочем, к дьяволу все. Смотрите. Вот я какая. Смешно?

ТРАКТИРЩИК. Я вижу вас такой, как двадцать пять лет назад.

ДАМА. Проклятие!

ТРАКТИРЩИК. На самых многолюдных маскарадах я узнавал вас под любой маской.

ДАМА. Помню.

ТРАКТИРЩИК. Что мне маска, которую надело на вас время!

ДАМА. Но вы не сразу узнали меня!

ТРАКТИРЩИК. Вы были так закутаны. Не смейтесь!

ДАМА. Я разучилась плакать. Вы меня узнали, но вы не знаете меня. Я стала злобной. Особенно в последнее время. Трубки нет?

ТРАКТИРЩИК. Трубки?

ДАМА. Я курю в последнее время. Тайно. Матросский табак. Адское зелье. От этого табака свечка и гасла все время у меня в комнате. Я и пить пробовала. Не понравилось. Вот я какая теперь стала.

ТРАКТИРЩИК. Вы всегда были такой.

ДАМА. Я?

ТРАКТИРЩИК. Да. Всегда у вас был упрямый и гордый нрав. Теперь он сказывается по-новому — вот и вся разница. Замужем были?

ДАМА. Была.

ТРАКТИРЩИК. За кем?

ДАМА. Вы его не знали.

ТРАКТИРЩИК. Он здесь?

ДАМА. Умер.

ТРАКТИРЩИК. А я думал, что тот юный паж стал вашим супругом.

ДАМА. Он тоже умер.

ТРАКТИРЩИК. Вот как? Отчего?

ДАМА. Утонул, отправившись на поиски младшего сына, которого буря унесла в море. Юношу подобрал купеческий корабль, а отец утонул.

ТРАКТИРЩИК. Так. Значит, юный паж...

ДАМА. Стал седым ученым и умер, а вы все сердитесь на него.

ТРАКТИРЩИК. Вы целовались с ним на балконе!

ДАМА. А вы танцевали с дочкой генерала.

ТРАКТИРЩИК. Танцевать прилично!

ДАМА. Черт побери! Вы шептали ей, что-то на ухо все время!

ТРАКТИРЩИК. Я шептал ей: раз, два, три! Раз, два, три! Раз, два, три! Она все время сбивалась с такта.

ДАМА. Смешно!

ТРАКТИРЩИК. Ужасно смешно! До слез.

ДАМА. С чего вы взяли, что мы были бы счастливы, поженившись?

ТРАКТИРЩИК. А вы сомневаетесь в этом? Да? Что же вы молчите?

ДАМА. Вечной любви не бывает.

ТРАКТИРЩИК. У трактирной стойки я не то еще слышал о любви. А вам не подобает так говорить. Вы всегда были разумны и наблюдательны.

ДАМА. Ладно. Ну простите меня, окаянную, за то, что я целовалась с этим мальчишкой. Дайте руку.

Эмиль и Эмилия пожимают друг другу руки.

Ну, вот и все. Жизнь не начнешь с начала.

ТРАКТИРЩИК. Все равно. Я счастлив, что вижу вас.

ДАМА. Я тоже. Тем глупее. Ладно. Плакать я теперь разучилась. Только смеюсь или бранюсь. Поговорим о другом, если вам не угодно, чтобы я ругалась, как кучер, или ржала, как лошадь.

ТРАКТИРЩИК. Да, да. У нас есть о чем поговорить. У меня в доме двое влюбленных детей могут погибнуть без нашей помощи.

ДАМА. Кто эти бедняги?

ТРАКТИРЩИК. Принцесса и тот юноша, из-за которого она бежала из дому. Он приехал сюда вслед за вами.

ДАМА. Они встретились?

ТРАКТИРЩИК. Да. И успели поссориться.

ДАМА. Бей в барабаны!

ТРАКТИРЩИК. Что вы говорите?

ДАМА. Труби в трубы!

ТРАКТИРЩИК. В какие трубы?

ДАМА. Не обращайте внимания. Дворцовая привычка. Так у нас командуют в случае пожара, наводнения, урагана. Караул, в ружье! Надо что-то немедленно предпринять. Пойду доложу королю. Дети погибают! Шпаги вон! К бою готовь! В штыки! *(Убегает.)*

ТРАКТИРЩИК. Я все понял... Эмилия была замужем за дворцовым комендантом. Труби в трубы! Бей в барабаны! Шпаги вон! Курит. Чертыхается. Бедная, гордая, нежная Эмилия! Разве он понимал, на ком женат, проклятый грубиян, царство ему небесное!

Вбегают Король, Первый Министр, Министр-Администратор, фрейлины, Придворная Дама.

КОРОЛЬ. Вы ее видели?

ТРАКТИРЩИК. Да.

КОРОЛЬ. Бледна, худа, еле держится на ногах?

ТРАКТИРЩИК. Загорела, хорошо ест, бегает как мальчик.

КОРОЛЬ. Ха-ха-ха! Молодец!

ТРАКТИРЩИК. Спасибо.

КОРОЛЬ. Не вы молодец — она молодец. Впрочем, все равно, пользуйтесь. И он здесь?

ТРАКТИРЩИК. Да.

КОРОЛЬ. Влюблен?

ТРАКТИРЩИК. Очень.

КОРОЛЬ. Ха-ха-ха! То-то! Знай наших. Мучается?

ТРАКТИРЩИК. Ужасно.

КОРОЛЬ. Так ему и надо! Ха-ха-ха! Он мучается, а она жива, здорова, спокойна, весела...

Входит Охотник, сопровождаемый Учеником.

ОХОТНИК. Дай капель!

ТРАКТИРЩИК. Каких?

ОХОТНИК. Почем я знаю? Ученик мой заскучал.
ТРАКТИРЩИК. Этот?
УЧЕНИК. Еще чего! Я умру — он и то не заметит.
ОХОТНИК. Новенький мой заскучал, не ест, не пьет, невпопад отвечает.
КОРОЛЬ. Принцесса?
ОХОТНИК. Кто, кто?
ТРАКТИРЩИК. Твой новенький — переодетая принцесса.
УЧЕНИК. Волк тебя заешь! А я ее чуть не стукнул по шее!
ОХОТНИК *(Ученику).* Негодяй! Болван! Мальчика от девочки не можешь отличить!
УЧЕНИК. Вы тоже не отличили.
ОХОТНИК. Есть мне время заниматься подобными пустяками!
КОРОЛЬ. Замолчи ты! Где принцесса?
ОХОТНИК. Но, но, но, не ори, любезный! У меня работа тонкая, нервная. Я окриков не переношу. Пришибу тебя и отвечать не буду!
ТРАКТИРЩИК. Это король!
ОХОТНИК. Ой! *(Кланяется низко.)* Простите, ваше величество.
КОРОЛЬ. Где моя дочь?
ОХОТНИК. Их высочество изволят сидеть у очага в нашей комнате. Сидят они и глядят на уголья.
КОРОЛЬ. Проводите меня к ней!
ОХОТНИК. Рад служить, ваше величество! Сюда, пожалуйста, ваше величество. Я вас провожу, а вы мне — диплом. Дескать, учил королевскую дочь благородному искусству охоты.
КОРОЛЬ. Ладно, потом.
ОХОТНИК. Спасибо, ваше величество.

Уходят. Администратор затыкает уши.

АДМИНИСТРАТОР. Сейчас, сейчас мы услышим пальбу!
ТРАКТИРЩИК. Какую?
АДМИНИСТРАТОР. Принцесса дала слово, что застрелит каждого, кто последует за ней.
ДАМА. Она не станет стрелять в родного отца.
АДМИНИСТРАТОР. Знаю я людей! Для честного словца не пожалеют и отца.
ТРАКТИРЩИК. А я не догадался разрядить пистолеты учеников.

ДАМА. Бежим туда! Уговорим ее!
МИНИСТР. Тише! Государь возвращается. Он разгневан!
АДМИНИСТРАТОР. Опять начнет казнить! А я и так простужен! Нет работы вредней придворной.

Входят Король и Охотник.

КОРОЛЬ *(негромко и просто).* Я в ужасном горе. Она сидит там у огня, тихая, несчастная. Одна — вы слышите? Одна! Ушла из дому, от забот моих ушла. И если я приведу целую армию и все королевское могущество отдам ей в руки — это ей не поможет. Как же это так? Что же мне делать? Я ее растил, берег, а теперь вдруг не могу ей помочь. Она за тридевять земель от меня. Подите к ней. Расспросите ее. Может быть, мы ей можем помочь все-таки? Ступайте же!
АДМИНИСТРАТОР. Она стрелять будет, ваше величество!
КОРОЛЬ. Ну так что? Вы все равно приговорены к смерти. Боже мой! Зачем все так меняется в твоем мире? Где моя маленькая дочка? Страстная, оскорбленная девушка сидит у огня. Да, да, оскорбленная. Я вижу. Мало ли я их оскорблял на своем веку. Спросите — что он ей сделал? Как мне поступить с ним? Казнить? Это я могу. Поговорить с ним? Берусь! Ну! Ступайте же!
ТРАКТИРЩИК. Позвольте мне поговорить с принцессой, король.
КОРОЛЬ. Нельзя! Пусть к дочке пойдет кто-нибудь из своих.
ТРАКТИРЩИК. Именно свои влюбленным кажутся особенно чужими. Все переменилось, а свои остались такими, как были.
КОРОЛЬ. Я не подумал об этом. Вы совершенно правы. Тем не менее приказания своего не отменю.
ТРАКТИРЩИК. Почему?
КОРОЛЬ. Почему, почему... Самодур потому что. Во мне тетя родная проснулась, дура неисправимая. Шляпу мне!

Министр подает Королю шляпу.

Бумаги мне.

Трактирщик подает Королю бумагу.

Бросим жребий. Так. Так, готово. Тот, кто вынет бумажку с крестом, пойдет к принцессе.

ДАМА. Позвольте мне без всяких крестов поговорить с принцессой, ваше величество. Мне есть что сказать ей.
КОРОЛЬ. Не позволю! Мне попала вожжа под мантию! Я король или не король? Жребий, жребий! Первый министр! Вы первый!

Министр тянет жребий, разворачивает бумажку.

МИНИСТР. Увы, государь!
АДМИНИСТРАТОР. Слава богу!
МИНИСТР. На бумаге нет креста!
АДМИНИСТРАТОР. Зачем же было кричать «увы», болван!
КОРОЛЬ. Тише! Ваша очередь, сударыня!
ДАМА. Мне идти, государь.
АДМИНИСТРАТОР. От всей души поздравляю! Царствия вам небесного!
КОРОЛЬ. А ну, покажите мне бумажку, сударыня! *(Выхватывает из рук Придворной Дамы ее жребий, рассматривает, качает головой.)* Вы вруньи, сударыня! Вот упрямый народ! Так и норовят одурачить бедного своего повелителя! Следующий! *(Администратору.)* Тяните жребий, сударь. Куда! Куда вы лезете! Откройте глаза, любезный! Вот, вот она, шляпа, перед вами.

Администратор тянет жребий, смотрит.

АДМИНИСТРАТОР. Ха-ха-ха!
КОРОЛЬ. Что — ха-ха-ха?
АДМИНИСТРАТОР. То есть я хотел сказать — увы! Вот честное слово, провалиться мне, я не вижу никакого креста. Ай-ай-ай, какая обида! Следующий!
КОРОЛЬ. Дайте мне ваш жребий!
АДМИНИСТРАТОР. Кого?
КОРОЛЬ. Бумажку! Живо! *(Заглядывает в бумажку.)* Нет креста?
АДМИНИСТРАТОР. Нет!
КОРОЛЬ. А это что?
АДМИНИСТРАТОР. Какой же это крест? Смешно, честное слово... Это скорее буква «х»!
КОРОЛЬ. Нет, любезный, это он и есть! Ступайте!
АДМИНИСТРАТОР. Люди, люди, опомнитесь! Что вы делаете? Мы бросили дела, забыли сан и звание, поскакали в

горы по чертовым мостам, по козьим дорожкам. Что нас довело до этого?

ДАМА. Любовь!

АДМИНИСТРАТОР. Давайте, господа, говорить серьезно! Нет никакой любви на свете!

ТРАКТИРЩИК. Есть!

АДМИНИСТРАТОР. Уж вам-то стыдно притворяться! Человек коммерческий, имеете свое дело.

ТРАКТИРЩИК. И все же я берусь доказать, что любовь существует на свете!

АДМИНИСТРАТОР. Нет ее! Людям я не верю, я слишком хорошо их знаю, а сам ни разу не влюблялся. Следовательно, нет любви! Следовательно, меня посылают на смерть из-за выдумки, предрассудка, пустого места!

КОРОЛЬ. Не задерживайте меня, любезный. Не будьте эгоистом.

АДМИНИСТРАТОР. Ладно, ваше величество, я не буду, только послушайте меня. Когда контрабандист ползет через пропасть по жердочке или купец плывет в маленьком суденышке по Великому океану — это почтенно, это понятно. Люди деньги зарабатывают. А во имя чего, извините, мне голову терять? То, что вы называете любовью, — это немного неприлично, довольно смешно и очень приятно. При чем же тут смерть?

ДАМА. Замолчите, презренный!

АДМИНИСТРАТОР. Ваше величество, не велите ей ругаться! Нечего, сударыня, нечего смотреть на меня так, будто вы и в самом деле думаете то, что говорите. Нечего, нечего! Все люди свиньи, только одни в этом признаются, а другие ломаются. Не я презренный, не я злодей, а все эти благородные страдальцы, странствующие проповедники, бродячие певцы, нищие музыканты, площадные болтуны. Я весь на виду, всякому понятно, чего я хочу. С каждого понемножку — и я уже не сержусь, веселею, успокаиваюсь, сижу себе да щелкаю на счетах. А эти раздуватели чувств, мучители душ человеческих — вот они воистину злодеи, убийцы непойманные. Это они лгут, будто совесть существует в природе, уверяют, что сострадание прекрасно, восхваляют верность, учат доблести и толкают на смерть обманутых дурачков! Это они придумали любовь. Нет ее! Поверьте солидному состоятельному мужчине!

КОРОЛЬ. А почему принцесса страдает?
АДМИНИСТРАТОР. По молодости лет, ваше величество!
КОРОЛЬ. Ладно. Сказал последнее слово приговоренного, и хватит. Все равно не помилую! Ступай! Ни слова! Застрелю!

Администратор уходит, пошатываясь.

Экий дьявол! И зачем только я слушал его? Он разбудил во мне тетю, которую каждый мог убедить в чем угодно. Бедняжка была восемнадцать раз замужем, не считая легких увлечений. А ну как и в самом деле нет никакой любви на свете? Может быть, у принцессы просто ангина или бронхит, а я мучаюсь.

ДАМА. Ваше величество...
КОРОЛЬ. Помолчите, сударыня! Вы женщина почтенная, верующая. Спросим молодежь. Аманда! Вы верите в любовь?
АМАНДА. Нет, ваше величество!
КОРОЛЬ. Вот видите! А почему?
АМАНДА. Я была влюблена в одного человека, и он оказался таким чудовищем, что я перестала верить в любовь. Я влюбляюсь теперь во всех кому не лень. Все равно!
КОРОЛЬ. Вот видите! А вы что скажете о любви, Оринтия?
ОРИНТИЯ. Все, что вам угодно, кроме правды, ваше величество.
КОРОЛЬ. Почему?
ОРИНТИЯ. Говорить о любви правду так страшно и так трудно, что я разучилась это делать раз и навсегда. Я говорю о любви то, чего от меня ждут.
КОРОЛЬ. Вы мне скажите только одно — есть любовь на свете?
ОРИНТИЯ. Есть, ваше величество, если вам угодно. Я сама столько раз влюблялась!
КОРОЛЬ. А может, нет ее?
ОРИНТИЯ. Нет ее, если вам угодно, государь! Есть легкое, веселое безумие, которое всегда кончается пустяками.

Выстрел.

КОРОЛЬ. Вот вам и пустяки!
ОХОТНИК. Царствие ему небесное!
УЧЕНИК. А может, он... она... они — промахнулись?
ОХОТНИК. Наглец! Моя ученица — и вдруг...

УЧЕНИК. Долго ли училась-то!
ОХОТНИК. О ком говоришь! При ком говоришь! Очнись!
КОРОЛЬ. Тише вы! Не мешайте мне! Я радуюсь! Ха-ха-ха! Наконец-то, наконец вырвалась дочка моя из той проклятой теплицы, в которой я, старый дурак, ее вырастил. Теперь она поступает как все нормальные люди: у нее неприятности — и вот она палит в кого попало. *(Всхлипывает.)* Растет дочка. Эй, трактирщик! Приберите там в коридоре!

> Входит Администратор. В руках у него дымящийся пистолет.

УЧЕНИК. Промахнулась! Ха-ха-ха!
КОРОЛЬ. Это что такое? Почему вы живы, нахал?
АДМИНИСТРАТОР. Потому что это я стрелял, государь.
КОРОЛЬ. Вы?
АДМИНИСТРАТОР. Да, вот представьте себе.
КОРОЛЬ. В кого?
АДМИНИСТРАТОР. В кого, в кого... В принцессу! Она жива, жива, не пугайтесь!
КОРОЛЬ. Эй, вы там! Плаху, палача и рюмку водки. Водку мне, остальное ему. Живо!
АДМИНИСТРАТОР. Не торопитесь, любезный!
КОРОЛЬ. Кому это ты говоришь?

> Входит Медведь. Останавливается в дверях.

АДМИНИСТРАТОР. Вам, папаша, говорю. Не торопитесь! Принцесса — моя невеста.
ПРИДВОРНАЯ ДАМА. Бей в барабаны, труби в трубы, караул, в ружье!
ПЕРВЫЙ МИНИСТР. Он сошел с ума?
ТРАКТИРЩИК. О, если бы!
КОРОЛЬ. Рассказывай толком, а то убью!
АДМИНИСТРАТОР. Расскажу с удовольствием. Люблю рассказывать о делах, которые удались. Да вы садитесь, господа, чего там, в самом деле, я разрешаю. Не хотите — как хотите. Ну вот, значит... Пошел я, как вы настаивали, к девушке... Пошел, значит. Хорошо. Приоткрываю дверь, а сам думаю: ох, убьет... Умирать хочется, как любому из присутствующих. Ну вот. А она обернулась на скрип двери и вскочила. Я, сами понимаете, ахнул. Выхватил, естественно, пистолет из кармана. И, как поступил бы на моем месте любой из присутствующих, выпалил из пистолета в

девушку. А она и не заметила. Взяла меня за руку и говорит: я думала, думала, сидя тут у огня, да и поклялась выйти замуж за первого встречного. Ха-ха! Видите, как мне везет, как ловко вышло, что я промахнулся. Ай да я!
ПРИДВОРНАЯ ДАМА. Бедный ребенок!
АДМИНИСТРАТОР. Не перебивать! Я спрашиваю: значит, я ваш жених теперь? А она отвечает: что же делать, если вы подвернулись под руку. Гляжу — губки дрожат, пальчики вздрагивают, в глазах чувства, на шейке жилка бьется, то-се, пятое, десятое. *(Захлебывается.)* Ох ты, ух ты!

Трактирщик подает водку Королю. Администратор выхватывает рюмку, выпивает одним глотком.

Ура! Обнял я ее, следовательно, чмокнул в самые губки.
МЕДВЕДЬ. Замолчи, убью!
АДМИНИСТРАТОР. Нечего, нечего. Убивали меня уже сегодня — и что вышло? На чем я остановился-то? Ах да... Поцеловались мы, значит...
МЕДВЕДЬ. Замолчи!
АДМИНИСТРАТОР. Король! Распорядитесь, чтобы меня не перебивали! Неужели трудно? Поцеловались мы, а потом она говорит: ступайте доложите обо всем папе, а я пока переоденусь девочкой. А я ей на это: разрешите помочь застегнуть то, другое, зашнуровать, затянуть, хе-хе... А она мне, кокетка такая, отвечает: вон отсюда! А я ей на это: до скорого свидания, ваше величество, канашка, курочка. Ха-ха-ха!
КОРОЛЬ. Черт знает что... Эй вы... Свита... Поищите там чего-нибудь в аптечке... Я потерял сознание, остались одни чувства... Тонкие... Едва определимые... То ли мне хочется музыки и цветов, то ли зарезать кого-нибудь. Чувствую, чувствую смутно-смутно — случилось что-то неладное, а взглянуть в лицо действительности — нечем...

Входит Принцесса. Бросается к отцу.

ПРИНЦЕССА *(отчаянно)*. Папа! Папа! *(Замечает Медведя. Спокойно.)* Добрый вечер, папа. А я замуж выхожу.
КОРОЛЬ. За кого, дочка?
ПРИНЦЕССА *(указывает на Администратора кивком головы)*. Вот за этого. Подите сюда! Дайте мне руку.
АДМИНИСТРАТОР. С наслаждением! Хе-хе...
ПРИНЦЕССА. Не смейте хихикать, а то я застрелю вас!

КОРОЛЬ. Молодец! Вот это по-нашему!
ПРИНЦЕССА. Свадьбу я назначаю через час.
КОРОЛЬ. Через час? Отлично! Свадьба — во всяком случае радостное и веселое событие, а там видно будет. Хорошо! Что, в самом деле... Дочь нашлась, все живы, здоровы, вина вдоволь. Распаковать багаж! Надеть праздничные наряды! Зажечь все свечи! Потом разберемся!
МЕДВЕДЬ. Стойте!
КОРОЛЬ. Что такое? Ну, ну, ну! Говорите же!
МЕДВЕДЬ *(обращается к Оринтии и Аманде, которые стоят обнявшись).* Я прошу вашей руки. Будьте моей женой. Взгляните на меня — я молод, здоров, прост. Я добрый человек и никогда вас не обижу. Будьте моей женой!
ПРИНЦЕССА. Не отвечайте ему!
МЕДВЕДЬ. Ах, вот как! Вам можно, а мне нет!
ПРИНЦЕССА. Я поклялась выйти замуж на первого встречного.
МЕДВЕДЬ. Я тоже.
ПРИНЦЕССА. Я... Впрочем, довольно, довольно, мне все равно! *(Идет к выходу.)* Дамы! За мной! Вы поможете мне надеть подвенечное платье.
КОРОЛЬ. Кавалеры, за мной! Вы мне поможете заказать свадебный ужин. Трактирщик, это и вас касается.
ТРАКТИРЩИК. Ладно, ваше величество, ступайте, я вас догоню. *(Придворной Даме, шепотом.)* Под любым предлогом заставьте принцессу вернуться сюда, в эту комнату.
ПРИДВОРНАЯ ДАМА. Силой приволоку, разрази меня нечистый!

Все уходят, кроме Медведя и фрейлин, которые все стоят обнявшись у стены.

МЕДВЕДЬ *(фрейлинам).* Будьте моей женой!
АМАНДА. Сударь, сударь! Кому из нас вы делаете предложение?
ОРИНТИЯ. Ведь нас двое.
МЕДВЕДЬ. Простите, я не заметил.

Вбегает Трактирщик.

ТРАКТИРЩИК. Назад, иначе вы погибнете! Подходить слишком близко к влюбленным, когда они ссорятся, смертельно опасно! Бегите, пока не поздно!

МЕДВЕДЬ. Не уходите!
ТРАКТИРЩИК. Замолчи, свяжу! Неужели вам не жалко этих бедных девушек?
МЕДВЕДЬ. Меня не жалели, и я не хочу никого жалеть!
ТРАКТИРЩИК. Слышите? Скорее, скорее прочь!

Оринтия и Аманда уходят, оглядываясь.

Слушай, ты! Дурачок! Опомнись, прошу тебя, будь добр! Несколько разумных ласковых слов — и вот вы снова счастливы. Понял? Скажи ей: слушайте, принцесса, так, мол, и так, я виноват, простите, не губите, я больше не буду, я нечаянно. А потом возьми да и поцелуй ее.
МЕДВЕДЬ. Ни за что!
ТРАКТИРЩИК. Не упрямься! Поцелуй, да только покрепче!
МЕДВЕДЬ. Нет!
ТРАКТИРЩИК. Не теряй времени! До свадьбы осталось всего сорок минут. Вы едва успеете помириться. Скорее. Опомнись! Я слышу шаги — это Эмилия ведет сюда принцессу. Ну же! Выше голову!

Распахивается дверь, и в комнату входит Придворная Дама в роскошном наряде. Ее сопровождают лакеи с зажженными канделябрами.

ПРИДВОРНАЯ ДАМА. Поздравляю вас, господа, с большой радостью!
ТРАКТИРЩИК. Слышишь, сынок?
ПРИДВОРНАЯ ДАМА. Пришел конец всем нашим горестям и злоключениям.
ТРАКТИРЩИК. Молодец, Эмилия!
ПРИДВОРНАЯ ДАМА. Согласно приказу принцессы ее бракосочетание с господином министром, которое должно было состояться через сорок пять минут...
ТРАКТИРЩИК. Умница! Ну, ну?
ПРИДВОРНАЯ ДАМА. Состоится немедленно!
ТРАКТИРЩИК. Эмилия! Опомнитесь! Это несчастье, а вы улыбаетесь!
ПРИДВОРНАЯ ДАМА. Таков приказ. Не трогайте меня, я при исполнении служебных обязанностей, будь я проклята! *(Сияя.)* Пожалуйста, ваше величество, все готово. *(Трактирщику.)* Ну что я могла сделать! Она упряма, как, как... как мы с вами когда-то!

Евгений Шварц. Рисунок Н. Акимова

Женя Шварц в 1899 г. Екатеринодар

Ф. Шелков — дед Е.Л. Шварца. 1880-е гг. Рязань

М.Ф. Шварц — мать Е.Л. Шварца. 1930-гг.

Л.Б. Шварц — отец Е.Л. Шварца. 1930-е гг.

Родители и сыновья — Женя и Валя. 1906 г. Майкоп

**Класс Реального училища в Майкопе. 1912 г.
Во втором ряду второй слева — Женя Шварц**

Евгений Шварц в 1911 г. Майкоп

Семья Шварцев в 1917 г

Входит Король в горностаевой мантии и в короне. Он ведет за руку Принцессу в подвенечном платье. Далее следует Министр-Администратор. На всех его пальцах сверкают бриллиантовые кольца. Следом за ним — придворные в праздничных нарядах.

КОРОЛЬ. Ну что ж. Сейчас начнем венчать. *(Смотрит на Медведя с надеждой.)* Честное слово, сейчас начну. Без шуток. Раз! Два! Три! *(Вздыхает.)* Начинаю! *(Торжественно.)* Как почетный святой, почетный великомученик, почетный Папа Римский нашего королевства приступаю к совершению таинства брака. Жених и невеста! Дайте друг другу руки!
МЕДВЕДЬ. Нет!
КОРОЛЬ. Что нет? Ну же, ну! Говорите, не стесняйтесь!
МЕДВЕДЬ. Уйдите все отсюда! Мне поговорить с ней надо! Уходите же!
АДМИНИСТРАТОР *(выступая вперед).* Ах ты наглец!

Медведь отталкивает его с такой силой, что Министр-Администратор летит в дверь.

ПРИДВОРНАЯ ДАМА. Ура! Простите, ваше величество...
КОРОЛЬ. Пожалуйста! Я сам рад. Отец все-таки.
МЕДВЕДЬ. Уйдите, умоляю! Оставьте нас одних!
ТРАКТИРЩИК. Ваше величество, а ваше величество! Пойдемте! Неудобно...
КОРОЛЬ. Ну вот еще! Мне тоже, небось, хочется узнать, чем кончится их разговор!
ПРИДВОРНАЯ ДАМА. Государь!
КОРОЛЬ. Отстаньте! А впрочем, ладно. Я ведь могу подслушивать у замочной скважины. *(Бежит на цыпочках.)* Пойдемте, пойдемте, господа! Неудобно!

Все убегают за ним, кроме Принцессы и Медведя.

МЕДВЕДЬ. Принцесса, сейчас я признаюсь во всем. На беду мы встретились, на беду полюбили друг друга. Я... я... Если вы поцелуете меня — я превращусь в медведя.

Принцесса закрывает лицо руками.

Я сам не рад! Это не я, это волшебник... Ему бы все шалить, а мы, бедные, вон как запутались. Поэтому я и бежал. Ведь я поклялся, что скорее умру, чем обижу вас. Простите! Это не я! Это он... Простите!

ПРИНЦЕССА. Вы, вы — и вдруг превратитесь в медведя?
МЕДВЕДЬ. Да.
ПРИНЦЕССА. Как только я вас поцелую?
МЕДВЕДЬ. Да.
ПРИНЦЕССА. Вы, вы молча будете бродить взад-вперед по комнатам, как по клетке? Никогда не поговорите со мною по-человечески? А если я уж очень надоем вам своими разговорами — вы зарычите на меня как зверь? Неужели так уныло кончатся все безумные радости и горести последних дней?
МЕДВЕДЬ. Да.
ПРИНЦЕССА. Папа! Папа!

Вбегает Король, сопровождаемый всей свитой.

Папа — он...
КОРОЛЬ. Да, да, я подслушал. Вот жалость-то какая!
ПРИНЦЕССА. Уедем, уедем поскорее!
КОРОЛЬ. Дочка, дочка... Со мною происходит нечто такое... Доброе что-то — такой страх! — что-то доброе проснулось в моей душе. Давай подумаем — может быть, не стоит его прогонять. А? Живут же другие — и ничего! Подумаешь — медведь... Не хорек все-таки... Мы бы его причесывали, приручали. Он бы нам бы иногда плясал бы...
ПРИНЦЕССА. Нет! Я его слишком люблю для этого.

Медведь делает шаг вперед и останавливается, опустив голову.

Прощай, навсегда прощай! *(Убегает.)*

Все, кроме Медведя, — за нею. Вдруг начинает играть музыка. Окна распахиваются сами собой. Восходит солнце. Снега в помине нет. На горных склонах выросла трава, качаются цветы. С хохотом врывается Хозяин. За ним, улыбаясь, спешит Хозяйка. Она взглядывает на Медведя и сразу перестает улыбаться.

ХОЗЯИН *(вопит).* Поздравляю! Поздравляю! Совет да любовь!
ХОЗЯЙКА. Замолчи, дурачок...
ХОЗЯИН. Почему — дурачок?
ХОЗЯЙКА. Не то кричишь. Тут не свадьба, а горе.
ХОЗЯИН. Что? Как? Не может быть! Я привел их в эту уютную гостиницу да завалил сугробами все входы и выходы. Я радовался своей выдумке, так радовался, что вечный

снег и тот растаял и горные склоны зазеленели под солнышком. Ты не поцеловал ее?

МЕДВЕДЬ. Но ведь...

ХОЗЯИН. Трус!

Печальная музыка. На зеленую траву, на цветы падает снег. Опустив голову, ни на кого не глядя, проходит через комнату Принцесса под руку с Королем. За ними вся свита. Все это шествие проходит за окнами под падающим снегом. Выбегает Трактирщик с чемоданом. Он потряхивает связкой ключей.

ТРАКТИРЩИК. Господа, господа, гостиница закрывается. Я уезжаю, господа!

ХОЗЯИН. Ладно! Давай мне ключи, я сам все запру.

ТРАКТИРЩИК. Вот спасибо! Поторопи охотника. Он там укладывает свои дипломы.

ХОЗЯИН. Ладно.

ТРАКТИРЩИК *(Медведю).* Слушай, бедный мальчик...

ХОЗЯИН. Ступай, я сам с ним поговорю. Поторопись, опоздаешь, отстанешь!

ТРАКТИРЩИК. Боже избави! *(Убегает.)*

ХОЗЯИН. Ты! Держи ответ! Как ты посмел не поцеловать ее?

МЕДВЕДЬ. Но ведь вы знаете, чем это кончилось бы!

ХОЗЯИН. Нет, не знаю! Ты не любил девушку!

МЕДВЕДЬ. Неправда!

ХОЗЯИН. Не любил, иначе волшебная сила безрассудства охватила бы тебя. Кто смеет рассуждать или предсказывать, когда высокие чувства овладевают человеком? Нищие, безоружные люди сбрасывают королей с престола из любви к ближнему. Из любви к родине солдаты попирают смерть ногами, и та бежит без оглядки. Мудрецы поднимаются на небо и ныряют в самый ад — из любви к истине. Землю перестраивают из любви к прекрасному. А ты что сделал из любви к девушке?

МЕДВЕДЬ. Я отказался от нее.

ХОЗЯИН. Великолепный поступок. А ты знаешь, что всего только раз в жизни выпадает влюбленным день, когда все им удается. И ты прозевал свое счастье. Прощай. Я больше не буду тебе помогать. Нет! Мешать начну тебе изо всех сил. До чего довел... Я, весельчак и шалун, заговорил из-за тебя как проповедник. Пойдем, жена, закроем ставни.

ХОЗЯЙКА. Идем, дурачок

Стук закрываемых ставней. Входят Охотник и его Ученик. В руках у них огромные папки.

МЕДВЕДЬ. Хотите убить сотого медведя?
ОХОТНИК. Медведя? Сотого?
МЕДВЕДЬ. Да, да! Рано или поздно — я разыщу принцессу, поцелую ее и превращусь в медведя... И тут вы...
ОХОТНИК. Понимаю! Ново. Заманчиво. Но мне, право, неловко пользоваться вашей любезностью...
МЕДВЕДЬ. Ничего, не стесняйтесь.
ОХОТНИК. А как посмотрит на это ее королевское высочество?
МЕДВЕДЬ. Обрадуется!
ОХОТНИК. Ну что же... Искусство требует жертв Я согласен.
МЕДВЕДЬ. Спасибо, друг! Идем!

Занавес

Действие третье

Сад, уступами спускающийся к морю. Кипарисы, пальмы, пышная зелень, цветы. Широкая терраса, на перилах которой сидит Трактирщик. Он одет по-летнему, в белом с головы до ног, посвежевший, помолодевший.

ТРАКТИРЩИК. Ау! Ау-у-у! Гоп, гоп! Монастырь, а монастырь! Отзовись! Отец эконом, где же ты? У меня новости есть! Слышишь? Новости! Неужели и это не заставит тебя насторожить уши? Неужели ты совсем разучился обмениваться мыслями на расстоянии? Целый год я вызываю тебя — и все напрасно. Отец эконом! Ау-у-у! Гоп, гоп! *(Вскакивает.)* Ура! Гоп, гоп! Здравствуй, старик! Ну, наконец-то! Да не ори ты так, ушам больно! Мало ли что! Я тоже обрадовался, да не ору же. Что? Нет уж, сначала ты выкладывай все, старый сплетник, а потом я расскажу, что пережили мы за этот год. Да, да. Все новости расскажу, ничего не пропущу, не беспокойся. Ну ладно уж, перестань охать да причитать, переходи к делу. Так, так, понимаю. А ты что? А настоятель что? А она что? Ха-ха-ха! Вот шустрая бабенка! Понимаю. Ну а как там гостиница моя? Работает? Да ну? Как, как, повтори-ка. *(Всхлипывает и сморкается.)* Приятно. Трогательно. Погоди, дай запишу. Тут нам угрожают разные беды и неприятности, так что полезно запастись утешительными новостями. Ну? Как говорят люди? Без него гостиница — как тело без души? Это без меня то есть? Спасибо, старый козел, порадовал ты меня. Ну а еще что? В остальном, говоришь, все как было? Все по-прежнему? Вот чудеса-то! Меня там нет, а все идет по-прежнему! Подумать только! Ну ладно, теперь я примусь рассказывать. Сначала о себе. Я страдаю невыносимо. Ну, сам посуди, вернулся я на родину. Так? Все вокруг прекрасно. Верно? Все цветет да радуется, как и в дни моей молодости, только я уже совсем не тот! Погубил я свое счастье, прозевал. Вот ужас, правда? Почему я говорю об этом так весело? Ну, все-таки дома... Я, не глядя на мои невыносимые страдания, все-таки прибавился в весе на пять кило. Ничего не поделаешь. Живу. И кроме того, страдания страданиями, а все-таки женился же я. На ней, на ней. На Э.! Э.! Э.! Чего тут не понимать! Э.! А не называю имя ее полностью, потому что, женившись, я остался почтительным влюбленным. Не могу я орать на весь мир имя, священное для меня. Нечего ржать, демон, ты ничего не понимаешь в любви, ты монах. Чего? Ну какая же это любовь, старый бесстыдник! Вот то-то и есть. А? Как принцесса? Ох, брат, плохо. Грустно, брат. Расхворалась у нас принцесса. От того расхворалась, во что ты, козел, не веришь. Вот то-то и есть, что от любви. Доктор говорит, что принцесса может умереть, да мы не хотим верить. Это было бы уж слишком несправедливо. Да не пришел он сюда, не пришел, понимаешь. Охотник пришел, а медведь пропадает неведомо где. По всей видимости, принц-администратор не пропускает его к нам всеми неправдами, какие есть на земле. Да, представь себе, администратор теперь принц и силен, как бес. Деньги, брат. Он до того разбогател, что просто страх. Что хочет, то и делает. Волшебник не волшебник, а вроде того. Ну, довольно о нем. Противно. Охотник-то? Нет, не охотится. Книжку пытается написать по теории охоты. Когда выйдет книжка? Неизвестно. Он отрывки пока печатает, а потом перестреливается с товарищами по профессии из-за каждой запятой. Заведует у нас королевской охотой. Женился, между прочим. На фрейлине принцессы, Аманде. Девочка у них родилась. Назвали Мушка. А ученик охотника женился на Оринтии. У них мальчик. Назвали Мишень. Вот, брат. Принцесса страдает, болеет, а жизнь идет своим чередом. Что ты говоришь? Рыба тут дешевле, чем у вас, а говядина в одной цене. Что? Овощи, брат, такие, которые тебе и не снились. Тыквы сдают небогатым семьям под дачи. Дачники и живут в тыкве, и питаются ею. И благодаря этому дача, чем дольше в ней живешь, тем становится просторнее. Вот, брат. Пробовали и арбузы сдавать, но в них жить сыровато. Ну, прощай, брат. Принцесса идет. Грустно, брат. Прощай, брат. Завтра в это время слушай меня. Ох-ох-ох, дела-делишки...

Входит Принцесса.

Здравствуйте, принцесса!

ПРИНЦЕССА. Здравствуйте, дорогой мой друг! Мы еще не виделись? А мне-то казалось, что я уже говорила вам, что сегодня умру.

ТРАКТИРЩИК. Не может этого быть! Вы не умрете!

ПРИНЦЕССА. Я и рада бы, но все так сложилось, что другого выхода мне не найти. Мне и дышать трудно, и глядеть — вот как я устала. Я никому этого не показываю, потому что привыкла с детства не плакать, когда ушибусь, — но ведь вы свой, верно?

ТРАКТИРЩИК. Я не хочу вам верить.

ПРИНЦЕССА. А придется все-таки! Как умирают без хлеба, без воды, без воздуха, так и я умираю оттого, что нет мне счастья, да и все тут.

ТРАКТИРЩИК. Вы ошибаетесь!

ПРИНЦЕССА. Нет! Как человек вдруг понимает, что влюблен, так же сразу он угадывает, когда смерть приходит за ним.

ТРАКТИРЩИК. Принцесса, не надо, пожалуйста!

ПРИНЦЕССА. Я знаю, что это грустно, но еще грустнее вам будет, если я оставлю вас не попрощавшись. Сейчас я напишу письма, уложу вещи, а вы пока соберите друзей здесь, на террасе. А я потом выйду и попрощаюсь с вами. Хорошо? *(Уходит.)*

ТРАКТИРЩИК. Вот горе-то, вот беда. Нет, нет, я не верю, что это может случиться! Она такая славная, такая нежная, никому ничего худого не сделала! Друзья, друзья мои! Скорее! Сюда! Принцесса зовет! Друзья, друзья мои!

Входят Хозяин и Хозяйка.

Вы? Вот счастье-то, вот радость! И вы услышали меня?

ХОЗЯИН. Услышали, услышали!

ТРАКТИРЩИК. Вы были возле?

ХОЗЯЙКА. Нет, мы сидели дома на крылечке. Но муж мой вдруг вскочил, закричал: «Пора, зовут», — схватил меня на руки, взвился под облака, а оттуда вниз, прямо к вам. Здравствуйте, Эмиль!

ТРАКТИРЩИК. Здравствуйте, здравствуйте, дорогие мои! Вы знаете, что у нас тут творится! Помогите нам. Администратор стал принцем и не пускает медведя к бедной принцессе.

ХОЗЯЙКА. Ах, это совсем не администратор.

ТРАКТИРЩИК. А кто же?

ХОЗЯЙКА. Мы.

ТРАКТИРЩИК. Не верю! Вы клевещете на себя!

ХОЗЯИН. Замолчи! Как ты смеешь причитать, ужасаться, надеяться на хороший конец там, где уже нет, нет пути назад. Избаловался! Изнежился! Раскис тут под пальмами. Женился и думает теперь, что все в мире должно идти ровненько да гладенько. Да, да! Это я не пускаю мальчишку сюда. Я!

ТРАКТИРЩИК. А зачем?

ХОЗЯИН. А затем, чтобы принцесса спокойно и с достоинством встретила свой конец.

ТРАКТИРЩИК. Ох!

ХОЗЯИН. Не охай!

ТРАКТИРЩИК. А что, если чудом...

ХОЗЯИН. Я когда-нибудь учил тебя управлять гостиницей или сохранять верность в любви? Нет? Ну и ты не смей говорить мне о чудесах. Чудеса подчинены таким же законам, как и все другие явления природы. Нет такой силы на свете, которая может помочь бедным детям. Ты чего хочешь? Чтобы он на наших глазах превратился в медведя и охотник застрелил бы его? Крик, безумие, безобразие вместо печального и тихого конца? Этого ты хочешь?

ТРАКТИРЩИК. Нет.

ХОЗЯИН. Ну и не будем об этом говорить.

ТРАКТИРЩИК. А если все-таки мальчик проберется сюда...

ХОЗЯИН. Ну уж нет! Самые тихие речки по моей усадьбе выходят из берегов и преграждают ему путь, едва он подходит к броду. Горы уж на что домоседы, но и те, скрипя камнями и шумя лесами, сходят с места, становятся на его дороге. Я уж не говорю об ураганах. Эти рады сбить человека с пути. Но это еще не все. Как ни было мне противно, но приказал я злым волшебникам делать ему зло. Только убивать его не разрешил.

ХОЗЯЙКА. И вредить его здоровью.

ХОЗЯИН. А все остальное — позволил. И вот огромные лягушки опрокидывают его коня, выскочив из засады. Комары жалят его.

ХОЗЯЙКА. Только не малярийные.

ХОЗЯИН. Но зато огромные, как пчелы. И его мучают сны — до того страшные, что только такие здоровяки, как наш медведь, могут их досмотреть до конца, не проснувшись Злые волшебники стараются изо всех сил, ведь они подчинены нам, добрым. Нет, нет! Все будет хорошо, все кончится печально. Зови, зови друзей прощаться с принцессой.

ТРАКТИРЩИК. Друзья, друзья мои!

Появляются Эмилия, Первый Министр, Оринтия, Аманда, Ученик Охотника.

Друзья мои...

ЭМИЛИЯ. Не надо, не говори, мы все слышали.

ХОЗЯИН. А где же охотник?

УЧЕНИК. Пошел к доктору за успокоительными каплями. Боится заболеть от беспокойства.

ЭМИЛИЯ. Это смешно, но я не в силах смеяться. Когда теряешь одного из друзей, то остальным на время прощаешь все... *(Всхлипывает.)*

ХОЗЯИН. Сударыня, сударыня! Будем держаться как взрослые люди. И в трагических концах есть свое величие.

ЭМИЛИЯ. Какое?

ХОЗЯИН. Они заставляют задуматься оставшихся в живых.

ЭМИЛИЯ. Что же тут величественного? Стыдно убивать героев для того, чтобы растрогать холодных и расшевелить равнодушных. Терпеть я этого не могу. Поговорим о другом.

ХОЗЯИН. Да, да, давайте. Где же бедняга король? Плачет, небось!

ЭМИЛИЯ. В карты играет, старый попрыгун!

ПЕРВЫЙ МИНИСТР. Сударыня, не надо браниться! Это я виноват во всем. Министр обязан докладывать государю всю правду, а я боялся огорчить его величество... Надо, надо открыть королю глаза!

ЭМИЛИЯ. Он и так все великолепно видит.

ПЕРВЫЙ МИНИСТР. Нет, нет, не видит. Это принц-администратор плох, а король просто прелесть что такое. Я дал себе клятву, что при первой же встрече открою государю глаза. И король спасет свою дочь, а следовательно, и всех нас!

ЭМИЛИЯ. А если не спасет?

ПЕРВЫЙ МИНИСТР. Тогда и я взбунтуюсь, черт возьми!

ЭМИЛИЯ. Король идет сюда. Действуйте. Я и над вами не в силах смеяться, господин первый министр.

Входит Король. Он очень весел.

КОРОЛЬ. Здравствуйте, здравствуйте! Какое прекрасное утро. Как дела, как принцесса? Впрочем, не надо мне отвечать, я и так понимаю, что все обстоит благополучно.

ПЕРВЫЙ МИНИСТР. Ваше величество...

КОРОЛЬ. До свидания, до свидания!

ПЕРВЫЙ МИНИСТР. Ваше величество, выслушайте меня.

КОРОЛЬ. Я спать хочу.

ПЕРВЫЙ МИНИСТР. Коли вы не спасете свою дочь, то кто ее спасет? Вашу родную, вашу единственную дочь! Поглядите, что делается у нас! Мошенник, наглый деляга без сердца и разума захватил власть в королевстве. Все, все служит теперь одному — разбойничьему его кошельку. Всюду, всюду бродят его приказчики и таскают с места на место тюки с товарами, ни на что не глядя. Они врезываются в похоронные процессии, останавливают свадьбы, валят с ног детишек, толкают стариков. Прикажите прогнать принца-администратора — и принцессе легче станет дышать, и страшная свадьба не будет больше грозить бедняжке. Ваше величество!..

КОРОЛЬ. Ничего, ничего я не могу сделать!

ПЕРВЫЙ МИНИСТР. Почему?

КОРОЛЬ Потому что вырождаюсь, дурак ты этакий! Книжки надо читать и не требовать от короля того, что он не в силах сделать. Принцесса умрет? Ну и пусть. Едва я увижу, что этот ужас в самом деле грозит мне, как покончу самоубийством. У меня и яд давно приготовлен. Я недавно попробовал это зелье на одном карточном партнере. Прелесть что такое. Тот помер и не заметил. Чего же кричать-то? Чего беспокоиться обо мне?

ЭМИЛИЯ. Мы не о вас беспокоимся, а о принцессе.

КОРОЛЬ. Вы не беспокоитесь о своем короле?

ПЕРВЫЙ МИНИСТР. Да, ваше превосходительство.

КОРОЛЬ. Ох! Как вы меня назвали?

ПЕРВЫЙ МИНИСТР. Ваше превосходительство.

КОРОЛЬ. Меня, величайшего из королей, обозвали генеральским титулом? Да ведь это бунт!

ПЕРВЫЙ МИНИСТР. Да! Я взбунтовался. Вы, вы, вы вовсе не величайший из королей, а просто выдающийся, да и только.

КОРОЛЬ. Ох!

ПЕРВЫЙ МИНИСТР. Съел? Ха-ха, я пойду еще дальше. Слухи о вашей святости преувеличены, да, да! Вы вовсе не по заслугам именуетесь почетным святым. Вы простой аскет!

КОРОЛЬ. Ой!

ПЕРВЫЙ МИНИСТР. Подвижник!

КОРОЛЬ. Ай!

ПЕРВЫЙ МИНИСТР. Отшельник, но отнюдь не святой.

КОРОЛЬ Воды!

ЭМИЛИЯ. Не давайте ему воды, пусть слушает правду!

ПЕРВЫЙ МИНИСТР. Почетный Папа Римский? Ха-ха! Вы не Папа Римский, не Папа, поняли? Не Папа, да и все тут!

КОРОЛЬ. Ну, это уж слишком! Палач!

ЭМИЛИЯ. Он не придет, он работает в газете министра-администратора. Пишет стихи.

КОРОЛЬ. Министр, министр-администратор! Сюда! Обижают!

Входит Министр-Администратор. Он держится теперь необыкновенно солидно. Говорит не спеша, вещает.

АДМИНИСТРАТОР. Но почему? Отчего? Кто смеет обижать нашего славного, нашего рубаху-парня, как я его называю, нашего королька?

КОРОЛЬ. Они ругают меня, велят, чтобы я вас прогнал!

АДМИНИСТРАТОР. Какие гнусные интриги, как я это называю.
КОРОЛЬ. Они меня пугают.
АДМИНИСТРАТОР. Чем?
КОРОЛЬ. Говорят, что принцесса умрет.
АДМИНИСТРАТОР. От чего?
КОРОЛЬ. От любви, что ли.
АДМИНИСТРАТОР. Это, я бы сказал, вздор. Бред, как я это называю. Наш общий врач, мой и королька, вчера только осматривал принцессу и докладывал мне о состоянии ее здоровья. Никаких болезней, приключающихся от любви, у принцессы не обнаружено. Это первое. А во-вторых, от любви приключаются болезни потешные, для анекдотов, как я это называю, и вполне излечимые, если их не запустить, конечно. При чем же тут смерть?
КОРОЛЬ. Вот видите! Я же вам говорил. Доктору лучше знать, в опасности принцесса или нет.
АДМИНИСТРАТОР. Доктор своей головой поручился мне, что принцесса вот-вот поправится. У нее просто предсвадебная лихорадка, как я это называю.

Вбегает Охотник.

ОХОТНИК. Несчастье, несчастье! Доктор сбежал!
КОРОЛЬ. Почему?
АДМИНИСТРАТОР. Вы лжете!
ОХОТНИК. Эй ты! Я люблю министров, но только вежливых! Запамятовал? Я человек искусства, а не простой народ! Я стреляю без промаха!
АДМИНИСТРАТОР. Виноват, заработался.
КОРОЛЬ. Рассказывайте, рассказывайте, господин охотник! Прошу вас!
ОХОТНИК. Слушаюсь, ваше величество. Прихожу я к доктору за успокоительными каплями — и вдруг вижу: комнаты отперты, ящики открыты, шкафы пусты, а на столе записка. Вот она!
КОРОЛЬ. Не смейте показывать ее мне! Я не желаю! Я боюсь! Что это такое? Палача отняли, жандармов отняли, пугают. Свиньи вы, а не верноподданные. Не смейте ходить за мною! Не слушаю, не слушаю, не слушаю! *(Убегает, заткнув уши.)*
АДМИНИСТРАТОР. Постарел королек...

ЭМИЛИЯ. С вами постареешь.

АДМИНИСТРАТОР. Прекратим болтовню, как я это называю. Покажите, пожалуйста, записку, господин охотник.

ЭМИЛИЯ. Прочтите ее нам всем вслух, господин охотник.

ОХОТНИК. Извольте. Она очень проста. *(Читает.)* «Спасти принцессу может только чудо. Вы ее уморили, а винить будете меня. А доктор тоже человек, у него свои слабости, он жить хочет. Прощайте. Доктор».

АДМИНИСТРАТОР. Черт побери, как это некстати. Доктора, доктора! Верните его сейчас же и свалите на него все! Живо! *(Убегает.)*

Принцесса появляется на террасе. Она одета по-дорожному.

ПРИНЦЕССА. Нет, нет, не вставайте, не трогайтесь с места, друзья мои! И вы тут, друг мой волшебник, и вы. Как славно! Какой особенный день! Мне все так удается сегодня. Вещи, которые я считала пропавшими, находятся вдруг сами собой. Волосы послушно укладываются, когда я причесываюсь. А если я начинаю вспоминать прошлое, то ко мне приходят только радостные воспоминания. Жизнь улыбается мне на прощание. Вам сказали, что я сегодня умру?

ХОЗЯЙКА. Ох!

ПРИНЦЕССА. Да, да, это гораздо страшнее, чем я думала. Смерть-то, оказывается, груба. Да еще и грязна. Она приходит с целым мешком отвратительных инструментов, похожих на докторские. Там у нее лежат необточенные серые каменные молотки для ударов, ржавые крючки для разрыва сердца и еще более безобразные приспособления, о которых не хочется говорить.

ЭМИЛИЯ. Откуда вы это знаете, принцесса?

ПРИНЦЕССА. Смерть подошла так близко, что мне видно все. И довольно об этом. Друзья мои, будьте со мною еще добрее, чем всегда. Не думайте о своем горе, а постарайтесь скрасить последние мои минуты.

ЭМИЛЬ. Приказывайте, принцесса! Мы все сделаем.

ПРИНЦЕССА. Говорите со мною как ни в чем не бывало. Шутите, улыбайтесь. Рассказывайте что хотите. Только бы я не думала о том, что случится скоро со мной. Оринтия, Аманда, вы счастливы замужем?

АМАНДА. Не так, как мы думали, но счастливы.

ПРИНЦЕССА. Все время?

ОРИНТИЯ. Довольно часто.

ПРИНЦЕССА. Вы хорошие жены?

ОХОТНИК. Очень! Другие охотники просто лопаются от зависти.

ПРИНЦЕССА. Нет, пусть жены ответят сами. Вы хорошие жены?

АМАНДА. Не знаю, принцесса. Думаю, что ничего себе. Но только я так страшно люблю своего мужа и ребенка...

ОРИНТИЯ. И я тоже.

АМАНДА. ...что мне бывает иной раз трудно, невозможно сохранить разум.

ОРИНТИЯ. И мне тоже.

АМАНДА. Давно ли удивлялись мы глупости, нерасчетливости, бесстыдной откровенности, с которой законные жены устраивают сцены своим мужьям...

ОРИНТИЯ. И вот теперь грешим тем же самым.

ПРИНЦЕССА. Счастливицы! Сколько надо пережить, перечувствовать, чтобы так измениться! А я все тосковала, да и только. Жизнь, жизнь... Кто это? *(Вглядывается в глубину сада.)*

ЭМИЛИЯ. Что вы, принцесса! Там никого нет.

ПРИНЦЕССА. Шаги, шаги! Слышите?

ОХОТНИК. Это... она?

ПРИНЦЕССА. Нет, это он, это он!

Входит Медведь. Общее движение.

Вы... Вы ко мне?

МЕДВЕДЬ. Да. Здравствуйте! Почему вы плачете?

ПРИНЦЕССА. От радости. Друзья мои... Где же они все?

МЕДВЕДЬ. Едва я вошел, как они вышли на цыпочках.

ПРИНЦЕССА. Ну вот и хорошо. У меня теперь есть тайна, которую я не могла поведать даже самым близким людям. Только вам. Вот она: я люблю вас. Да, да! Правда, правда! Так люблю, что все прощу вам. Вам все можно. Вы хотите превратиться в медведя — хорошо. Пусть. Только не уходите. Я не могу больше пропадать тут одна. Почему вы так давно не приходили? Нет, нет, не отвечайте мне, не надо, я не спрашиваю. Если вы не приходили, значит, не могли. Я не упрекаю вас — видите, какая я стала смирная. Только не оставляйте меня.

МЕДВЕДЬ. Нет, нет.
ПРИНЦЕССА. За мною смерть приходила сегодня.
МЕДВЕДЬ. Нет!
ПРИНЦЕССА. Правда, правда. Но я ее не боюсь. Я просто рассказываю вам новости. Каждый раз, как только случалось что-нибудь печальное или просто примечательное, я думала: он придет — и я расскажу ему. Почему вы не шли так долго!
МЕДВЕДЬ. Нет, нет, я шел. Все время шел. Я думал только об одном: как приду к вам и скажу: «Не сердитесь. Вот я. Я не мог иначе! Я пришел». *(Обнимает Принцессу.)* Не сердитесь! Я пришел!
ПРИНЦЕССА. Ну вот и хорошо. Я так счастлива, что не верю ни в смерть, ни в горе. Особенно сейчас, когда ты подошел так близко ко мне. Никто никогда не подходил ко мне так близко. И не обнимал меня. Ты обнимаешь меня так, как будто имеешь на это право. Мне это нравится, очень нравится. Вот сейчас и я тебя обниму. И никто не посмеет тронуть тебя. Пойдем, пойдем, я покажу тебе мою комнату, где я столько плакала, балкон, с которого я смотрела, не идешь ли ты, сто книг о медведях. Пойдем, пойдем.

Уходят, и тотчас же входит Хозяйка.

ХОЗЯЙКА. Боже мой, что делать, что делать мне, бедной! Я слышала, стоя здесь за деревом, каждое их слово и плакала, будто на похоронах. Да так оно и есть! Бедные дети, бедные дети! Что может быть печальнее! Жених и невеста, которым не стать мужем и женой.

Входит Хозяин.

Грустно, правда?
ХОЗЯИН. Правда.
ХОЗЯЙКА. Я люблю тебя, я не сержусь, — но зачем, зачем, затеял ты все это!
ХОЗЯИН. Таким уж я на свет уродился. Не могу не затевать, дорогая моя, милая моя. Мне захотелось поговорить с тобой о любви. Но я волшебник. И я взял и собрал людей и перетасовал их, и все они стали жить так, чтобы ты смеялась и плакала. Вот как я тебя люблю. Одни, правда, работали лучше, другие хуже, но я уже успел привыкнуть

к ним. Не зачеркивать же! Не слова — люди. Вот, например, Эмиль и Эмилия. Я надеялся, что они будут помогать молодым, помня свои минувшие горести. А они взяли да и обвенчались. Взяли да и обвенчались! Ха-ха-ха! Молодцы! Не вычеркивать же мне их за это. Взяли да и обвенчались, дурачки, ха-ха-ха! Взяли да и обвенчались!

Садится рядом с женой. Обнимает ее за плечи. Говорит, тихонько покачивая ее, как бы убаюкивая.

Взяли да и обвенчались, дурачки такие. И пусть, и пусть! Спи, родная моя, и пусть себе. Я, на свою беду, бессмертен. Мне предстоит пережить тебя и затосковать навеки. А пока — ты со мной, и я с тобой. С ума можно сойти от счастья. Ты со мной. Я с тобой. Слава храбрецам, которые осмеливаются любить, зная, что всему этому придет конец. Слава безумцам, которые живут себе, как будто они бессмертны, — смерть иной раз отступает от них. Отступает, ха-ха-ха! А вдруг и ты не умрешь, а превратишься в плющ, да и обовьешься вокруг меня, дурака. Ха-ха-ха! *(Плачет.)* А я, дурак, обращусь в дуб. Честное слово. С меня это станется. Вот никто и не умрет из нас, и все кончится благополучно. Ха-ха-ха! А ты сердишься. А ты ворчишь на меня. А я вон что придумал. Спи. Проснешься — смотришь, и уже пришло завтра. А все горести были вчера. Спи. Спи, родная.

Входит Охотник. В руках у него ружье. Входят его Ученик, Оринтия, Аманда, Эмиль, Эмилия.

Горюете, друзья?
ЭМИЛЬ. Да.
ХОЗЯИН. Садитесь. Будем горевать вместе.
ЭМИЛИЯ. Ах, как мне хотелось бы попасть в те удивительные страны, о которых рассказывают в романах! Небо там серое, часто идут дожди, ветер воет в трубах. И там вовсе нет этого окаянного слова «вдруг«. Там одно вытекает из другого. Там люди, приходя в незнакомый дом, встречают именно то, чего ждали, и, возвращаясь, находят свой дом неизменившимся, и еще ропщут на это, неблагодарные. Необыкновенные события случаются там так редко, что люди не узнают их, когда они приходят все-таки наконец. Сама смерть там выглядит понятной.

Особенно смерть чужих людей. И нет там ни волшебников, ни чудес. Юноши, поцеловав девушку, не превращаются в медведей, а если и превращаются, то никто не придает этому значения. Удивительный мир, счастливый мир... Впрочем, простите меня за то, что я строю фантастические замки.

ХОЗЯИН. Да, да, не надо, не надо! Давайте принимать жизнь такой, как она есть. Дождики дождиками, но бывают и чудеса, и удивительные превращения, и утешительные сны. Да, да, утешительные сны. Спите, спите, друзья мои. Спите. Пусть все кругом спят, а влюбленные прощаются друг с другом.

ПЕРВЫЙ МИНИСТР. Удобно ли это?

ХОЗЯИН. Разумеется.

ПЕРВЫЙ МИНИСТР. Обязанности придворного...

ХОЗЯИН. ...окончились. На свете нет никого, кроме двух детей. Они прощаются друг с другом и никого не видят вокруг. Пусть так и будет. Спите, спите, друзья мои. Спите. Проснетесь — смотришь, уже и пришло завтра, а все горести были вчера. Спите. *(Охотнику.)* А ты что не спишь?

ОХОТНИК. Слово дал. Я... Тише! Спугнешь медведя!

Входит Принцесса. За ней Медведь.

МЕДВЕДЬ. Почему ты вдруг убежала от меня?

ПРИНЦЕССА. Мне стало страшно.

МЕДВЕДЬ. Страшно? Не надо, пойдем обратно. Пойдем к тебе.

ПРИНЦЕССА. Смотри: все вокруг уснули. И часовые на башнях. И отец на троне. И министр-администратор возле замочной скважины. Сейчас полдень, а вокруг тихо, как в полночь. Почему?

МЕДВЕДЬ. Потому, что я люблю тебя. Пойдем к тебе.

ПРИНЦЕССА. Мы вдруг остались одни на свете. Подожди, не обижай меня.

МЕДВЕДЬ. Хорошо.

ПРИНЦЕССА. Нет, нет, не сердись. *(Обнимает Медведя.)* Пусть будет, как ты хочешь. Боже мой, какое счастье, что я так решила. А я, дурочка, и не догадывалась, как это хорошо. Пусть будет, как ты хочешь. *(Обнимает и целует его.)*

Полный мрак. Удар грома. Музыка. Вспыхивает свет. Принцесса и Медведь, взявшись за руки, глядят друг на друга.

ХОЗЯИН. Глядите! Чудо, чудо! Он остался человеком!

Отдаленный, очень печальный, постепенно замирающий звук бубенчиков.

Ха-ха-ха! Слышите? Смерть уезжает на своей белой лошади, удирает несолоно хлебавши! Чудо, чудо! Принцесса поцеловала его — и он остался человеком, и смерть отступила от счастливых влюбленных.

ОХОТНИК. Но я видел, видел, как он превратился в медведя!

ХОЗЯИН. Ну, может быть, на несколько секунд, со всяким это может случиться в подобных обстоятельствах. А потом что? Гляди: это человек, человек идет по дорожке со своей невестой и разговаривает с ней тихонько. Любовь так переплавила его, что не стать ему больше медведем. Просто прелесть, что я за дурак. Ха-ха-ха! Нет уж, извини, жена, но я сейчас же, сейчас же начну творить чудеса, чтобы не лопнуть от избытка сил. Раз! Вот вам гирлянды из живых цветов! Два! Вот вам гирлянды из живых котят! Не сердись, жена! Видишь: они тоже радуются и играют. Котенок ангорский, котенок сиамский и котенок сибирский, а кувыркаются, как родные братья по случаю праздника! Славно!

ХОЗЯЙКА. Так-то оно так, но уж лучше бы сделал ты что-нибудь полезное для влюбленных. Ну, например, превратил бы администратора в крысу.

ХОЗЯИН. Сделай одолжение! *(Взмахивает руками.)*

Свист, дым, скрежет, писк.

Готово! Слышишь, как он злится и пищит в подполье? Еще что прикажешь?

ХОЗЯЙКА. Хорошо бы и короля... подальше бы. Вот это был бы подарок. Избавиться от такого тестя!

ХОЗЯИН. Какой он тесть! Он...

ХОЗЯЙКА. Не сплетничай в праздник! Грех! Преврати, родной, короля в птичку. И не страшно, и вреда от него не будет.

ХОЗЯИН. Сделай одолжение! В какую?

ХОЗЯЙКА. В колибри.

ХОЗЯИН. Не влезет.
ХОЗЯЙКА. Ну тогда — в сороку.
ХОЗЯИН. Вот это другое дело. *(Взмахивает руками.)*

Сноп искр. Прозрачное облако, тая, пролетает через сад.

Ха-ха-ха! Он и на это не способен. Не превратился он в птичку, а растаял как облачко, будто его и не было.
ХОЗЯЙКА. И это славно. Но что с детьми? Они и не глядят на нас. Дочка! Скажи нам хоть слово!
ПРИНЦЕССА. Здравствуйте! Я видела уже вас всех сегодня, но мне кажется, что это было так давно. Друзья мои, этот юноша — мой жених.
МЕДВЕДЬ. Это правда, чистая правда!
ХОЗЯИН. Мы верим, верим. Любите, любите друг друга, да и всех нас заодно, не остывайте, не отступайте — и вы будете так счастливы, что это просто чудо!

Занавес

Голый король

Сказка в двух действиях

ДЕЙСТВУЮЩИЕ ЛИЦА

ГЕНРИХ
ХРИСТИАН
КОРОЛЬ
ПРИНЦЕССА
КОРОЛЬ-ОТЕЦ
МИНИСТРЫ
ПРИДВОРНЫЕ ДАМЫ
ЖАНДАРМЫ
ФРЕЙЛИНЫ
СОЛДАТЫ
ПУБЛИКА

Действие первое

Лужайка, поросшая цветами. На заднем плане — королевский замок. Свиньи бродят по лужайке. Свинопас Генрих рассказывает. Друг его, ткач Христиан, лежит задумчиво на траве.

ГЕНРИХ. Несу я через королевский двор поросенка. Ему клеймо ставили королевское. Пятачок, а наверху корона. Поросенок орет — слушать страшно. И вдруг сверху голос: перестаньте мучить животное, такой-сякой! Только что я хотел выругаться — мне, понимаешь, и самому неприятно, что поросенок орет, — глянул наверх — ах! — а там принцесса. Такая хорошенькая, такая миленькая, что у меня сердце перевернулось. И решил я на ней жениться.
ХРИСТИАН. Ты мне это за последний месяц рассказываешь в сто первый раз.
ГЕНРИХ. Такая, понимаешь, беленькая! Я и говорю: принцесса, приходи на лужок поглядеть, как пасутся свиньи.

А она: я боюсь свиней. А я ей говорю: свиньи смирные. А она: нет, они хрюкают. А я ей: это человеку не вредит. Да ты спишь?

ХРИСТИАН *(сонно).* Сплю.

ГЕНРИХ *(поворачивается к свиньям).* И вот, дорогие вы мои свинки, стал я ходить каждый вечер этой самой дорогой. Принцесса красуется в окне, как цветочек, а я стою внизу во дворе как столб, прижав руки к сердцу. И все ей повторяю: приходи на лужок. А она: а чего я там не видела? А я ей: цветы там очень красивые. А она: они и у нас есть. А я ей: там разноцветные камушки. А она мне: подумаешь, как интересно. Так и уговариваю, пока нас не разгонят. И ничем ее не убедишь! Наконец я придумал. Есть, говорю, у меня котелок с колокольчиками, который прекрасным голосом поет, играет на скрипке, на валторне, на флейте и, кроме того, рассказывает, что у кого готовится на обед. Принеси, говорит она, сюда этот котелок. Нет, говорю, его у меня отберет король. Ну ладно, говорит, приду к тебе на лужайку в будущую среду, ровно в двенадцать. Побежал я к Христиану. У него руки золотые, и сделали мы котелок с колокольчиками Эх, свинки, свинки, и вы заснули! Конечно, вам надоело... Я только об этом целыми днями и говорю. Ничего не поделаешь — влюблен. Ах, идет! *(Толкает свиней.)* Вставай, Герцогиня, вставай, Графиня, вставай, Баронесса. Христиан! Христиан! Проснись!

ХРИСТИАН. А? Что?

ГЕНРИХ. Идет! Вон она! Беленькая, на дорожке. *(Генрих тычет пальцем вправо.)*

ХРИСТИАН. Чего ты? Чего там? Ах, верно — идет. И не одна, со свитой... Да перестань ты дрожать... Как ты женишься на ней, если ты ее так боишься?

ГЕНРИХ. Я дрожу не от страха, а от любви.

ХРИСТИАН. Генрих, опомнись! Разве от любви полагается дрожать и чуть ли не падать на землю! Ты не девушка!

ГЕНРИХ. Принцесса идет.

ХРИСТИАН. Раз идет, значит, ты ей нравишься. Вспомни, сколько девушек ты любил — и всегда благополучно. А ведь она хоть и принцесса, а тоже девушка.

ГЕНРИХ. Главное, беленькая очень. Дай глотну из фляжки. И хорошенькая. И миленькая. Идешь по двору, а она красуется в окне, как цветочек... И я как столб, во дворе, прижавши руки к сердцу...

ХРИСТИАН. Замолчи! Главное, будь тверд. Раз уж решил жениться — не отступай. Ох, не надеюсь я на тебя. Был ты юноша хитрый, храбрый, а теперь...

ГЕНРИХ. Не ругай меня, она подходит...

ХРИСТИАН. И со свитой!

ГЕНРИХ. Я никого не вижу, кроме нее! Ах ты моя миленькая!

Входят Принцесса и придворные дамы. Принцесса подходит к свинопасу. Дамы стоят в стороне.

ПРИНЦЕССА. Здравствуй, свинопас.

ГЕНРИХ. Здравствуй, принцесса.

ПРИНЦЕССА. А мне сверху, из окна, казалось, что ты меньше ростом.

ГЕНРИХ. А я больше ростом.

ПРИНЦЕССА. И голос у тебя нежней. Ты со двора всегда очень громко мне кричал.

ГЕНРИХ. А здесь я не кричу.

ПРИНЦЕССА. Весь дворец знает, что я пошла сюда слушать твой котелок, — так ты кричал! Здравствуй, свинопас! *(Протягивает ему руку.)*

ГЕНРИХ. Здравствуй, принцесса. *(Берет Принцессу за руку.)*

ХРИСТИАН *(шепчет).* Смелей, смелей, Генрих!

ГЕНРИХ. Принцесса! Ты такая славненькая, что прямо страшно делается.

ПРИНЦЕССА. Почему?

ГЕНРИХ. Беленькая такая, добренькая такая, нежная такая.

Принцесса вскрикивает.

Что с тобой?

ПРИНЦЕССА. Вон та свинья злобно смотрит на нас.

ГЕНРИХ. Которая? А! Та! Пошла отсюда прочь, Баронесса, или я завтра же тебя зарежу.

ТРЕТЬЯ ПРИДВОРНАЯ ДАМА. Ах! *(Падает в обморок.)*

Все придворные дамы ее окружают.

ВОЗМУЩЕННЫЕ ВОЗГЛАСЫ. Грубиян!

— Нельзя резать баронессу!

— Невежа!

— Это некрасиво — резать баронессу!

— Нахальство!

— Это неприлично — резать баронессу!

ПЕРВАЯ ПРИДВОРНАЯ ДАМА *(торжественно подходит к Принцессе).* Ваше высочество! Запретите этому… этому поросенку оскорблять придворных дам.

ПРИНЦЕССА. Во-первых, он не поросенок, а свинопас, а во-вторых — зачем ты обижаешь мою свиту?

ГЕНРИХ. Называй меня, пожалуйста, Генрих.

ПРИНЦЕССА. Генрих? Как интересно. А меня зовут Генриетта.

ГЕНРИХ. Генриетта? Неужели? А меня — Генрих.

ПРИНЦЕССА. Видишь, как хорошо. Генрих!

ГЕНРИХ. Вот ведь! Бывает же… Генриетта.

ПЕРВАЯ ПРИДВОРНАЯ ДАМА. Осмелюсь напомнить вашему высочеству, что этот… этот ваш собеседник собирается завтра зарезать баронессу.

ПРИНЦЕССА. Ах да… Скажи, пожалуйста, Генрих, зачем ты собираешься завтра зарезать баронессу?

ГЕНРИХ. А она уже достаточно разъелась. Она ужасно толстая.

ТРЕТЬЯ ПРИДВОРНАЯ ДАМА. Ах! *(Снова падает в обморок.)*

ГЕНРИХ. Почему эта дама все время кувыркается?

ПЕРВАЯ ПРИДВОРНАЯ ДАМА. Эта дама и есть та баронесса, которую вы назвали свиньей и хотите зарезать.

ГЕНРИХ. Ничего подобного, вот свинья, которую я назвал Баронессой и хочу зарезать.

ПЕРВАЯ ПРИДВОРНАЯ ДАМА. Вы эту свинью назвали Баронессой?

ГЕНРИХ. А эту — Графиней.

ВТОРАЯ ПРИДВОРНАЯ ДАМА. Ничего подобного! Графиня — это я!

ГЕНРИХ. А эта свинья — Герцогиня.

ПЕРВАЯ ПРИДВОРНАЯ ДАМА. Какая дерзость! Герцогиня — это я! Называть свиней высокими титулами! Ваше высочество, обратите внимание на неприличный поступок этого свинопаса.

ПРИНЦЕССА. Во-первых, он не свинопас, а Генрих. А во-вторых, свиньи — его подданные, и он вправе их жаловать любыми титулами.

ПЕРВАЯ ПРИДВОРНАЯ ДАМА. И вообще он ведет себя неприлично. Он держит вас за руку!

ПРИНЦЕССА. Что же тут неприличного! Если бы он держал меня за ногу...

ПЕРВАЯ ПРИДВОРНАЯ ДАМА. Умоляю вас, молчите. Вы так невинны, что можете сказать совершенно страшные вещи.

ПРИНЦЕССА. А вы не приставайте. А скажи, Генрих, почему у тебя такие твердые руки?

ГЕНРИХ. Тебе не нравится?

ПРИНЦЕССА. Какие глупости! Как это мне может не нравиться! У тебя руки очень милые.

ГЕНРИХ. Принцесса, я тебе сейчас что-то скажу...

ПЕРВАЯ ПРИДВОРНАЯ ДАМА (*решительно*). Ваше высочество! Мы пришли сюда слушать котелок. Если мы не будем слушать котелок, а будем с крайне неприличным вниманием слушать чужого мужчину, я сейчас же...

ПРИНЦЕССА. Ну и не слушайте чужого мужчину и отойдите.

ПЕРВАЯ ПРИДВОРНАЯ ДАМА. Но он и вам чужой!

ПРИНЦЕССА. Какие глупости. Я с чужими никогда не разговариваю.

ПЕРВАЯ ПРИДВОРНАЯ ДАМА. Я даю вам слово, принцесса, что сейчас же позову короля.

ПРИНЦЕССА. Отстаньте!

ПЕРВАЯ ПРИДВОРНАЯ ДАМА (*кричит, повернувшись к замку*). Коро-оль! Идите сюда скорей. Принцесса ужасно себя ведет!

ПРИНЦЕССА. Ах, как они мне надоели. Ну покажи им котелок, Генрих, если им так хочется.

ГЕНРИХ. Христиан! Иди сюда. Давай котелок.

ХРИСТИАН (*достает из мешка котелок. Тихо*). Молодец, Генрих. Так ее. Не выпускай ее. Она в тебя по уши влюблена.

ГЕНРИХ. Ты думаешь?

ХРИСТИАН. Да тут и думать нечего. Теперь главное — поцелуй ее. Найди случай! Целуй ее, чтобы ей было что вспомнить, когда домой придет. Вот, ваше высочество, и вы, благородные дамы, замечательный котелок с колокольчиками. Кто его сделал? Мы. Для чего? Для того, чтобы позабавить высокорожденную принцессу и благородных дам. На вид котелок прост — медный, гладкий, затянут сверху ослиной кожей, украшен по краям бубенцами. Но это обманчивая простота. За этими медными боками скрыта самая музыкальная душа в мире. Сыграть сто сорок танцев и спеть одну песенку может этот медный музыкант, позванивая своими серебряными колокольчиками. Вы спросите: почему так много танцев? Потому что он весел, как мы. Вы спросите: почему всего одну песенку? Потому что он верен, как мы. Но это еще не все: эта чудодейственная, веселая и верная машина под ослиной кожей скрывает нос!

ПРИДВОРНЫЕ ДАМЫ *(хором)*. Что?

ХРИСТИАН. Нос. И какой нос, о прекрасная принцесса и благородные дамы! Под грубой ослиной кожей таится, как нежный цветок, самый тонкий, самый чуткий нос в мире. Достаточно направить его с любого расстояния на любую кухню любого дома — и наш великий нос сразу почует, что за обед там готовится. И сразу же совершенно ясно, правда несколько в нос, опишет нам нос этот самый обед. О благородные слушатели! С чего мы начнем? С песенки, с танцев или с обедов?

ПЕРВАЯ ПРИДВОРНАЯ ДАМА. Принцесса, с чего вы прикажете начать? Ах! Я заслушалась и не заметила! Принцесса! Принцесса! Принцесса! Я вам говорю.

ПРИНЦЕССА *(томно)*. Мне? Ах да, да. Говорите что хотите.

ПЕРВАЯ ПРИДВОРНАЯ ДАМА. Что вы делаете, принцесса? Вы позволяете обнимать себя за талию. Это неприлично!

ПРИНЦЕССА. Что же тут неприличного? Если бы он обнимал меня за...

ПЕРВАЯ ПРИДВОРНАЯ ДАМА. Умоляю вас, молчите. Вы так наивны, что можете сказать совершенно страшные вещи!

ПРИНЦЕССА. А вы не приставайте. Идите слушайте котелок!

ПЕРВАЯ ПРИДВОРНАЯ ДАМА. Но мы не знаем, с чего начать: с песенки, с танцев или с обедов?

ПРИНЦЕССА. Как ты думаешь, Генрих?

ГЕНРИХ. Ах ты моя миленькая...

ПРИНЦЕССА. Он говорит, что ему все равно.

ПЕРВАЯ ПРИДВОРНАЯ ДАМА. Но я спрашиваю вас, принцесса.

ПРИНЦЕССА. Я же вам ответила, что нам все равно. Ну, начинайте с обедов.

ПРИДВОРНЫЕ ДАМЫ *(хлопая в ладоши).* С обедов, с обедов, с обедов!

ХРИСТИАН. Слушаю-с, благородные дамы. Мы ставим котелок на левый бок и тем самым приводим в действие нос. Слышите, как он сопит?

Слышно громкое сопение.

Это он принюхивается.

Слышно оглушительное чихание.

Он чихнул, следовательно, он сейчас заговорит. Внимание.

НОС *(гнусаво).* Я в кухне герцогини.

ПРИДВОРНЫЕ ДАМЫ *(хлопая в ладоши).* Ах, как интересно!

ПЕРВАЯ ПРИДВОРНАЯ ДАМА. Но...

ПРИДВОРНЫЕ ДАМЫ. Не мешайте!

НОС. У герцогини на плите ничего не варится, а только разогревается.

ПРИДВОРНЫЕ ДАМЫ. Почему?

НОС. Она вчера за королевским ужином напихала себе в рукава девять бутербродов с икрой, двенадцать с колбасой, пять отбивных котлет, одного кролика, шашлык по-царски, курицу под белым соусом, пирожков разных восемнадцать штук, соус тартар с каперсами и оливками, беф-филе годар, соус из фюмэ, натуральный пломбир с цукатами, парфе кофейное и корочку хлеба.

ПЕРВАЯ ПРИДВОРНАЯ ДАМА. Ты врешь, нахальный нос!

НОС. Не для чего мне врать. Я точный прибор.

ПРИДВОРНЫЕ ДАМЫ. Браво, браво, как интересно, еще, еще!

НОС. Я в кухне у графини.

ВТОРАЯ ПРИДВОРНАЯ ДАМА. Но...

ПРИДВОРНЫЕ ДАМЫ. Не мешайте.

НОС. Плита у графини такая холодная, чхи, что я боюсь схватить насморк! Чхи!

ПРИДВОРНЫЕ ДАМЫ. Но почему?

НОС. Плита у графини целый месяц не топилась.

ПРИДВОРНЫЕ ДАМЫ. Но почему?

НОС. Она целый месяц обедает в гостях. Она экономная.

ВТОРАЯ ПРИДВОРНАЯ ДАМА. Врешь, бесстыдный нос!

НОС. Чего мне врать? Машина не врет. Я у баронессы. Здесь тепло. Печь горит вовсю. У баронессы прекрасный повар. Он готовит обед для гостей. Он делает из конины куриные котлеты. Сейчас я иду к маркизе, потом к генеральше, потом к президентше...

ПРИДВОРНЫЕ ДАМЫ *(кричат хором).* Довольно, довольно, ты устал!

НОС. Я не устал.

ПРИДВОРНЫЕ ДАМЫ. Нет, устал, устал, довольно, довольно!

ХРИСТИАН *(поворачивает котелок).* Я надеюсь, что вы в восторге, благородные дамы?

Придворные дамы молчат.

Если нет — пущу опять нос в путешествие.

ПРИДВОРНЫЕ ДАМЫ. Мы довольны, довольны, спасибо, браво, не надо!

ХРИСТИАН. Я вижу, вы действительно довольны и веселы. А раз вы довольны и веселы, то вам только и остается что танцевать. Сейчас вы услышите один из ста сорока танцев, запрятанных в этом котелке.

ПЕРВАЯ ПРИДВОРНАЯ ДАМА. Я надеюсь, это танец без... без... слов?

ХРИСТИАН. О да, герцогиня, это совершенно безобидный танец. Итак, я кладу котелок на правый бок и — вы слышите?

Позванивая бубенчиками, котелок начинает играть. Генрих танцует с Принцессой. Христиан — с герцогиней, графиня — с баронессой. Прочие придворные дамы водят вокруг хоровод. Танец кончается.

ПРИДВОРНЫЕ ДАМЫ. Еще, еще, какой хороший танец!

ХРИСТИАН. Ну, Генрих, действуй! Вот тебе предлог.

ПРИНЦЕССА. Да, пожалуйста, Генрих, заведи еще раз котелок! Я сама не знала, что так люблю танцевать.

ХРИСТИАН. Ваше высочество, у этого котелка есть одно ужасное свойство.

ПРИНЦЕССА. Какое?

ХРИСТИАН. Несмотря на свою музыкальную душу, он ничего не делает даром. Первый раз он играл в благодарность за то, что вы пришли из королевского дворца на нашу скромную лужайку. Если вы хотите, чтобы он играл еще...

ПРИНЦЕССА. ...я должна еще раз прийти. Но как это сделать? Ведь для этого надо уйти, а мне так не хочется!

ГЕНРИХ. Нет, нет, не уходи, куда там, еще рано, ты только что пришла!
ПРИНЦЕССА. Но он иначе не заиграет, а мне так хочется еще потанцевать с тобой. Что нужно сделать? Скажи! Я согласна.
ГЕНРИХ. Нужно... чтобы ты... *(скороговоркой)* десять раз меня поцеловала.
ПРИДВОРНЫЕ ДАМЫ. Ах!
ПРИНЦЕССА. Десять?
ГЕНРИХ. Потому что я очень влюблен в тебя. Зачем ты так странно смотришь? Ну не десять, ну пять.
ПРИНЦЕССА. Пять? Нет!
ГЕНРИХ. Если бы ты знала, как я обрадуюсь, ты бы не спорила... Ну поцелуй меня хоть три раза...
ПРИНЦЕССА. Три? Нет! Я не согласна.
ПЕРВАЯ ПРИДВОРНАЯ ДАМА. Вы поступаете совершенно справедливо, ваше высочество.
ПРИНЦЕССА. Десять, пять, три. Кому ты это предлагаешь? Ты забываешь, что я — королевская дочь! Восемьдесят, вот что!
ПРИДВОРНЫЕ ДАМЫ. Ах!
ГЕНРИХ. Что — восемьдесят?
ПРИНЦЕССА. Поцелуй меня восемьдесят раз! Я принцесса!
ПРИДВОРНЫЕ ДАМЫ. Ах!
ПЕРВАЯ ПРИДВОРНАЯ ДАМА. Ваше высочество, что вы делаете! Он вас собирается целовать в губы! Это неприлично!
ПРИНЦЕССА. Что же тут неприличного? Ведь в губы, а не...
ПЕРВАЯ ПРИДВОРНАЯ ДАМА. Умоляю вас, молчите! Вы так невинны, что можете сказать совершенно страшные вещи.
ПРИНЦЕССА. А вы не приставайте!
ГЕНРИХ. Скорей! Скорей!
ПРИНЦЕССА. Пожалуйста, Генрих, я готова.
ПЕРВАЯ ПРИДВОРНАЯ ДАМА. Умоляю вас, принцесса, не делать этого. Уж если вам так хочется потанцевать, пусть он меня поцелует хоть сто раз...
ПРИНЦЕССА. Вас? Вот это будет действительно неприлично! Вас он не просил. Вы сами предлагаете мужчине, чтобы он вас целовал.

ПЕРВАЯ ПРИДВОРНАЯ ДАМА. Но ведь вы тоже...
ПРИНЦЕССА. Ничего подобного, меня он принудил! Я вас понимаю — сто раз. Конечно, он такой милый, кудрявый, у него такой приятный ротик... Она отчасти права, Генрих, ты меня поцелуешь сто раз. И пожалуйста, не спорьте, герцогиня, иначе я прикажу вас заточить в подземелье.
ПЕРВАЯ ПРИДВОРНАЯ ДАМА. Но король может увидеть вас из окон дворца!
ПРИНЦЕССА. Станьте вокруг! Слышите! Станьте вокруг! Заслоняйте нас своими платьями. Скорей! Как это можно — мешать людям, которые собрались целоваться! Иди сюда, Генрих!
ПЕРВАЯ ПРИДВОРНАЯ ДАМА. Но кто будет считать, ваше высочество?
ПРИНЦЕССА. Это не важно! Если мы собьемся — то начнем сначала.
ПЕРВАЯ ПРИДВОРНАЯ ДАМА. Считайте, медам.

Генрих и Принцесса целуются.

ПРИДВОРНЫЕ ДАМЫ. Раз.

Поцелуй продолжается.

ПЕРВАЯ ПРИДВОРНАЯ ДАМА. Но, ваше высочество, для первого раза, пожалуй, уже достаточно!

Поцелуй продолжается.

Но ведь так мы не успеем кончить и до завтрашнего дня.

Поцелуй продолжается.

ХРИСТИАН. Не тревожьте его, мадам, он все равно ничего не слышит, я его знаю.
ПЕРВАЯ ПРИДВОРНАЯ ДАМА. Но ведь это ужасно!

Из кустов выскакивает Король. Он в короне и в горностаевой мантии.

Король!
КОРОЛЬ. У кого есть спички, дайте мне спички!

Общее смятение. Генрих и Принцесса стоят потупившись.

ПРИДВОРНЫЕ ДАМЫ. Ваше величество!

КОРОЛЬ. Молчать! У кого есть спички?
ХРИСТИАН. Ваше величество...
КОРОЛЬ. Молчать! У вас есть спички?
ХРИСТИАН. Да, ваше ве...
КОРОЛЬ. Молчать! Давайте их сюда.
ХРИСТИАН. Но зачем, ваше величество?
КОРОЛЬ. Молчать!
ХРИСТИАН. Не скажете — не дам спичек, ваше...
КОРОЛЬ. Молчать! Спички мне нужны, чтобы зажечь костер, на котором я сожгу придворных дам. Я уже собрал в кустах хворосту.
ХРИСТИАН. Пожалуйста, ваше величество, вот спички.

Придворные дамы падают в обморок.

КОРОЛЬ. Какой ужас! Моя дочь целуется со свинопасом! Зачем ты это сделала?
ПРИНЦЕССА. Так мне захотелось.
КОРОЛЬ. Захотелось целоваться?
ПРИНЦЕССА. Да.
КОРОЛЬ. Пожалуйста! Завтра же я отдам тебя замуж за соседнего короля.
ПРИНЦЕССА. Ни за что!
КОРОЛЬ. А кто тебя спрашивает!
ПРИНЦЕССА. Я ему выщиплю всю бороду!
КОРОЛЬ. Он бритый.
ПРИНЦЕССА. Я ему выдеру все волосы!
КОРОЛЬ. Он лысый.
ПРИНЦЕССА. Тогда я ему выбью зубы!
КОРОЛЬ. У него нет зубов. У него искусственные зубы.
ПРИНЦЕССА. И вот за эту беззубую развалину ты отдаешь меня замуж!
КОРОЛЬ. Не с зубами жить, а с человеком. Эх вы, дамы! *(Оглушительно.)* Встать!

Дамы встают.

Хорошо! Очень хорошо! Только потому, что я задержался, не мог сразу найти английских булавок, чтобы подколоть мантию, вы тут устроили оргию! Нет, вас мало только сжечь на костре! Я вас сначала сожгу и потом отрублю вам головы, а потом повешу вас всех на большой дороге.

Дамы плачут.

Не реветь! Нет, этого мало! Я придумал: я вас не сожгу и не повешу. Я вас оставлю в живых и буду вас всю жизнь ругать, ругать, пилить, пилить. Ага! Съели!

Дамы плачут.

А кроме того, я лишу вас жалованья!

Дамы падают в обморок.

Встать! А тебя, свинопас, и твоего друга я вышлю из пределов страны. Ты не слишком виноват. Принцесса действительно такая чудненькая, что не влюбиться трудно. Где котелок? Котелок я заберу себе. *(Хватает котелок.)*
КОТЕЛОК *(начинает петь).*

> Я хожу-брожу по свету,
> Полон я огня.
> Я влюбился в Генриетту,
> А она в меня.
> Шире степи, выше леса
> Я тебя люблю.
> Никому тебя, принцесса,
> Я не уступлю.
> Завоюем счастье с бою
> И пойдем домой.
> Ты да я да мы с тобою,
> Друг мой дорогой.
> Весел я брожу по свету,
> Полон я огня,
> Я влюбился в Генриетту,
> А она в меня.

КОРОЛЬ. Это котелок поет?
ГЕНРИХ. Да, ваше величество.
КОРОЛЬ. Поет он хорошо, но слова возмутительные. Он утверждает, что ты все равно женишься на принцессе?
ГЕНРИХ. Да, я все равно женюсь на принцессе, ваше величество.
ПРИНЦЕССА. Правильно, правильно!
КОРОЛЬ *(придворным дамам)*. Уведите ее.
ПРИНЦЕССА. До свиданья, Генрих. Я тебя люблю.

ГЕНРИХ. Не беспокойся, принцесса, я на тебе женюсь.
ПРИНЦЕССА. Да, пожалуйста, Генрих, будь так добр. До свиданья, до свиданья!

Ее уводят.

ГЕНРИХ. До свиданья, до свиданья!
КОРОЛЬ. Генрих!
ГЕНРИХ. До свиданья, до свиданья!
КОРОЛЬ. Эй ты, слушай!
ГЕНРИХ. До свиданья, до свиданья!
КОРОЛЬ. Я тебе говорю. *(Поворачивает его лицом к себе.)* Твой котелок поет только одну песню?
ГЕНРИХ. Да, только одну.
КОРОЛЬ. А такой песни у него нету? *(Поет дребезжащим голосом.)* Ничего у тебя не выйдет, пошел вон.
ГЕНРИХ. Такой песни у него нет и не может быть.
КОРОЛЬ. Ты меня не серди — ты видел, как я бываю грозен?
ГЕНРИХ. Видел.
КОРОЛЬ. Дрожал?
ГЕНРИХ. Нет.
КОРОЛЬ. Ну то-то!
ГЕНРИХ. Прощай, король.
КОРОЛЬ. Ты куда?
ГЕНРИХ. Пойду к соседнему королю. Он дурак, и я его так обойду, что лучше и не надо. Смелей меня нет человека. Я поцеловал твою дочь и теперь ничего не боюсь! Прощай!
КОРОЛЬ. Погоди. Надо же мне пересчитать свиней. Раз, два, три, пятнадцать, двадцать... Так. Все. Ступай!
ГЕНРИХ. Прощай, король. Идем, Христиан.

Уходят с пением:

Шире степи, выше леса.
Я тебя люблю.
Никому тебя, принцесса,
Я не уступлю.

КОРОЛЬ. Чувствую я — заварится каша. Ну да я тоже не дурак. Я выпишу дочке иностранную гувернантку, злобную, как собака. С ней она и поедет. И камергера с ней пошлю. А придворных дам не пошлю. Оставлю себе. Ишь ты, шагают, поют! Шагайте, шагайте, ничего у вас не выйдет!

Занавес

Перед занавесом появляется Министр нежных чувств.

МИНИСТР НЕЖНЫХ ЧУВСТВ. Я министр нежных чувств его величества короля. У меня теперь ужасно много работы — мой король женится на соседней принцессе. Я выехал сюда, чтобы, во-первых, устроить встречу принцессы с необходимой торжественностью. А во-вторых и в-третьих, чтобы решить все деликатные задачи. Дело в том, что моему всемилостивейшему повелителю пришла в голову ужасная мысль. Жандармы!

Входят двое бородатых жандармов.

ЖАНДАРМЫ *(хором).* Что угодно вашему превосходительству?

МИНИСТР. Следите, чтобы меня не подслушали. Я сейчас буду говорить о секретных делах государственной важности.

ЖАНДАРМЫ *(хором).* Слушаю-с, ваше превосходительство!

Расходятся в разные стороны. Становятся у порталов.

МИНИСТР *(понизив голос).* Итак, моему повелителю в прошлый вторник за завтраком пришла в голову ужасная мысль. Он как раз ел колбасу — и вдруг замер с куском пищи в зубах. Мы кинулись к нему, восклицая: «Ваше величество! Чего это вы!» Но он только стонал глухо, не разнимая зубов: «Какая ужасная мысль! Ужас! Ужас!» Придворный врач привел короля в чувство, и мы узнали, что именно их величество имело честь взволновать. Мысль действительно ужасная. Жандармы!

ЖАНДАРМЫ *(хором).* Что угодно вашему превосходительству?

МИНИСТР. Заткните уши.

ЖАНДАРМЫ *(хором).* Слушаю-с, ваше превосходительство! *(Затыкают уши.)*

МИНИСТР. Король подумал: а вдруг мамаша их высочества, мамаша нареченной невесты короля, была в свое время *(шепотом)* шалунья! Вдруг принцесса не дочь короля, а девица неизвестного происхождения? Вот первая задача, которую я должен разрешить. Вторая такова. Его величество купался, был весел, изволил хихикать и говорил игривые слова. И вдруг король, восклицая: «Вторая ужасная мысль!», на мелком месте пошел ко дну. Оказывается, король подумал: а вдруг принцесса до сговора *(шепотом)* тоже была шалунья, имела свои похождения и… ну, словом, вы понимаете! Мы спасли короля, и он тут же в море отдал необходимые распоряжения. Я приехал сюда узнать всю правду о происхождении и поведении принцессы, и — клянусь своей рыцарской честью — я узнаю о ее высочестве всю подноготную. Жандармы! Жандармы! Да что вы, оглохли? Жандармы! Ах да! Ведь я приказал им заткнуть уши. Какова дисциплина! Король разослал по всем деревням на пути принцессы лучших жандармов королевства. Они учат население восторженным встречам. Отборные молодцы. *(Подходит к жандармам, опускает им руки.)* Жандармы!

ЖАНДАРМЫ. Что угодно вашему превосходительству?
МИНИСТР. Подите взгляните, не едет ли принцесса.
ЖАНДАРМЫ. Слушаю-с, ваше превосходительство! *(Уходят.)*
МИНИСТР. Трудные у меня задачи. Не правда ли? Но я знаю совершенно точно, как их решить. Мне помогут одна маленькая горошина и двенадцать бутылок отборного вина. Я очень ловкий человек.

Входят жандармы.

Ну?

ЖАНДАРМЫ. Ваше превосходительство. Далеко-далеко, там, где небо как бы сливается с землей, вьется над холмом высокий столб пыли. В нем то алебарда сверкнет, то покажется конская голова, то мелькнет золотой герб. Это принцесса едет к нам, ваше превосходительство.
МИНИСТР. Пойдем посмотрим, все ли готово к встрече.

Уходят.
Занавес

Пологие холмы покрыты виноградниками. На переднем плане — гостиница. Двухэтажный домик. Столы стоят во дворе гостиницы. Мэр деревушки мечется по двору вместе с девушками и парнями. Крики: «Едет! едет!» Входит Министр нежных чувств.

МИНИСТР. Мэр! Перестаньте суетиться. Подите сюда.
МЭР. Я? Да. Вот он. Что? Нет.
МИНИСТР. Приготовьте двенадцать бутылок самого крепкого вина.
МЭР. Что? Бутылок? Зачем?
МИНИСТР. Нужно.
МЭР. Ага... Понял... Для встречи принцессы?
МИНИСТР. Да.
МЭР. Она пьяница?
МИНИСТР. Вы с ума сошли! Бутылки нужны для ужина, который вы подадите спутникам принцессы.
МЭР. Ах, спутникам. Это приятнее... Да-да... Нет-нет.
МИНИСТР *(хохочет. В сторону)*. Как глуп! Я очень люблю глупых людей, они такие потешные. *(Мэру.)* Приготовьте бутылки, приготовьте поросят, приготовьте медвежьи окорока.
МЭР. Ах так. Нет... То есть да. Эй вы, возьмите ключи от погреба! Дайте сюда ключи от чердака! *(Бежит.)*
МИНИСТР. Музыканты!
ДИРИЖЕР. Здесь, ваше превосходительство!
МИНИСТР. У вас все в порядке?
ДИРИЖЕР. Первая скрипка, ваше превосходительство, наелась винограду и легла на солнышке. Виноградный сок, ваше превосходительство, стал бродить в животике первой скрипки и превратился в вино. Мы их будим, будим, а они брыкаются и спят.
МИНИСТР. Безобразие! Что же делать?
ДИРИЖЕР. Все устроено, ваше превосходительство. На первой скрипке будет играть вторая, а на второй — контрабас. Мы привязали скрипку к жерди, контрабас поставит ее как контрабас, и все будет более чем прекрасно.
МИНИСТР. А кто будет играть на контрабасе?
ДИРИЖЕР. Ах, какой ужас! Об этом я не подумал!
МИНИСТР. Поставьте контрабас в середину. Пусть его хватают и пилят на нем все, у кого окажутся свободными руки.
ДИРИЖЕР. Слушаю, ваше превосходительство. *(Убегает.)*
МИНИСТР. Ах, какой я умный, какой ловкий, какой находчивый человек!

Входят двое жандармов.

ЖАНДАРМЫ. Ваше превосходительство, карета принцессы въехала в деревню!

МИНИСТР. Внимание! Оркестр! Мэр! Девушки! Народ! Жандармы! Следите, чтобы парни бросали шапки повыше!

За забором показывается верхушка кареты с чемоданами. Министр бросается в ворота к карете. Оркестр играет. Жандармы кричат «ура». Шапки летят вверх. Входят Принцесса, Камергер, Гувернантка.

Ваше высочество... Волнение, которое вызвал ваш приезд в этой скромной деревушке, ничтожно по сравнению с тем, что делается в сердце моего влюбленного повелителя. Но тем не менее...

ПРИНЦЕССА. Довольно... Камергер! Где мои носовые платки?

КАМЕРГЕР. Эх! Ух! Охо-хо! Сейчас, ваше высочество, я возьму себя в руки и спрошу у гувернантки. М-мы. *(Рычит. Успокаивается.)* Госпожа гувернантка, где платки нашей принцессы лежать себя имеют быть?

ГУВЕРНАНТКА. Платки имеют быть лежать себя в чемодане, готентотенпотентатертантеатентер.

КАМЕРГЕР. Одер. *(Рычит.)* Платки в чемодане, принцесса.

ПРИНЦЕССА. Достаньте. Вы видите, что мне хочется плакать. Достаньте платки. И принесите.

Несут чемоданы.

И прикажите приготовить мне постель. Скоро стемнеет. *(В сторону.)* А я ужасно устала. Пыль, жара, ухабы! Скорее, скорее спать! Я во сне увижу моего дорогого Генриха. Мне так надоели эти совершенно чужие обезьяны. *(Уходит в гостиницу.)*

Камергер роется в чемодане.

МИНИСТР. Неужели принцесса не будет ужинать?

КАМЕРГЕР *(рычит).* Эх, ух, охо-хо! Нет! Она вот уже три недели ничего не ест. Она так взволнована предстоящим браком.

ГУВЕРНАНТКА *(набрасывается на Министра нежных чувств).* Выньте свои руки карманов из! Это неприлично есть иметь суть! Ентведер!

МИНИСТР. Чего хочет от меня эта госпожа?

КАМЕРГЕР *(рычит).* О-о-оу! *(Успокаивается. Гувернантке.)* Возьмите себя в свои руки, анкор. Это не есть ваш воспитанник не. *(Министру.)* Простите, вы не говорите на иностранных языках?

МИНИСТР. Нет. С тех пор как его величество объявил, что наша нация есть высшая в мире, нам приказано начисто забыть иностранные языки.

КАМЕРГЕР. Эта госпожа — иностранная гувернантка, самая злая в мире. Ей всю жизнь приходилось воспитывать плохих детей, и она очень от этого ожесточилась. Она набрасывается теперь на всех встречных и воспитывает их.

ГУВЕРНАНТКА *(набрасывается на камергера).* Не чешите себя. Не!

КАМЕРГЕР. Видите? Уоу! Она запрещает мне чесаться, хотя я вовсе не чешусь, а только поправляю манжеты. *(Рычит.)*

МИНИСТР. Что с вами, господин камергер, вы простужены?

КАМЕРГЕР. Нет. Просто я уже неделю не был на охоте. Я переполнен кровожадными мыслями. У-лю-лю! Король знает, что я без охоты делаюсь зверем, и вот он послал меня сопровождать принцессу. Простите, господин министр, я должен взглянуть, что делает принцесса. *(Ревет.)* Ату его! *(Успокаивается.)* Госпожа гувернантка, направьте свои ноги на. Принцесса давно надзора без находит себя.

ГУВЕРНАНТКА. Хотим мы идти. *(Идет. На ходу Министру.)* Дышать надо нос через! Плохой мальчишка ты есть, ани, бани, три конторы!

Уходит с Камергером.

МИНИСТР. Чрезвычайно подозрительно! Зачем король-отец послал таких свирепых людей сопровождать принцессу? Это неспроста. Но я все узнаю! Все! Двенадцать бутылок крепкого вина заставят эту свирепую стражу разболтать все. Все! Ах, как я умен, ловок, находчив, сообразителен! Не пройдет и двух часов, как прошлое принцессы будет у меня вот тут, на ладони.

Идут двенадцать девушек с перинами. У каждой девушки по две перины.

Ага! Сейчас мы займемся горошиной. *(Первой девушке.)* Дорогая красавица, на два слова.

Девушка толкает его в бок. Министр отскакивает. Подходит ко второй.

Дорогая красотка, на два слова.

С этой девушкой происходит то же самое. Все двенадцать девушек отталкивают Министра и скрываются в гостиницу.

(Потирая бока.) Какие грубые, какие неделикатные девушки. Как же быть с горошиной, черт побери! Жандармы!

Жандармы подходят к Министру.

ЖАНДАРМЫ. Что угодно вашему превосходительству?
МИНИСТР. Мэра.
ЖАНДАРМЫ. Слушаю-с, ваше превосходительство!
МИНИСТР. Придется посвятить в дело этого дурака. Больше некого.

Жандармы приводят Мэра.

Жандармы, станьте около и следите, чтобы нас не подслушали. Я буду говорить с мэром о секретных делах государственной важности.
ЖАНДАРМЫ. Слушаю-с, ваше превосходительство! *(Становятся возле Мэра и Министра.)*
МИНИСТР. Мэр. Ваши девушки...
МЭР. Ага, понимаю. Да. И вас тоже?
МИНИСТР. Что?
МЭР. Девушки наши... Вы бок потираете. Ага. Да.
МИНИСТР. Что вы болтаете?
МИНИСТР. Вы приставали к девушкам, они вас толкали. Да. Знаю по себе. Сам холостой.
МИНИСТР. Постойте!
МЭР. Нет. Любят они, да-да. Только молодых. Смешные девушки. Я их люблю... Ну-ну... А они нет. Меня нет... Вас тоже. Не могу помочь.
МИНИСТР. Довольно! Я не за этим вас звал. Ваши девушки не поняли меня. Я им хотел поручить секретное дело государственной важности. Придется это дело выполнить вам.
МЭР. Ага. Ну-ну. Да-да.
МИНИСТР. Вам придется забраться в спальню принцессы.
МЭР *(хохочет)*. Ах ты... Вот ведь... Приятно... Но нет... Я честный.
МИНИСТР. Вы меня не поняли. Вам придется войти туда на секунду, после того как девушки постелят перины для ее высочества. И под все двадцать четыре перины на до-

ски кровати положить эту маленькую горошину. Вот и все.

МЭР. Зачем?

МИНИСТР. Не ваше дело! Берите горошину и ступайте!

МЭР. Не пойду. Да... Ни за что.

МИНИСТР. Почему?

МЭР. Это дело неладное. Я честный. Да-да. Нет-нет. Вот возьму сейчас заболею — и вы меня не заставите! Нет-нет! Да-да!

МИНИСТР. Ах, черт, какой дурак! Ну хорошо, я вам все скажу. Но помните, что это секретное дело государственной важности. Король приказал узнать мне, действительно ли принцесса благородного происхождения. Вдруг она не дочь короля!

МЭР. Дочь. Она очень похожа на отца. Да-да.

МИНИСТР. Это ничего не значит. Вы не можете себе представить, как хитры женщины. Точный ответ нам может дать только эта горошина. Люди действительно королевского происхождения отличаются необычайно чувствительной и нежной кожей. Принцесса, если она настоящая принцесса, почувствует эту горошину через все двадцать четыре перины. Она не будет спать всю ночь и завтра пожалуется мне на это. А будет спать — значит, дело плохо. Поняли? Ступайте!

МЭР. Ага... *(Берет горошину.)* Ну-ну... Мне самому интересно. Так похожа на отца — и вдруг... Правда, у отца борода... Но ротик... Носик...

МИНИСТР. Ступайте!

МЭР. Глазки.

МИНИСТР. Идите, вам говорят!

МЭР. Лобик.

МИНИСТР. Не теряйте времени, вы, болван!

МЭР. Иду, иду! И фигура у нее, в общем, очень похожа на отца. Ай, ай, ай! *(Уходит.)*

МИНИСТР. Слава богу!

МЭР *(возвращается).* И щечки.

МИНИСТР. Я вас зарежу!

МЭР. Иду, иду *(Уходит.)*

МИНИСТР. Ну-с, вопрос с происхождением я выясню! Теперь остается только позвать камергера и гувернантку, подпоить их и выведать всю подноготную о поведении принцессы.

С визгом пробегают девушки, которые относили перины. За ними, потирая бок, выходит Камергер.

Господин камергер, я вижу по движениям ваших рук, что вы пробовали беседовать с этими девушками.
КАМЕРГЕР. Поохотился немного... *(Рычит.)* Брыкаются и бодаются, как дикие козы. Дуры!
МИНИСТР. Господин камергер, когда вас огорчает женщина, то утешает вино.
КАМЕРГЕР. Ничего подобного. Я, как выпью, сейчас же начинаю тосковать по женщинам.
МИНИСТР. Э, все равно! Выпьем, камергер! Скоро свадьба! Здесь прекрасное вино, веселящее вино. Посидим ночку! А?
КАМЕРГЕР *(рычит).* Ох как хочется посидеть! У-лю-лю! Но нет, не могу! Я дал клятву королю: как только принцесса ляжет спать — сейчас же ложиться у ее двери и сторожить ее не смыкая глаз. Я у дверей, гувернантка у кровати — так и сторожим целую ночь. Отсыпаемся в карете. Ату его!
МИНИСТР *(в сторону).* Очень подозрительно! Надо его во что бы то ни стало подпоить. Господин камергер...

Визг и крик наверху, грохот на лестнице. Врывается Мэр, за ним разъяренная Гувернантка.

МЭР. Ой, спасите, съест! Ой, спасите, убьет!
КАМЕРГЕР. Что случилось ентведер-одер, абер?
ГУВЕРНАНТКА. Этот старый хурда-мурда в спальню принцессы войти смел суть! А я ему имею откусить башку, готентотенпотентатертантеатенантетер!
КАМЕРГЕР. Этот наглец залез в спальню принцессы. Ату его!
МИНИСТР. Стойте. Сейчас я все вам объясню. Подите сюда, мэр! *(Тихо.)* Положили горошину?
МЭР. Ох, положил... Да... Она щиплется.
МИНИСТР. Кто?
МЭР. Гувернантка. Я горошину положил... Вот... Смотрю на принцессу... Удивляюсь, как похожа на отца... Носик, ротик... Вдруг... как прыгнет... Она... Гувернантка.
МИНИСТР. Ступайте. *(Камергеру.)* Я все выяснил. Мэр хотел только узнать, не может ли он еще чем-нибудь помочь

принцессе. Мэр предлагает загладить свой поступок двенадцатью бутылками крепкого вина.

КАМЕРГЕР. У-лю-лю!

МИНИСТР. Слушайте, камергер! Бросьте, ей-богу, а? Чего там! Границу вы уже переехали! Король-отец ничего не узнает. Давайте покутим! И гувернантку позовем. Вот здесь, на столике, честное слово, ей-богу, клянусь честью! А наверх я пошлю двух молодцов-жандармов. Самые верные, самые отборные во всем королевстве собаки. Никого они не пропустят ни к принцессе, ни обратно. А, камергер? У-лю-лю?

КАМЕРГЕР *(гувернантке).* Предлагают на столиках шнапс тринкен. Наверх двух жандармов они послать имеют. Жандармы вроде собак гумти-думти доберманбоберман. Злее нас. Уна дуна рес?

ГУВЕРНАНТКА. Лестница тут один?

КАМЕРГЕР. Один.

ГУВЕРНАНТКА. Квинтер, баба, жес.

КАМЕРГЕР *(Министру).* Ну ладно, выпьем! Посылайте жандармов.

МИНИСТР. Жандармы! Отправляйтесь наверх, станьте у двери принцессы и сторожите. Рысью!

ЖАНДАРМЫ. Слушаю-с, ваше превосходительство! *(Убегают наверх.)*

МИНИСТР. Мэр! Неси вино, медвежьи окорока, колбасы. *(Хохочет. В сторону.)* Сейчас! Сейчас выведаю всю подноготную! Какой я умный! Какой я ловкий! Какой я молодец!

Свет внизу гаснет. Открывается второй этаж. Комната Принцессы. Принцесса в ночном чепчике лежит высоко на двадцати четырех перинах.

ПРИНЦЕССА *(напевает).*

> Шире степи, выше леса
> Я тебя люблю.
> Никому тебя, принцесса,
> Я не уступлю.

Ну что это такое? Каждый вечер я так хорошо засыпала под эту песенку. Спою — и сразу мне делается спокойно. Сразу я верю, что Генрих действительно не уступит меня этому старому и толстому королю. И приходит сон. И во сне Генрих. А сегодня ничего не получается. Что-то так и впивается в тело через все двадцать четыре перины и не дает спать. Или в пух попало перо, или в досках кровати есть сучок. Наверное, я вся в синяках. Ах, какая я несчастная принцесса! Смотрела я в окно, там девушки гуляют со своими знакомыми, а я лежу и пропадаю напрасно! Я сегодня написала на записочке, что спросить у Генриха, когда я его увижу во сне. А то я все время забываю. Вот записочка... Во-первых, любил ли он других девушек, пока не встретился со мной? Во-вторых, когда он заметил, что в меня влюбился? В-третьих, когда он заметил, что я в него влюбилась? Я всю дорогу об этом думала. Ведь мы только один раз успели поцеловаться — и нас разлучили! И поговорить не пришлось. Приходится во сне разговаривать. А сон не идет. Что-то так и перекатывается под перинами. Ужасно я несчастная! Попробую еще раз спеть. *(Поет.)*

    Весел я брожу по свету,
    Полон я огня.

Два мужских голоса подхватывают:

    Я влюбился в Генриетту,
    А она в меня.

ПРИНЦЕССА. Что это? Может быть, я уже вижу сон?

Дуэт

    Шире степи, выше леса
    Я тебя люблю.
    Никому тебя, принцесса,
    Я не уступлю.

ПРИНЦЕССА. Ах, как интересно! И непонятно, и страшно, и приятно.

Дуэт

    Завоюем счастье с бою
    И пойдем домой,
    Ты да я да мы с тобою,
    Друг мой дорогой.

ПРИНЦЕССА. Я сейчас слезу и выгляну. Завернусь в одеяло и взгляну. *(Слезает с перин.)*

Дуэт

> Весел я брожу по свету,
> Полон я огня,
> Я влюбился в Генриетту,
> А она в меня.

ПРИНЦЕССА. Где мои туфли? Вот они! Неужели за дверью…

Распахивает дверь. Там двое жандармов.

Кто вы?
ЖАНДАРМЫ. Мы жандармы его величества короля.
ПРИНЦЕССА. Что вы здесь делаете?
ЖАНДАРМЫ. Мы сторожим ваше высочество.
ПРИНЦЕССА. А кто это пел?
ЖАНДАРМЫ. Это пел человек, который поклялся во что бы то ни стало жениться на вашей милости. Он полюбил вас навеки за то, что вы такая маленькая, такая добрая, такая нежная. Он не хнычет, не плачет, не тратит времени по-пустому. Он вьется вокруг, чтобы спасти вас от проклятого жениха. Он пел, чтобы напомнить вам о себе, а друг его подпевал ему.
ПРИНЦЕССА. Но где же он?

Жандармы молча большими шагами входят в комнату Принцессы.

Почему вы не отвечаете? Где Генрих? Что вы так печально смотрите? Может быть, вы пришли меня зарезать?
ЖАНДАРМЫ. Дерните нас за бороды.
ПРИНЦЕССА. За бороды?
ЖАНДАРМЫ. Да.
ПРИНЦЕССА. Зачем?
ЖАНДАРМЫ. Не бойтесь, дергайте!
ПРИНЦЕССА. Но я с вами не знакома!
ЖАНДАРМЫ. Генрих просит дернуть нас за бороды.
ПРИНЦЕССА. Ну хорошо! *(Дергает.)*
ЖАНДАРМЫ. Сильней!

Принцесса дергает изо всей силы. Бороды и усы жандармов остаются у нее в руках. Перед нею Генрих и Христиан.

ПРИНЦЕССА. Генрих! *(Бросается к нему, останавливается.)* Но я не одета...

ХРИСТИАН. Ничего, принцесса, ведь скоро вы будете его женой.

ПРИНЦЕССА. Я не потому, что это неприлично, — а я не знаю, хорошенькая я или нет!

ГЕНРИХ. Генриетта! Я скорее умру, чем тебя оставлю, такая ты славная. Ты не бойся — мы все время едем за тобой следом. Вчера напоили жандармов, связали, спрятали, приехали. Запомни: только об одном мы и думаем, только одна у нас цель и есть — освободить тебя и увезти с собой. Один раз не удастся — мы второй раз попробуем. Второй не удастся — мы третий. Сразу ничего не дается. Чтобы удалось, надо пробовать и сегодня, и завтра, и послезавтра. Ты готова?

ПРИНЦЕССА. Да. А скажи, пожалуйста, Генрих, ты любил других девушек до меня?

ГЕНРИХ. Я их всех ненавидел!

ХРИСТИАН. Бедная принцесса — как она похудела!

ПРИНЦЕССА. А скажи, пожалуйста, Генрих...

ХРИСТИАН. Потом, бедная принцесса, вы поговорите потом. А сейчас слушайте нас.

ГЕНРИХ. Мы попробуем бежать с тобой сегодня.

ПРИНЦЕССА. Спасибо, Генрих.

ГЕНРИХ. Но это может нам не удасться.

ПРИНЦЕССА. Сразу ничего не дается, милый Генрих.

ГЕНРИХ. Возьми эту бумагу.

ПРИНЦЕССА *(берет).* Это ты писал? *(Целует бумагу. Читает.)* «Иди ты к чертовой бабушке. *(Целует бумагу.)* Заткнись, дырявый мешок». *(Целует.)* Что это, Генрих?

ГЕНРИХ. Это, если бегство не удастся, ты должна выучить и говорить своему жениху-королю. Сама ты плохо умеешь ругаться. Выучи и ругай его как следует.

ПРИНЦЕССА. С удовольствием, Генрих. *(Читает.)* «Вались ты к черту на рога». Очень хорошо! *(Целует бумагу.)*

ГЕНРИХ. Под твоими перинами лежит горошина. Это она не давала тебе спать. Скажи завтра, что ты прекрасно спала эту ночь. Тогда король откажется от тебя. Понимаешь?

ПРИНЦЕССА. Ничего не понимаю, но скажу. Какой ты умный, Генрих!

ГЕНРИХ. Если он не откажется от тебя, все равно не падай духом. Мы будем около.
ПРИНЦЕССА. Хорошо, Генрих. Я буду спать хорошо и на горошине, если это нужно. Сколько у тебя дома перин?
ГЕНРИХ. Одна.
ПРИНЦЕССА. Я приучусь спать на одной перине. А где же ты будешь спать, бедненький? Впрочем, мы...
ХРИСТИАН. Умоляю вас, молчите, принцесса! Вы так невинны, что можете сказать совершенно страшные вещи!
ГЕНРИХ. Одевайся, принцесса, и идем. Они там внизу совсем пьяны. Мы убежим.
ХРИСТИАН. А не убежим — горошина поможет.
ГЕНРИХ. А не поможет — мы будем около и все равно, хоть из-под венца, а вытащим тебя. Идем, моя бедная!
ПРИНЦЕССА. Вот что, миленькие мои друзья. Вы не рассердитесь, если я вас попрошу что-то?
ГЕНРИХ. Конечно, проси! Я все сделаю для тебя.
ПРИНЦЕССА. Ну тогда, хоть это и очень задержит нас, но будь так добр — поцелуй меня.

Генрих целует Принцессу.

Свет наверху гаснет. Освещается двор гостиницы. За столом Министр нежных чувств, Гувернантка, Камергер. Все пьяны, но Министр больше всех.

МИНИСТР. Я ловкий, слышишь, камергер? Я до того умный! Король велел: узнай потихоньку, не было ли у принцессы похождений... Понимаете? Тру-ля-ля! Деликатно, говорит, выведай! Другой бы что? Сбился бы другой! А я придумал! Я тебя напою, а ты пролоб... пробор... пробортаешься! Да? Умный я?
КАМЕРГЕР. У-лю-лю!
МИНИСТР. Ну да! Ну говори! От меня все равно не скрыться. Нет! Пролаб... пробар... прор... пробартывайся. Что ты можешь сказать о принцессе?
КАМЕРГЕР. Мы ее гончими травили! *(Падает под стол. Вылезает.)*
МИНИСТР. За что?
КАМЕРГЕР. У не хвост красивый. У-лю-лю!
МИНИСТР *(падает под стол. Вылезает).* Хвост? У нее хвост есть?
КАМЕРГЕР. Ну да. Ату ее!

МИНИСТР. Почему хвост?
КАМЕРГЕР. Порода такая. У-лю-лю!
МИНИСТР. Вся порода? И у отца... хвост?
КАМЕРГЕР. А как же. И у отца.
МИНИСТР. Значит, у вас король хвостатый?
КАМЕРГЕР. Э, нет! Король у нас бесхвостый. А у отца ее хвост есть.
МИНИСТР. Значит, король ей не отец?
КАМЕРГЕР. Ну конечно!
МИНИСТР. Ура! *(Падает под стол. Вылезает.)* Прораб... пробар... А кто ее отец?
КАМЕРГЕР. Лис. Ату его!
МИНИСТР. Кто?
КАМЕРГЕР. Лис. У лисицы отец лис.
МИНИСТР. У какой лисицы?
КАМЕРГЕР. Про которую мы говорили... *(Толкает Гувернантку локтем.)*

Оба пьяно хохочут.

ГУВЕРНАНТКА. Если бы ты знать мог, гоголь-моголь, что она с свинопасом взаимно целовала себя! Сними локти со стола ауф! Не моргай не!
КАМЕРГЕР. Ату его!
ГУВЕРНАНТКА. Ты есть болван!
МИНИСТР. Что они говорят?
КАМЕРГЕР. У-лю-лю!
МИНИСТР. Свиньи! Это не по-товар... не по-товарищески. Я вас побью. *(Падает головой на стол.)* Мэр! Мэр! Еще вина. *(Засыпает.)*
ГУВЕРНАНТКА. Этот глупый болван себе спит! О, счастливый! Вот так вот лег и спит. А я сплю нет. Я сплю нет сколько ночей. Ундер-мундер. *(Засыпает.)*
КАМЕРГЕР. У-лю-лю. Олень! Олень! *(Бежит, падает и засыпает.)*
МЭР *(входит).* Вот. Еще вина. Да-да. Министр! Спит. Камергер! Спит. Госпожа гувернантка! Спит. Сяду. Да-да. Проснутся, небось. Нет-нет. *(Дремлет.)*

Дверь тихонько приоткрывается, Входит Христиан, осматривается. Подает знак. Выходят Принцесса и Генрих. Крадутся к выходу. Мэр их замечает, вскакивает.

Куда?.. Это. А... Жандармы... Побрились... Странно... Назад!
ГЕНРИХ. Я тебя убью!
МЭР. А я заору... Я смелый.
ХРИСТИАН. Возьми денег и отпусти нас.
МЭР. Э, нет! Я честный. Сейчас свистну!
ПРИНЦЕССА. Дайте мне сказать. Мэр, пожалей, пожалуйста, меня. Я хоть и принцесса, а та же девушка!

Мэр всхлипывает.

Если ты меня предашь, повезут меня насильно венчать с чужим стариком.

Мэр всхлипывает.

Разве это хорошо? Король у вас капризный. А я слабенькая.

Мэр плачет.

Разве я выживу в неволе? Я там сразу помру!
МЭР *(ревет во все горло).* Ой, бегите скорей! Ой, а то вы помрете! *(Вопит.)* Бегите! Ой!

Все, кроме Министра, вскакивают. Гувернантка хватает Принцессу. Уносит наверх. Камергер свистит, улюлюкает. Вбегает стража. Генрих и Христиан пробивают себе дорогу к выходу. Все бегут за ними. Слышен топот коней. Пение:

> Шире степи, выше леса
> Я тебя люблю.
> Никому тебя, принцесса,
> Я не уступлю.

КАМЕРГЕР *(входит).* Удрали. Легче сто оленей затравить, чем одну королевскую дочь довезти благополучно до ее жениха! *(Смотрит на Министра.)* А этот дрыхнет. Спи-спи, набирайся сил. Напрыгаешься еще с нашей тихой барышней. У-лю-лю.

Занавес

Действие второе

Приемная комната, отделенная от опочивальни Короля аркой с бархатным занавесом. Приемная полна народу. Возле самого занавеса стоит Камердинер, дергающий веревку колокола. Сам колокол висит в опочивальне. Рядом с Камердинером портные спешно дошивают наряд Короля. Рядом с портными — Главный Повар, он сбивает сливки для шоколада Короля. Далее стоят чистильщики сапог, они чистят королевскую обувь. Колокол звонит. Стук в дверь.

ЧИСТИЛЬЩИК САПОГ. Стучат в дверь королевской приемной, господин главный повар.
ПОВАР. Стучат в дверь приемной, господа портные.
ПОРТНЫЕ. Стучат в дверь, господин камердинер.
КАМЕРДИНЕР. Стучат? Скажите, чтобы вошли.

Стук все время усиливается.

ПОРТНЫЕ *(Повару).* Пусть войдут.
ПОВАР *(чистильщикам).* Можно.
ЧИСТИЛЬЩИК. Войдите.

Входят Генрих и Христиан, переодетые ткачами. У них седые парики. Седые бороды. Генрих и Христиан оглядываются. Затем кланяются Камердинеру.

ХРИСТИАН И ГЕНРИХ. Здравствуйте, господин звонарь.

Молчание. Генрих и Христиан переглядываются. Кланяются портным.

Здравствуйте, господа портные.

Молчание.

Здравствуйте, господин повар.

Молчание.

Здравствуйте, господа чистильщики сапог.
ЧИСТИЛЬЩИК. Здравствуйте, ткачи.
ХРИСТИАН. Ответили. Вот чудеса! А скажите, что, остальные господа — глухие или немые?
ЧИСТИЛЬЩИК. Ни то и ни другое, ткачи. Но согласно придворному этикету вы должны были обратиться сначала ко мне. Я доложу о вас по восходящей линии, когда узнаю, что вам угодно. Ну-с? Что вам угодно?
ГЕНРИХ. Мы самые удивительные ткачи в мире. Ваш король — величайший в мире щеголь и франт. Мы хотим услужить его величеству.
ЧИСТИЛЬЩИК. Ага. Господин главный повар, удивительные ткачи желают служить нашему всемилостивейшему государю.

ПОВАР. Ага. Господа портные, там ткачи пришли.
ПОРТНЫЕ. Ага. Господин камердинер, ткачи.
КАМЕРДИНЕР. Ага. Здравствуйте, ткачи.
ГЕНРИХ И ХРИСТИАН. Здравствуйте, господин камердинер.
КАМЕРДИНЕР. Служить хотите? Ладно! Я доложу о вас прямо первому министру, а он королю. Для ткачей у нас сверхускоренный прием. Его величество женится. Ткачи ему очень нужны. Поэтому он вас примет в высшей степени скоро.
ГЕНРИХ. Скоро! Мы потратили два часа, прежде чем добрались до вас. Ну и порядочки!

Камердинер и все остальные вздрагивают. Оглядываются.

КАМЕРДИНЕР (*тихо*). Господа ткачи! Вы люди почтенные, старые. Уважая ваши седины, предупреждаю вас: ни слова о наших национальных многовековых, освященных самим Создателем традициях. Наше государство — высшее в этом мире! Если вы будете сомневаться в этом, вас, невзирая на ваш возраст... (*Шепчет что-то Христиану на ухо.*)
ХРИСТИАН. Не может быть.
КАМЕРДИНЕР. Факт. Чтобы от вас не родились дети с наклонностями к критике. Вы арийцы?
ГЕНРИХ. Давно.
КАМЕРДИНЕР. Это приятно слышать. Садитесь. Однако я уже час звоню, а король не просыпается.
ПОВАР (*дрожит*). Сейчас я попробую в-в-вам п-п-п-помочь. (*Убегает.*)
ХРИСТИАН. Скажите, господин камердинер, почему, несмотря на жару, господин главный повар дрожит как в лихорадке?
КАМЕРДИНЕР. Господин главный повар короля почти никогда не отходит от печей и так привыкает к жару, что в прошлом году, например, он на солнце в июле отморозил себе нос.

Слышен страшный рев.

Что это такое?

Вбегает Главный Повар, за ним поварята с корытом. Из корыта несется рев.

Что это?

ПОВАР *(дрожа)*. Это белуга, господин камердинер. Мы поставим ее в-в оп-п-почивальню короля, белуга б-б-будет р-реветь б-б-белугой и р-разбудит г-г-государя.

КАМЕРДИНЕР. Нельзя.

ПОВАР. Но почему?

КАМЕРДИНЕР. Нельзя. Белуга все-таки, извините... вроде... красная рыба. А вы знаете, как относится король к этому... Уберите ее!

Поварята с белугой убегают.

Так-то лучше, господин главный повар. Эй! Вызвать взвод солдат, пусть они стреляют под окнами опочивальни залпами. Авось поможет.

ХРИСТИАН. Неужели его величество всегда так крепко спит?

КАМЕРДИНЕР. Лет пять назад он просыпался очень скоро. Я кашляну — и король летит с кровати.

ГЕНРИХ. Ну!

КАМЕРДИНЕР. Честное слово! Тогда у него было много забот. Он все время нападал на соседей и воевал.

ХРИСТИАН. А теперь?

КАМЕРДИНЕР. А теперь у него никаких забот нет.. Соседи у него забрали все земли, которые можно забрать. И король спит и во сне видит, как бы им отомстить.

Слышен гром барабанов. Входит взвод солдат. Их ведет Сержант.

СЕРЖАНТ *(командует)*. Сми-и-ирно!

Солдаты замирают.

При входе в приемную короля преданно вздо-о-охни!

Солдаты разом вздыхают со стоном.

Представив себе его могущество, от благоговения тре-пе-е-щи!

Солдаты трепещут, широко расставив руки.

Эй ты, шляпа, как трепещешь? Трепещи аккуратно, по переднему! Пальцы! Пальцы! Так! Не вижу трепета в животе! Хорошо. Сми-ирно! Слушай мою команду! Подумав о счастье быть королевским солдатом, от избытка чувств пля-а-ши!

Солдаты пляшут под барабан все как один, не выходя из строя.

Смирно! Встать на цыпочки! На цыпочках — арш! Пр-а-авей! Еще чуть пра-а-а-авей! Равнение на портрет дедушки его величества. На нос. На нос дедушки. Прямо!

Скрываются.

ХРИСТИАН. Неужели с такими вымуштрованными солдатами король терпел поражения?
КАМЕРДИНЕР *(разводит руками).* Ведь вот поди ж ты!

Входит Первый Министр — суетливый человек с большой седой бородой.

ПЕРВЫЙ МИНИСТР. Здравствуйте, низшие служащие.
ВСЕ ХОРОМ. Здравствуйте, господин первый министр.
ПЕРВЫЙ МИНИСТР. Ну что? Все в порядке, камердинер? А? Говори правду. Правду режь.
КАМЕРДИНЕР. Вполне, ваше превосходительство.
ПЕРВЫЙ МИНИСТР. Однако король спит! А? Отвечай грубо. Откровенно.
КАМЕРДИНЕР. Спит, ваше превосходительство.

За сценой залп.

ПЕРВЫЙ МИНИСТР. Ага! Говори прямо: стреляют. Значит, его величество скоро встанут. Портные! Как у вас? Правду валяйте! В лоб!
ПЕРВЫЙ ПОРТНОЙ. Кладем последние стежки, господин министр.
ПЕРВЫЙ МИНИСТР. Покажи. *(Смотрит.)* Рассчитывайте. Знаете наше требование? Последний стежок кладется перед самым одеванием его величества. Король каждый день надевает платье новое, с иголочки. Пройдет минута после последнего стежка — и он ваше платье, грубо говоря, не наденет. Известно вам это?
ПЕРВЫЙ ПОРТНОЙ. Так точно, известно.
ПЕРВЫЙ МИНИСТР. Иголочки золотые?
ПЕРВЫЙ ПОРТНОЙ. Так точно, золотые.
ПЕРВЫЙ МИНИСТР. Подать ему платье прямо с золотой иголочки. Прямо и откровенно! Повар! Сливки, грубо говоря, сбил? А? Говори без затей и без экивоков! Сбил сливки для королевского шоколада?
ПОВАР. Д-да, ваше превосходительство.

ПЕРВЫЙ МИНИСТР. Покажи. То-то. Однако... Камердинер! Кто это? Смело. Без затей. Говори.

КАМЕРДИНЕР. Это ткачи пришли наниматься, ваше превосходительство.

ПЕРВЫЙ МИНИСТР. Ткачи? Покажи. Ага! Здравствуйте, ткачи.

ГЕНРИХ И ХРИСТИАН. Здравия желаю, ваше превосходительство.

ПЕРВЫЙ МИНИСТР. Королю, говоря без задних мыслей, попросту, нужны ткачи. Сегодня приезжает невеста. Эй! Повар! А завтрак для ее высочества? Готов? А?

ПОВАР. Т-т-так точно, готов!

ПЕРВЫЙ МИНИСТР. А какой? А? Покажи!

ПОВАР. Эй! Принести пирожки, приготовленные для ее высочества!

ПЕРВЫЙ МИНИСТР. Несут. А я пока взгляну, не открыл ли король, говоря без всяких там глупостей, глаза. *(Уходит в опочивальню.)*

ПОВАР. Принцесса Генриетта ничего не ела целых три недели.

ГЕНРИХ. Бедняжка! *(Быстро пишет что-то на клочке бумажки.)*

ПОВАР. Но зато теперь она ест целыми днями.

ГЕНРИХ. На здоровье.

Поварята вносят блюдо с пирожками.

Ах! Какие пирожки! Я бывал при многих дворах, но ни разу не видел ничего подобного! Какой аромат. Как подрумянены. Какая мягкость!

ПОВАР *(польщенный, улыбаясь).* Д-да. Они такие мягкие, что на них остается ямка даже от пристального взгляда.

ГЕНРИХ. Вы гений.

ПОВАР. В-возьмите один.

ГЕНРИХ. Не смею.

ПОВАР. Нет, возьмите! В-вы знаток. Это такая редкость.

ГЕНРИХ *(берет, делает вид, что откусывает. Быстро прячет в пирожок записку).* Ах! Я потрясен! Мастеров, равных вам, нет в мире.

ПОВАР. Но мастерство мое, увы, погибнет вместе со мной.

ГЕНРИХ *(делая вид, что жует).* Но почему?

ПОВАР. Книга моя «Вот как нужно готовить, господа» погибла.

ГЕНРИХ. Как! Когда?

ПОВАР *(шепотом)*. Когда пришла мода сжигать книги на площадях. В первые три дня сожгли все действительно опасные книги. А мода не прошла. Тогда начали жечь остальные книги без разбора. Теперь книг вовсе нет. Жгут солому.

ГЕНРИХ *(свистящим шепотом)*. Но ведь это ужасно! Да?

ПОВАР *(оглядываясь, свистящим шепотом)*. Только вам скажу. Да. Ужасно!

Во время этого короткого диалога Генрих успел положить пирожок с запиской обратно на самый верх.

КАМЕРДИНЕР. Тише! Кажется, король чихнул.

Все прислушиваются.

ГЕНРИХ *(Христиану, тихо)*. Я положил записку в пирожок, Христиан.

ХРИСТИАН. Ладно, Генрих. Не волнуйся.

ГЕНРИХ. Я боюсь, что записка промаслится.

ХРИСТИАН. Генрих, уймись! Напишем вторую.

Первый министр вылезает из-за занавеса.

ПЕРВЫЙ МИНИСТР. Государь открыл один глаз. Готовьсь! Зови камергеров! Где фрейлины? Эй, трубачи!

Входят трубачи, камергеры, придворные. Быстро выстраиваются веером по обе стороны занавеса в опочивальню. Камердинер, не сводя глаз с Первого Министра, держит кисти занавеса.

ПЕРВЫЙ МИНИСТР *(отчаянным шепотом)*. Все готово? Правду говори.

КАМЕРДИНЕР. Так точно!

ПЕРВЫЙ МИНИСТР *(отчаянно)*. Валяй, в мою голову!

Камердинер тянет за шнуры. Распахивается занавес. За ним ничего не видно, кроме целой горы скрывающихся за сводами арки перин.

ХРИСТИАН. Где же король?

ПОВАР. Он спит на ста сорока восьми перинах — до того он благороден. Его не видно. Он под самым потолком.

ПЕРВЫЙ МИНИСТР *(заглядывая)*. Тише. Готовьтесь! Он ворочается. Он почесал бровь. Морщится. Сел. Труби!

Трубачи трубят. Все кричат трижды: «Ура король! Ура король! Ура король!» Тишина. После паузы из-под потолка раздается капризный голос: «Ах! Ах! Ну что это? Ну зачем это? Зачем вы меня разбудили? Я видел во сне нимфу. Свинство какое!»

КАМЕРДИНЕР. Осмелюсь напомнить вашему величеству, что сегодня приезжает принцесса, невеста вашего величества.

КОРОЛЬ *(сверху, капризно)*. Ах, ну что это, издевательство какое-то. Где мой кинжал? Я сейчас тебя зарежу, нехороший ты человек, и все. Ну где он? Ну сколько раз я тебе говорил — клади кинжал прямо под подушку.

КАМЕРДИНЕР. Но уже половина одиннадцатого, ваше величество.

КОРОЛЬ. Что? И ты меня не разбудил! Вот тебе за это, осел!

Сверху летит кинжал. Вонзается у самых ног Камердинера. Пауза.

Ну! Чего же ты не орешь? Разве я тебя не ранил?

КАМЕРДИНЕР. Никак нет, ваше величество.

КОРОЛЬ. Но, может быть, я тебя убил?

КАМЕРДИНЕР. Никак нет, ваше величество.

КОРОЛЬ. И не убил? Свинство какое! Я несчастный! Я потерял всякую меткость. Ну что это, ну что такое в самом деле! Отойди! Видишь, я встаю!

ПЕРВЫЙ МИНИСТР. Готовься! Государь во весь рост встал на постели! Он делает шаг вперед! Открывает зонт. Труби!

Трубят трубы. Из-под свода показывается Король. Он опускается на открытом зонте как на парашюте. Придворные кричат «ура». Король, достигнув пола, отбрасывает зонт, который сразу подхватывает Камердинер. Король в роскошном халате и в короне, укрепленной на голове лентой. Лента пышным бантом завязана под подбородком. Королю лет пятьдесят. Он полный, здоровый. Он ни на кого не глядит, хотя приемная полна придворных. Он держится так, как будто он один в комнате.

КОРОЛЬ *(Камердинеру)*. Ну что такое! Ну что это! Ну зачем ты молчишь? Видит, что государь не в духе, и ничего не может придумать. Подними кинжал. *(Некоторое время задумчиво разглядывает поданный Камердинером кинжал, за-*

тем кладет его в карман халата.) Лентяй! Ты не стоишь даже того, чтобы умереть от благородной руки. Я тебе дал вчера на чай золотой?

КАМЕРДИНЕР. Так точно, ваше величество!

КОРОЛЬ. Давай его обратно. Я тобой недоволен. *(Отбирает у Камердинера деньги.)* Противно даже... *(Ходит взад и вперед, задевая застывших от благоговения придворных полами своего халата.)* Видел во сне милую, благородную нимфу, необычайно хорошей породы и чистой крови. Мы с ней сначала разбили соседей, а затем были счастливы. Просыпаюсь — передо мной этот отвратительный лакей! Как я сказал нимфе? Кудесница! Чаровница! Влюбленный в вас не может не любить вас! *(Убежденно.)* Хорошо сказал. *(Капризно.)* Ну что это такое? Ну что это? Ну? Зачем я проснулся? Эй ты! Зачем?

КАМЕРДИНЕР. Чтобы надеть новое, с иголочки, платье, ваше величество.

КОРОЛЬ. Чурбан! Не могу же я одеваться, когда я не в духе. Развесели меня сначала. Зови шута, шута скорей!

КАМЕРДИНЕР. Шута его величества!

От неподвижно стоящих придворных отделяется Шут. Это солидный человек в пенсне. Он, подпрыгивая, приближается к Королю.

КОРОЛЬ *(с официальной бодростью и лихостью. Громко).* Здравствуй, шут!

ШУТ *(так же).* Здравствуйте, ваше величество!

КОРОЛЬ *(опускаясь в кресло).* Развесели меня. Да поскорее. *(Капризно и жалобно.)* Мне пора одеваться, а я все гневаюсь да гневаюсь. Ну! Начинай!

ШУТ *(солидно).* Вот, ваше величество, очень смешная история. Один купец...

КОРОЛЬ *(придирчиво).* Как фамилия?

ШУТ. Петерсен. Один купец, по фамилии Петерсен, вышел из лавки да как споткнется — и ляп носом об мостовую!

КОРОЛЬ. Ха-ха-ха!

ШУТ. А тут шел маляр с краской, споткнулся об купца и облил краской проходившую мимо старушку.

КОРОЛЬ. Правда? Ха-ха-ха!

ШУТ. А старушка испугалась и наступила собаке на хвост.

КОРОЛЬ. Ха-ха-ха! Фу ты, боже мой! Ах-ах-ах! *(Вытирая слезы.)* На хвост?

ШУТ. На хвост, ваше величество. А собака укусила толстяка.

КОРОЛЬ. Ох-ох-ох! Ха-ха-ха! Ой, довольно!..

ШУТ. А толстяк...

КОРОЛЬ. Довольно, довольно! Не могу больше, лопну. Ступай, я развеселился. Начнем одеваться. *(Развязывает бант под подбородком.)* Возьми мою ночную корону. Давай утреннюю. Так! Зови первого министра.

КАМЕРДИНЕР. Его превосходительство господин первый министр к его величеству!

Первый Министр подбегает к Королю.

КОРОЛЬ *(лихо).* Здравствуйте, первый министр!

ПЕРВЫЙ МИНИСТР *(так же).* Здравствуйте, ваше величество!

КОРОЛЬ. Что скажешь, старик?.. Ха-ха-ха! Ну и шут у меня! Старушку за хвост! Ха-ха-ха! Что мне нравится в нем — это чистый юмор. Безо всяких так намеков, шпилек... Купец толстяка укусил! Ха-ха-ха! Ну что нового, старик? А?

ПЕРВЫЙ МИНИСТР. Ваше величество! Вы знаете, что я старик честный, старик прямой. Я прямо говорю правду в глаза, даже если она неприятна. Я ведь стоял тут все время, видел, как вы, откровенно говоря, просыпаетесь, слышал, как вы, грубо говоря, смеетесь, и так далее. Позвольте вам сказать прямо, ваше величество...

КОРОЛЬ. Говори, говори. Ты знаешь, что я на тебя никогда не сержусь.

ПЕРВЫЙ МИНИСТР. Позвольте мне сказать вам прямо, грубо, по-стариковски: вы великий человек, государь!

КОРОЛЬ *(он очень доволен).* Ну-ну. Зачем, зачем.

ПЕРВЫЙ МИНИСТР. Нет, ваше величество, нет. Мне себя не перебороть. Я еще раз повторю — простите мне мою разнузданность, — вы великан! Светило!

КОРОЛЬ. Ах, какой ты! Ах, ах!

ПЕРВЫЙ МИНИСТР. Вы, ваше величество, приказали, чтобы придворный ученый составил, извините, родословную принцессы. Чтобы он разведал о ее предках, грубо говоря, то да се. Простите меня, ваше величество, за прямоту — это была удивительная мысль.

КОРОЛЬ. Ну вот еще! Ну чего там!

ПЕРВЫЙ МИНИСТР. Придворный ученый, говоря без разных там штучек и украшений, пришел. Звать? Ох, король! *(Грозит пальцем.)* Ох, умница!
КОРОЛЬ. Поди сюда, правдивый старик. *(Растроганно.)* Дай я тебя поцелую. И никогда не бойся говорить мне правду в глаза. Я не такой, как другие короли. Я люблю правду, даже когда она неприятна. Пришел придворный ученый? Ничего! Пожалуйста! Зови его сюда. Я буду одеваться и пить шоколад, а он пусть говорит. Командуй к одеванию с шоколадом, честный старик.
ПЕРВЫЙ МИНИСТР. Слушаю-с! *(Лихо.)* Лакеи!

Лакеи под звуки труб вносят ширму. Король скрывается за ней так, что видна только его голова.

Портные!

Звуки труб еще торжественнее. Портные, делая на ходу последние стежки, останавливаются у ширмы.

Повар!

Повар под звуки труб марширует к ширме. Передает чашку с шоколадом Камердинеру. Пятится назад. Скрывается за спинами придворных.

Ученый!

Придворный ученый с огромной книгой в руках становится перед ширмой.

Смирно! *(Оглядывается.)*

Все замерли.

(Командует.) Приготовились. Начали!

Звуки труб заменяются легкой, ритмичной музыкой. Похоже, что играет музыкальный ящик. Замершие перед ширмой портные скрываются за нею. Камердинер поит с ложечки Короля шоколадом.

КОРОЛЬ *(сделав несколько глотков, кричит лихо).* Здравствуйте, придворный ученый!
УЧЕНЫЙ. Здравствуйте, ваше величество.
КОРОЛЬ. Говорите! Впрочем, нет, постойте! Первый министр! Пусть придворные слушают тоже.
ПЕРВЫЙ МИНИСТР. Господа придворные! Его величество заметил, что вы здесь.

ПРИДВОРНЫЕ. Ура король! Ура король! Ура король!
КОРОЛЬ. И девушки здесь! Фрейлины. Ку-ку! *(Прячется за ширмой.)*
ПЕРВАЯ ФРЕЙЛИНА *(пожилая энергичная женщина, баском).* Ку-ку, ваше величество.
КОРОЛЬ *(вылезает).* Ха-ха-ха! *(Лихо.)* Здравствуйте, шалунья!
ПЕРВАЯ ФРЕЙЛИНА. Здравствуйте, ваше величество.
КОРОЛЬ *(игриво).* Что вы видели во сне, резвунья?
ПЕРВАЯ ФРЕЙЛИНА. Вас, ваше величество.
КОРОЛЬ. Меня? Молодец!
ПЕРВАЯ ФРЕЙЛИНА. Рада стараться, ваше величество.
КОРОЛЬ. А вы, девушки, что видели во сне?
ОСТАЛЬНЫЕ ФРЕЙЛИНЫ. Вас, ваше величество.
КОРОЛЬ. Молодцы!
ОСТАЛЬНЫЕ ФРЕЙЛИНЫ. Рады стараться, ваше величество.
КОРОЛЬ. Прекрасно. Первая фрейлина! Милитаризация красоток вам удалась. Они очень залихватски отвечают сегодня. Изъявляю вам свое благоволение. В каком вы чине?
ПЕРВАЯ ФРЕЙЛИНА. Полковника, ваше величество.
КОРОЛЬ. Произвожу вас в генералы.
ПЕРВАЯ ФРЕЙЛИНА. Покорно благодарю, ваше величество.
КОРОЛЬ. Вы заслужили это. Вот уже тридцать лет, как вы у меня первая красавица. Каждую ночь вы меня, только меня видите во сне. Вы моя птичка, генерал!
ПЕРВАЯ ФРЕЙЛИНА. Рада стараться, ваше величество.
КОРОЛЬ *(разнеженно).* Ах вы конфетки. Не уходите далеко, мои милочки. А то профессор меня засушит. Ну, придворный ученый, валяйте!
УЧЕНЫЙ. Ваше величество. Я с помощью адъюнкта Брокгауза и приват-доцента Ефрона составил совершенно точно родословную нашей высокорожденной гостьи.
КОРОЛЬ *(фрейлинам).* Ку-ку! Хи-хи-хи.
УЧЕНЫЙ. Сначала о ее гербе. Гербом, ваше величество, называется наследственно передаваемое символическое изображение, да, изображение, составленное на основании известных правил, да, правил.
КОРОЛЬ. Я сам знаю, что такое герб, профессор.
УЧЕНЫЙ. С незапамятных времен вошли в употребление символические знаки, да, знаки, которые вырезались на перстнях.

КОРОЛЬ. Тю-тю!
УЧЕНЫЙ. И рисовались на оружии, знаменах и прочем, да, прочем.
КОРОЛЬ. Цып-цып! Птички!
УЧЕНЫЙ. Знаки эти явились результатом...
КОРОЛЬ. Довольно о знаках, к делу... Ку-ку!..
УЧЕНЫЙ. ...да, результатом желания выделить себя из массы, да, выделить. Придать себе резкое отличие, заметное иногда даже в разгаре битвы. Вот. Битвы.

Король выходит из-за ширмы. Одет блистательно.

КОРОЛЬ. К делу, профессор!
УЧЕНЫЙ. Гербы...
КОРОЛЬ. К делу, говорят! Короче!
УЧЕНЫЙ. Еще со времен Крестовых походов...
КОРОЛЬ (*замахивается на него кинжалом*). Убью как собаку. Говори короче!
УЧЕНЫЙ. В таком случае, ваше величество, я начну блазонировать.
КОРОЛЬ. А? Чего ты начнешь?
УЧЕНЫЙ. Блазонировать!
КОРОЛЬ. Я запрещаю! Это что еще за гадость! Что значит это слово?
УЧЕНЫЙ. Но блазонировать, ваше величество, — это значит описывать герб!
КОРОЛЬ. Так и говорите!
УЧЕНЫЙ. Я блазонирую. Герб принцессы. В золотом, усеянном червлеными сердцами щите — три коронованные лазоревые куропатки, обремененные леопардом.
КОРОЛЬ. Как, как? Обремененные?
УЧЕНЫЙ. Да, ваше величество... Вокруг кайма из цветов королевства.
КОРОЛЬ. Ну ладно... Не нравится мне это. Ну да уж пусть! Говорите родословную, но короче.
УЧЕНЫЙ. Слушаю, ваше величество! Когда Адам...
КОРОЛЬ. Какой ужас! Принцесса еврейка?
УЧЕНЫЙ. Что вы, ваше величество!
КОРОЛЬ. Но ведь Адам был еврей?
УЧЕНЫЙ. Это спорный вопрос, ваше величество. У меня есть сведения, что он был караим.

КОРОЛЬ. Ну то-то! Мне главное, чтобы принцесса была чистой крови. Это сейчас очень модно, а я франт. Я франт, птички?

ФРЕЙЛИНЫ. Так точно, ваше величество.

УЧЕНЫЙ. Да, ваше величество. Вы, ваше величество, всегда были на уровне самых современных идей. Да, самых.

КОРОЛЬ. Не правда ли? Одни мои брюки чего стоят! Продолжайте, профессор.

УЧЕНЫЙ. Адам...

КОРОЛЬ. Оставим этот щекотливый вопрос и перейдем к более поздним временам.

УЧЕНЫЙ. Фараон Исаметих...

КОРОЛЬ. И его оставим. Очень некрасивое имя. Дальше...

УЧЕНЫЙ. Тогда разрешите, ваше величество, перейти непосредственно к династии ее высочества! Основатель династии — Георг Первый, прозванный за свои подвиги Великим. Да, прозванный.

КОРОЛЬ. Очень хорошо.

УЧЕНЫЙ. Ему унаследовал сын Георг Второй, прозванный за свои подвиги Обыкновенным. Да, Обыкновенным.

КОРОЛЬ. Я очень спешу. Вы просто перечисляйте предков. Я пойму, за что именно они получили свои прозвища. А иначе я вас зарежу.

УЧЕНЫЙ. Слушаю. Далее идут: Вильгельм Первый Веселый, Генрих Первый Короткий, Георг Третий Распущенный, Георг Четвертый Хорошенький, Генрих Второй Черт Побери.

КОРОЛЬ. За что его так прозвали?

УЧЕНЫЙ. За его подвиги, ваше величество. Далее идет Филипп Первый Ненормальный, Георг Пятый Потешный, Георг Шестой Отрицательный, Георг Седьмой Босой, Георг Восьмой Малокровный, Георг Девятый Грубый, Георг Десятый Тонконогий, Георг Одиннадцатый Храбрый, Георг Двенадцатый Антипатичный, Георг Тринадцатый Наглый, Георг Четырнадцатый Интересный и, наконец, ныне царствующий отец принцессы Георг Пятнадцатый, прозванный за свои подвиги Бородатым. Да, прозванный.

КОРОЛЬ. Очень богатая и разнообразная коллекция предков.

УЧЕНЫЙ. Да, ваше величество. Принцесса имеет восемнадцать предков, не считая гербов материнской линии... Да, имеет.

КОРОЛЬ. Вполне достаточно... Ступайте! *(Смотрит на часы.)* Ах, как поздно! Позовите скорее придворного поэта.
ПЕРВЫЙ МИНИСТР. Поэт к государю. Бегом!

Придворный Поэт подбегает к Королю.

КОРОЛЬ. Здравствуйте, придворный поэт.
ПОЭТ. Здравствуйте, ваше величество.
КОРОЛЬ. Приготовили приветственную речь?
ПОЭТ. Да, ваше величество. Мое вдохновение...
КОРОЛЬ. А стихи на приезд принцессы?
ПОЭТ. Моя муза помогла мне изыскать пятьсот восемь пар великолепнейших рифм, ваше величество.
КОРОЛЬ. Что же, вы одни рифмы будете читать? А стихи где?
ПОЭТ. Ваше величество! Моя муза едва успела кончить стихи на вашу разлуку с правофланговой фрейлиной...
КОРОЛЬ. Ваша муза вечно отстает от событий. Вы с ней только и умеете, что просить то дачу, то домик, то корову. Черт знает что! Зачем, например, поэту корова? А как писать, так опоздал, не успел... Все вы такие!
ПОЭТ. Зато моя преданность вашему величеству...
КОРОЛЬ. Мне нужна не преданность, а стихи!
ПОЭТ. Но зато речь готова, ваше величество.
КОРОЛЬ. Речь... На это вы все мастера! Ну давайте хоть речь.
ПОЭТ. Это даже не речь, а разговор. Ваше величество говорит, а принцесса отвечает. Копия ответов послана навстречу принцессе специальным нарочным. Разрешите огласить?
КОРОЛЬ. Можете.
ПОЭТ. Ваше величество говорит: «Принцесса! Я счастлив, что вы как солнце взошли на мой трон. Свет вашей красоты осветил все вокруг«. На это принцесса отвечает: «Солнце — это вы, ваше величество. Блеск ваших подвигов затмил всех ваших соперников». Вы на это: «Я счастлив, что вы оценили меня по достоинству!» Принцесса на это: «Ваши достоинства — залог нашего будущего счастья!» Вы отвечаете: «Вы так хорошо меня поняли, что я могу сказать только одно: вы так же умны, как и прекрасны». Принцесса на это: «Я счастлива, что нравлюсь вашему величеству». Вы на это: «Я чувствую, что мы любим друг друга, принцесса, позвольте вас поцеловать».

КОРОЛЬ. Очень хорошо!

ПОЭТ. Принцесса: «Я полна смущения... но...» Тут гремят пушки, войска кричат «ура» — и вы целуете принцессу.

КОРОЛЬ. Целую? Ха-ха! Это ничего! В губы?

ПОЭТ. Так точно, ваше величество.

КОРОЛЬ. Это остроумно. Ступайте. Ха-ха! Старик, это приятно! Да! Ну-ну! Эх! *(Лихо обнимает за талию старшую фрейлину.)* Кто еще ждет приема? А? Говори, откровенный старик.

ПЕРВЫЙ МИНИСТР. Ваше величество, я не скрою, что приема ждут еще ткачи.

КОРОЛЬ. А! Что же их не пускают? Скорее, гоните их бегом ко мне.

ПЕРВЫЙ МИНИСТР. Ткачи, к королю — галопом!

Генрих и Христиан лихо, вприпрыжку вылетают на середину сцены.

КОРОЛЬ. Какие старые — значит, опытные. Какие бойкие — наверное, работящие. Здравствуйте, ткачи.

ГЕНРИХ И ХРИСТИАН. Здравия желаем, ваше величество!

КОРОЛЬ. Что скажете? А? Ну! Чего вы молчите?

Христиан вздыхает со стоном.

Что ты говоришь?

Генрих вздыхает со стоном.

Как?

ХРИСТИАН. Бедняга король! У-у!

КОРОЛЬ. Что вы меня пугаете, дураки? В чем дело? Почему я бедняга?

ХРИСТИАН. Такой великий король — и так одет!

КОРОЛЬ. Как я одет? А?

ГЕНРИХ. Обыкновенно, ваше величество!

ХРИСТИАН. Как все!

ГЕНРИХ. Как соседние короли!

ХРИСТИАН. Ох, ваше величество, ох!

КОРОЛЬ. Ах, что это! Ну что они говорят? Да как же это можно! Отоприте шкаф! Дайте плащ номер четыре тысячи девятый от кружевного костюма. Смотрите, дураки. Чистый фай. По краям плетеный гипюр. Сверху шитые алансонские кружева. А понизу валансьен. Это к моему кружевному выходному костюму. А вы говорите —

как все! Дайте сапоги! Смотрите, и сапоги обшиты кружевами брабантскими. Вы видели что-нибудь подобное?

ГЕНРИХ. Видели!

ХРИСТИАН. Сколько раз!

КОРОЛЬ. Ну это черт знает что! Дайте тогда мой обеденный наряд. Да не тот, осел! Номер восемь тысяч четыреста девяносто восемь. Глядите, вы! Это что?

ГЕНРИХ. Штаны.

КОРОЛЬ. Из чего?

ХРИСТИАН. Чего там спрашивать? Из гра-де-напля.

КОРОЛЬ. Ах ты бессовестный! Что же, по-твоему, гра-де-напль — это пустяки? А камзол? Чистый гро-де-тур, и рукава — гро-грен. А воротник — пу-де-суа. А плащ — тюркуаз, на нем рипсовые продольные полоски. Да ты восхищайся! Почему ты отворачиваешься?

ГЕНРИХ. Видали мы это.

КОРОЛЬ. А чулки дра-де-суа?

ХРИСТИАН. И это видали.

КОРОЛЬ. Да ты, дурак, пощупай!

ГЕНРИХ. Да зачем... Я знаю.

КОРОЛЬ. Знаешь? Давайте сюда панталоны для свадебного бала! Это что?

ХРИСТИАН. Коверкот.

КОРОЛЬ. Правильно — но какой? Где еще на свете есть подобный? А камзол шевиот с воротником бостон! А плащ? Трико. Видал, дурак?

ГЕНРИХ. Это, ваше величество, действительно каждый дурак видал.

ХРИСТИАН. А мы можем сделать такую ткань... Ого! Которую только умный и увидит. Мы вам сделаем небывалый свадебный наряд, ваше величество.

КОРОЛЬ. Да! Так все говорят! А рекомендации есть?

ХРИСТИАН. Мы работали год у турецкого султана, он был так доволен, что это не поддается описанию. Поэтому он нам ничего и не написал.

КОРОЛЬ. Подумаешь, турецкий султан!

ГЕНРИХ. Индийский Великий Могол лично благодарил.

КОРОЛЬ. Подумаешь, индийский могол! Вы не знаете разве, что наша нация — высшая в мире? Все другие никуда не годятся, а мы молодцы. Не слыхали, что ли?

ХРИСТИАН. Кроме того, наша ткань обладает одним небывалым чудесным свойством.
КОРОЛЬ. Воображаю... Каким?
ХРИСТИАН. А я уже говорил, ваше величество. Ее только умный и увидит. Ткань эта невидима тем людям, которые непригодны для своей должности или непроходимые дураки.
КОРОЛЬ *(заинтересованный).* Ну-ка, ну-ка. Как это?
ХРИСТИАН. Наша ткань невидима людям, которые непригодны для своей должности или глупы.
КОРОЛЬ. Ха-ха-ха! Ох-ох-ох! Ой, уморили! Фу ты черт! Вот этот, значит, первый-то министр, если он непригоден для своей должности, так он этой ткани не увидит?
ХРИСТИАН. Нет, ваше величество. Таково чудесное свойство этой ткани.
КОРОЛЬ. Ах-ха-ха! *(Раскисает от смеха.)* Старик, слышишь? А, министр! Тебе говорю!
ПЕРВЫЙ МИНИСТР. Ваше величество, я не верю в чудеса.
КОРОЛЬ *(замахивается кинжалом).* Что? Не веришь в чудеса? Возле самого трона человек, который не верит в чудеса? Да ты материалист! Да я тебя в подземелье! Нахал!
ПЕРВЫЙ МИНИСТР. Ваше величество! Позвольте вам постариковски попенять. Вы меня не дослушали. Я хотел сказать: я не верю в чудеса, говорит безумец в сердце своем. Это безумец не верит, а мы только чудом и держимся!
КОРОЛЬ. Ах так! Ну, тогда ничего. Подождите, ткачи. Какая замечательная ткань! Значит, с нею я увижу, кто у меня не на месте?
ХРИСТИАН. Так точно, ваше величество.
КОРОЛЬ. И сразу пойму, кто глупый, а кто умный?
ХРИСТИАН. В один миг, ваше величество.
КОРОЛЬ. Шелк?
ХРИСТИАН. Чистый, ваше величество.
КОРОЛЬ. Подождите. После приема принцессы я с вами поговорю.

Трубят трубы.

Что там такое? А? Узнай, старик!
ПЕРВЫЙ МИНИСТР. Это прибыл министр нежных чувств вашего величества.
КОРОЛЬ. Ага, ага, ага! Ну-ка, ну-ка! Скорее, министр нежных чувств! Да ну же, скорее!

Входит Министр нежных чувств.

Хорошие вести? По лицу вижу, что хорошие. Здравствуйте, министр нежных чувств.
МИНИСТР НЕЖНЫХ ЧУВСТВ. Здравствуйте, ваше величество.
КОРОЛЬ. Ну, ну, дорогой. Я слушаю, мой милый.
МИНИСТР. Ваше величество. Увы! В смысле нравственности принцесса совершенно безукоризненна.
КОРОЛЬ. Хе-хе! Почему же «увы»?
МИНИСТР. Чистота крови — увы, ваше величество. Принцесса не почувствовала горошины под двадцатью четырьмя перинами. Более того, всю дорогу в дальнейшем она спала на одной перине.
КОРОЛЬ. Чего же ты улыбаешься? Осел! Значит, свадьбе не бывать! А я так настроился! Ну что это! Ну какая гадость! Иди сюда, я тебя зарежу!
МИНИСТР. Но, ваше величество, я себя не считал вправе скрывать от вас эту неприятную правду.
КОРОЛЬ. Сейчас я тебе покажу неприятную правду! *(Гонится за ним с кинжалом.)*
МИНИСТР *(визжит).* Ой! Ах! Я не буду больше! Пощадите! *(Убегает из комнаты.)*
КОРОЛЬ. Вон! Все пошли вон! Расстроили! Обидели! Всех переколю! Заточу! Стерилизую! Вон!

Все, кроме Первого Министра, убегают из приемной.

(Подлетает к Первому министру.) Гнать! Немедленно гнать принцессу! Может, она семитка? Может, она хамитка? Прочь! Вон!
ПЕРВЫЙ МИНИСТР. Ваше величество! Выслушайте старика. Я прямо, грубо, как медведь. Прогнать ее за то, что она, мол, не чистокровная,— обидится отец.
КОРОЛЬ *(топает ногой).* И пусть!
ПЕРВЫЙ МИНИСТР. Вспыхнет война.
КОРОЛЬ. И чихать!
ПЕРВЫЙ МИНИСТР. А лучше вы с принцессой повидайтесь и заявите мягко, деликатно: мне, мол, фигура не нравится. Я грубо скажу, по-прямому: вы ведь, ваше величество, в этих делах знаток. Вам угодить трудно. Ну, мы принцессу потихонечку-полегонечку и спровадим.

Вижу! Вижу! Ах король, ах умница! Он понял, что я прав. Он согласен!

КОРОЛЬ. Я согласен, старик. Пойди приготовь все к приему, потом я ее спроважу. Принять ее во дворе!

ПЕРВЫЙ МИНИСТР. Ох, король! Ох, гений! *(Уходит.)*

КОРОЛЬ *(капризно).* Ну это, ну это ужасно! Опять расстроили. Шута! Шута скорей! Говори, шут. Весели меня. Весели!

Шут вбегает вприпрыжку.

ШУТ. Один купец...

КОРОЛЬ *(придирчиво).* Как фамилия?

ШУТ. Людвигсен. Один купец шел через мостик — да ляп в воду.

КОРОЛЬ. Ха-ха-ха!

ШУТ. А под мостом шла лодка. Он гребца каблуком по голове.

КОРОЛЬ. Ха-ха-ха! По голове? Хо-хо-хо!

ШУТ. Гребец тоже — ляп в воду, а тут по берегу старушка шла. Он ее за платье — и туда же, в воду.

КОРОЛЬ. Ха-ха-ха! Уморил! Ох-ох-ох! Ха-ха-ха! Ха-ха-ха! *(Вытирает слезы, не сводя восторженного взгляда с шута.)* Ну?

ШУТ. А она...

Занавес

Королевский двор, вымощенный разноцветными плитами. У задней стены — трон. Справа — загородка для публики.

МИНИСТР НЕЖНЫХ ЧУВСТВ *(входит прихрамывая. Кричит.)* Ох! Сюда, господин камергер! Ох!

КАМЕРГЕР. Что вы стонете? Ранили вас? А! У-лю-лю!

МИНИСТР. А! Нет, не ранили! Убили! Сюда! Несите портшез с невестой сюда! Ох!

КАМЕРГЕР. Да что случилось? Уоу!

МИНИСТР. Увидите! *(Убегает.)*

Вносят портшез с Принцессой. Гувернантка и Камергер идут рядом с портшезом.

КАМЕРГЕР *(носильщикам).* Ставьте портшез и бегите бегом. Не подходите к окошку, наглецы! Ату его!

ГУВЕРНАНТКА *(Камергеру).* Скажи им: вынь руки фон карман. Не нос тереби. Стой прям!
КАМЕРГЕР. Ах, мне не до воспитабль. Того и гляди, что твоя-моя принцесса передадут записку гоголь-моголь! *(Носильщикам.)* Ну чего слушаете? Все равно ведь вы не понимаете иностранных языков. Вон!

Носильщики убегают.

(Гувернантке.) Ну прямо уна гора де плеч свалила себя айн, цвай, драй. Теперь сдадим дизе принцессу королю с одной руки на другую. И — уна дуна рес.
ГУВЕРНАНТКА *(весело).* Квинтер, баба, жес. И моя рада.
КАМЕРГЕР *(Принцессе).* Ваше высочество. Приготовьтесь. Сейчас я пойду доложу о нашем прибытии королю. Ваше высочество! Вы спите?
ПРИНЦЕССА. Нет, я задумалась.
КАМЕРГЕР. Ох! Ну ладно! *(Гувернантке.)* Станьте себя коло той калитки, лоби-тоби. И смотрите вовсю. Я смотаю себя авек король.
ГУВЕРНАНТКА. Унд! *(Становится у входа во двор.)*
ПРИНЦЕССА. Здесь все чужое, все выложено камнями, нет ни одной травинки. Стены смотрят как волки на ягненка. Я бы испугалась, но записка славного, кудрявого, доброго моего, ласкового, родного, хорошенького Генриха так меня обрадовала, что я даже улыбаюсь. *(Целует записку.)* Ах, как она славно пахнет орехами. Ах, как она красиво промаслилась. *(Читает.)* «Мы здесь. Я с белыми волосами и белой бородой. Ругай короля. Скажи ему, что он плохо одет. Генрих». Я ничего не понимаю. Ах, какой он умный! Но где он? Хотя бы на секундочку его увидеть.

Из-за стены пение. Тихо поют два мужских голоса:

> Завоюем счастье с бою
> И пойдем домой,
> Ты да я да мы с тобою,
> Друг мой дорогой.

ПРИНЦЕССА. Ах, это его голос! Значит, он сейчас выйдет. Так было в прошлый раз: спел — и показался!

Выходит Первый Министр и застывает, как бы пораженный красотой Принцессы.

Это он! С белыми волосами, с белой бородой.
ПЕРВЫЙ МИНИСТР. Позвольте, ваше высочество, мне по-грубому, по-стариковски, по-отцовски сказать вам: я вне себя от вашей красоты.
ПРИНЦЕССА *(подбегает к нему).* Ну!
ПЕРВЫЙ МИНИСТР *(недоумевая).* Да, ваше высочество.
ПРИНЦЕССА. Почему ты не говоришь: дерни меня за бороду?
ПЕРВЫЙ МИНИСТР *(в ужасе).* За что, ваше высочество?
ПРИНЦЕССА *(хохочет).* Ах ты! Теперь ты меня не обманешь! Я тебя сразу узнала!
ПЕРВЫЙ МИНИСТР. Боже мой!
ПРИНЦЕССА. Теперь я научилась дергать как следует! *(Дергает его за бороду изо всей силы.)*
ПЕРВЫЙ МИНИСТР *(визгливо).* Ваше высочество!

Принцесса дергает его за волосы и срывает парик. Он лысый.

(Визгливо.) Помогите!

Гувернантка бежит к нему.

ГУВЕРНАНТКА. Что он с ней делает, чужой старик! Ля! Па-де-труа!
ПЕРВЫЙ МИНИСТР. Но моя — первая министра его величества.
ГУВЕРНАНТКА. Зачем, принцесса, вы его битте-дритте?
ПРИНЦЕССА. А пусть он валится ко всем чертям на рога!
ГУВЕРНАНТКА. Выпейте капли, вас ис дас.
ПРИНЦЕССА. А я их к дьяволу разбила, сволочь.
ПЕРВЫЙ МИНИСТР *(радостно хохочет. В сторону).* Да она совершенно сумасшедшая! Это очень хорошо! Мы ее очень просто отправим обратно. Пойду доложу королю. А впрочем, нет, он не любит неприятных докладов. Пусть сам увидит. *(Принцессе.)* Ваше высочество, позвольте сказать вам прямо, по-стариковски: вы такая шалунья, что сердце радуется. Фрейлины в вас влюбятся, ей-богу. Можно я их позову? Они вас обчистят с дороги, покажут то, другое, а мы тем временем приготовимся здесь к встрече. Девочки!

Строем входят фрейлины.

Позвольте, принцесса, представить вам фрейлин. Они вам очень рады.

ПРИНЦЕССА. И я очень рада. Мне здесь так одиноко, а почти все вы так же молоды, как я. Вы мне действительно рады?
ПЕРВАЯ ФРЕЙЛИНА. Примите рапорт, ваше высочество.
ПРИНЦЕССА. Что?
ПЕРВАЯ ФРЕЙЛИНА. Ваше высочество! За время моего дежурства никаких происшествий не случилось. Налицо четыре фрейлины. Одна в околотке. Одна в наряде. Две в истерике по случаю предстоящего бракосочетания. *(Козыряет.)*
ПРИНЦЕССА. Вы разве солдат, фрейлина?
ПЕРВАЯ ФРЕЙЛИНА. Никак нет, я генерал. Пройдите во дворец, принцесса. Девочки! Слушай мою команду! Шаго-ом — арш!

Идут.

ПРИНЦЕССА. Это ужасно!

Скрываются в дверях.

ПЕРВЫЙ МИНИСТР. Эй, вы там! Введите солдат. Я иду за толпой. *(Уходит.)*

Входят солдаты с Офицером.

ОФИЦЕР. Предчувствуя встречу с королем, от волнения ослабей!

Солдаты приседают.

Вприсядку — арш!

Солдаты идут вприсядку.

Ле-вей! Пра-вей! К сте-е-не! Смирно!

Входит толпа. Ее ведет за загородку Первый Министр.

ПЕРВЫЙ МИНИСТР *(толпе).* Хоть я и знаю, что вы самые верноподданные, но напоминаю вам: во дворце его величества рот открывать можно только для того, чтобы крикнуть «ура» или исполнить гимн. Поняли?
ТОЛПА. Поняли.
ПЕРВЫЙ МИНИСТР. Плохо поняли. Вы уже в королевском дворце. Как же вы вместо «ура» говорите что-то другое? А?
ТОЛПА *(сокрушенно).* Ура.
ПЕРВЫЙ МИНИСТР. Ведь король! Поймите: король — и вдруг так близко от вас. Он мудрый, он особенный! Не та-

кой, как другие люди. И этакое чудо природы — вдруг в двух шагах от вас. Удивительно! А?

ТОЛПА *(благоговейно).* Ура.

ПЕРВЫЙ МИНИСТР. Стойте молча, пока король не появится. Пойте гимн и кричите «ура», пока король не скажет «вольно». После этого молчите. Только когда по знаку его превосходительства закричит королевская гвардия, кричите и вы. Поняли?

ТОЛПА *(рассудительно).* Ура.

Приближающийся крик: «Король идет! Король идет! Король идет!»
Входит Король со свитой.

ОФИЦЕР *(командует).* При виде короля от восторга в обморок — шлеп!

Солдаты падают.

ПЕРВЫЙ МИНИСТР *(толпе).* Пой гимн!

ТОЛПА. Вот так король, ну и король, фу-ты, ну-ты, что за король! Ура-а! Вот так король, ну и король, фу-ты, ну-ты, что за король! Ура-а!

КОРОЛЬ. Вольно!

Толпа замолкает.

ОФИЦЕР. В себя при-ди!

Солдаты подымаются.

КОРОЛЬ. Ну где же она? Ну что это! Какая тоска! Мне хочется поскорей позавтракать, а тут эта... полукровная. Где же она? Надо ее скорее спровадить.

ПЕРВЫЙ МИНИСТР. Идет, ваше величество.

Выходит Принцесса с фрейлинами.

ОФИЦЕР *(командует).* При виде молодой красавицы принцессы жизнерадостно пры-гай!

Солдаты прыгают.

С момента появления Принцессы Король начинает вести себя загадочно. Его лицо выражает растерянность. Он говорит глухо, как бы загипнотизированный. Смотрит на Принцессу, нагнув голову, как бык.
Принцесса всходит на возвышение.

ОФИЦЕР *(командует)*. Успо-койся!

Солдаты останавливаются.

КОРОЛЬ *(сомнамбулически,. горловым тенором)*. Здравствуйте, принцесса.

ПРИНЦЕССА. Иди ты к чертовой бабушке.

Некоторое время Король глядит на Принцессу, как бы стараясь вникнуть в смысл ее слов. Затем, странно улыбнувшись, разворачивает приветствие и откашливается.

ОФИЦЕР *(командует)*. От внимания обалдей!

КОРОЛЬ *(тем же тоном)*. Принцесса. Я счастлив, что вы как солнце взошли на мой трон. Свет вашей красоты озарил все вокруг.

ПРИНЦЕССА. Заткнись, дырявый мешок.

КОРОЛЬ *(так же)*. Я счастлив, принцесса, что вы оценили меня по достоинству.

ПРИНЦЕССА. Осел.

КОРОЛЬ *(так же)*. Вы так хорошо меня поняли, принцесса, что я могу сказать только одно: вы так же умны, как и прекрасны.

ПРИНЦЕССА. Дурак паршивый. Баран.

КОРОЛЬ. Я чувствую, что мы любим друг друга, принцесса, позвольте вас поцеловать. *(Делает шаг вперед.)*

ПРИНЦЕССА. Пошел вон, сукин сын!

Пушечная пальба. Ликующее «ура». Принцесса сходит с возвышения. Король странной походкой, не сгибая колен, идет на авансцену. Его окружают фрейлины. Первый Министр поддерживает его за локоть.

ПЕРВАЯ ФРЕЙЛИНА. Ваше величество! Разрешите ущипнуть дерзкую?

ПЕРВЫЙ МИНИСТР. Ваше величество, я доктора позову.

КОРОЛЬ *(с трудом)*. Нет, не доктора... Нет... *(Кричит.)* Ткачей!

ПЕРВЫЙ МИНИСТР. Они здесь, ваше величество.

КОРОЛЬ *(кричит)*. Немедленно сшить мне свадебный наряд!

ПЕРВАЯ ФРЕЙЛИНА. Но вы слышали, ваше величество, как она нарушала дисциплину?

КОРОЛЬ. Нет, не слышал! Я только видел! Я влюбился! Она чудная! Женюсь! Сейчас же женюсь! Как вы смеете удивленно смотреть? Да мне плевать на ее происхождение! Я все законы переменю — она хорошенькая! Нет! Запиши! Я жалую ей немедленно самое благородное происхождение, самое чистокровное! *(Ревет.)* Я женюсь, хотя бы весь свет был против меня!

Занавес

Коридор дворца. Дверь в комнату ткачей. Принцесса стоит, прижавшись к стене. Она очень грустна. За стеной гремит барабан.

ПРИНЦЕССА. Это очень тяжело — жить в чужой стране. Здесь все это... ну как его... мили... милитаризовано... Все под барабан. Деревья в саду выстроены взводными колоннами. Птицы летают побатальонно. И кроме того, эти ужасные освященные веками традиции, от которых уже совершенно нельзя жить. За обедом подают котлеты, потом желе из апельсинов, потом суп. Так установлено с девятого века. Цветы в саду пудрят. Кошек бреют, оставляя только бакенбарды и кисточку на хвосте. И все это нельзя нарушить — иначе погибнет государство. Я была бы очень терпелива, если бы Генрих был со мной. Но Генрих пропал, пропал Генрих! Как мне его найти, когда фрейлины ходят за мной строем! Только и жизнь, когда их уводят на учение... Очень трудно было передергать всех бородачей. Поймаешь бородача в коридоре, дернешь — но борода сидит, как пришитая, бородач визжит — никакой радости. Говорят, новые ткачи бородатые, а фрейлины как раз маршируют на площади, готовятся к свадебному параду. Ткачи работают здесь. Войти дернуть? Ах, как страшно! А вдруг и здесь Генриха нет! Вдруг его поймали и по традиции восьмого века под барабан отрубили ему на площади голову! Нет, чувствую я, чувствую — придется мне этого короля зарезать, а это так противно! Пойду к ткачам. Надену перчатки. У меня мозоли на пальцах от всех этих бород. *(Делает шаг к двери, но в коридор входят фрейлины строем.)*

ПЕРВАЯ ФРЕЙЛИНА. Разрешите доложить, ваше высочество?

ПРИНЦЕССА. Кру-у-гом!

Фрейлины поворачиваются.

Арш!

Фрейлины уходят. Скрываются. Принцесса делает шаг к двери. Фрейлины возвращаются.

ПЕРВАЯ ФРЕЙЛИНА. Подвенечный наряд...
ПРИНЦЕССА. Круго-ом — арш!

Фрейлины делают несколько шагов, возвращаются.

ПЕРВАЯ ФРЕЙЛИНА. ...готов, ваше высочество.
ПРИНЦЕССА. Круго-ом — арш!

Фрейлины поворачиваются, идут. Им навстречу — Король и Первый Министр.

ПЕРВАЯ ФРЕЙЛИНА. Сми-ирно!
КОРОЛЬ. А-а, душечки. Ах! Она. И совершенно такая же, как я ее видел во сне, только гораздо более сердитая. Принцесса! Душечка. Влюбленный в вас не может не любить вас.
ПРИНЦЕССА. Катитесь к дьяволу. *(Убегает, сопровождаемая фрейлинами.)*
КОРОЛЬ *(хохочет)*. Совершенно изнервничалась. Я ее так понимаю. Я тоже совершенно изныл от нетерпения. Ничего. Завтра свадьба. Сейчас я увижу эту замечательную ткань. *(Идет к двери и останавливается.)*
ПЕРВЫЙ МИНИСТР. Ваше величество, вы шли, как всегда, правильно. Сюда, сюда.
КОРОЛЬ. Да погоди ты...
ПЕРВЫЙ МИНИСТР. Ткачи-то, простите за грубость, именно здесь и работают.
КОРОЛЬ. Знаю, знаю. *(Выходит на авансцену.)* Да... Ткань-то особенная... Конечно, мне нечего беспокоиться. Во-первых, я умен. Во-вторых, ни на какое другое место, кроме королевского, я совершенно не годен. Мне и на королевском месте вечно чего-то не хватает, я всегда сержусь, а на любом другом я был бы просто страшен. И все-таки... Лучше бы сначала к ткачам пошел кто-нибудь другой. Вот первый министр. Старик честный, умный, но все-таки глупей меня. Если он увидит ткань, то я и подавно. Министр! Подите сюда!
ПЕРВЫЙ МИНИСТР. Я здесь, ваше величество.
КОРОЛЬ. Я вспомнил, что мне еще надо сбегать в сокровищницу выбрать невесте бриллианты. Ступайте посмотрите эту ткань, а потом доложите мне.

ПЕРВЫЙ МИНИСТР. Ваше величество, простите за грубость...
КОРОЛЬ. Не прощу. Ступайте! Живо! *(Убегает.)*
ПЕРВЫЙ МИНИСТР. Да-а. Все это ничего... Однако... *(Кричит.)* Министр нежных чувств!

Входит Министр нежных чувств.

МИНИСТР НЕЖНЫХ ЧУВСТВ. Здравствуйте.
ПЕРВЫЙ МИНИСТР. Здравствуйте. Вот что — меня ждут в канцелярии. Ступайте к ткачам и доложите мне, что у них и как. *(В сторону.)* Если этот дурак увидит ткань, то я и подавно...
МИНИСТР. Но, господин первый министр, я должен пойти сейчас в казарму к фрейлинам короля и уговорить их не плакать на завтрашней свадьбе.
ПЕРВЫЙ МИНИСТР. Успеете. Ступайте к ткачам. Живо! *(Убегает.)*
МИНИСТР. Да-а. Я, конечно... Однако... *(Кричит.)* Придворный поэт!

Входит Придворный Поэт.

Ступайте к ткачам и доложите, что у них и как. *(В сторону.)* Если этот дурак увидит ткань, то я и подавно.
ПРИДВОРНЫЙ ПОЭТ. Но я, ваше превосходительство, кончаю стихи на выезд принцессы из своего королевства в нашу родную страну.
МИНИСТР. Кому это теперь интересно? Принцесса уже две недели как приехала. Ступайте. Живо! *(Убегает.)*
ПРИДВОРНЫЙ ПОЭТ. Я, конечно, не дурак... Но... Э, была не была! В крайнем случае совру! Впервой ли мне! *(Стучит в дверь.)*

Занавес

Комната ткачей. Два больших ручных ткацких станка сдвинуты к стене. Две большие рамы стоят посреди комнаты. Рамы пустые. Большой стол. На столе — ножницы, подушечка с золотыми булавками, складной аршин.

ХРИСТИАН. Генрих! Генрих, будь веселей! У нас тончайший шелк, который нам дали для тканья, вот он в мешке. Я сотку из него чудесное платье для твоей невесты. А в

этой сумке золото. Мы поедем домой на самых лучших конях. Веселей, Генрих!
ГЕНРИХ. Я очень веселый. Я молчу потому, что думаю.
ХРИСТИАН. О чем?

Стук в дверь. Христиан хватает ножницы, наклоняется над столом и делает вид, что режет. Генрих рисует мелком по столу.

ХРИСТИАН. Войдите.

Входит Придворный Поэт.

ПРИДВОРНЫЙ ПОЭТ. Здравствуйте, придворные ткачи.
ХРИСТИАН *(не оставляя работу)*. Здравствуйте, придворный поэт.
ПРИДВОРНЫЙ ПОЭТ. Вот что, ткачи, меня прислали с очень важным поручением. Я должен посмотреть и описать вашу ткань.
ХРИСТИАН. Пожалуйста, господин поэт. Генрих, как ты думаешь, цветы роз нам поставить кверху листьями или кверху лепестками?
ГЕНРИХ *(прищуриваясь)*. Да. Пожалуй да. Пожалуй, лепестками. На лепестках шелк отливает красивее. Король дышит, а лепестки шевелятся, как живые.
ПРИДВОРНЫЙ ПОЭТ. Я жду, ткачи!
ХРИСТИАН. Чего именно, господин поэт?
ПРИДВОРНЫЙ ПОЭТ. То есть как — чего именно? Жду, чтобы вы мне показали ткань, сделанную вами для костюма короля.

Генрих и Христиан бросили работу. Они смотрят на Придворного Поэта с крайним изумлением.

(Пугается.) Ну нечего, нечего! Слышите вы? Зачем таращите глаза? Если я в чем ошибся — укажите на мою ошибку, а сбивать меня с толку ни к чему! У меня работа нервная! Меня надо беречь!
ХРИСТИАН. Но мы крайне поражены, господин поэт!
ПРИДВОРНЫЙ ПОЭТ. Чем? Сейчас говорите, чем?
ХРИСТИАН. Но ткани перед вами. Вот на этих двух рамах шелка натянуты для просушки. Вот они грудой лежат на столе. Какой цвет, какой рисунок!
ПРИДВОРНЫЙ ПОЭТ *(откашливается)*. Конечно, лежат. Вот они лежат. Такая груда. *(Оправляется.)* Но я приказывал

вам показать мне шелк. Показать с объяснениями: что пойдет на камзол, что — на плащ, что — на кафтан.

ХРИСТИАН. Пожалуйста, господин поэт. На этой раме — шелк трех сортов. *(Поэт записывает в книжечку.)* Один, тот, что украшен розами, пойдет на камзол короля. Это будет очень красиво. Король дышит, а лепестки шевелятся, как живые. На этом среднем — знаки королевского герба. Это на плащ. На этом мелкие незабудки — на панталоны короля. Чисто белый шелк этой рамы пойдет на королевское белье и на чулки. Этот атлас — на обшивку королевских туфель. На столе — отрезы всех сортов.

ПРИДВОРНЫЙ ПОЭТ. А скажите, мне интересно, как вы на вашем простом языке называете цвет этого первого куска? С розами.

ХРИСТИАН. На нашем простом языке фон этого куска называется зеленым. А на вашем?

ПРИДВОРНЫЙ ПОЭТ. Зеленым.

ГЕНРИХ. Какой веселый цвет — правда, господин поэт?

ПРИДВОРНЫЙ ПОЭТ. Да. Ха-ха-ха! Очень веселый! Да. Спасибо, ткачи! Вы знаете — во всем дворце только и разговору, что о вашей изумительной ткани. Каждый так и дрожит от желания убедиться в глупости другого. Сейчас придет сюда министр нежных чувств. До свидания, ткачи.

ХРИСТИАН И ГЕНРИХ. До свидания, придворный поэт.

Поэт уходит.

ГЕНРИХ. Ну, дело теперь идет на лад, Христиан.

ХРИСТИАН. Теперь я заставлю прыгать министра нежных чувств, Генрих.

ГЕНРИХ. Как прыгать, Христиан?

ХРИСТИАН. Как мячик, Генрих.

ГЕНРИХ. И ты думаешь, он послушается, Христиан?

ХРИСТИАН. Я просто уверен в этом, Генрих.

Стук в дверь. Входит Министр нежных чувств. В руках у него листки из записной книжки Поэта. Самоуверенно идет к первой раме.

МИНИСТР НЕЖНЫХ ЧУВСТВ. Какие дивные розы!

ХРИСТИАН *(дико вскрикивает).* А!

МИНИСТР *(подпрыгнув).* В чем дело?

ХРИСТИАН. Простите, господин министр, но разве вы не видите? *(Показывает ему под ноги.)*

МИНИСТР. Что я не вижу? Какого черта я тут должен увидеть?

ХРИСТИАН. Вы стоите на шелке, из которого мы хотели кроить на полу камзол.

МИНИСТР. Ах, вижу, вижу! *(Шагает в сторону.)*

ГЕНРИХ. Ах! Вы топчете королевский плащ!

МИНИСТР. Ах, проклятая рассеянность! *(Прыгает далеко вправо.)*

ХРИСТИАН. А! Белье короля!

Министр прыгает далеко влево.

ГЕНРИХ. А! Чулки короля!

Министр делает гигантский прыжок к двери.

ХРИСТИАН. А! Башмаки короля!

Министр выпрыгивает в дверь. Просовывает голову в комнату.

МИНИСТР *(из двери).* Ах, какая прекрасная работа! Мы, министры, по должности своей обязаны держать голову кверху. Поэтому то, что внизу, на полу, я с непривычки плохо вижу. Но то, что в раме, то, что на столе — розы, гербы, незабудки,— красота, красота! Продолжайте, господа ткачи, продолжайте. Сейчас к вам придет первый министр. *(Уходит, закрыв дверь.)*

ХРИСТИАН. Кто был прав, Генрих?

ГЕНРИХ. Ты был прав, Христиан.

ХРИСТИАН. А первого министра я назову в глаза дураком, Генрих.

ГЕНРИХ. Прямо в глаза, Христиан?

ХРИСТИАН. Прямо в глаза, Генрих.

Первый Министр открывает дверь, просовывает голову. Христиан, как бы не замечая его, идет за раму.

ПЕРВЫЙ МИНИСТР. Эй, ткачи! Вы бы прибрали на полу. Такая дорогая ткань — и валяется в пыли. Ай, ай, ай! Сейчас король сюда идет!

ГЕНРИХ. Слушаю, ваше превосходительство. *(Делает вид, что убирает и складывает ткань на столе.)*

Первый Министр входит. Осторожно становится у дверей. Христиан, отойдя за раму, достает из кармана бутылку. Пьет.

ПЕРВЫЙ МИНИСТР. Эй ты, наглец, как ты смеешь пить водку за работой?

ХРИСТИАН. Что это за дурак там орет?

ПЕРВЫЙ МИНИСТР. А! Да ты ослеп, что ли? Это я, первый министр!

ХРИСТИАН. Простите, ваше превосходительство, я из-за тканей вас не вижу, а голоса не узнал. А как вы меня увидели — вот что непонятно!

ПЕРВЫЙ МИНИСТР. А я... по запаху. Не люблю эту водку проклятую. Я ее за версту чую.

Христиан выходит из-за рамы.

ХРИСТИАН. Да разве это водка — это вода, ваше превосходительство.

ПЕРВЫЙ МИНИСТР. Что ты суешь в нос мне свою скверную фляжку! Стань на место! Сейчас король придет! *(Уходит.)*

Из-за кулис слышно пение: Король идет и весело поет.

КОРОЛЬ *(за кулисами).* Сейчас приду и погляжу, сейчас приду и погляжу, тру-ля-ля. Тру-ля-ля!

Весело входит в комнату. За ним придворные.

Тру-ля-ля, тру-ля-ля! *(Упавшим голосом.)* Тру-ля-ля!

Пауза.

(С неопределенной улыбкой делает чрезвычайно широкий жест рукой.) Ну! Ну как? А?

ПРИДВОРНЫЕ. Замечательно, чудно, какая ткань!

МИНИСТР. Ткань роскошна и благородна, ваше величество!

ПРИДВОРНЫЕ. Вот именно! Как похоже! Роскошна и благородна!

КОРОЛЬ *(Первому министру).* А ты что скажешь, честный старик? А?

Король подавлен, но бодрится. Говорит с Первым Министром, а глядит на стол и рамы, видимо надеясь наконец увидеть чудесную ткань. На лице все та же застывшая улыбка.

ПЕРВЫЙ МИНИСТР. Ваше величество, на этот раз я скажу вам такую чистую правду, какой свет не видал. Может, вы удивитесь, ваше величество, может, я поражу вас, но я скажу!

КОРОЛЬ. Так-так.

ПЕРВЫЙ МИНИСТР. Вы простите меня, но подчас хочется быть действительно прямым. Никакой ткани, ваше величество, вы нигде не найдете, подобной этой. Это и пышно, и красочно.

ПРИДВОРНЫЕ. Ах как верно! Пышно и красочно. Очень точно сказано.

КОРОЛЬ. Да, молодцы ткачи. Я вижу, у вас того... все уже довольно готово?..

ХРИСТИАН. Да, ваше величество. Надеюсь, ваше величество не осудит нас за цвет этих роз?

КОРОЛЬ. Нет, не осужу. Да, не осужу.

ХРИСТИАН. Мы решили, что красные розы в достаточном количестве каждый видит на кустах.

КОРОЛЬ. На кустах видит. Да. Прекрасно, прекрасно.

ХРИСТИАН. Поэтому на шелку мы их сделали сире... *(кашляет)* сире... *(кашляет.)*

ПРИДВОРНЫЕ. Сиреневыми, как остроумно! Как оригинально — сиреневыми! Роскошно и благородно.

ХРИСТИАН. Серебряными, господа придворные.

Пауза.

МИНИСТР. Браво, браво! *(Аплодирует, придворные присоединяются.)*

КОРОЛЬ. Я только что хотел поблагодарить вас за то, что серебряными, это мой любимый цвет. Буквально только что. Выражаю вам мою королевскую благодарность.

ХРИСТИАН. А как вы находите, ваше величество, фасон этого камзола — не слишком смел?

КОРОЛЬ. Да, не слишком. Нет. Довольно разговаривать, давайте примерять. Мне еще надо сделать очень много дел.

ХРИСТИАН. Я попрошу господина министра нежных чувств подержать камзол короля.

МИНИСТР. Я не знаю, достоин ли я?

КОРОЛЬ. Достоин. Да. Ну-с. *(Бодрится.)* Давайте ему этот красивый камзол... Разденьте меня, первый министр. *(Раздевается.)*

ХРИСТИАН. Ах!

МИНИСТР *(подпрыгивает, глядя под ноги).* Что такое?

ХРИСТИАН. Как вы держите камзол, господин министр?

МИНИСТР. Как святыню... Что?

ХРИСТИАН. Но вы держите его вверх ногами.

МИНИСТР. Залюбовался на рисунок. *(Вертит в руках несуществующий камзол.)*

ХРИСТИАН. Не будет ли так добр господин первый министр подержать панталоны короля?

ПЕРВЫЙ МИНИСТР. Я, дружок, из канцелярии, у меня руки в чернилах. *(Одному из придворных.)* Возьмите, барон!

ПЕРВЫЙ ПРИДВОРНЫЙ. Я забыл очки, ваше превосходительство. Вот маркиз...

ВТОРОЙ ПРИДВОРНЫЙ. Я слишком взволнован, у меня дрожат руки. Вот граф...

ТРЕТИЙ ПРИДВОРНЫЙ. У нас в семье плохая примета держать в руках королевские панталоны...

КОРОЛЬ. В чем там дело? Одевайте меня скорее. Я спешу.

ХРИСТИАН. Слушаю, ваше величество. Генрих, сюда. Ножку, ваше величество. Левей! Правей! Я боюсь, что господа придворные одели бы вас более ловко. Мы смущаемся перед таким великим королем. Вот, панталоны надеты. Господин министр нежных чувств, камзол. Простите, но вы держите его спиной. Ах! Вы его уронили! Позвольте, тогда мы сами. Генрих, плащ. Всё. Прелесть этой ткани — ее легкость. Она совершенно не чувствуется на плечах. Белье будет готово к утру.

КОРОЛЬ. В плечах жмет. *(Поворачивается перед зеркалом.)* Плащ длинноват. Но, в общем, костюм мне идет.

ПЕРВЫЙ МИНИСТР. Ваше величество, простите за грубость. Вы вообще красавец, а в этом костюме — вдвойне.

КОРОЛЬ. Да? Ну, снимайте.

Ткачи раздевают Короля и одевают его в костюм.

Спасибо, ткачи, молодцы. *(Идет к двери)*

ПРИДВОРНЫЕ. Молодцы, ткачи! Браво! Роскошно и благородно! Пышно и красочно! *(Хлопают ткачей по плечу.)* Ну, теперь мы вас не отпустим. Вы всех нас оденете!

КОРОЛЬ *(останавливается в дверях).* Просите чего хотите. Я доволен.

ХРИСТИАН. Разрешите нам сопровождать вас, ваше величество, в свадебном шествии. Это будет нам лучшая награда.

КОРОЛЬ. Разрешаю. *(Уходит с придворными.)*

ГЕНРИХ И ХРИСТИАН *(поют).*

Мы сильнее всех придворных,
Мы смелей проныр проворных.
Вы боитесь за места —
Значит, совесть нечиста.
Мы не боимся ничего.

Мы недаром долго ткали,
Наши ткани крепче стали,
Крепче стали поразят
И свиней, и поросят.
Мы не боимся ничего.

Если мы врага повалим,
Мы себя потом похвалим.
Если враг не по плечу,
Попадем мы к палачу.
Мы не боимся ничего.

Занавес опускается на несколько секунд. Подымается. Та же комната утром. За окнами слышен шум толпы. Короля одевают за ширмами. Первый Министр стоит на авансцене.

ПЕРВЫЙ МИНИСТР. Зачем я в первые министры пошел? Зачем? Мало ли других должностей? Я чувствую — худо кончится сегодняшнее дело. Дураки увидят короля голым. Это ужасно! Это ужасно! Вся наша национальная система, все традиции держатся на непоколебимых дураках. Что будет, если они дрогнут при виде нагого государя? Поколеблются устои, затрещат стены, дым пойдет над государством! Нет, нельзя выпускать короля голым. Пышность — великая опора трона! Был у меня друг, гвардейский полковник. Вышел он в отставку, явился ко мне без мундира. И вдруг я вижу, что он не полковник, а дурак! Ужас! С блеском мундира исчез престиж, исчезло очарование. Нет! Пойду и прямо скажу государю: нельзя выходить! Нет! Нельзя!

КОРОЛЬ. Честный старик!

ПЕРВЫЙ МИНИСТР *(бежит)*. Грубо говоря, вот я.

КОРОЛЬ. Идет мне это белье?

ПЕРВЫЙ МИНИСТР. Говоря в лоб, это красота.

КОРОЛЬ. Спасибо. Ступай!

ПЕРВЫЙ МИНИСТР *(снова на авансцене)*. Нет! Не могу! Ничего не могу сказать, язык не поворачивается! Отвык за тридцать лет службы. Или сказать? Или не сказать? Что будет! Что будет!

Занавес

Площадь. На переднем плане возвышение, крытое коврами. От возвышения по обе стороны — устланные коврами дороги. Левая дорога ведет к воротам королевского замка. Правая скрывается за кулисами. Загородка, украшенная роскошными тканями, отделяет от дороги и возвышения толпу. Толпа поет, шумит, свистит. Когда шум затихает, слышны отдельные разговоры.

ПЕРВАЯ ДАМА. Ах, меня так волнует новое платье короля! У меня от волнения вчера два раза был разрыв сердца!

ВТОРАЯ ДАМА. А я так волновалась, что мой муж упал в обморок.

НИЩИЙ. Помогите! Караул!

ГОЛОСА. Что такое? Что случилось?

НИЩИЙ. У меня украли кошелек!

ГОЛОС. Но там, наверное, были гроши?

НИЩИЙ. Гроши! Наглец! У самого искусного, старого, опытного нищего — гроши! Там было десять тысяч талеров! Ах! Вот он, кошелек, за подкладкой! Слава богу! Подайте, Христа ради.

БРИТЫЙ ГОСПОДИН. А вдруг король-отец опоздает?

ГОСПОДИН С БОРОДОЙ. Неужели вы не слышали пушек? Король-отец уже приехал. Он и принцесса-невеста придут на площадь из гавани. Король-отец ехал морем. Его в карете укачивает.

БРИТЫЙ ГОСПОДИН. А в море нет?

ГОСПОДИН С БОРОДОЙ. В море не так обидно.

ПЕКАРЬ С ЖЕНОЙ. Позвольте, господа, позвольте! Вам поглазеть, а мы по делу!

ГОЛОСА. У всех одинаковые дела!

ПЕКАРЬ. Нет, не у всех! Пятнадцать лет мы спорим с женой. Она говорит, что я дурак, а я говорю, что она. Сегодня наконец наш спор разрешит королевское платье. Пропустите!

ГОЛОСА. Не пропустим! Мы все с женами, мы все спорим, мы все по делу!

ЧЕЛОВЕК С РЕБЕНКОМ НА ПЛЕЧАХ. Дорогу ребенку! Дорогу ребенку! Ему шесть, лет, а он умеет читать, писать и знает таблицу умножения. За это я обещал ему показать короля. Мальчик, сколько семью восемь?

МАЛЬЧИК. Пятьдесят шесть.

ЧЕЛОВЕК. Слышите? Дорогу ребенку, дорогу моему умному сыну! А сколько будет шестью восемь?

МАЛЬЧИК. Сорок восемь.

ЧЕЛОВЕК. Слышите, господа? А ему всего шесть лет. Дорогу умному мальчику, дорогу моему сыну!

РАССЕЯННЫЙ ЧЕЛОВЕК. Я забыл дома очки, и теперь мне не увидеть короля. Проклятая близорукость!

КАРМАННИК. Я могу вас очень легко вылечить от близорукости.

РАССЕЯННЫЙ. Ну! Каким образом?

КАРМАННИК. Массажем. И сейчас же, здесь.

РАССЕЯННЫЙ. Ах, пожалуйста. Мне жена велела посмотреть и все ей подробно описать, а я вот забыл очки.

КАРМАННИК. Откройте рот, закройте глаза и громко считайте до двадцати.

Рассеянный считает вслух, не закрывая рта. Карманник крадет у него часы, кошелек, бумажник и скрывается в толпе.

РАССЕЯННЫЙ *(кончив счет).* Где же он? Он убежал! А я стал видеть еще хуже! Я не вижу моих часов, моего бумажника, моего кошелька!

ЧЕЛОВЕК. Дорогу моему мальчику! Дорогу моему умному сыну! Сколько будет шестью шесть?

МАЛЬЧИК. Тридцать шесть.

ЧЕЛОВЕК. Вы слышите? Дорогу моему сыну! Дорогу гениальному ребенку!

Слышен бой барабанов. В толпе движение. Лезут на столбы, встают на тумбы, на плечи друг другу.

ГОЛОСА. Идет! Идет!
 — Вон он!
 — Красивый!
 — И одет красиво!
 — Вы раздавили мне часы!
 — Вы сели мне на шею!

— Можете в собственных экипажах ездить, если вам тут тесно!

— А еще в шлеме!

— А еще в очках!

Показываются войска.

ГЕНЕРАЛ *(командует).* Толпу, ожидающую короля, от ограды оттесни!
СОЛДАТЫ *(хором).* Пошли вон. Пошли вон. Пошли вон. Пошли вон. *(Оттесняют толпу.)*
ГЕНЕРАЛ. К толпе спи-и-ной!

Солдаты поворачиваются спиной к толпе, лицом к возвышению. Гремят трубы. Герольды шагают по дороге.

ГЕРОЛЬДЫ. Шапки долой, шапки долой, шапки долой перед его величеством!

Уходят во дворец. Из-за кулис справа выходит пышно одетый Король-Отец с Принцессой в подвенечном наряде. Они поднимаются на возвышение. Толпа затихает.

ПРИНЦЕССА. Отец, ну хоть раз в жизни поверь мне. Я тебе даю честное слово: жених — идиот!
КОРОЛЬ-ОТЕЦ. Король не может быть идиотом, дочка. Король всегда мудр.
ПРИНЦЕССА. Но он толстый!
КОРОЛЬ-ОТЕЦ. Дочка, король не может быть толстым. Это называется «величавый».
ПРИНЦЕССА. Он глухой, по-моему! Я ругаюсь, а он не слышит и ржет.
КОРОЛЬ-ОТЕЦ. Король не может ржать. Это он милостиво улыбается. Что ты ко мне пристаешь? Что ты смотришь жалобными глазами? Я ничего не могу сделать! Отвернись! Вот я тебе котелок привез. Ведь не целый же день будет с тобой король. Ты послушаешь музыку, колокольчики. Когда никого не будет близко, можешь даже послушать песню. Нельзя же принцессе выходить замуж за свинопаса! Нельзя!
ПРИНЦЕССА. Он не свинопас, а Генрих!
КОРОЛЬ-ОТЕЦ. Все равно! Не будь дурочкой, не подрывай уважения к королевской власти. Иначе соседние короли будут над тобой милостиво улыбаться.

ПРИНЦЕССА. Ты тиран!
КОРОЛЬ-ОТЕЦ. Ничего подобного. Вон, смотри. Бежит министр нежных чувств. Развеселись, дочка. Смотри, какой он смешной!
МИНИСТР НЕЖНЫХ ЧУВСТВ. Ваше величество и ваше высочество! Мой государь сейчас выйдет. Они изволят гоняться с кинжалом за вторым камергером, который усмехнулся, увидев новое платье нашего всемилостивейшего повелителя. Как только наглец будет наказан — государь придет.

Трубят трубы.

Камергер наказан!

Выходят герольды.

ГЕРОЛЬДЫ. Шапки долой, шапки долой, шапки долой перед его величеством!

Из дворца выходят трубачи, за ними строем фрейлины, за фрейлинами придворные в расшитых мундирах. За ними Первый Министр.

ПЕРВЫЙ МИНИСТР. Король идет! Король идет! Король идет!

Оглядывается. Короля нет.

Отставить! *(Бежит во дворец. Возвращается. Королю-Отцу.)* Сейчас! Государь задержался, грубо говоря, у зеркала. *(Кричит.)* Король идет, король идет, король идет!

Оглядывается. Короля нет. Бежит во дворец. Возвращается.

(Королю-Отцу.) Несут, несут! *(Громко.)* Король идет! Король идет! Король идет!

Выносят портшез с Королем. Король, милостиво улыбаясь, смотрит из окна. Портшез останавливается. Толпа кричит «ура». Солдаты падают ниц. Дверца портшеза открывается. Оттуда выскакивает Король. Он совершенно гол. Приветственные крики разом обрываются.

ПРИНЦЕССА. Ах! *(Отворачивается.)*
ГЕНЕРАЛ. В себя при-ди!

Солдаты встают, взглядывают на Короля и снова валятся ниц в ужасе.

В себя при-ди!

Солдаты с трудом выпрямляются.

Отвер-нись!

Солдаты отворачиваются. Толпа молчит. Король медленно, самодовольно улыбаясь, не сводя глаз с Принцессы, двигается к возвышению. Подходит к Принцессе.

КОРОЛЬ *(галантно)*. Даже самая пышная одежда не может скрыть пламени, пылающего в моем сердце.
ПРИНЦЕССА. Папа. Теперь-то ты видишь, что он идиот?
КОРОЛЬ. Здравствуйте, кузен!
КОРОЛЬ-ОТЕЦ. Здравствуйте, кузен. *(Шепотом.)* Что вы делаете, кузен? Зачем вы появляетесь перед подданными в таком виде?
КОРОЛЬ *(шепотом)*. Что? Значит, и вы тоже? Ха-ха-ха!
КОРОЛЬ-ОТЕЦ. Что я «тоже»?
КОРОЛЬ. Либо не на месте, либо дурак! Тот, кто не видит эту ткань, либо не на месте, либо дурак!
КОРОЛЬ-ОТЕЦ. Дурак тот, кто видит эту ткань, бессовестный!
КОРОЛЬ. Это кто же бессовестный?
КОРОЛЬ-ОТЕЦ. Тише говорите! А то чернь услышит нас. Говорите тише и улыбайтесь. Вы бессовестный!
КОРОЛЬ *(принужденно улыбаясь. Тихо)*. Я?
КОРОЛЬ-ОТЕЦ. Да!
КОРОЛЬ *(некоторое время молчит, полный негодования. Потом упавшим голосом спрашивает.)* Почему?
КОРОЛЬ-ОТЕЦ *(шипит злобно, не переставая улыбаться)*. Потому что вылез на площадь, полную народа, без штанов!
КОРОЛЬ *(хлопает себя по ноге)*. А это что?
КОРОЛЬ-ОТЕЦ. Нога!
КОРОЛЬ. Нога?
КОРОЛЬ-ОТЕЦ. Да!
КОРОЛЬ. Нет.
КОРОЛЬ-ОТЕЦ. Голая нога!
КОРОЛЬ. Зачем же врать-то? Даю честное королевское слово, что я одет как картинка!
КОРОЛЬ-ОТЕЦ. Голый, голый, голый!
КОРОЛЬ. Ну что это, ну какая гадость! Ну зачем это! Придворные! Я одет?
ПРИДВОРНЫЕ. Пышно и красочно! Роскошно и благородно!
КОРОЛЬ. Съел? Первый министр! Я одет?

ПЕРВЫЙ МИНИСТР *(обычным тоном).* Простите за грубость, ваше величество. *(Свирепо.)* Ты голый, старый дурак! Понимаешь? Голый, голый, голый!

> Король издает странный вопль, похожий на икание. Вопль этот полон крайнего изумления.

Ты посмотри на народ! На народ посмотри! Они задумались. Задумались, несчастный шут! Традиции трещат! Дым идет над государством!

> Король издает тот же вопль.

Молчи, скважина! Генерал! Сюда!

> Генерал рысью бежит на возвышение.

Войска надежны? Они защитят короля в случае чего? Слышите, как народ безмолвствует?
ГЕНЕРАЛ. Погода подвела, господин первый министр!
КОРОЛЬ. А?
ГЕНЕРАЛ. Погода, ваше величество. С утра хмурилась, и многие из толпы на всякий случай взяли зонтики...
КОРОЛЬ. Зонтики?
ГЕНЕРАЛ. Да, ваше величество. Они вооружены зонтиками. Будь толпа безоружна, а тут зонтики.
КОРОЛЬ. Зонтики?
ГЕНЕРАЛ. Если пошло начистоту — не ручаюсь и за солдат. Отступят! *(Шепотом.)* Они у меня разложенные!

> Король издает тот же вопль, похожий на икание.

Я сам удивляюсь, ваше величество. Книг нет, листовок нет, агитаторов нет, дисциплина роскошная, а они у меня с каждым днем все больше разлагаются. Пробовал командовать — разлагаться прекра-ати! Не берет!
МИНИСТР НЕЖНЫХ ЧУВСТВ. Ну я не знаю, ну так нельзя, я сам тоже недоволен, я пойду туда, к народу!
ПЕРВЫЙ МИНИСТР. Молчать!
МИНИСТР НЕЖНЫХ ЧУВСТВ. Надо создать Временный комитет безопасности придворных.
ПЕРВЫЙ МИНИСТР. Молчать! Нельзя терять времени! Надо толпу ошеломить наглостью. Надо как ни в чем не бывало продолжать брачную церемонию!

ПРИНЦЕССА. Я...
ПЕРВЫЙ МИНИСТР *(с поклоном).* Молчать!
КОРОЛЬ-ОТЕЦ. Он прав! Давай, давай!
МИНИСТР НЕЖНЫХ ЧУВСТВ. У меня фрейлины милитаризованные. Они защитят наш комитет.
ПЕРВЫЙ МИНИСТР. Ерунда твои фрейлины! Бери принцессу за руку, король. *(Машет герольдам.)*
ГЕРОЛЬДЫ. Тишина! Тишина! Тишина!

Пауза.

МАЛЬЧИК. Папа, а ведь он голый!

Молчание и взрыв криков.

МИНИСТР НЕЖНЫХ ЧУВСТВ *(бежит во дворец и кричит на ходу).* У меня мать кузнец, отец прачка! Долой самодержавие!
МАЛЬЧИК. И голый, и толстый!
КРИКИ. Слышите, что говорит ребенок? Он не может быть не на своем месте!
— Он не служащий!
— Он умный, он знает таблицу умножения!
— Король голый!
— На животе бородавка, а налоги берет!
— Живот арбузом, а говорит — повинуйся!
— Прыщик! Вон прыщик у него!
— А туда же, стерилизует!
КОРОЛЬ. Молчать! Я нарочно. Да. Я все нарочно. Я повелеваю: отныне все должны венчаться голыми. Вот!

Свист.

Дураки паршивые!

Свист. Король мчится во дворец. Первый Министр, а за ним все придворные мчатся следом. На возвышении Король-Отец и Принцесса.

КОРОЛЬ-ОТЕЦ. Бежим! Смотри, какие глаза у этих людей за загородкой! Они видели короля голым. Они и меня раздевают глазами! Они сейчас бросятся на меня!
ГЕНРИХ И ХРИСТИАН *(прыгают на возвышение, кричат).* У-у-у!
КОРОЛЬ-ОТЕЦ. Ах, началось! *(Подобрав мантию, бежит по дороге направо.)*
ПРИНЦЕССА. Генрих!
ГЕНРИХ. Генриетта!

ХРИСТИАН *(толпе).* Дорогие мои! Вы пришли на праздник, а жених сбежал. Но праздник все-таки состоялся! Разве не праздник? Молодая девушка встретила наконец милого своего Генриха! Хотели ее отдать за старика, но сила любви разбила все препятствия. Мы приветствуем ваш справедливый гнев против этих мрачных стен. Приветствуйте и вы нас, приветствуйте любовь, дружбу, смех, радость!

ПРИНЦЕССА.

> Генрих, славный и кудрявый,
> Генрих милый, дорогой,
> Левой-правой, левой-правой
> Отведет меня домой.

ТОЛПА.

> Пусть ликует вся земля,
> Мы прогнали короля!
> Пусть ликует вся земля,
> Мы прогнали короля!

                Пляшут.

ГЕНРИХ.

> У кого рассудок здравый,
> Тот примчится, молодец,
> Левой-правой, левой-правой
> Прямо к счастью наконец!

ВСЕ.

> Пусть ликует вся земля,
> Мы прогнали короля!
> Пусть ликует вся земля,
> Мы прогнали короля!

                Занавес

1934

Тень

Сказка в трех действиях

...И ученый рассердился не столько потому, что тень ушла от него, сколько потому, что вспомнил известную историю о человеке без тени, которую знали все и каждый на его родине. Вернись он теперь домой и расскажи свою историю, все сказали бы, что он пустился подражать другим...

Г. Х. Андерсен. «Тень».

...Чужой сюжет как бы вошел в мою плоть и кровь, я пересоздал его и тогда только выпустил в свет.
Г. Х. Андерсен. «Сказка моей жизни», глава VIII.

ДЕЙСТВУЮЩИЕ ЛИЦА

УЧЕНЫЙ
ЕГО ТЕНЬ
ПЬЕТРО — хозяин гостиницы
АННУНЦИАТА — его дочь
ЮЛИЯ ДЖУЛИ — певица
ПРИНЦЕССА
ПЕРВЫЙ МИНИСТР
ЦЕЗАРЬ БОРДЖИА — журналист
ТАЙНЫЙ СОВЕТНИК
ДОКТОР
ПАЛАЧ
МАЖОРДОМ
КАПРАЛ
ПРИДВОРНЫЕ ДАМЫ
ПРИДВОРНЫЕ
КУРОРТНИКИ
СЕСТРА РАЗВЛЕЧЕНИЯ
СЕСТРА МИЛОСЕРДИЯ
КОРОЛЕВСКИЕ ГЕРОЛЬДЫ
ЛАКЕИ МИНИСТРА ФИНАНСОВ
СТРАЖА
ГОРОЖАНЕ

Действие первое

Небольшая комната в гостинице, в южной стране. Две двери: одна в коридор, другая на балкон. Сумерки. На диване полулежит Ученый, молодой человек двадцати шести лет. Он шарит рукой по столу — ищет очки.

УЧЕНЫЙ. Когда теряешь очки, это, конечно, неприятно. Но вместе с тем и прекрасно — в сумерках вся моя комната представляется не такою, как обычно. Этот плед, брошенный в кресло, кажется мне сейчас очень милою и доброю принцессою. Я влюблен в нее, и она пришла ко мне в гости. Она не одна, конечно. Принцессе не полагается ходить без свиты. Эти узкие, длинные часы в деревянном футляре — вовсе не часы. Это вечный спутник принцессы, тайный советник. Его сердце стучит ровно, как маятник, его советы меняются в соответствии с требованиями времени, и дает он их шепотом. Ведь недаром он тайный. И если советы тайного советника оказываются гибельными, он от них начисто отрекается впоследствии. Он утверждает, что его просто не расслышали, и это очень практично с его стороны. А это кто? Кто этот незнакомец, худой и стройный, весь в черном, с белым лицом? Почему мне вдруг пришло в голову, что это жених принцессы? Ведь влюблен в принцессу я! Я так влюблен в нее, что это будет просто чудовищно, если она выйдет за другого. *(Смеется.)* Прелесть всех этих выдумок в том, что едва я надену очки, как все вернется на свое место. Плед станет пледом, часы — часами, а этот зловещий незнакомец исчезнет. *(Шарит руками по столу.)* Ну вот и очки. *(Надевает очки и вскрикивает.)* Что это?

В кресле сидит очень красивая, роскошно одетая девушка в маске. За ее спиною — лысый старик в сюртуке со звездою. А к стене прижался длинный, тощий, бледный человек в черном фраке и ослепительном белье. На руке его бриллиантовый перстень.

(Бормочет, зажигая свечу.) Что за чудеса? Я скромный ученый — откуда у меня такие важные гости?.. Здравствуйте, господа! Я очень рад вам, господа, но... не объясните ли вы мне, чем я обязан такой чести? Вы молчите? Ах, все понятно. Я задремал. Я вижу сон.

ДЕВУШКА В МАСКЕ. Нет, это не сон.

УЧЕНЫЙ. Вот как! Но что же это тогда?

ДЕВУШКА В МАСКЕ. Это такая сказка. До свидания, господин ученый! Мы еще увидимся с вами.
ЧЕЛОВЕК ВО ФРАКЕ. До свидания, ученый! Мы еще встретимся.
СТАРИК СО ЗВЕЗДОЮ (*шепотом*). До свидания, уважаемый ученый! Мы еще встретимся, и все, может быть, кончится вполне благоприлично, если вы будете благоразумны.

Стук в дверь, все трое исчезают.

УЧЕНЫЙ. Вот так история!

Стук повторяется.

Войдите!

В комнату входит Аннунциата, черноволосая девушка с большими черными глазами. Лицо ее в высшей степени энергично, а манеры и голос мягки и нерешительны. Она очень красива. Ей лет семнадцать.

АННУНЦИАТА. Простите, сударь, у вас гости... Ах!
УЧЕНЫЙ. Что с вами, Аннунциата?
АННУНЦИАТА. Но я слышала явственно голоса в вашей комнате!
УЧЕНЫЙ. Я уснул и разговаривал во сне.
АННУНЦИАТА. Но... простите меня... я слышала женский голос.
УЧЕНЫЙ. Я видел во сне принцессу.
АННУНЦИАТА. И какой-то старик бормотал что-то вполголоса.
УЧЕНЫЙ. Я видел во сне тайного советника.
АННУНЦИАТА. И какой-то мужчина, как мне показалось, кричал на вас.
УЧЕНЫЙ. Это был жених принцессы. Ну? Теперь вы видите, что это сон? Разве наяву ко мне явились бы такие неприятные гости?
АННУНЦИАТА. Вы шутите?
УЧЕНЫЙ. Да.
АННУНЦИАТА. Спасибо вам за это. Вы всегда так ласковы со мною. Наверное, я слышала голоса в комнате рядом и все перепутала. Но... вы не рассердитесь на меня? Можно сказать вам кое-что?
УЧЕНЫЙ. Конечно, Аннунциата.

АННУНЦИАТА. Мне давно хочется предупредить вас. Не сердитесь... Вы ученый, а я простая девушка. Но только... я могу рассказать вам кое-что известное мне, но неизвестное вам. *(Делает книксен.)* Простите мне мою дерзость.

УЧЕНЫЙ. Пожалуйста! Говорите! Учите меня! Я ведь ученый, а ученые учатся всю жизнь.

АННУНЦИАТА. Вы шутите?

УЧЕНЫЙ. Нет, я говорю совершенно серьезно.

АННУНЦИАТА. Спасибо вам за это. *(Оглядывается на дверь.)* В книгах о нашей стране много пишут про здоровый климат, чистый воздух, прекрасные виды, жаркое солнце, ну... словом, вы сами знаете, что пишут в книгах о нашей стране...

УЧЕНЫЙ. Конечно, знаю. Ведь поэтому я и приехал сюда.

АННУНЦИАТА. Да. Вам известно то, что написано о нас в книгах, но то, что там о нас не написано, вам неизвестно.

УЧЕНЫЙ. Это иногда случается с учеными.

АННУНЦИАТА. Вы не знаете, что живете в совсем особенной стране. Все, что рассказывают в сказках, все, что кажется у других народов выдумкой, — у нас бывает на самом деле каждый день. Вот, например, Спящая Красавица жила в пяти часах ходьбы от табачной лавочки — той, что направо от фонтана. Только теперь Спящая Красавица умерла. Людоед до сих пор жив и работает в городском ломбарде оценщиком. Мальчик с Пальчик женился на очень высокой женщине, по прозвищу Гренадер, и дети их — люди обыкновенного роста, как вы да я. И знаете, что удивительно? Эта женщина, по прозвищу Гренадер, совершенно под башмаком у Мальчика с Пальчик. Она даже на рынок берет его с собой. Мальчик с Пальчик сидит в кармане ее передника и торгуется как дьявол. Но, впрочем, они живут очень дружно. Жена так внимательна к мужу. Каждый раз, когда они по праздникам танцуют менуэт, она надевает двойные очки, чтобы не наступить на своего супруга нечаянно.

УЧЕНЫЙ. Но ведь это очень интересно — почему же об этом не пишут в книгах о вашей стране?

АННУНЦИАТА *(оглядываясь на дверь).* Не всем нравятся сказки.

УЧЕНЫЙ. Неужели?

АННУНЦИАТА. Да, вот можете себе представить! *(Оглядывается на дверь.)* Мы ужасно боимся, что если это узнают все, то к нам перестанут ездить. Это будет так невыгодно! Не выдавайте нас, пожалуйста!

УЧЕНЫЙ. Нет, я никому не скажу.

АННУНЦИАТА. Спасибо вам за это. Мой бедный отец очень любит деньги, и я буду в отчаянии, если он заработает меньше, чем ожидает. Когда он расстроен, он страшно ругается.

УЧЕНЫЙ. Но все-таки мне кажется, что число приезжих только вырастет, когда узнают, что в вашей стране сказки — правда.

АННУНЦИАТА. Нет. Если бы к нам ездили дети, то так бы оно и было. А взрослые — осторожный народ. Они прекрасно знают, что многие сказки кончаются печально. Вот об этом я с вами и хотела поговорить. Будьте осторожны.

УЧЕНЫЙ. А как? Чтобы не простудиться, надо тепло одеваться. Чтобы не упасть, надо смотреть под ноги. А как избавиться от сказки с печальным концом?

АННУНЦИАТА. Ну... Я не знаю... Не надо разговаривать с людьми, которых вы недостаточно знаете.

УЧЕНЫЙ. Тогда мне придется все время молчать. Ведь я приезжий.

АННУНЦИАТА. Нет, правда, пожалуйста, будьте осторожны. Вы очень хороший человек, а именно таким чаще всего приходится плохо.

УЧЕНЫЙ. Откуда вы знаете, что я хороший человек?

АННУНЦИАТА. Ведь я часто вожусь на кухне. А у нашей кухарки одиннадцать подруг. И все они знают все, что есть, было и будет. От них ничего не укроется. Им известно, что делается в каждой семье, как будто у домов стеклянные стены. Мы в кухне смеемся, и плачем, и ужасаемся. В дни особенно интересных событий все гибнет на плите. Они говорят хором, что вы прекрасный человек.

УЧЕНЫЙ. Это они и сказали вам, что в вашей стране сказки — правда?

АННУНЦИАТА. Да.

УЧЕНЫЙ. Знаете, вечером, да еще сняв очки, я готов в это верить. Но утром, выйдя из дому, я вижу совсем другое. Ваша страна — увы! — похожа на все страны в мире. Богатство и бедность, знатность и рабство, смерть и несчастье, разум и глупость, святость, преступление, совесть, бесстыдство — все это перемешано так тесно, что просто

ужасаешься. Очень трудно будет все это распутать, разобрать и привести в порядок так, чтобы не повредить ничему живому. В сказках все это гораздо проще.
АННУНЦИАТА *(делая книксен).* Благодарю вас.
УЧЕНЫЙ. За что?
АННУНЦИАТА. За то, что вы со мною, простой девушкой, говорите так красиво.
УЧЕНЫЙ. Ничего, с учеными это бывает. А скажите, мой друг Ганс Христиан Андерсен, который жил здесь, в этой комнате, до меня, знал о сказках?
АННУНЦИАТА. Да, он как-то проведал об этом.
УЧЕНЫЙ. И что он на это сказал?
АННУНЦИАТА. Он сказал: «Я всю жизнь подозревал, что пишу чистую правду». Он очень любил наш дом. Ему нравилось, что у нас так тихо.

Оглушительный выстрел.

УЧЕНЫЙ. Что это?
АННУНЦИАТА. О, не обращайте внимания. Это мой отец поссорился с кем-то. Он очень вспыльчив и чуть что — стреляет из пистолета. Но до сих пор он никого не убил. Он нервный — и всегда поэтому дает промах.
УЧЕНЫЙ. Понимаю. Это явление мне знакомо. Если бы он попадал в цель, то не палил бы так часто.

За сценой рев: «Аннунциата!»

АННУНЦИАТА *(кротко).* Иду, папочка, миленький. До свидания! Ах, я совсем забыла, зачем пришла. Что вы прикажете вам подать — кофе или молоко?

Дверь с грохотом распахивается В комнату вбегает стройный, широкий в плечах моложавый человек. Он похож лицом на Аннунциату. Угрюм, не смотрит в глаза. Это хозяин меблированных комнат, отец Аннунциаты, Пьетро.

ПЬЕТРО. Почему ты не идешь, когда тебя зовут?! Поди немедленно перезаряди пистолет. Слышала ведь — отец стреляет. Все нужно объяснять, во все нужно ткнуть носом. Убью!

Аннунциата спокойно и смело подходит к отцу, целует его в лоб.

АННУНЦИАТА. Иду, папочка. До свидания, сударь! *(Уходит.)*

УЧЕНЫЙ. Как видно, ваша дочь не боится вас, синьор Пьетро.
ПЬЕТРО. Нет, будь я зарезан. Она обращается со мною так, будто я самый нежный отец в городе.
УЧЕНЫЙ. Может быть, это так и есть?
ПЬЕТРО. Не ее дело это знать. Терпеть не могу, когда догадываются о моих чувствах и мыслях. Девчонка! Кругом одни неприятности. Жилец комнаты номер пятнадцать сейчас опять отказался платить. От ярости я выстрелил в жильца комнаты номер четырнадцать.
УЧЕНЫЙ. И этот не платит?
ПЬЕТРО. Платит. Но он, четырнадцатый, ничтожный человек. Его терпеть не может наш первый министр. А тот, проклятый неплательщик, пятнадцатый, работает в нашей трижды гнусной газете. О, пусть весь мир провалится! Верчусь как штопор, вытягиваю деньги из жильцов моей несчастной гостиницы и не свожу концы с концами. Еще приходится служить, чтобы не околеть с голоду.
УЧЕНЫЙ. А разве вы служите?
ПЬЕТРО. Да.
УЧЕНЫЙ. Где?
ПЬЕТРО. Оценщиком в городском ломбарде.

Внезапно начинает играть музыка — иногда еле слышно, иногда так, будто играют здесь же, в комнате.

УЧЕНЫЙ. Скажите... Скажите мне... Скажите, пожалуйста, где это играют?
ПЬЕТРО. Напротив.
УЧЕНЫЙ. А кто там живет?
ПЬЕТРО. Не знаю. Говорят, какая-то чертова принцесса.
УЧЕНЫЙ. Принцесса?!
ПЬЕТРО. Говорят. Я к вам по делу. Этот проклятый пятнадцатый номер просит вас принять его. Этот газетчик. Этот вор, который норовит даром жить в прекрасной комнате. Можно?
УЧЕНЫЙ. Пожалуйста. Я буду очень рад.
ПЬЕТРО. Не радуйтесь раньше времени. До свидания! *(Уходит.)*
УЧЕНЫЙ. Хозяин гостиницы — оценщик в городском ломбарде. Людоед? Подумать только!

Открывает дверь, ведущую на балкон. Видна стена противоположного дома. Балкон противоположного дома почти касается балкона комнаты Ученого. Едва открывает он дверь, как шум улицы врывается в комнату.

Из общего гула выделяются отдельные голоса.

ГОЛОСА. Арбузы, арбузы! Кусками!

— Вода, вода, ледяная вода!

— А вот ножи для убийц! Кому ножи для убийц?!

— Цветы, цветы! Розы! Лилии! Тюльпаны!

— Дорогу ослу, дорогу ослу! Посторонитесь, люди: идет осел!

— Подайте бедному немому!

— Яды, яды, свежие яды!

УЧЕНЫЙ. Улица наша кипит как настоящий котел. Как мне нравится здесь!.. Если бы не вечное мое беспокойство, если бы не казалось мне, что весь мир несчастен из-за того, что я не придумал еще, как спасти его, то было бы совсем хорошо. И когда девушка, живущая напротив, выходит на балкон, то мне кажется, что нужно сделать одно, только одно маленькое усилие — и все станет ясно.

В комнату входит очень красивая молодая женщина, прекрасно одетая. Она щурится, оглядывается. Ученый не замечает ее.

Если есть гармония в море, в горах, в лесу и в тебе, то, значит, мир устроен разумнее, чем...

ЖЕНЩИНА. Это не будет иметь успеха.

УЧЕНЫЙ (*оборачивается*). Простите?

ЖЕНЩИНА. Нет, не будет. В том, что вы бормотали, нет и тени остроумия. Это ваша новая статья? Где же вы? Что это сегодня с вами? Вы не узнаете меня, что ли?

УЧЕНЫЙ. Простите, нет.

ЖЕНЩИНА. Довольно подшучивать над моей близорукостью. Это неэлегантно. Где вы там?

УЧЕНЫЙ. Я здесь.

ЖЕНЩИНА. Подойдите поближе.

УЧЕНЫЙ. Вот я. (*Подходит к незнакомке.*)

ЖЕНЩИНА (*она искренне удивлена*). Кто вы?

УЧЕНЫЙ. Я приезжий человек, живу здесь в гостинице. Вот кто я.

ЖЕНЩИНА. Простите... Мои глаза опять подвели меня. Это не пятнадцатый номер?

«...Я не пишу больших поэм,
Когда я выпью и поем»

«*Серапионовы братья —
Непорочного зачатья…*»

Группа Ленинградских писателей «Серапионовы братья». В верхнем ряду слева направо: Л.Н. Лунц, Н.С. Тихонов, К.А. Федин, И.Я. Груздев, В.А. Каверин. В нижнем ряду: М.Л. Слонимский, Е.Г. Полонская, Н.Н. Никитин, Вс. В. Иванов, М.М. Зощенко

«*Приятно быть поэтом,
И служить в Госиздате при этом…*»

В редакции детской литературы Госиздата. Ленинград. Конец 20-х гг.
Слева направо: Н.М. Олейников, В.В. Лебедев, З.И. Лилина, С.Я. Маршак, Е.Л. Шварц, Б.С. Житков

«...Барышне нашей Кате Идет ее новое платье.
Барышне нашей хорошей Хорошо бы купить калоши.
Надо бы бедному Котику На каждую ножку по ботику...»

Е.Л.Шварц в доме отдыха Литфонда. Коктебель.
Сидят (слева направо): Катя — Е.И.Шварц, Маша Тагер,
Н.И.Грекова

Кадр из кинофильма «Золушка». Ленфильм. 1947 г.
Янина Жеймо — Золушка, Алексей Консовский — Принц

Б.М. Тенин, И.П. Гошева, Е.Л. Шварц на репетиции спектакля «Тень» в Ленинградском театре комедии. 1940 г.

«…Я детскую литературу не люблю,
Я детскую литературу погублю…»

Е.Л. Шварц на встрече с юными читателями. Середина 40-х гг. Ленинград

С родными и домашними

УЧЕНЫЙ. Нет, к сожалению.

ЖЕНЩИНА. Какое у вас доброе и славное лицо! Почему вы до сих пор не в нашем кругу, не в кругу настоящих людей?

УЧЕНЫЙ. А что это за круг?

ЖЕНЩИНА. О, это артисты, писатели, придворные. Бывает у нас даже один министр. Мы элегантны, лишены предрассудков и понимаем все. Вы знамениты?

УЧЕНЫЙ. Нет.

ЖЕНЩИНА. Какая жалость! У нас это не принято. Но... Но я, кажется, готова простить вам это — до того вы мне вдруг понравились. Вы сердитесь на меня?

УЧЕНЫЙ. Нет, что вы!

ЖЕНЩИНА. Я немного посижу у вас. Можно?

УЧЕНЫЙ. Конечно.

ЖЕНЩИНА. Мне вдруг показалось, что вы как раз тот человек, которого я ищу всю жизнь. Бывало, покажется — по голосу и по речам, — вот он, такой человек, а подойдет он поближе, и видишь — это совсем не то. А отступать уже поздно, слишком быстро он подошел. Ужасная вещь — быть красивой и близорукой. Я надоела вам?

УЧЕНЫЙ. Нет, что вы!

ЖЕНЩИНА. Как просто и спокойно вы отвечаете мне! А он раздражает меня.

УЧЕНЫЙ. Кто?

ЖЕНЩИНА. Тот, к кому я пришла. Он ужасно беспокойный человек. Он хочет нравиться всем на свете. Он раб моды. Вот, например, когда в моде было загорать, он загорел до того, что стал черен, как негр. А тут загар вдруг вышел из моды. И он решился на операцию. Кожу из-под трусов — это было единственное белое место на его теле — врачи пересадили ему на лицо.

УЧЕНЫЙ. Надеюсь, это не повредило ему?

ЖЕНЩИНА. Нет. Он только стал чрезвычайно бесстыден, и пощечину он теперь называет просто «шлепок».

УЧЕНЫЙ. Почему же вы ходите к нему в гости?

ЖЕНЩИНА. Ну, все-таки это человек из нашего круга, из круга настоящих людей. А кроме того, он работает в газете. Вы знаете, кто я?

УЧЕНЫЙ. Нет.

ЖЕНЩИНА. Я певица. Меня зовут Юлия Джули.

УЧЕНЫЙ. Вы очень знамениты в этой стране!

ЮЛИЯ. Да. Все знают мои песни «Мама, что такое любовь», «Девы, спешите счастье найти», «Но к тоске его любовной остаюсь я хладнокровной» и «Ах, зачем я не лужайка». Вы доктор?
УЧЕНЫЙ. Нет, я историк.
ЮЛИЯ. Вы отдыхаете здесь?
УЧЕНЫЙ. Я изучаю историю вашей страны.
ЮЛИЯ. Наша страна — маленькая.
УЧЕНЫЙ. Да, но история ее похожа на все другие. И это меня радует.
ЮЛИЯ. Почему?
УЧЕНЫЙ. Значит, есть на свете законы, общие для всех. Когда долго живешь на одном месте, в одной и той же комнате, и видишь одних и тех же людей, которых сам выбрал себе в друзья, то мир кажется очень простым. Но едва выедешь из дому — все делается чересчур уж разнообразным. И это...

За дверью кто-то испуганно вскрикивает. Звон разбитого стекла.

Кто там?

Входит, отряхиваясь, изящный молодой человек. За ним растерянная Аннунциата.

МОЛОДОЙ ЧЕЛОВЕК. Здравствуйте! Я стоял тут, у вашей двери, и Аннунциата испугалась меня. Разве я так уж страшен?
АННУНЦИАТА *(Ученому).* Простите, я разбила стакан с молоком, который несла вам.
МОЛОДОЙ ЧЕЛОВЕК. А у меня вы не просите прощения?..
АННУНЦИАТА. Но вы сами виноваты, сударь! Зачем вы притаились у чужой двери и стояли не двигаясь?
МОЛОДОЙ ЧЕЛОВЕК. Я подслушивал. *(Ученому.)* Вам нравится моя откровенность? Все ученые — прямые люди. Вам должно это понравиться. Да? Ну скажите же, вам нравится моя откровенность? А я вам нравлюсь?
ЮЛИЯ. Не отвечайте. Если вы скажете «да» — он вас будет презирать, а если скажете «нет» — он вас возненавидит.
МОЛОДОЙ ЧЕЛОВЕК. Юлия, Юлия, злая Юлия! *(Ученому.)* Разрешите представиться: Цезарь Борджиа. Слышали?
УЧЕНЫЙ. Да.
ЦЕЗАРЬ БОРДЖИА. Ну? Правда? А что именно вы слышали?

УЧЕНЫЙ. Многое.

ЦЕЗАРЬ БОРДЖИА. Меня хвалили? Или ругали? А кто именно?

УЧЕНЫЙ. Просто я сам читал ваши критические и политические статьи в здешней газете.

ЦЕЗАРЬ БОРДЖИА. Они имеют успех. Но всегда кто-нибудь недоволен. Выругаешь человека, а он недоволен. Мне бы хотелось найти секрет полного успеха. Ради этого секрета я готов на все. Нравится вам моя откровенность?

ЮЛИЯ. Идемте. Мы пришли к ученому, а ученые вечно заняты.

ЦЕЗАРЬ БОРДЖИА. Я предупредил господина ученого. Наш хозяин говорил ему, что я приду. А вы, блистательная Юлия, ошиблись комнатой?

ЮЛИЯ. Нет, мне кажется, что я пришла как раз туда, куда следует.

ЦЕЗАРЬ БОРДЖИА. Но ведь вы шли ко мне! Я как раз кончаю статью о вас. Она понравится вам, но — увы! — не понравится вашим подругам. *(Ученому.)* Вы разрешите еще раз зайти к вам сегодня?

УЧЕНЫЙ. Пожалуйста.

ЦЕЗАРЬ БОРДЖИА. Я хочу написать статью о вас.

УЧЕНЫЙ. Спасибо. Мне пригодится это для работы в ваших архивах. Меня там больше будут уважать.

ЦЕЗАРЬ БОРДЖИА. Хитрец! Я ведь знаю, зачем вы приехали к нам. Здесь дело не в архиве.

УЧЕНЫЙ. А в чем же?

ЦЕЗАРЬ БОРДЖИА. Хитрец! Вы всё глядите на соседний балкон.

УЧЕНЫЙ. Разве я гляжу туда?

ЦЕЗАРЬ БОРДЖИА. Да. Вы думаете, там живет она.

УЧЕНЫЙ. Кто?

ЦЕЗАРЬ БОРДЖИА. Не надо быть таким скрытным. Ведь вы историк, изучаете нашу страну, стало быть, вы знаете завещание нашего последнего короля, Людовика Девятого Мечтательного.

УЧЕНЫЙ. Простите, но я дошел только до конца шестнадцатого века.

ЦЕЗАРЬ БОРДЖИА. Вот как? И вы ничего не слышали о завещании?

УЧЕНЫЙ. Уверяю вас, нет.

ЦЕЗАРЬ БОРДЖИА. Странно. Почему же вы просили у хозяина отвести вам как раз эту комнату?

УЧЕНЫЙ. Потому, что здесь жил мой друг Ганс Христиан Андерсен.

ЦЕЗАРЬ БОРДЖИА. Только поэтому?

УЧЕНЫЙ. Даю вам слово, что это так. А какое отношение имеет моя комната к завещанию покойного короля?

ЦЕЗАРЬ БОРДЖИА. О, очень большое. До свидания! Позвольте проводить вас, блистательная Юлия.

УЧЕНЫЙ. Разрешите спросить, что именно было написано в этом таинственном завещании?

ЦЕЗАРЬ БОРДЖИА. О нет, я не скажу. Я сам заинтересован в нем. Я хочу власти, почета, и мне ужасно не хватает денег. Ведь я, Цезарь Борджиа, имя которого известно всей стране, должен еще служить простым оценщиком в городском ломбарде. Нравится вам моя откровенность?

ЮЛИЯ. Идемте! Идемте же! Вы тут всем понравились. Он никогда не уходит сразу. *(Ученому.)* Мы еще увидимся с вами.

УЧЕНЫЙ. Я буду очень рад.

ЦЕЗАРЬ БОРДЖИА. Не радуйтесь прежде времени.

Цезарь Борджиа и Юлия Джули уходят.

УЧЕНЫЙ. Аннунциата, сколько оценщиков в вашем городском ломбарде?

АННУНЦИАТА. Много.

УЧЕНЫЙ. И все они бывшие людоеды?

АННУНЦИАТА. Почти все.

УЧЕНЫЙ. Что с вами? Почему вы такая грустная?

АННУНЦИАТА. Ах, ведь я просила вас быть осторожным! Говорят, что эта певица Юлия Джули и есть та самая девочка, которая наступила на хлеб, чтобы сохранить свои новые башмачки.

УЧЕНЫЙ. Но ведь та девочка, насколько я помню, была наказана за это.

АННУНЦИАТА. Да, она провалилась сквозь землю, но потом выкарабкалась обратно и с тех пор опять наступает и наступает на хороших людей, на лучших подруг, даже на самое себя — и все это для того, чтобы сохранить свои новые башмачки, чулочки и платьица. Сейчас я принесу вам другой стакан молока.

УЧЕНЫЙ. Погодите! Я не хочу пить, мне хочется поговорить с вами.

АННУНЦИАТА. Спасибо вам за это.

УЧЕНЫЙ. Скажите, пожалуйста, какое завещание оставил ваш покойный король Людовик Девятый Мечтательный?

АННУНЦИАТА. О, это тайна, страшная тайна! Завещание было запечатано в семи конвертах семью сургучными печатями и скреплено подписями семи тайных советников. Вскрывала и читала завещание принцесса в полном одиночестве. У окон и дверей стояла стража, заткнув уши на всякий случай, хотя принцесса читала завещание про себя. Что сказано в этом таинственном документе, знает только принцесса и весь город.

УЧЕНЫЙ. Весь город?

АННУНЦИАТА. Да.

УЧЕНЫЙ. Каким же это образом?

АННУНЦИАТА. Никто не может объяснить этого. Уж, кажется, все предосторожности были соблюдены. Это просто чудо. Завещание знают все. Даже уличные мальчишки.

УЧЕНЫЙ. Что же в нем сказано?

АННУНЦИАТА. Ах, не спрашивайте меня.

УЧЕНЫЙ. Почему?

АННУНЦИАТА. Я очень боюсь, что завещание это — начало новой сказки, которая кончится печально.

УЧЕНЫЙ. Аннунциата, ведь я приезжий. Завещание вашего короля меня никак не касается. Расскажите. А то получается нехорошо: я ученый, историк — и вдруг не знаю того, что известно каждому уличному мальчишке! Расскажите, пожалуйста!

АННУНЦИАТА *(вздыхая).* Ладно, расскажу. Когда хороший человек меня просит, я не могу ему отказать. Наша кухарка говорит, что это доведет меня до большой беды. Но пусть беда эта падет на мою голову, а не на вашу. Итак... Вы не слушаете меня?

УЧЕНЫЙ. Что вы!

АННУНЦИАТА. А почему вы смотрите на балкон противоположного дома?

УЧЕНЫЙ. Нет, нет... Вот видите, я уселся поудобнее, закурил трубку и глаз не свожу с вашего лица.

АННУНЦИАТА. Спасибо. Итак, пять лет назад умер наш король Людовик Девятый Мечтательный. Уличные мальчишки называли его не мечтательным, а дурачком, но это неверно. Покойный, правда, часто показывал им язык, высунувшись в форточку, но ребята сами были виноваты. Зачем они дразнили его? Покойный был умный человек, но такая уж должность королевская, что характер от нее портится. В самом начале его царствования первый министр, которому государь верил больше, чем родному отцу, отравил родную сестру короля. Король казнил первого министра. Второй первый министр не был отравителем, но он так лгал королю, что тот перестал верить всем, даже самому себе. Третий первый министр не был лжецом, но он был ужасно хитер. Он плел, и плел, и плел тончайшие паутины вокруг самых простых дел. Король во время его последнего доклада хотел сказать «утверждаю» — и вдруг зажужжал тоненько, как муха, попавшая в паутину. И министр слетел по требованию королевского лейб-медика. Четвертый первый министр не был хитер. Он был прям и прост. Он украл у короля золотую табакерку и убежал. И государь махнул рукой на дела управления. Первые министры с тех пор стали сами сменять друг друга. А государь занялся театром. Но говорят, что это еще хуже, чем управлять государством. После года работы в театре король стал цепенеть.

УЧЕНЫЙ. Как — цепенеть?

АННУНЦИАТА. А очень просто. Идет — и вдруг застынет, подняв одну ногу. И лицо его при этом выражает отчаяние. Лейб-медик объяснял это тем, что король неизлечимо запутался, пытаясь понять отношения работников театра друг к другу. Ведь их так много!

УЧЕНЫЙ. Лейб-медик был прав.

АННУНЦИАТА. Он предлагал простое лекарство, которое несомненно вылечило бы бедного короля. Он предлагал казнить половину труппы, но король не согласился.

УЧЕНЫЙ. Почему?

АННУНЦИАТА. Он никак не мог решить, какая именно половина труппы заслуживает казни. И наконец король махнул рукой на все и стал увлекаться плохими женщинами, и только они не обманули его.

УЧЕНЫЙ. Неужели?

АННУНЦИАТА. Да, да! Уж они-то оказались воистину плохими женщинами. То есть в точности такими, как о них говорили. И это очень утешило короля, но вконец расстроило его здоровье. И у него отнялись ноги. И с тех пор его стали возить в кресле по дворцу, а он все молчал и думал, думал, думал. О чем он думал, он не говорил никому. Изредка государь приказывал подвезти себя к окну и, открывши форточку, показывал язык уличным мальчишкам, которые прыгали и кричали: «Дурачок, дурачок, дурачок!» А потом король составил завещание. А потом умер.

УЧЕНЫЙ. Наконец-то мы подошли к самой сути дела.

АННУНЦИАТА. Когда король умер, его единственной дочери, принцессе, было тринадцать лет. «Дорогая, — писал он ей в завещании, — я прожил свою жизнь плохо, ничего не сделал. Ты тоже ничего не сделаешь — ты отравлена дворцовым воздухом. Я не хочу, чтобы ты выходила замуж за принца. Я знаю наперечет всех принцев мира. Все они слишком большие дураки для такой маленькой страны, как наша. Когда тебе исполнится восемнадцать лет, поселись где-нибудь в городе и ищи, ищи, ищи. Найди себе доброго, честного, образованного и умного мужа. Пусть это будет незнатный человек. А вдруг ему удастся сделать то, чего не удавалось ни одному из знатнейших? Вдруг он сумеет управлять, и хорошо управлять? А? Вот будет здорово! Так постарайся, пожалуйста. Папа».

УЧЕНЫЙ. Так он и написал?

АННУНЦИАТА. В точности. На кухне столько раз повторяли завещание, что я запомнила его слово в слово.

УЧЕНЫЙ. И принцесса живет одна в городе?

АННУНЦИАТА. Да. Но ее не так просто найти.

УЧЕНЫЙ. Почему?

АННУНЦИАТА. Масса плохих женщин сняли целые этажи домов и притворяются принцессами.

УЧЕНЫЙ. А разве вы не знаете свою принцессу в лицо?

АННУНЦИАТА. Нет. Прочтя завещание, принцесса стала носить маску, чтобы ее не узнали, когда она отправится искать мужа.

УЧЕНЫЙ. Скажите, она... *(Замолкает.)*

На балкон противоположного дома выходит девушка с белокурыми волосами, в темном и скромном наряде.

А скажите, она... О чем это я хотел вас спросить?.. Впрочем... нет, ни о чем.

АННУНЦИАТА. Вы опять не смотрите на меня?

УЧЕНЫЙ. Как не смотрю?.. А куда же я смотрю?

АННУНЦИАТА. Вон туда... Ах! Разрешите, я закрою дверь на балкон.

УЧЕНЫЙ. Зачем же? Не надо! Ведь только сейчас стало по-настоящему прохладно.

АННУНЦИАТА. После заката солнца следует закрывать окна и двери. Иначе можно заболеть малярией. Нет, не в малярии здесь дело! Не надо смотреть туда. Пожалуйста... Вы сердитесь на меня? Не сердитесь... Не смотрите на эту девушку. Позвольте мне закрыть дверь на балкон. Вы ведь все равно что маленький ребенок. Вы вот не любите супа, а без супа что за обед! Вы отдаете белье в стирку без записи. И с таким же прямодушным, веселым лицом пойдете вы прямо на смерть. Я говорю так смело, что сама перестаю понимать, что говорю: это дерзость, но нельзя же не предупредить вас. Об этой девушке говорят, что она нехорошая женщина... Стойте, стойте... Это, по-моему, не так страшно... Я боюсь, что тут дело похуже.

УЧЕНЫЙ. Вы думаете?

АННУНЦИАТА. Да. А вдруг эта девушка — принцесса? Тогда что? Что вы будете делать тогда?

УЧЕНЫЙ. Конечно, конечно.

АННУНЦИАТА. Вы не слышали, что я вам сказала?

УЧЕНЫЙ. Вот как!

АННУНЦИАТА. Ведь если она действительно принцесса, все захотят жениться на ней и вас растопчут в давке.

УЧЕНЫЙ. Да, да, конечно.

АННУНЦИАТА. Нет, я вижу, что мне тут ничего не поделать. Какая я несчастная девушка, сударь.

УЧЕНЫЙ. Не правда ли?

Аннунциата идет к выходной двери. Ученый — к двери, ведущей на балкон. Аннунциата оглядывается. Останавливается.

АННУНЦИАТА До свидания, сударь. *(Тихо, с неожиданной энергией.)* Никому не позволю тебя обижать. Ни за что. Никогда. *(Уходит.)*

Ученый смотрит на девушку, стоящую на противоположном балконе, она глядит вниз, на улицу. Ученый начинает говорить тихо, потом все громче. К концу его монолога девушка смотрит на него не отрываясь.

УЧЕНЫЙ. Конечно, мир устроен разумнее, чем кажется. Еще немножко — дня два-три работы, — и я пойму, как сделать всех людей счастливыми. Все будут счастливы, но не так, как я. Я только здесь, вечерами, когда вы стоите на балконе, стал понимать, что могу быть счастлив, как ни один человек. Я знаю вас — вас нельзя не знать. Я понимаю вас, как понимают хорошую погоду, луну, дорожку в горах. Ведь это так просто. Я не могу точно сказать, о чем вы думаете, но зато знаю точно, что мысли ваши обрадовали бы меня, как ваше лицо, ваши косы и ресницы. Спасибо вам за все: за то, что вы выбрали себе этот дом, за то, что родились и живете тогда же, когда живу я. Что бы я стал делать, если бы вдруг не встретил вас! Страшно подумать!

ДЕВУШКА. Вы говорите это наизусть?

УЧЕНЫЙ. Я... я...

ДЕВУШКА. Продолжайте.

УЧЕНЫЙ. Вы заговорили со мной!

ДЕВУШКА. Вы сами сочинили все это или заказали кому-нибудь?

УЧЕНЫЙ. Простите, но голос ваш так поразил меня, что я ничего не понимаю.

ДЕВУШКА. Вы довольно ловко увиливаете от прямого ответа. Пожалуй, вы сами сочинили то, что говорили мне. А может быть, и нет. Ну хорошо, оставим это. Мне скучно сегодня. Как это у вас хватает терпения целый день сидеть в одной комнате? Это кабинет?

УЧЕНЫЙ. Простите?

ДЕВУШКА. Это кабинет, или гардеробная, или гостиная, или одна из зал?

УЧЕНЫЙ. Это просто моя комната. Моя единственная комната.

ДЕВУШКА Вы нищий?

УЧЕНЫЙ. Нет, я ученый.

ДЕВУШКА. Ну пусть. У вас очень странное лицо.

УЧЕНЫЙ. Чем же?

ДЕВУШКА. Когда вы говорите, то кажется, будто вы не лжете.

УЧЕНЫЙ. Я и в самом деле не лгу.

ДЕВУШКА. Все люди — лжецы.

УЧЕНЫЙ. Неправда.

ДЕВУШКА. Нет, правда. Может быть, вам и не лгут — у вас всего одна комната, — а мне вечно лгут. Мне жалко себя.
УЧЕНЫЙ. Да что вы говорите? Вас обижают? Кто?
ДЕВУШКА. Вы так ловко притворяетесь внимательным и добрым, что мне хочется пожаловаться вам.
УЧЕНЫЙ. Вы так несчастны?
ДЕВУШКА. Не знаю. Да.
УЧЕНЫЙ. Почему?
ДЕВУШКА. Так. Все люди — негодяи.
УЧЕНЫЙ. Не надо так говорить. Так говорят те, кто выбрал себе самую ужасную дорогу в жизни. Они безжалостно душат, давят, грабят, клевещут: кого жалеть — ведь все люди негодяи!
ДЕВУШКА. Так, значит, не все?
УЧЕНЫЙ. Нет.
ДЕВУШКА. Хорошо, если бы это было так. Я ужасно боюсь превратиться в лягушку.
УЧЕНЫЙ. Как — в лягушку?
ДЕВУШКА. Вы слышали сказку про Царевну-лягушку? Ее неверно рассказывают. На самом деле все было иначе. Я это знаю точно. Царевна-лягушка — моя тетя.
УЧЕНЫЙ. Тетя?
ДЕВУШКА. Да. Двоюродная. Рассказывают, что Царевну-лягушку поцеловал человек, который полюбил ее, несмотря на безобразную наружность. И лягушка от этого превратилась в прекрасную женщину. Так?
УЧЕНЫЙ. Да, насколько я помню.
ДЕВУШКА. А на самом деле тетя моя была прекрасная девушка, и она вышла замуж за негодяя, который только притворялся, что любит ее. И поцелуи его были холодны и так отвратительны, что прекрасная девушка превратилась в скором времени в холодную и отвратительную лягушку. Нам, родственникам, это было очень неприятно. Говорят, что такие вещи случаются гораздо чаще, чем можно предположить. Только тетя моя не сумела скрыть своего превращения. Она была крайне несдержанна. Это ужасно. Не правда ли?
УЧЕНЫЙ. Да, это очень грустно.
ДЕВУШКА. Вот видите! А вдруг и мне суждено это? Мне ведь придется выйти замуж. Вы наверное знаете, что не все люди негодяи?
УЧЕНЫЙ. Совершенно точно знаю. Ведь я историк.

ДЕВУШКА. Вот было бы хорошо! Впрочем, я не верю вам.
УЧЕНЫЙ. Почему?
ДЕВУШКА. Вообще я никому и ничему не верю.
УЧЕНЫЙ. Нет, не может этого быть. У вас такой здоровый цвет лица, такие живые глаза. Не верить ничему — да ведь это смерть!
ДЕВУШКА. Ах, я все понимаю.
УЧЕНЫЙ. Все понимать — это тоже смерть.
ДЕВУШКА. Все на свете одинаково. И те правы, и эти правы, и, в конце концов, мне все безразлично.
УЧЕНЫЙ. Все безразлично — да ведь это еще хуже смерти! Вы не можете так думать. Нет! Как вы огорчили меня!
ДЕВУШКА. Мне все равно... Нет, мне не все равно, оказывается. Теперь вы не будете каждый вечер смотреть на меня?
УЧЕНЫЙ. Буду. Все не так просто, как кажется. Мне казалось, ваши мысли гармоничны, как вы... Но вот они передо мной... Они вовсе не похожи на те, которых я ждал... И все-таки я люблю вас...
ДЕВУШКА. Любите?
УЧЕНЫЙ. Я люблю вас...
ДЕВУШКА. Ну вот... я все понимала, ни во что не верила, мне все было безразлично, а теперь все перепуталось...
УЧЕНЫЙ. Я люблю вас...
ДЕВУШКА. Уйдите... Или нет... Нет, уйдите и закройте дверь... Нет, я уйду... Но... если вы завтра вечером осмелитесь... осмелитесь не прийти сюда, на балкон, я... я... прикажу... нет... я просто огорчусь. *(Идет к двери, оборачивается.)* Я даже не знаю, как вас зовут.
УЧЕНЫЙ. Меня зовут Христиан-Теодор.
ДЕВУШКА. До свидания, Христиан-Теодор, милый. Не улыбайтесь! Не думайте, что вы ловко обманули меня. Нет, не огорчайтесь... Я говорю это просто так... Когда вы сказали так вот, вдруг, прямо, что любите меня, мне стало тепло, хотя я вышла на балкон в кисейном платье. Не смейте говорить со мной! Довольно! Если я услышу еще хоть слово, я заплачу. До свидания! Какая я несчастная девушка, сударь. *(Уходит.)*
УЧЕНЫЙ. Ну вот... Мне казалось, что еще миг — и я все пойму, а теперь мне кажется, еще миг — и я запутаюсь совсем. Боюсь, что эта девушка действительно принцесса. «Все люди негодяи, все на свете одинаково, мне все безразлично, я

ни во что не верю» — какие явственные признаки злокачественного малокровия, обычного у изнеженных людей, выросших в тепличном воздухе! Ее... Она... Но ведь все-таки ей стало тепло, когда я признался, что люблю ее! Значит, крови-то у нее в жилах все-таки достаточно? *(Смеется.)* Я уверен, я уверен, что все кончится прекрасно. Тень, моя добрая, послушная тень! Ты так покорно лежишь у моих ног. Голова твоя глядит в дверь, в которую ушла незнакомая девушка. Взяла бы ты, тень, да пошла туда, к ней. Что тебе стоит! Взяла бы да сказала ей: «Все это глупости. Мой господин любит вас, так любит, что все будет прекрасно. Если вы Царевна-лягушка, то он оживит вас и превратит в прекрасную женщину». Словом, ты знаешь, что надо говорить, ведь мы выросли вместе. *(Смеется.)* Иди!

Ученый отходит от двери. Тень Ученого вдруг отделяется от него. Вытягивается в полный рост на противоположном балконе. Ныряет в дверь, которую девушка, уходя, оставила полуоткрытой.

Что это?.. У меня какое-то странное чувство в ногах... и во всем теле... Я... я заболел? Я... *(Шатается, падает в кресло, звонит.)*

Вбегает Аннунциата.

Аннунциата! Вы, кажется, были правы.
АННУНЦИАТА. Это была принцесса?
УЧЕНЫЙ. Нет! Я заболел. *(Закрывает глаза.)*
АННУНЦИАТА *(бежит к двери.)* Отец!

Входит Пьетро.

ПЬЕТРО. Не ори. Не знаешь, что ли, что отец подслушивает тут, под дверью?
АННУНЦИАТА. Я не заметила.
ПЬЕТРО. Родного отца не замечает... Дожили! Ну? Чего ты мигаешь? Вздумала реветь?
АННУНЦИАТА. Он заболел.
ПЬЕТРО. Разрешите, сударь, я помогу вам лечь в постель.
УЧЕНЫЙ *(встает.)* Нет. Я сам. Не прикасайтесь, пожалуйста, ко мне...
ПЬЕТРО. Чего вы боитесь? Я вас не съем!
УЧЕНЫЙ. Не знаю. Ведь я так ослабел вдруг. *(Идет к ширмам, за которыми стоит его кровать.)*

АННУНЦИАТА (*тихо, с ужасом*). Смотри!
ПЬЕТРО. Что еще?
АННУНЦИАТА. У него нет тени.
ПЬЕТРО. Да ну? Действительно нет... Проклятый климат! И как его угораздило? Пойдут слухи. Подумают, что это эпидемия...

Ученый скрывается за ширмами.

Никому ни слова. Слышишь ты?
АННУНЦИАТА (*у ширмы*). Он в обмороке.
ПЬЕТРО. Тем лучше. Беги за доктором. Доктор уложит дурака в кровать недели на две, а тем временем у него вырастет новая тень. И никто ничего не узнает.
АННУНЦИАТА. Человек без тени — ведь это одна из самых печальных сказок на свете.
ПЬЕТРО. Говорят тебе, у него вырастет новая тень! Выкрутится... Беги!

Аннунциата убегает.

Черт... Хорошо еще, что этот газетчик занят с дамой и ничего не пронюхал.

Входит Цезарь Борджиа.

ЦЕЗАРЬ БОРДЖИА. Добрый вечер!
ПЬЕТРО. Ах, вы тут как тут... Дьявол... Где ваша баба?
ЦЕЗАРЬ БОРДЖИА. Ушла на концерт.
ПЬЕТРО. К дьяволу все концерты!
ЦЕЗАРЬ БОРДЖИА. Ученый в обмороке?
ПЬЕТРО. Да, будь он проклят.
ЦЕЗАРЬ БОРДЖИА. Слышали?
ПЬЕТРО. Что именно?
ЦЕЗАРЬ БОРДЖИА. Его разговор с принцессой.
ПЬЕТРО. Да.
ЦЕЗАРЬ БОРДЖИА. Короткий ответ. Что же вы не проклинаете все и вся, не палите из пистолета, не кричите?
ПЬЕТРО. В серьезных делах я тих.
ЦЕЗАРЬ БОРДЖИА. Похоже на то, что это настоящая принцесса.
ПЬЕТРО. Да. Это она.
ЦЕЗАРЬ БОРДЖИА. Я вижу, вам хочется, чтобы он женился на принцессе.

ПЬЕТРО. Мне? Я съем его при первой же возможности.
ЦЕЗАРЬ БОРДЖИА. Надо будет его съесть. Да, надо, надо. По-моему, сейчас самый подходящий момент. Человека легче всего съесть, когда он болен или уехал отдыхать. Ведь тогда он сам не знает, кто его съел, и с ним можно сохранить прекраснейшие отношения.
ПЬЕТРО. Тень.
ЦЕЗАРЬ БОРДЖИА. Что — тень?
ПЬЕТРО. Надо будет найти его тень.
ЦЕЗАРЬ БОРДЖИА. Зачем же?
ПЬЕТРО. Она поможет нам. Она не простит ему никогда в жизни, что когда-то была его тенью.
ЦЕЗАРЬ БОРДЖИА. Да, она поможет нам съесть его.
ПЬЕТРО. Тень — полная противоположность ученому.
ЦЕЗАРЬ БОРДЖИА. Но... Но ведь тогда она может оказаться сильнее, чем следует.
ПЬЕТРО. Пусть. Тень не забудет, что мы помогли ей выйти в люди. И мы съедим его.
ЦЕЗАРЬ БОРДЖИА. Да, надо будет съесть его. Надо, надо!
ПЬЕТРО. Тише!

Вбегает Аннунциата.

АННУНЦИАТА. Уходите отсюда! Что вам тут нужно?
ПЬЕТРО. Дочь! *(Достает пистолет.)* А впрочем, идемте ко мне. Там поговорим. Доктор идет?
АННУНЦИАТА. Да, бежит следом. Он говорит, что это серьезный случай.
ПЬЕТРО. Ладно.

Уходит вместе с Цезарем Борджиа.

АННУНЦИАТА *(заглядывая за ширму).* Так я и знала! Лицо спокойное, доброе, как будто он видит во сне, что гуляет в лесу под деревьями. Нет, не простят ему, что он такой хороший человек! Что-то будет, что-то будет!

Занавес

Действие второе

Парк. Усыпанная песком площадка, окруженная подстриженными деревьями. В глубине павильон. Мажордом и Помощник его возятся на авансцене.

МАЖОРДОМ. Стол ставь сюда. А сюда — кресла. Поставь на стол шахматы. Вот. Теперь все готово для заседания.
ПОМОЩНИК. А скажите, господин мажордом, почему господа министры заседают тут, в парке, а не во дворце?
МАЖОРДОМ. Потому что во дворце есть стены. Понял?
ПОМОЩНИК. Никак нет.
МАЖОРДОМ. А у стен есть уши. Понял?
ПОМОЩНИК. Да, теперь понял.
МАЖОРДОМ. То-то. Положи подушки на это кресло.
ПОМОЩНИК. Это для господина первого министра?
МАЖОРДОМ. Нет, для господина министра финансов. Он тяжело болен.
ПОМОЩНИК. А что с ним?
МАЖОРДОМ. Он самый богатый делец в стране. Соперники страшно ненавидят его. И вот один из них в прошлом году пошел на преступление. Он решился отравить господина министра финансов.
ПОМОЩНИК. Какой ужас!
МАЖОРДОМ. Не огорчайся прежде времени. Господин министр финансов вовремя узнал об этом и скупил все яды, какие есть в стране.
ПОМОЩНИК. Какое счастье!
МАЖОРДОМ. Не радуйся прежде времени. Тогда преступник пришел к господину министру финансов и дал необычайно высокую цену за яды. И господин министр поступил вполне естественно. Министр ведь реальный политик. Он подсчитал прибыль и продал негодяю весь запас своих зелий. И негодяй отравил министра. Вся семья его превосходительства изволила скончаться в страшных мучениях. И сам он с тех пор еле жив, но заработал он на этом двести процентов чистых. Дело есть дело. Понял?
ПОМОЩНИК. Да, теперь понял.
МАЖОРДОМ. Ну, то-то. Итак, все готово? Кресла. Шахматы. Сегодня тут состоится особенно важное совещание.
ПОМОЩНИК. Почему вы думаете?
МАЖОРДОМ. Во-первых, встретятся всего два главных министра — первый и финансов, а во-вторых, они будут делать вид, что играют в шахматы, а не заседают. Всем известно, что это значит. Кусты, наверное, так и кишат любопытными.

ПОМОЩНИК. А вдруг любопытные подслушают то, что говорят господа министры?
МАЖОРДОМ. Любопытные ничего не узнают.
ПОМОЩНИК. Почему?
МАЖОРДОМ. Потому, что господа министры понимают друг друга с полуслова. Много ты поймешь из полуслов! *(Внезапно склоняется в низком поклоне.)* Они идут. Я так давно служу при дворе, что моя поясница сгибается сама собой при приближении высоких особ. Я их еще не вижу и не слышу, а уже кланяюсь. Поэтому-то я и главный. Понял? Кланяйся же!.. Ниже.

Мажордом сгибается до земли. Помощник за ним. С двух сторон сцены, справа и слева, одновременно выходят два министра — Первый Министр и Министр финансов. Первый — небольшого роста человек с брюшком, плешью, румяный, ему за пятьдесят. Министр финансов — иссохший, длинный, с ужасом озирающийся, хромает на обе ноги. Его ведут под руки два рослых лакея. Министры одновременно подходят к столу, одновременно садятся и сразу принимаются играть в шахматы. Лакеи, приведшие Министра финансов, усадив его, бесшумно удаляются. Мажордом и его Помощник остаются на сцене. Стоят навытяжку.

ПЕРВЫЙ МИНИСТР. Здоровье?
МИНИСТР ФИНАНСОВ. Отвра.
ПЕРВЫЙ МИНИСТР. Дела?
МИНИСТР ФИНАНСОВ. Очень пло.
ПЕРВЫЙ МИНИСТР. Почему?
МИНИСТР ФИНАНСОВ. Конкуре.

Играют молча в шахматы.

МАЖОРДОМ *(шепотом).* Видишь, я говорил тебе, что они понимают друг друга с полуслова.
ПЕРВЫЙ МИНИСТР. Слыхали о принцессе?
МИНИСТР ФИНАНСОВ. Да, мне докла.
ПЕРВЫЙ МИНИСТР. Этот приезжий ученый похитил ее сердце.
МИНИСТР ФИНАНСОВ. Похитил?! Подождите... Лакей! Нет, не вы... Мой лакей!

Входит один из двух лакеев, приведших Министра.

Лакей! Вы все двери заперли, когда мы уходили?
ЛАКЕЙ. Все, ваше превосходительство.

МИНИСТР ФИНАНСОВ. И железную?
ЛАКЕЙ. Так точно.
МИНИСТР ФИНАНСОВ. И медную?
ЛАКЕЙ. Так точно.
МИНИСТР ФИНАНСОВ. И чугунную?
ЛАКЕЙ. Так точно.
МИНИСТР ФИНАНСОВ. И капканы расставили? Помните, вы отвечаете жизнью за самую ничтожную пропажу.
ЛАКЕЙ. Помню, ваше превосходительство.
МИНИСТР ФИНАНСОВ. Ступайте...

Лакей уходит.

Я слушаю.
ПЕРВЫЙ МИНИСТР. По сведениям дежурных тайных советников, принцесса третьего дня долго глядела в зеркало, потом заплакала и сказала *(достает записную книжку, читает)*: «Ах, почему я пропадаю напрасно?» — и в пятый раз послала спросить о здоровье ученого. Узнав, что особых изменений не произошло, принцесса топнула ногой и прошептала *(читает)*: «Черт побери!» А сегодня она ему назначила свидание в парке. Вот. Как вам это нра?
МИНИСТР ФИНАНСОВ. Совсем мне это не нра! Кто он, этот ученый?
ПЕРВЫЙ МИНИСТР. Ах, он изучен мною до тонкости.
МИНИСТР ФИНАНСОВ. Шантажист?
ПЕРВЫЙ МИНИСТР. Хуже...
МИНИСТР ФИНАНСОВ. Вор?
ПЕРВЫЙ МИНИСТР. Еще хуже...
МИНИСТР ФИНАНСОВ. Авантюрист, хитрец, ловкач?
ПЕРВЫЙ МИНИСТР. О, если бы...
МИНИСТР ФИНАНСОВ. Так что же он, наконец?
ПЕРВЫЙ МИНИСТР. Простой наивный человек.
МИНИСТР ФИНАНСОВ. Шах королю.
ПЕРВЫЙ МИНИСТР. Рокируюсь...
МИНИСТР ФИНАНСОВ. Шах королеве.
ПЕРВЫЙ МИНИСТР. Бедная принцесса! Шантажиста мы разоблачили бы, вора поймали бы, ловкача и хитреца перехитрили бы, а этот... Поступки простых и честных людей иногда так загадочны!
МИНИСТР ФИНАНСОВ. Надо его или ку, или у.
ПЕРВЫЙ МИНИСТР. Да, другого выхода нет.

МИНИСТР ФИНАНСОВ. В городе обо всем этом уже пронюхали?
ПЕРВЫЙ МИНИСТР. Еще бы не пронюхали!
МИНИСТР ФИНАНСОВ. Так и знал. Вот отчего благоразумные люди переводят золото за границу в таком количестве. Один банкир третьего дня перевел за границу даже свои золотые зубы. И теперь он все время ездит за границу и обратно. На родине ему теперь нечем пережевывать пищу.
ПЕРВЫЙ МИНИСТР. По-моему, ваш банкир проявил излишнюю нервность.
МИНИСТР ФИНАНСОВ. Это чуткость! Нет на свете более чувствительного организма, чем деловые круги. Одно завещание короля вызвало семь банкротств, семь самоубийств, и все ценности упали на семь пунктов. А сейчас... О, что будет сейчас! Никаких перемен, господин первый министр! Жизнь должна идти ровно, как часы.
ПЕРВЫЙ МИНИСТР. Кстати, который час?
МИНИСТР ФИНАНСОВ. Мои золотые часы переправлены за границу. А если я буду носить серебряные, то пойдут слухи, что я разорился, и это вызовет панику в деловых кругах.
ПЕРВЫЙ МИНИСТР. Неужели в нашей стране совсем не осталось золота?
МИНИСТР ФИНАНСОВ. Его больше, чем нужно.
ПЕРВЫЙ МИНИСТР. Откуда?
МИНИСТР ФИНАНСОВ. Из-за границы. Заграничные деловые круги волнуются по своим заграничным причинам и переводят золото к нам. Так мы и живем. Подведем итог. Следовательно, ученого мы купим.
ПЕРВЫЙ МИНИСТР. Или убьем.
МИНИСТР ФИНАНСОВ. Каким образом мы это сделаем?
ПЕРВЫЙ МИНИСТР. Самым деликатным! Ведь в дело замешано такое чувство, как любовь! Я намерен расправиться с ученым при помощи дружбы.
МИНИСТР ФИНАНСОВ. Дружбы?
ПЕРВЫЙ МИНИСТР. Да. Для этого необходимо найти человека, с которым дружен наш ученый. Друг знает, что он любит, чем его можно купить. Друг знает, что он ненавидит, что для него чистая смерть. Я приказал в канцелярии добыть друга.
МИНИСТР ФИНАНСОВ. Это ужасно.
ПЕРВЫЙ МИНИСТР. Почему?

МИНИСТР ФИНАНСОВ. Ведь ученый — приезжий, следовательно, друга ему придется выписывать из-за границы. А по какой графе я проведу этот расход? Каждое нарушение сметы вызывает у моего главного бухгалтера горькие слезы. Он будет рыдать как ребенок, а потом впадет в бредовое состояние. На некоторое время он прекратит выдачу денег вообще. Всем. Даже мне. Даже вам.
ПЕРВЫЙ МИНИСТР. Да ну? Это неприятно. Ведь судьба всего королевства поставлена на карту. Как же быть?
МИНИСТР ФИНАНСОВ. Не знаю.
ПЕРВЫЙ МИНИСТР. А кто же знает?
ПОМОЩНИК *(выступая вперед).* Я.
МИНИСТР ФИНАНСОВ *(вскакивая).* Что это? Начинается?
ПЕРВЫЙ МИНИСТР. Успокойтесь, пожалуйста. Если это и начнется когда-нибудь, то не с дворцовых лакеев,
МИНИСТР ФИНАНСОВ. Так это не бунт?
ПЕРВЫЙ МИНИСТР. Нет. Это просто дерзость. Кто вы?
ПОМОЩНИК. Я тот, кого вы ищете. Я друг ученого, ближайший друг его. Мы не расставались с колыбели до последних дней.
ПЕРВЫЙ МИНИСТР. Послушайте, любезный друг, вы знаете, с кем говорите?
ПОМОЩНИК. Да.
ПЕРВЫЙ МИНИСТР. Почему же вы не называете меня «ваше превосходительство»?
ПОМОЩНИК *(с глубоким поклоном).* Простите, ваше превосходительство.
ПЕРВЫЙ МИНИСТР. Вы приезжий?
ПОМОЩНИК. Я появился на свет в этом городе, ваше превосходительство.
ПЕРВЫЙ МИНИСТР. И тем не менее вы друг приезжего ученого?
ПОМОЩНИК. Я как раз тот, кто вам нужен, ваше превосходительство. Я знаю его как никто, а он меня совсем не знает, ваше превосходительство.
ПЕРВЫЙ МИНИСТР. Странно.
ПОМОЩНИК. Если вам угодно, я скажу, кто я, ваше превосходительство.
ПЕРВЫЙ МИНИСТР. Говорите. Чего вы озираетесь?
ПОМОЩНИК. Разрешите мне написать на песке, кто я, ваше превосходительство.

ПЕРВЫЙ МИНИСТР. Пишите.

Помощник чертит что-то на песке. Министры читают и переглядываются.

Что вы ска?

МИНИСТР ФИНАНСОВ *(подходя).* Но будьте осторо! А то он заломит це.

ПЕРВЫЙ МИНИСТР. Так. Кто устроил вас на службу во дворец?

ПОМОЩНИК. Господин Цезарь Борджиа и господин Пьетро, ваше превосходительство.

ПЕРВЫЙ МИНИСТР *(Министру финансов).* Вам знакомы эти имена?

МИНИСТР ФИНАНСОВ. Да, вполне надежные людоеды.

ПЕРВЫЙ МИНИСТР. Хорошо, любезный, мы подумаем.

ПОМОЩНИК. Осмелюсь напомнить вам, что мы на юге, ваше превосходительство.

ПЕРВЫЙ МИНИСТР. Ну так что?

ПОМОЩНИК. На юге все так быстро растет, ваше превосходительство. Ученый и принцесса заговорили друг с другом всего две недели назад и не виделись с тех пор ни разу, а смотрите, как выросла их любовь, ваше превосходительство. Как бы нам не опоздать, ваше превосходительство!

ПЕРВЫЙ МИНИСТР. Я ведь сказал вам, что мы подумаем. Станьте в сторону.

Министры задумываются.

Подойдите сюда, любезный.

Помощник выполняет приказ.

Мы подумали и решили взять вас на службу в канцелярию первого министра.

ПОМОЩНИК. Спасибо, ваше превосходительство. По-моему, с ученым надо действовать так...

ПЕРВЫЙ МИНИСТР. Что с вами, любезный? Вы собираетесь действовать, пока вас еще не оформили? Да вы сошли с ума! Вы не знаете, что ли, что такое канцелярия?

ПОМОЩНИК. Простите, ваше превосходительство.

Взрыв хохота за кулисами.

ПЕРВЫЙ МИНИСТР. Сюда идут курортники. Они помешают нам. Пройдемте в канцелярию, и там я оформлю ваше назначение. После этого мы, так и быть, выслушаем вас.
ПОМОЩНИК. Спасибо, ваше превосходительство.
МИНИСТР ФИНАНСОВ. Лакеи!

Появляются лакеи.

Уведите меня.

Уходят. Распахиваются двери павильона, и оттуда появляется Доктор — молодой человек, в высшей степени угрюмый и сосредоточенный.
Его окружают курортники, легко, но роскошно одетые.

1-я КУРОРТНИЦА. Доктор, а отчего у меня под коленкой бывает чувство, похожее на задумчивость?
ДОКТОР. Под которой коленкой?
1-я КУРОРТНИЦА. Под правой.
ДОКТОР. Пройдет.
2-я КУРОРТНИЦА. А почему у меня за едой, между восьмым и девятым блюдом, появляются меланхолические мысли?
ДОКТОР. Какие, например?
2-я КУРОРТНИЦА. Ну, мне вдруг хочется удалиться в пустыню и там предаться молитвам и посту.
ДОКТОР. Пройдет.
1-й КУРОРТНИК. Доктор, а почему после сороковой ванны мне вдруг перестали нравиться шатенки?
ДОКТОР. А кто вам нравится теперь?
1-й КУРОРТНИК. Одна блондинка.
ДОКТОР. Пройдет. Господа, позвольте вам напомнить, что целебный час кончился. Сестра милосердия, вы свободны. Сестра развлечения, приступайте к своим обязанностям.
СЕСТРА РАЗВЛЕЧЕНИЯ. Кому дать мячик? Кому скакалку? Обручи, обручи, господа! Кто хочет играть в пятнашки? В палочку-выручалочку? В кошки-мышки? Время идет, господа, ликуйте, господа, играйте!

Курортники расходятся. Входят Ученый и Аннунциата.

АННУНЦИАТА. Доктор, он сейчас купил целый лоток леденцов.
УЧЕНЫЙ. Но ведь я роздал леденцы уличным мальчишкам.

АННУНЦИАТА. Все равно! Разве больному можно покупать сладости?

ДОКТОР *(ученому).* Станьте против солнца. Так. Тень ваша выросла до нормальных размеров. Этого и следовало ожидать — на юге все так быстро растет. Как вы себя чувствуете?

УЧЕНЫЙ. Я чувствую, что совершенно здоров.

ДОКТОР. Все-таки я выслушаю вас. Нет, не надо снимать сюртук: у меня очень тонкие уши. *(Берет со стола в павильоне стетоскоп.)* Так. Вздохните. Вздохните глубоко. Тяжело вздохните. Еще раз. Вздохните с облегчением. Еще раз. Посмотрите на все сквозь пальцы. Махните на все рукой. Еще раз. Пожмите плечами. Так. *(Садится и задумывается.)*

Ученый достает из бокового кармана сюртука пачку писем. Роется в них.

АННУНЦИАТА. Ну, что вы скажете, доктор? Как идут его дела?

ДОКТОР. Плохо.

АННУНЦИАТА. Ну вот видите, а он говорит, что совершенно здоров.

ДОКТОР. Да, он здоров. Но дела его идут плохо. И пойдут еще хуже, пока он не научится смотреть на мир сквозь пальцы, пока он не махнет на все рукой, пока он не овладеет искусством пожимать плечами.

АННУНЦИАТА. Как же быть, доктор? Как его научить всему этому?

Доктор молча пожимает плечами.

Ответьте мне, доктор. Ну, пожалуйста. Ведь я все равно не отстану, вы знаете, какая я упрямая. Что ему надо делать?

ДОКТОР. Беречься!

АННУНЦИАТА. А он улыбается.

ДОКТОР. Да, это бывает.

АННУНЦИАТА. Он ученый, он умный, он старше меня, но иногда мне хочется его просто отшлепать. Ну поговорите же с ним!

Доктор машет рукой.

Доктор!

ДОКТОР. Вы же видите, он не слушает меня. Он уткнулся носом в какие-то записки.
АННУНЦИАТА. Это письма от принцессы. Сударь! Доктор хочет поговорить с вами, а вы не слушаете.
АННУНЦИАТА. И что вы скажете на это?
УЧЕНЫЙ. Скажу, скажу...
АННУНЦИАТА. Сударь!
УЧЕНЫЙ. Сейчас! Я не могу найти тут... *(Бормочет.)* Как написала она — «всегда с вами» или «навсегда с вами»?
АННУНЦИАТА *(жалобно)*. Я застрелю вас!
УЧЕНЫЙ. Да, да, пожалуйста.
ДОКТОР. Христиан-Теодор! Ведь вы ученый... Выслушайте же меня наконец. Я все-таки ваш товарищ.
УЧЕНЫЙ *(пряча письма)*. Да, да. Простите меня.
ДОКТОР. В народных преданиях о человеке, который потерял тень, в монографиях Шамиссо и вашего друга Ганса Христиана Андерсена говорится, что...
УЧЕНЫЙ. Не будем вспоминать о том, что там говорится. У меня все кончится иначе.
ДОКТОР. Ответьте мне как врачу — вы собираетесь жениться на принцессе?
УЧЕНЫЙ. Конечно.
ДОКТОР. А я слышал, что вы мечтаете как можно больше людей сделать счастливыми.
УЧЕНЫЙ. И это верно.
ДОКТОР. И то и другое не может быть верно.
УЧЕНЫЙ. Почему?
ДОКТОР. Женившись на принцессе, вы станете королем.
УЧЕНЫЙ. В том-то и сила, что я не буду королем! Принцесса любит меня, и она уедет со мной. А корону мы отвергнем — видите, как хорошо! И я объясню всякому, кто спросит, и втолкую самым нелюбопытным: королевская власть бессмысленна и ничтожна. Поэтому-то я и отказался от престола.
ДОКТОР. И люди поймут вас?
УЧЕНЫЙ. Конечно! Ведь я докажу им это живым примером.

Доктор молча машет рукой.

Человеку можно объяснить все. Ведь азбуку он понимает, а это еще проще, чем азбука, и, главное, так близко касается его самого!

> Через сцену, играя, пробегают курортники.

ДОКТОР *(указывая на них.)* И эти тоже поймут вас?
УЧЕНЫЙ. Конечно! В каждом человеке есть что-то живое. Надо его за живое задеть, и все тут.
ДОКТОР. Ребенок! Я их лучше знаю. Ведь они у меня лечатся.
УЧЕНЫЙ. А чем они больны?
ДОКТОР. Сытостью в острой форме.
УЧЕНЫЙ. Это опасно?
ДОКТОР. Да, для окружающих.
УЧЕНЫЙ. Чем?
ДОКТОР. Сытость в острой форме внезапно овладевает даже достойными людьми. Человек честным путем заработал много денег. И вдруг у него появляется зловещий симптом: особый, беспокойный, голодный взгляд обеспеченного человека. Тут ему и конец. Отныне он бесплоден, слеп и жесток.
УЧЕНЫЙ. А вы не пробовали объяснить им все?
ДОКТОР. Вот от этого я и хотел вас предостеречь. Горе тому, кто попробует заставить их думать о чем-нибудь, кроме денег. Это их приводит в настоящее бешенство.

> Пробегают курортники.

УЧЕНЫЙ. Посмотрите, они веселы!
ДОКТОР. Отдыхают!

> Быстро входит Юлия Джули.

ЮЛИЯ *(Доктору).* Вот вы наконец. Вы совсем здоровы?
ДОКТОР. Да, Юлия.
ЮЛИЯ. Ах, это доктор.
ДОКТОР. Да, это я, Юлия.
ЮЛИЯ. Зачем вы смотрите на меня как влюбленный заяц? Убирайтесь!

> Доктор хочет ответить, но уходит в павильон, молча махнув рукой.

Где вы, Христиан-Теодор?
УЧЕНЫЙ. Вот я.
ЮЛИЯ *(подходит к нему).* Да, это вы. *(Улыбается.)* Как я рада видеть вас! Ну, что вам сказал этот ничтожный доктор?
УЧЕНЫЙ. Он сказал мне, что я здоров. Почему вы называете его ничтожным?

ЮЛИЯ. Ах, я любила его когда-то, а таких людей я потом ужасно ненавижу.
УЧЕНЫЙ. Это была несчастная любовь?
ЮЛИЯ. Хуже. У этого самого доктора безобразная и злая жена, которой он смертельно боится. Целовать его можно было только в затылок.
УЧЕНЫЙ. Почему?
ЮЛИЯ. Он все время оборачивался и глядел, не идет ли жена. Но довольно о нем. Я пришла сюда, чтобы... предостеречь вас, Христиан-Теодор. Вам грозит беда.
УЧЕНЫЙ. Не может быть. Ведь я так счастлив!
ЮЛИЯ. И все-таки вам грозит беда.
АННУНЦИАТА. Не улыбайтесь, сударыня, умоляю вас. Иначе мы не поймем, серьезно вы говорите или шутите, и, может быть, даже погибнем из-за этого.
ЮЛИЯ. Не обращайте внимания на то, что я улыбаюсь. В нашем кругу, в кругу настоящих людей, всегда улыбаются на всякий случай. Ведь тогда, что бы ты ни сказал, можно повернуть и так и эдак. Я говорю серьезно, Христиан-Теодор. Вам грозит беда.
УЧЕНЫЙ. Какая?
ЮЛИЯ. Я говорила вам, что в нашем кругу бывает один министр?
УЧЕНЫЙ. Да.
ЮЛИЯ. Это министр финансов. Он бывает в нашем кругу из-за меня. Он ухаживает за мной и все время собирается сделать мне предложение.
АННУНЦИАТА. Он? Да он и ходить-то не умеет!
ЮЛИЯ. Его водят прекрасно одетые лакеи. Ведь он так богат. И я сейчас встретила его. И он спросил, куда я иду. Услышав ваше имя, он поморщился, Христиан-Теодор.
АННУНЦИАТА. Какой ужас!
ЮЛИЯ. В нашем кругу мы все владеем одним искусством — мы изумительно умеем читать по лицам сановников. И даже я, при моей близорукости, прочла сейчас на лице министра, что против вас что-то затевается, Христиан-Теодор.
УЧЕНЫЙ. Ну и пусть затевается.
ЮЛИЯ. Ах, вы меня испортили за эти две недели. Зачем только я навещала вас! Я превратилась в сентиментальную мещанку. Это так хлопотливо. Аннунциата, уведите его.
УЧЕНЫЙ. Зачем?

ЮЛИЯ. Сейчас сюда придет министр финансов, и я пущу в ход все свои чары и узнаю, что они затевают. Я даже попробую спасти вас, Христиан-Теодор.

АННУНЦИАТА. Как мне отблагодарить вас, сударыня?

ЮЛИЯ. Никому ни слова, если вы действительно благодарны. Уходите.

АННУНЦИАТА. Идемте, сударь.

УЧЕНЫЙ. Аннунциата, вы ведь знаете, что я должен здесь встретиться с принцессой.

ЮЛИЯ. У вас еще час времени. Уходите, если вы любите принцессу и жалеете меня.

УЧЕНЫЙ. До свидания, бедная Юлия. Как вы озабочены обе! И только я один знаю — все будет прекрасно.

АННУНЦИАТА. Он идет. Сударыня, умоляю вас...

ЮЛИЯ. Тише! Я же сказала вам, что попробую.

Ученый и Аннунциата уходят. Появляются Министр финансов, его ведут лакеи.

МИНИСТР ФИНАНСОВ. Лакеи! Усадите меня возле этой обворожительной женщины. Придайте мне позу, располагающую к легкой, остроумной болтовне.

Лакеи повинуются.

Так, теперь уходите.

Лакеи уходят.

Юлия, я хочу обрадовать вас.

ЮЛИЯ. Вам это легко сделать.

МИНИСТР ФИНАНСОВ. Очаровательница! Цирцея! Афродита! Мы сейчас беседовали о вас в канцелярии первого министра.

ЮЛИЯ. Шалуны!

МИНИСТР ФИНАНСОВ. Уверяю вас! И мы все сошлись на одном: вы умная, практичная нимфа!

ЮЛИЯ. О куртизаны!

МИНИСТР ФИНАНСОВ. И мы решили, что именно вы поможете нам в одном деле.

ЮЛИЯ. Говорите в каком. Если оно нетрудное, то я готова для вас на все.

МИНИСТР ФИНАНСОВ. Пустяк! Вы должны будете помочь нам уничтожить приезжего ученого по имени Теодор-

Христиан. Ведь вы знакомы с ним, не так ли? Вы поможете нам?

Юлия не отвечает.

Лакеи!

Появляются лакеи.

Позу крайнего удивления!

Лакеи повинуются.

Юлия, я крайне удивлен. Почему вы смотрите на меня так, будто не знаете, что мне ответить?
ЮЛИЯ. Я и в самом деле не знаю, что сказать вам. Эти две недели просто губят меня.
МИНИСТР ФИНАНСОВ. Я не понял.
ЮЛИЯ. Я сама себя не понимаю.
МИНИСТР ФИНАНСОВ. Это отказ?
ЮЛИЯ. Не знаю.
МИНИСТР ФИНАНСОВ. Лакеи!

Вбегают лакеи.

Позу крайнего возмущения!

Лакеи повинуются.

Я крайне возмущен, госпожа Юлия Джули! Что это значит? Да уж не влюбились ли вы в нищего мальчишку? Молчать! Встать! Руки по швам! Перед вами не мужчина, а министр финансов. Ваш отказ показывает, что вы недостаточно уважаете всю нашу государственную систему. Тихо! Молчать! Под суд!
ЮЛИЯ. Подождите!
МИНИСТР ФИНАНСОВ. Не подожду! «Ах, зачем я не лужайка!» Только теперь я понял, что вы этим хотите сказать. Вы намекаете на то, что у фермеров мало земли. А? Что? Да я вас... Да я вам... Завтра же газеты разберут по косточкам вашу фигуру, вашу манеру петь, вашу частную жизнь. Лакеи! Топнуть ногой!

Лакеи топают ногой.

Да не своей, болваны, а моей!

Лакеи повинуются.

До свидания, бывшая знаменитость!
ЮЛИЯ. Подождите же!
МИНИСТР ФИНАНСОВ. Не подожду!
ЮЛИЯ. Взгляните на меня!
МИНИСТР ФИНАНСОВ. Потрудитесь называть меня «ваше превосходительство»!
ЮЛИЯ. Взгляните на меня, ваше превосходительство.
МИНИСТР ФИНАНСОВ. Ну?
ЮЛИЯ. Неужели вы не понимаете, что для меня вы всегда больше мужчина, чем министр финансов?
МИНИСТР ФИНАНСОВ (*польщенно*). Да ну, бросьте!
ЮЛИЯ. Даю вам слово. А разве мужчине можно сразу сказать «да»?
МИНИСТР ФИНАНСОВ. Афродита! Уточним, вы согласны?
ЮЛИЯ. Теперь я отвечу — да.
МИНИСТР ФИНАНСОВ. Лакеи! Обнять ее!

Лакеи обнимают Юлию.

Болваны! Я хочу обнять ее. Так. Дорогая Юлия, спасибо. Завтра же приказом по канцелярии я объявлю себя вашим главным покровителем. Лакеи! Усадите меня возле этой Афродиты. Придайте мне позу крайней беззаботности. И вы, Юлия, примите беззаботную позу, но слушайте меня в оба уха. Итак, через некоторое время вы застанете здесь ученого, оживленно разговаривающего с чиновником особо важных дел. И вы под любым предлогом уведете отсюда ученого минут на двадцать. Вот и все.
ЮЛИЯ. И все?
МИНИСТР ФИНАНСОВ. Видите, как просто! А как раз эти двадцать минут его и погубят окончательно. Пойдемте к ювелиру, я куплю вам кольцо несметной ценности. Идемте. Лакеи! Унесите нас.

Удаляются.

Входят Помощник и Пьетро с Цезарем Борджиа.

ПОМОЩНИК. Здравствуйте, господа!
ПЬЕТРО. Да ведь мы виделись сегодня утром.
ПОМОЩНИК. Советую вам забыть, что мы виделись сегодня утром. Я не забуду, что вы в свое время нашли меня, устроили меня во дворец, помогли мне выйти в люди. Но вы, господа, раз и навсегда забудьте, кем я был, и помните, кем я стал.

ЦЕЗАРЬ БОРДЖИА. Кто же вы теперь?

ПОМОЩНИК. Я теперь чиновник особо важных дел канцелярии его превосходительства первого министра.

ЦЕЗАРЬ БОРДЖИА. Как это удалось вам? Вот это успех! Прямо черт знает что такое! Вечная история!

ПОМОЩНИК. Я добился этого успеха собственными усилиями. Поэтому я вторично напоминаю вам: забудьте о том, кем я был.

ПЬЕТРО. Забыть можно. Если не поссоримся — чего там вспоминать!

ЦЕЗАРЬ БОРДЖИА. Трудно забыть об этом. Но молчать до поры до времени можно. Вы поняли мой намек?

ПОМОЩНИК. Я понял вас, господа. Мы не поссоримся, пока вы будете молчать о том, кем я был. Теперь слушайте внимательно. Мне поручено дело номер восемь тысяч девятьсот восемьдесят девять. *(Показывает папку.)* Вот оно.

ПЬЕТРО *(читает).* «Дело о замужестве принцессы».

ПОМОЩНИК. Да. Здесь, в этой папке, все: и принцесса, и он, и вы, и настоящее, и будущее.

ЦЕЗАРЬ БОРДЖИА. Кто намечен в женихи этой высокой особе — меня это мало волнует, как и все в этой, как говорится, земной жизни, но все-таки...

ПОМОЩНИК. В женихи принцессы намечены вы оба.

ПЬЕТРО. Дьявол! Как так — оба?

ЦЕЗАРЬ БОРДЖИА. Я и он?

ПОМОЩНИК. Да. Надо же все-таки, чтобы у принцессы был выбор...

ЦЕЗАРЬ БОРДЖИА. Но вы сами должны видеть!

ПЬЕТРО. Какого дьявола ей нужно, когда есть я!

ПОМОЩНИК. Тихо! Решение окончательное. Предлагаю я — выбирает принцесса. Пьетро, уведите домой вашу дочь. Мне нужно поговорить с ученым, а она охраняет его, как целый полк гвардии.

ЦЕЗАРЬ БОРДЖИА. Она влюбилась в него. А Пьетро слеп, как полагается отцу!

ПЬЕТРО. Дьявол! Я убью их обоих!

ЦЕЗАРЬ БОРДЖИА. Давно пора.

ПЬЕТРО. Сатана! Вы нарочно искушаете меня! Меня арестуют за убийство, а вы останетесь единственным женихом? Этого вы хотите?

ЦЕЗАРЬ БОРДЖИА. Да, хочу. И это вполне естественное желание. До свидания.
ПЬЕТРО. Нет уж, вы не уйдете. Я знаю, куда вы собрались.
ЦЕЗАРЬ БОРДЖИА. Куда?
ПЬЕТРО. Вы хотите так или иначе съесть меня. Не выйдет. Я не отойду от вас ни на шаг.
ПОМОЩНИК. Тише. Он идет сюда. Договоримся так: тот из вас, кто будет королем, заплатит другому хороший выкуп. Назначит, например, пострадавшего первым королевским секретарем или начальником стражи. Смотрите: он идет. Ему весело.
ЦЕЗАРЬ БОРДЖИА. А как вы с ним будете говорить?
ПОМОЩНИК. Я с каждым говорю на его языке.

Входят Ученый и Аннунциата.

УЧЕНЫЙ. Какой прекрасный день, господа!
ПЬЕТРО. Да, ничего себе денек, будь он проклят. Аннунциата, домой!
АННУНЦИАТА. Папа...
ПЬЕТРО. Домой! Иначе будет плохо тебе и кое-кому другому. Ты даже не сказала кухарке, что сегодня готовить на ужин.
АННУНЦИАТА. Мне все равно.
ПЬЕТРО. Что вы говорите, чудовище? Господин Цезарь Борджиа, идемте с нами домой, друг, или, клянусь честью, я вас тихонечко прикончу кинжалом.

Уходят. Помощник, державшийся во время предыдущего разговора в стороне, подходит к Ученому.

ПОМОЩНИК. Вы не узнаете меня?
УЧЕНЫЙ. Простите, нет.
ПОМОЩНИК. Посмотрите внимательней.
УЧЕНЫЙ. Что такое? Я чувствую, что знаю вас, и знаю хорошо, но...
ПОМОЩНИК. А мы столько лет прожили вместе.
УЧЕНЫЙ. Да что вы говорите?
ПОМОЩНИК. Уверяю вас. Я следовал за вами неотступно, но вы только изредка бросали на меня небрежный взгляд. А ведь я часто бывал выше вас, подымался до крыш самых высоких домов. Обыкновенно это случалось в лунные ночи.

УЧЕНЫЙ. Так, значит, вы...

ПОМОЩНИК. Тише! Да, я ваша тень... Почему вы недоверчиво смотрите на меня? Ведь я всю жизнь со дня вашего рождения был так привязан к вам.

УЧЕНЫЙ. Да нет, я просто...

ТЕНЬ. Вы сердитесь на меня за то, что я покинул вас. Но вы сами просили меня пойти к принцессе, и я немедленно исполнил вашу просьбу. Ведь мы выросли вместе, среди одних и тех же людей. Когда вы говорили «мама», я беззвучно повторял то же слово. Я любил тех, кого вы любили, а ваши враги были моими врагами. Когда вы хворали — и я не мог поднять головы от подушки. Вы поправлялись — поправлялся и я. Неужели после целой жизни, прожитой в такой тесной дружбе, я мог бы вдруг стать вашим врагом!

УЧЕНЫЙ. Да нет, что вы! Садитесь, старый приятель. Я болел без вас, а теперь вот поправился... Я чувствую себя хорошо. Сегодня такой прекрасный день. Я счастлив, у меня сегодня душа открыта — вот что я вам скажу, хотя, вы знаете, я не люблю таких слов. Но вы просто тронули меня... Ну а вы, что вы делали это время?.. Или нет, подождите, давайте сначала перейдем на «ты».

ТЕНЬ *(протягивая Ученому руку)*. Спасибо. Я оставался твоей тенью, вот что я делал все эти дни.

УЧЕНЫЙ. Я не понимаю тебя.

ТЕНЬ. Ты послал меня к принцессе. Я сначала устроился помощником главного лакея во дворце, потом поднимался все выше и выше, и с сегодняшнего дня я чиновник особо важных дел при первом министре.

УЧЕНЫЙ. Бедняга! Воображаю, как трудно среди этих людей! Но зачем ты это сделал?

ТЕНЬ. Ради тебя.

УЧЕНЫЙ. Ради меня?

ТЕНЬ. Ты сам не знаешь, какой страшной ненавистью окружен с тех пор, как полюбил принцессу, а принцесса тебя. Все они готовы съесть тебя, и съели бы сегодня же, если бы не я.

УЧЕНЫЙ. Что ты!

ТЕНЬ. Я среди них, чтобы спасти тебя. Они доверяют мне. Они поручили мне дело номер восемь тысяч девятьсот восемьдесят девять.

УЧЕНЫЙ. Что же это за дело?

ТЕНЬ. Это дело о замужестве принцессы.

УЧЕНЫЙ. Не может быть.

ТЕНЬ. И счастье наше, что дело находится в верных руках. Меня направил к тебе сам первый министр. Мне поручено купить тебя.

УЧЕНЫЙ. Купить? *(Смеется.)* За сколько?

ТЕНЬ. Пустяки. Они обещают тебе славу, почет и богатство, если ты откажешься от принцессы.

УЧЕНЫЙ. А если я не продамся?

ТЕНЬ. Тебя убьют сегодня же.

УЧЕНЫЙ. Никогда в жизни не поверю, что я могу умереть, особенно сегодня.

ТЕНЬ. Христиан, друг мой, они убьют тебя, поверь мне. Разве они знают дорожки, по которым мы бегали в детстве, мельницу, где мы болтали с водяным, лес, где мы встретили дочку учителя и влюбились — ты в нее, а я в ее тень. Они представить себе не могут, что ты живой человек. Для них ты препятствие, вроде пня или колоды. Поверь мне, еще и солнце не зайдет, как ты будешь мертв.

УЧЕНЫЙ. Что же ты мне посоветуешь сделать?

ТЕНЬ *(достает из папки бумагу)*. Подпиши это.

УЧЕНЫЙ *(читает)*. «Я, нижеподписавшийся, решительно, бесповоротно и окончательно отказываюсь вступить в брак с наследною принцессою королевства, если взамен этого мне обеспечены будут слава, почет и богатство». Ты серьезно предлагаешь мне подписать это?

ТЕНЬ. Подпиши, если ты не мальчик, если ты настоящий человек.

УЧЕНЫЙ. Да что с тобой?

ТЕНЬ. Пойми ты, у нас нет другого выхода. С одной стороны — мы трое, а с другой — министры, тайные советники, все чиновники королевства, полиция и армия. В прямом бою нам не победить. Поверь мне, я всегда был ближе к земле, чем ты. Слушай меня: эта бумажка их успокоит. Сегодня же вечером ты наймешь карету, за тобой не будут следить. А в лесу к тебе в карету сядем мы — принцесса и я. И через несколько часов мы свободны. Пойми ты — свободны. Вот походная чернильница, вот перо. Подпиши.

УЧЕНЫЙ. Ну хорошо. Сейчас сюда придет принцесса, я посоветуюсь с ней и, если нет другого выхода, подпишу.

ТЕНЬ. Нельзя ждать! Первый министр дал мне всего двадцать минут сроку. Он не верит, что тебя можно купить, он считает наш разговор простой формальностью. У него уже сидят дежурные убийцы и ждут приказания. Подпиши.

УЧЕНЫЙ. Ужасно не хочется.

ТЕНЬ. Ты тоже убийца! Отказываясь подписать эту жалкую бумажонку, ты убиваешь меня, лучшего своего друга, и бедную, беспомощную принцессу. Разве мы переживем твою смерть?

УЧЕНЫЙ. Ну хорошо, хорошо. Давай, я подпишу. Но только... я никогда в жизни больше не буду подходить так близко к дворцам... *(Подписывает бумагу.)*

ТЕНЬ. А вот и королевская печать. *(Ставит печать.)*

Вбегает Юлия. Тень скромно отходит в сторону.

ЮЛИЯ. Христиан! Я погибла.

УЧЕНЫЙ. Что случилось?

ЮЛИЯ. Помогите мне.

УЧЕНЫЙ. Я готов... Но как? Вы не шутите?

ЮЛИЯ. Нет! Разве я улыбаюсь? Это по привычке. Идемте со мной немедленно. Идемте!

УЧЕНЫЙ. Честное слово, я не могу уйти отсюда. Сейчас сюда придет принцесса.

ЮЛИЯ. Дело идет о жизни и смерти!

УЧЕНЫЙ. Ах, я догадываюсь, в чем дело... Вы узнали у министра финансов, какая беда мне грозит, и хотите предупредить меня. Спасибо вам, Юлия, но...

ЮЛИЯ. Ах, вы не понимаете... Ну, оставайтесь. Нет! Я не хочу быть добродетельной сентиментальной мещанкой. Я вовсе не собираюсь предупреждать вас. Дело касается меня! Христиан, простите... Идемте со мной, иначе я погибну. Ну хотите, я стану перед вами на колени? Идемте же!

УЧЕНЫЙ. Хорошо. Я скажу только два слова моему другу. *(Подходит к Тени.)* Слушай, сейчас сюда придет принцесса.

ТЕНЬ. Да.

УЧЕНЫЙ. Скажи ей, что я прибегу через несколько минут. Я не могу отказать этой женщине. Произошло какое-то несчастье.

ТЕНЬ. Иди спокойно. Я все объясню принцессе.

УЧЕНЫЙ. Спасибо.

Уходят.

ТЕНЬ. Проклятая привычка! У меня болят руки, ноги, шея. Мне все время хотелось повторять каждое его движение. Это просто опасно... *(Открывает папку.)* Так... Пункт четвертый — выполнен... *(Углубляется в чтение.)*

Входят Принцесса и Тайный Советник. Тень выпрямляется во весь рост, смотрит пристально на Принцессу.

ПРИНЦЕССА. Тайный советник, где же он? Почему его нет здесь?

ТАЙНЫЙ СОВЕТНИК *(шепотом.)* Он сейчас придет, принцесса, и все будет прекрасно.

ПРИНЦЕССА. Нет, это ужасное несчастье! Молчите, вы ничего не понимаете. Вы не влюблены, вам легко говорить, что все идет прекрасно! И кроме того, я принцесса, я не умею ждать. Что это за музыка?

ТАЙНЫЙ СОВЕТНИК. Это в ресторане, принцесса.

ПРИНЦЕССА. Зачем у нас в ресторане всегда играет музыка?

ТАЙНЫЙ СОВЕТНИК. Чтобы не слышно было, как жуют, принцесса.

ПРИНЦЕССА. Оставьте меня в покое... Ну что же это такое? *(Тени.)* Эй вы, зачем вы смотрите на меня во все глаза?

ТЕНЬ. Я должен заговорить с вами — и не смею, принцесса.

ПРИНЦЕССА. Кто вы такой?

ТЕНЬ. Я его лучший друг.

ПРИНЦЕССА. Чей?

ТЕНЬ. Я лучший друг того, кого вы ждете, принцесса.

ПРИНЦЕССА. Правда? Что же вы молчите?

ТЕНЬ. Мой ответ покажется вам дерзким, принцесса.

ПРИНЦЕССА. Ничего, говорите.

ТЕНЬ. Я молчал потому, что ваша красота поразила меня.

ПРИНЦЕССА. Но это вовсе не дерзость. Он вас послал ко мне?

ТЕНЬ. Да. Он просил сказать, что сейчас придет, принцесса. Очень важное дело задержало его. Все благополучно, принцесса.

ПРИНЦЕССА. Но он скоро придет?

ТЕНЬ. Да.

ПРИНЦЕССА. Ну вот, мне опять стало весело. Вы будете меня занимать до его прихода. Ну?

Тень молчит.

Ну же! Мне неловко напоминать вам об этом, но ведь я принцесса. Я привыкла, чтобы меня занимали...

ТЕНЬ. Хорошо, я исполню ваше приказание. Я буду рассказывать вам сны, принцесса.

ПРИНЦЕССА. А ваши сны интересны?

ТЕНЬ. Я буду рассказывать вам ваши сны, принцесса.

ПРИНЦЕССА. Мои?

ТЕНЬ. Да. Третьего дня ночью вам приснилось, что стены дворца вдруг превратились в морские волны. Вы крикнули: «Христиан!» — и он появился в лодке и протянул вам руку...

ПРИНЦЕССА. Но ведь я никому не рассказывала этот сон!..

ТЕНЬ. И вы очутились в лесу... И волк вдруг поднялся в кустах. А Христиан сказал: «Не бойся, это добрый волк» — и погладил его. А вот еще один сон. Вы скакали на коне по полю. Трава на вашем пути становилась все выше и выше и наконец стеной стала вокруг. Вам показалось, что это красиво, удивительно красиво, до того красиво, что вы стали плакать и проснулись в слезах.

ПРИНЦЕССА. Но откуда вы это знаете?

ТЕНЬ. Любовь творит чудеса, принцесса.

ПРИНЦЕССА. Любовь?

ТЕНЬ. Да. Ведь я очень несчастный человек, принцесса. Я люблю вас.

ПРИНЦЕССА. Вот как... Советник!

ТАЙНЫЙ СОВЕТНИК. Да, принцесса.

ПРИНЦЕССА. Позовите... Нет, отойдите на пять шагов.

Советник отсчитывает шаги.

Я...

ТЕНЬ. Вы хотели, чтобы он позвал стражу, принцесса, и, сами не понимая, как это вышло, приказали ему отойти на пять шагов.

ПРИНЦЕССА. Вы...

ТЕНЬ. Я люблю вас, принцесса. И вы сами чувствуете это. Я до того полон вами, что ваша душа понятна мне, как моя собственная. Я рассказал вам только два ваших сна, а ведь я помню их все. Я знаю и страшные ваши сны, и смешные, и такие, которые можно рассказывать только на ухо.

ПРИНЦЕССА. Нет...

ТЕНЬ. Хотите, я расскажу вам тот сон, который поразил вас? Помните? В том сне с вами был не он, не Христиан, а какой-то совсем другой человек, с незнакомым лицом, и вам именно это и нравилось, принцесса. И вы с ним...

ПРИНЦЕССА. Советник! Позовите стражу.

ТАЙНЫЙ СОВЕТНИК. Слушаюсь, принцесса.

ПРИНЦЕССА. Но пусть стража пока стоит там, за кустами. Говорите еще. Я слушаю, потому что... потому что мне просто скучно ждать его.

ТЕНЬ. Люди не знают теневой стороны вещей, а именно в тени, в полумраке, в глубине и таится то, что придает остроту нашим чувствам. В глубине вашей души — я.

ПРИНЦЕССА. Довольно. Я вдруг очнулась. Сейчас стража возьмет вас, и ночью вы будете обезглавлены.

ТЕНЬ. Прочтите это!

Достает из папки бумагу, которую подписал Ученый. Принцесса читает ее.

Он милый человек, он славный человек, но он мелок. Он уговаривал вас бежать с ним, потому что боялся стать королем — ведь это опасно. И он продал вас. Трус!

ПРИНЦЕССА. Я не верю этой бумаге.

ТЕНЬ. Но тут королевская печать. Я подкупил вашего ничтожного жениха, я взял вас с бою. Прикажите отрубить мне голову.

ПРИНЦЕССА. Вы не даете мне опомниться. Почем я знаю, может быть, вы тоже не любите меня. Какая я несчастная девушка!

ТЕНЬ. А сны! Вы забыли сны, принцесса. Как я узнал ваши сны? Ведь только любовь может творить такие чудеса.

ПРИНЦЕССА. Ах да, верно...

ТЕНЬ. Прощайте, принцесса.

ПРИНЦЕССА. Вы... вы уходите?.. Как вы смеете! Подойдите ко мне, дайте мне руку... Это... Все это... так... так интересно... *(Поцелуй.)* Я... я даже не знаю, как вас зовут.

ТЕНЬ. Теодор-Христиан.

ПРИНЦЕССА. Как хорошо! Это почти... почти то же самое. *(Поцелуй.)*

Вбегает Ученый и останавливается как вкопанный.

ТАЙНЫЙ СОВЕТНИК. Советую вам уйти отсюда, здесь принцесса дает аудиенцию одному из своих подданных.
УЧЕНЫЙ. Луиза!
ПРИНЦЕССА. Уходите прочь, вы мелкий человек.
УЧЕНЫЙ. Что ты говоришь, Луиза?
ПРИНЦЕССА. Вы подписали бумагу, в которой отказываетесь от меня?
УЧЕНЫЙ. Да... но...
ПРИНЦЕССА. Достаточно. Вы милый человек, но вы ничтожество. Идем, Теодор-Христиан, дорогой.
УЧЕНЫЙ. Негодяй! *(Бросается к Тени.)*
ПРИНЦЕССА. Стража!

Из кустов выбегает стража.

Проводите нас во дворец.

Уходят. Ученый опускается на скамью. Из павильона быстро выходит Доктор.

ДОКТОР. Махните на все это рукой. Сейчас же махните рукой, иначе вы сойдете с ума.
УЧЕНЫЙ. А вы знаете, что произошло?
ДОКТОР. Да, у меня чуткие уши. Я все слышал.
УЧЕНЫЙ. Каким образом он добился того, что она поцеловала его?
ДОКТОР. Он ее ошеломил. Он рассказал ей все ее сны.
УЧЕНЫЙ. Как он узнал ее сны?
ДОКТОР. Да ведь сны и тени в близком родстве. Они, кажется, двоюродные.
УЧЕНЫЙ. Вы все слышали и не вмешались?
ДОКТОР. Что вы! Ведь он чиновник особо важных дел. Вы разве не знаете, какая это страшная сила?.. Я знал человека необычайной храбрости. Он ходил с ножом на медведей, один раз даже пошел на льва с голыми руками, — правда, с этой последней охоты он так и не вернулся. И вот этот человек упал в обморок, толкнув нечаянно тайного советника. Это особый страх. Разве удивительно, что и я боюсь его? Нет, я не вмешался в это дело, и вы махните рукой на все.

УЧЕНЫЙ. Не хочу.
ДОКТОР. Ну что вы можете сделать?
УЧЕНЫЙ. Я уничтожу его.
ДОКТОР. Нет. Послушайте меня, вы ведь не знаете, и никто на свете не знает, что я сделал великое открытие. Я нашел источник живой углекислой воды. Недалеко. Возле самого дворца. Вода эта излечивает все болезни, какие есть на земле, и даже воскрешает мертвых, если они хорошие люди. И что из этого вышло? Министр финансов приказал мне закрыть источник. Если мы излечим всех больных — кто к нам будет ездить? Я боролся с министром как бешеный — и вот на меня двинулись чиновники. Им все безразлично. И жизнь, и смерть, и великие открытия. И именно поэтому они победили. И я махнул на все рукой. И мне сразу стало легче жить на свете. И вы махните на все рукой и живите как я.
УЧЕНЫЙ. Чем вы живете? Ради чего?
ДОКТОР. Ах, мало ли... Вот поправился больной. Вот жена уехала на два дня. Вот написали в газете, что я все-таки подаю надежды.
УЧЕНЫЙ. И только?
ДОКТОР. А вы хотите жить для того, чтобы как можно больше людей сделать счастливыми? Так и дадут вам чиновники жить! Да и сами люди этого терпеть не могут. Махните на них рукой. Смотрите сквозь пальцы на этот безумный, несчастный мир.
УЧЕНЫЙ. Не могу.

За сценой барабан и трубы.

ДОКТОР. Он возвращается. *(Торопливо уходит в павильон.)*

Появляется большой отряд стражи с трубачами и барабанщиками. Во главе отряда Тень, в черном фраке и ослепительном белье. Шествие останавливается посреди сцены.

ТЕНЬ. Христиан! Я отдам два-три приказания, а потом займусь тобой!

Вбегает, запыхавшись, Первый Министр. Бегут бегом лакеи, несут Министра финансов. Появляются под руку Пьетро и Цезарь Борджиа.

ПЕРВЫЙ МИНИСТР. Что все это значит? Ведь мы решили.
ТЕНЬ. А я перерешил по-своему.

ПЕРВЫЙ МИНИСТР. Но послушайте...

ТЕНЬ. Нет, вы послушайте, любезный. Вы знаете, с кем вы говорите?

ПЕРВЫЙ МИНИСТР. Да.

ТЕНЬ. Так почему же вы не называете меня «ваше превосходительство»? Вы еще не были в канцелярии?

ПЕРВЫЙ МИНИСТР. Нет, я обедал, ваше превосходительство.

ТЕНЬ. Пройдите туда. Дело номер восемь тысяч девятьсот восемьдесят девять окончено. В конце подшито волеизъявление принцессы и мой приказ за номером ноль-ноль-ноль-один. Там приказано именовать меня «ваше превосходительство», пока мы не примем новый, подобающий нам титул.

ПЕРВЫЙ МИНИСТР. Так, значит, все оформлено?

ТЕНЬ. Да.

ПЕРВЫЙ МИНИСТР. Тогда ничего не поделаешь. Поздравляю вас, ваше превосходительство.

ТЕНЬ. Что вы хмуритесь, министр финансов?

МИНИСТР ФИНАНСОВ. Не знаю, как это будет принято в деловых кругах. Вы все-таки из компании ученых. Начнутся всякие перемены, а мы этого терпеть не можем.

ТЕНЬ. Никаких перемен. Как было, так будет. Никаких планов. Никаких мечтаний. Вот вам последние выводы моей науки.

МИНИСТР ФИНАНСОВ. В таком случае поздравляю вас, ваше превосходительство.

ТЕНЬ. Пьетро! Принцесса выбрала жениха, но это не вы.

ПЬЕТРО. Черт с ним, ваше превосходительство, заплатите мне только.

ТЕНЬ. Цезарь Борджиа! И вам не быть королем.

ЦЕЗАРЬ БОРДЖИА. Мне останется одно — писать мемуары, ваше превосходительство.

ТЕНЬ. Не огорчайтесь. Я ценю старых друзей, которые знали меня, когда я был еще простым чиновником особо важных дел. Вы назначены королевским секретарем. Вы — начальником королевской стражи.

Пьетро и Цезарь Борджиа кланяются.

Господа, вы свободны.

Все уходят с поклонами. Тень подходит к Ученому.

Видал?

УЧЕНЫЙ. Да.

ТЕНЬ. Что скажешь?

УЧЕНЫЙ. Скажу: откажись немедленно от принцессы и от престола — или я тебя заставлю это сделать.

ТЕНЬ. Слушай, ничтожный человек. Завтра же я отдам ряд приказов — и ты окажешься один против целого мира. Друзья с отвращением отвернутся от тебя. Враги будут смеяться над тобой. И ты приползешь ко мне и попросишь пощады.

УЧЕНЫЙ. Нет.

ТЕНЬ. Увидим. В двенадцать часов ночи со вторника на среду ты придешь во дворец и пришлешь мне записку: «Сдаюсь. Христиан-Теодор». И я, так и быть, дам тебе место при моей особе. Стража, за мной!

Барабаны и трубы. Тень уходит со свитой.

УЧЕНЫЙ. Аннунциата! Аннунциата!

Аннунциата вбегает.

АННУНЦИАТА. Я здесь. Сударь! Может быть… может быть, вы послушаетесь доктора? Может быть, вы махнете на все рукой? Простите… Не сердитесь на меня. Я буду вам помогать. Я пригожусь вам. Я очень верная девушка, сударь.

УЧЕНЫЙ. Аннунциата, какая печальная сказка!

Занавес

Действие третье

Картина первая

Ночь. Горят факелы. Горят плошки на карнизах, колоннах, балконах дворца. Толпа, оживленная и шумная.

ОЧЕНЬ ДЛИННЫЙ ЧЕЛОВЕК. А вот кому рассказать, что я вижу? Всего за два грошика. А вот кому рассказать? Ох, интересно!

МАЛЕНЬКИЙ ЧЕЛОВЕК. Не слушайте его. Слушайте меня, я везде проскочу, я все знаю. А вот кому новости, всего за два грошика? Как встретились, как познакомились, как первый жених получил отставку.

1-я ЖЕНЩИНА. А у нас говорят, что первый жених был очень хороший человек!

2-я ЖЕНЩИНА. Как же! Очень хороший! Отказался от нее за миллион.

1-я ЖЕНЩИНА. Ну?! Да что ты?

2-я ЖЕНЩИНА. Это все знают! Она ему говорит: «Чудак, ты бы королем бы не меньше бы заработал бы!» А он говорит: «Еще и работать!»

1-я ЖЕНЩИНА. Таких людей топить надо!

2-я ЖЕНЩИНА. Еще бы! Королем ему трудно быть. А попробовал бы он по хозяйству!

ДЛИННЫЙ ЧЕЛОВЕК. А вот кому рассказать, что я вижу в окне: идет по коридору главный королевский лакей и... ну, кто хочет знать, что дальше? Всего за два грошика.

МАЛЕНЬКИЙ ЧЕЛОВЕК. А вот кому портрет нового короля? Во весь рост! С короной на голове! С доброю улыбкою на устах! С благоволением в очах!

1-й ЧЕЛОВЕК ИЗ ТОЛПЫ. Король есть, теперь жить будет гораздо лучше.

2-й ЧЕЛОВЕК ИЗ ТОЛПЫ. Это почему же?

1-й ЧЕЛОВЕК ИЗ ТОЛПЫ. Сейчас объясню. Видишь?

2-й ЧЕЛОВЕК ИЗ ТОЛПЫ. Чего?

1-й ЧЕЛОВЕК ИЗ ТОЛПЫ. Видишь, кто стоит?

2-й ЧЕЛОВЕК ИЗ ТОЛПЫ. Никак начальник стражи?

1-й ЧЕЛОВЕК ИЗ ТОЛПЫ. Ну да, он, переодетый.

2-й ЧЕЛОВЕК ИЗ ТОЛПЫ. Ага, вижу. *(Во весь голос.)* Король у нас есть, теперь поживем. *(Тихо.)* Сам-то переоделся, а на ногах военные сапоги со шпорами. *(Громко.)* Ох, как на душе хорошо!

1-й ЧЕЛОВЕК ИЗ ТОЛПЫ *(во весь голос).* Да уж, что это за жизнь была без короля! Мы просто истосковались!

ТОЛПА. Да здравствует наш новый король Теодор Первый! Ура!

Расходятся понемногу, с опаской поглядывая на Пьетро. Он остается один. От стены отделяется фигура человека в плаще.

ПЬЕТРО. Ну, что нового, капрал?

КАПРАЛ. Ничего, все тихо. Двоих задержали.

ПЬЕТРО. За что?

КАПРАЛ. Один вместо «да здравствует король» крикнул «да здравствует корова».

ПЬЕТРО. А второй?

КАПРАЛ. Второй — мой сосед.

ПЬЕТРО. А что он сделал?

КАПРАЛ. Да ничего, собственно. Характер у него поганый. Мою жену прозвал «дыней». Я до него давно добираюсь. А у вас как, господин начальник?

ПЬЕТРО. Все тихо. Народ ликует.

КАПРАЛ. Разрешите вам заметить, господин начальник. Сапоги.

ПЬЕТРО. Что — сапоги?

КАПРАЛ. Вы опять забыли переменить сапоги. Шпоры так и звенят!

ПЬЕТРО. Да ну? Вот оказия!

КАПРАЛ. Народ догадывается, кто вы. Видите, как стало пусто вокруг?

ПЬЕТРО. Да... А впрочем... Ты свой человек, тебе я могу признаться: я нарочно вышел в сапогах со шпорами.

КАПРАЛ. Быть этого не может!

ПЬЕТРО. Да. Пусть уж лучше узнают меня, а то наслушаешься такого, что потом три ночи не спишь.

КАПРАЛ. Да, это бывает.

ПЬЕТРО. В сапогах куда спокойнее. Ходишь, позваниваешь шпорами — и слышишь кругом только то, что полагается.

КАПРАЛ. Да, уж это так.

ПЬЕТРО. Им легко там, в канцелярии. Они имеют дело только с бумажками. А мне каково с народом?

КАПРАЛ. Да, уж народ...

ПЬЕТРО *(шепотом)*. Знаешь, что я тебе скажу: народ живет сам по себе!

КАПРАЛ. Да что вы!

ПЬЕТРО. Можешь мне поверить. Тут государь празднует коронование, предстоит торжественная свадьба высочайших особ — а народ что себе позволяет? Многие парни и девки целуются в двух шагах от дворца, выбрав уголки потемнее. В доме номер восемь жена портного задумала сейчас рожать. В королевстве такое событие, а она как ни в чем не бывало орет себе! Старый кузнец в доме номер три взял да и помер. Во дворце праздник, а он лежит в гробу и ухом не ведет. Это непорядок!

КАПРАЛ. В котором номере рожает? Я оштрафую.

ПЬЕТРО. Не в том дело, капрал. Меня пугает, как это они осмеливаются так вести себя. Что за упрямство, а, капрал? А вдруг они так же спокойненько, упрямо, все разом... Ты это что?
КАПРАЛ. Я ничего...
ПЬЕТРО. Смотри, брат... Ты как стоишь?

Капрал вытягивается.

Я тттебе! Старый черт... Разболтался! Рассуждаешь! Скажите пожалуйста, Жан-Жак Руссо! Который час?
КАПРАЛ. Без четверти двенадцать, господин начальник.
ПЬЕТРО. Ты помнишь, о чем надо крикнуть ровно в полночь?
КАПРАЛ. Так точно, господин начальник.
ПЬЕТРО. Я пойду в канцелярию, отдохну, успокоюсь, почитаю разные бумажки, а ты тут объяви что полагается, не забудь! *(Уходит.)*

Появляется Ученый.

УЧЕНЫЙ. Мне очень нравится, как горят эти фонарики. Кажется, никогда в жизни голова моя не работала так ясно. Я вижу и все фонарики разом, и каждый фонарик в отдельности. И я люблю все фонарики разом, и каждый фонарик в отдельности. Я знаю, что к утру вы погаснете, друзья мои, но вы не жалейте об этом. Все-таки вы горели, и горели весело, — этого у вас никто не может отнять.
ЧЕЛОВЕК, ЗАКУТАННЫЙ С ГОЛОВЫ ДО НОГ. Христиан!
УЧЕНЫЙ. Кто это? Да ведь это доктор.
ДОКТОР. Вы меня так легко узнали... *(Оглядывается.)* Отойдемте в сторону. Отвернитесь от меня! Нет, это звенит у меня в ушах, а мне показалось, что шпоры. Не сердитесь. Ведь у меня такая большая семья.
УЧЕНЫЙ. Я не сержусь.

Выходят на авансцену.

ДОКТОР. Скажите мне как врачу — вы решили сдаться?
УЧЕНЫЙ. Нет. Я человек добросовестный, я должен пойти и сказать им то, что я знаю.
ДОКТОР. Но ведь это самоубийство.
УЧЕНЫЙ. Возможно.
ДОКТОР. Умоляю вас, сдайтесь.

УЧЕНЫЙ. Не могу.

ДОКТОР. Вам отрубят голову!

УЧЕНЫЙ. Не верю. С одной стороны — живая жизнь, а с другой — тень. Все мои знания говорят, что тень может победить только на время. Ведь мир-то держится на нас, на людях, которые работают! Прощайте!

ДОКТОР. Слушайте, люди ужасны, когда воюешь с ними. А если жить с ними в мире, то может показаться, что они ничего себе.

УЧЕНЫЙ. Это вы мне и хотели сказать?

ДОКТОР. Нет! Может быть, я сошел с ума, но я не могу видеть, как вы идете туда безоружным. Тише. Запомните эти слова: «Тень, знай свое место».

УЧЕНЫЙ. Я не понимаю вас!

ДОКТОР. Все эти дни я рылся в старинных трудах о людях, потерявших тень. В одном исследовании автор, солидный профессор, рекомендует такое средство: хозяин тени должен крикнуть ей: «Тень, знай свое место» — и тогда она опять на время превращается в тень.

УЧЕНЫЙ. Что вы говорите! Да ведь это замечательно! Все увидят, что он тень. Вот! Я ведь вам говорил, что ему придется плохо! Жизнь против него. Мы...

ДОКТОР. Ни слова обо мне... Прощайте... *(Быстро уходит.)*

УЧЕНЫЙ. Очень хорошо. Я думал погибнуть с честью, но победить — это куда лучше. Они увидят, что он тень, и поймут... Ну, словом, все поймут... Я...

Толпой бегут люди.

УЧЕНЫЙ. Что случилось?

1-й ЧЕЛОВЕК. Сюда идет капрал с трубой.

УЧЕНЫЙ. Зачем?

1-й ЧЕЛОВЕК. Будет что-то объявлять... Вот он. Тише...

КАПРАЛ. Христиан-Теодор! Христиан-Теодор!

УЧЕНЫЙ. Что такое? Я, кажется, испугался!

КАПРАЛ. Христиан-Теодор! Христиан-Теодор!

УЧЕНЫЙ *(громко.)* Я здесь.

КАПРАЛ. У вас есть письмо к королю?

УЧЕНЫЙ. Вот оно.

КАПРАЛ. Следуйте за мной!

Занавес

Картина вторая

Зал королевского дворца. Группами сидят придворные. Негромкие разговоры. Мажордом и помощники разносят угощение на подносах.

1-й ПРИДВОРНЫЙ *(седой, прекрасное грустное лицо).* Прежде мороженое подавали в виде очаровательных барашков или в виде зайчиков или котяток. Кровь стыла в жилах, когда приходилось откусывать голову кроткому, невинному созданию.
1-я ДАМА. Ах да, да! У меня тоже стыла кровь в жилах — ведь мороженое такое холодное!
1-й ПРИДВОРНЫЙ. Теперь подают мороженое в виде прекрасных плодов — это гораздо гуманнее.
1-я ДАМА. Вы правы! Какое у вас доброе сердце. Как поживают ваши милые канарейки?
1-й ПРИДВОРНЫЙ. Ах, одна из них, по имени Золотая Капелька, простудилась и кашляла так, что я едва сам не заболел от сострадания. Теперь ей лучше. Она даже пробует петь, но я не позволяю ей.

Входит Пьетро.

ПЬЕТРО. Здравствуйте! Вы что там едите, господа?
2-й ПРИДВОРНЫЙ. Мороженое, господин начальник королевской стражи.
ПЬЕТРО. Эй! Дай мне порцию. Живее, черт! Побольше клади, дьявол!
2-й ПРИДВОРНЫЙ. Вы так любите мороженое, господин начальник?
ПЬЕТРО. Ненавижу. Но раз дают, надо брать, будь оно проклято.
МАЖОРДОМ. Булочки с розовым кремом! Кому угодно, господа придворные? *(Тихо лакеям.)* В первую очередь герцогам, потом графам, потом баронам. Герцогам по шесть булочек, графам по четыре, баронам по две, остальным — что останется. Не перепутайте.
ОДИН ИЗ ЛАКЕЕВ. А по скольку булочек давать новым королевским секретарям?
МАЖОРДОМ. По шесть с половиной...

Входит Цезарь Борджиа.

ЦЕЗАРЬ БОРДЖИА. Здравствуйте, господа. Смотрите на меня. Ну? Что? Как вам нравится мой галстук, господа?

Это галстук более чем модный. Он войдет в моду только через две недели.

3-й ПРИДВОРНЫЙ. Но как вам удалось достать это произведение искусства?

ЦЕЗАРЬ БОРДЖИА. О, очень просто. Мой поставщик галстуков — адмирал королевского флота. Он привозит мне галстуки из-за границы и выносит их на берег, запрятав в свою треуголку.

3-й ПРИДВОРНЫЙ. Как это гениально просто!

ЦЕЗАРЬ БОРДЖИА. Я вам как королевский секретарь устрою дюжину галстуков. Господа, я хочу порадовать вас. Хотите? Тогда идемте за мной, я покажу вам мои апартаменты. Красное дерево, китайский фарфор. Хотите взглянуть?

ПРИДВОРНЫЕ. Конечно! Мы умираем от нетерпения! Как вы любезны, господин королевский секретарь!

Цезарь Борджиа уходит, придворные за ним. Входит Аннунциата, за нею Юлия Джули.

ЮЛИЯ. Аннунциата! Вы сердитесь на меня? Не отрицайте! Теперь, когда вы дочь сановника, я совершенно ясно читаю на вашем лице — вы сердитесь на меня. Ведь так?

АННУНЦИАТА. Ах, право, мне не до этого, сударыня.

ЮЛИЯ. Вы все думаете о нем? Об ученом?

АННУНЦИАТА. Да.

ЮЛИЯ. Неужели вы думаете, что он может победить?

АННУНЦИАТА. Мне все равно.

ЮЛИЯ. Вы не правы. Вы девочка еще. Вы не знаете, что настоящий человек — это тот, кто побеждает... Ужасно только, что никогда не узнать наверняка, кто победит в конце концов. Христиан-Теодор такой странный! Вы знаете о нем что-нибудь?

АННУНЦИАТА. Ах, это такое несчастье! Мы переехали во дворец, и папа приказал лакеям не выпускать меня. Я даже письма не могу послать господину ученому. А он думает, наверное, что и я отвернулась от него. Цезарь Борджиа каждый день уничтожает его в газете, папа читает и облизывается, а я читаю — и чуть не плачу. Я сейчас в коридоре толкнула этого Цезаря Борджиа и даже не извинилась.

ЮЛИЯ. Он этого не заметил, поверьте мне.

АННУНЦИАТА. Может быть. Вы знаете что-нибудь о господине ученом, сударыня?
ЮЛИЯ. Да. Знаю. Мои друзья министры рассказывают мне все. Христиан-Теодор очутился в полном одиночестве. И несмотря на все это, он ходит и улыбается.
АННУНЦИАТА. Ужасно!
ЮЛИЯ. Конечно. Кто так ведет себя при таких тяжелых обстоятельствах? Это непонятно. Я устроила свою жизнь так легко, так изящно, а теперь вдруг — почти страдаю. Страдать — ведь это не принято! *(Хохочет громко и кокетливо.)*
АННУНЦИАТА. Что с вами, сударыня?
ЮЛИЯ. Придворные возвращаются сюда. Господин министр, вот вы наконец! Я, право, соскучилась без вас. Здравствуйте!

   Лакеи вводят Министра финансов.

МИНИСТР ФИНАНСОВ. Раз, два, три, четыре… Так. Все бриллианты на месте. Раз, два, три… И жемчуга. И рубины. Здравствуйте, Юлия. Куда же вы?..
ЮЛИЯ. Ах, ваша близость слишком волнует меня… Свет может заметить…
МИНИСТР ФИНАНСОВ. Но ведь отношения наши оформлены в приказе…
ЮЛИЯ. Все равно… Я отойду. Это будет гораздо элегантнее. *(Отходит.)*
МИНИСТР ФИНАНСОВ. Она настоящая богиня… Лакеи! Посадите меня у стены. Придайте мне позу полного удовлетворения происходящими событиями. Поживее!

   Лакеи исполняют приказание.

Прочь!

   Лакеи уходят.
 Первый Министр, как бы гуляя, приближается к Министру финансов.

(Улыбаясь, тихо.) Как дела, господин первый министр?
ПЕРВЫЙ МИНИСТР. Все как будто в порядке. *(Улыбается.)*
МИНИСТР ФИНАНСОВ. Почему — как будто?
ПЕРВЫЙ МИНИСТР. За долгие годы моей службы я открыл один не особенно приятный закон. Как раз тогда, когда мы полностью побеждаем, жизнь вдруг поднимает голову.

МИНИСТР ФИНАНСОВ. Поднимает голову?.. Вы вызвали королевского палача?
ПЕРВЫЙ МИНИСТР. Да, он здесь. Улыбайтесь, за нами следят.
МИНИСТР ФИНАНСОВ *(улыбается.)* А топор и плаха?
ПЕРВЫЙ МИНИСТР. Привезены. Плаха установлена в розовой гостиной, возле статуи купидона, и замаскирована незабудками.
МИНИСТР ФИНАНСОВ. Что ученый может сделать?
ПЕРВЫЙ МИНИСТР. Ничего. Он одинок и бессилен. Но эти честные, наивные люди иногда поступают так неожиданно!
МИНИСТР ФИНАНСОВ. Почему его не казнили сразу?
ПЕРВЫЙ МИНИСТР. Король против этого. Улыбайтесь! *(Отходит, улыбаясь.)*

Входит Тайный Советник.

ТАЙНЫЙ СОВЕТНИК. Господа придворные, поздравляю вас! Его величество со своею августейшею невестою направляют стопы свои в этот зал. Вот радость-то.

Все встают. Дверь настежь распахивается. Входят под руку Тень и Принцесса.

ТЕНЬ *(с изящным и величавым мановением руки).* Садитесь!
ПРИДВОРНЫЕ *(хором).* Не сядем.
ТЕНЬ. Садитесь!
ПРИДВОРНЫЕ. Не смеем.
ТЕНЬ. Садитесь!
ПРИДВОРНЫЕ. Ну, так уж и быть. *(Усаживаются.)*
ТЕНЬ. Первый министр!
ПЕРВЫЙ МИНИСТР. Я здесь, ваше величество!
ТЕНЬ. Который час?
ПЕРВЫЙ МИНИСТР. Без четверти двенадцать, ваше величество!
ТЕНЬ. Можете идти.
ПРИНЦЕССА. Мы где, в каком зале?
ТЕНЬ. В малом тронном, принцесса. Видите?
ПРИНЦЕССА. Я ничего не вижу, кроме тебя. Я не узнаю комнат, в которых выросла, людей, с которыми прожила столько лет. Мне хочется их всех выгнать вон и остаться с тобою.
ТЕНЬ. Мне тоже.

ПРИНЦЕССА. Ты чем-то озабочен?
ТЕНЬ. Да. Я обещал простить Христиана, если он сам придет сюда сегодня в полночь. Он неудачник, но я много лет был с ним дружен...
ПРИНЦЕССА. Как ты можешь думать о ком-нибудь, кроме меня? Ведь через час наша свадьба.
ТЕНЬ. Но познакомились мы благодаря Христиану!
ПРИНЦЕССА. Ах да. Какой ты хороший человек, Теодор! Да, мы простим его. Он неудачник, но ты много лет был с ним дружен.
ТЕНЬ. Тайный советник!
ТАЙНЫЙ СОВЕТНИК. Я здесь, ваше величество!
ТЕНЬ. Сейчас сюда придет человек, с которым я хочу говорить наедине.
ТАЙНЫЙ СОВЕТНИК. Слушаю-с, ваше величество! Господа придворные! Его величество изволил назначить в этом зале аудиенцию одному из своих придворных. Вот счастливец-то!

Придворные поднимаются и уходят с поклонами.

ПРИНЦЕССА. Ты думаешь, он придет?
ТЕНЬ. А что же еще ему делать? *(Целует Принцессе руку.)* Я позову тебя, как только утешу и успокою его.
ПРИНЦЕССА. Я ухожу, дорогой. Какой ты необыкновенный человек! *(Уходит вслед за придворными.)*

Тень открывает окно. Прислушивается. В комнате рядом бьют часы.

ТЕНЬ. Полночь. Сейчас он придет.

Далеко-далеко внизу кричит Капрал.

КАПРАЛ. Христиан-Теодор! Христиан-Теодор!
ТЕНЬ. Что такое? Кажется, я испугался...
КАПРАЛ. Христиан-Теодор! Христиан-Теодор!
ГОЛОС УЧЕНОГО. Я здесь.
КАПРАЛ. У вас есть письмо к королю?
УЧЕНЫЙ. Вот оно.
КАПРАЛ. Следуйте за мной!
ТЕНЬ *(захлопывает окно, идет к трону, садится.)* Я мог тянуться по полу, подниматься по стене и падать в окно в одно и то же время — способен ли он на такую гибкость? Я мог лежать на мостовой, и прохожие, колеса, ко-

пыта коней не причиняли мне ни малейшего вреда, — а он мог бы так приспособиться к местности? За две недели я узнал жизнь в тысячу раз лучше, чем он. Неслышно, как тень, я проникал всюду, и подглядывал, и подслушивал, и читал чужие письма. Я знаю всю теневую сторону вещей. И вот теперь я сижу на троне, а он лежит у моих ног.

Распахивается дверь, входит начальник стражи.

ПЬЕТРО. Письмо, ваше величество.
ТЕНЬ. Дай сюда. *(Читает.)* «Я пришел. Христиан-Теодор». Где он?
ПЬЕТРО. За дверью, ваше величество.
ТЕНЬ. Пусть войдет.

Начальник стражи уходит. Появляется Ученый. Останавливается против трона.

Ну, как твои дела, Христиан-Теодор?
УЧЕНЫЙ. Мои дела плохи, Теодор-Христиан.
ТЕНЬ. Чем же они плохи?
УЧЕНЫЙ. Я очутился вдруг в полном одиночестве.
ТЕНЬ. И что же твои друзья?
УЧЕНЫЙ. Им наклеветали на меня.
ТЕНЬ. А где же та девушка, которую ты любил?
УЧЕНЫЙ. Она теперь твоя невеста.
ТЕНЬ. Кто же виноват во всем этом, Христиан-Теодор?
УЧЕНЫЙ. Ты в этом виноват, Теодор-Христиан.
ТЕНЬ. Вот это настоящий разговор человека с тенью. Тайный советник!

Вбегает Тайный Советник.

Всех сюда! Поскорей!

Входит Принцесса, садится с Тенью. Придворные входят и становятся полукругом. Среди них Доктор.

Садитесь!
ПРИДВОРНЫЕ. Не сядем.
ТЕНЬ. Садитесь!
ПРИДВОРНЫЕ. Не смеем.
ТЕНЬ. Садитесь!
ПРИДВОРНЫЕ. Ну, так уж и быть. *(Усаживаются.)*

ТЕНЬ. Господа, перед вами человек, которого я хочу осчастливить. Всю жизнь он был неудачником. Наконец, на его счастье, я взошел на престол. Я назначаю его своей тенью. Поздравьте его, господа придворные!

Придворные встают и кланяются.

Я приравниваю его по рангу и почестям к королевским секретарям.

МАЖОРДОМ *(громким шепотом.)* Приготовьте ему шесть с половиной булочек!

ТЕНЬ. Не смущайся, Христиан-Теодор! Если вначале тебе будет трудновато, я дам тебе несколько хороших уроков, вроде тех, что ты получил за эти дни. И ты скоро превратишься в настоящую тень, Христиан-Теодор. Займи свое место у наших ног.

ПЕРВЫЙ МИНИСТР. Ваше величество, его назначение еще не оформлено. Разрешите, я прикажу начальнику стражи увести его до завтра.

ТЕНЬ. Нет! Христиан-Теодор! Займи свое место у наших ног.

УЧЕНЫЙ. Ни за что! Господа! Слушайте так же серьезно, как я говорю! Вот настоящая тень. Моя тень! Тень захватила престол. Слышите?

ПЕРВЫЙ МИНИСТР. Так я и знал. Государь!

ТЕНЬ *(спокойно.)* Первый министр, тише! Говори, неудачник! Я полюбуюсь на последнюю неудачу в твоей жизни.

УЧЕНЫЙ. Принцесса, я никогда не отказывался от вас. Он обманул и запутал и вас, и меня.

ПРИНЦЕССА. Не буду разговаривать!

УЧЕНЫЙ. А ведь вы написали мне, что готовы уйти из дворца и уехать со мной, куда я захочу.

ПРИНЦЕССА. Не буду, не буду, не буду разговаривать!

УЧЕНЫЙ. Но я пришел за вами, принцесса. Дайте мне руку — и бежим. Быть женой тени — это значит превратиться в безобразную злую лягушку.

ПРИНЦЕССА. То, что вы говорите, неприятно. Зачем же мне слушать вас?

УЧЕНЫЙ. Луиза!

ПРИНЦЕССА. Молчу!

УЧЕНЫЙ. Господа!

ТАЙНЫЙ СОВЕТНИК. Советую вам не слушать его. Настоящие воспитанные люди просто не замечают поступков невоспитанных людей.

УЧЕНЫЙ. Господа! Это жестокое существо погубит нас всех. Он у вершины власти, но он пуст. Он уже теперь томится и не знает, что ему делать. И он начнет мучить вас всех от тоски и безделья.

1-й ПРИДВОРНЫЙ. Мой маленький жаворонок ест у меня из рук. А мой маленький скворец называет меня «папа».

УЧЕНЫЙ. Юлия! Ведь мы так подружились с вами, вы ведь знаете, кто я. Скажите им.

МИНИСТР ФИНАНСОВ. Юлия, я обожаю вас, но если вы позволите себе лишнее, я вас в порошок сотру.

УЧЕНЫЙ. Юлия, скажите же им.

ЮЛИЯ *(показывает на Ученого).* Тень — это вы!

УЧЕНЫЙ. Да неужели же я говорю в пустыне!

АННУНЦИАТА. Нет, нет! Отец все время грозил, что убьет вас, поэтому я молчала. Господа, послушайте меня! *(Показывает на Тень.)* Вот тень! Честное слово!

Легкое движение среди придворных.

Я сама видела, как он ушел от господина ученого. Я не лгу. Весь город знает, что я честная девушка.

ПЬЕТРО. Она не может быть свидетельницей!

УЧЕНЫЙ. Почему?

ПЬЕТРО. Она влюблена в вас.

УЧЕНЫЙ. Это правда, Аннунциата?

АННУНЦИАТА. Да, простите меня за это. И все-таки послушайте меня, господа.

УЧЕНЫЙ. Довольно, Аннунциата. Спасибо. Эй вы! Не хотели верить мне, так поверьте своим глазам. Тень! Знай свое место.

Тень встает с трудом, борясь с собой, подходит к Ученому.

ПЕРВЫЙ МИНИСТР. Смотрите! Он повторяет все его движения. Караул!

УЧЕНЫЙ. Тень! Это просто тень. Ты тень, Теодор-Христиан?

ТЕНЬ. Да, я тень, Христиан-Теодор! Не верьте! Это ложь! Я прикажу казнить тебя!

УЧЕНЫЙ. Не посмеешь, Теодор-Христиан!

ТЕНЬ *(падает)*. Не посмею, Христиан-Теодор!
ПЕРВЫЙ МИНИСТР. Довольно! Мне все ясно! Этот ученый — сумасшедший! И болезнь его заразительна. Государь заболел, но он поправится. Лакеи, унести государя.

Лакеи выполняют приказ. Принцесса бежит за ними.

Стража!

Входит Капрал с отрядом солдат.

Взять его!

Ученого окружают.

Доктор!

Из толпы придворных выходит Доктор. Министр показывает на Ученого.

Это помешанный?
ДОКТОР *(машет рукой)*. Я давно говорил ему, что это безумие.
ПЕРВЫЙ МИНИСТР. Безумие его заразительно?
ДОКТОР. Да. Я сам едва не заразился этим безумием.
ПЕРВЫЙ МИНИСТР. Излечимо оно?
ДОКТОР. Нет.
ПЕРВЫЙ МИНИСТР. Значит, надо отрубить ему голову.
ТАЙНЫЙ СОВЕТНИК. Позвольте, господин первый министр, ведь я как церемониймейстер отвечаю за праздник.
ПЕРВЫЙ МИНИСТР. Ну, ну!
ТАЙНЫЙ СОВЕТНИК. Было бы грубо, было бы негуманно рубить голову бедному безумцу. Против казни я протестую, но маленькую медицинскую операцию над головой бедняги необходимо произвести немедленно. Медицинская операция не омрачит праздника.
ПЕРВЫЙ МИНИСТР. Прекрасно сказано.
ТАЙНЫЙ СОВЕТНИК. Наш уважаемый доктор, как известно, терапевт, а не хирург. Поэтому в данном случае, чтобы ампутировать больной орган, я советую воспользоваться услугами господина королевского палача.
ПЕРВЫЙ МИНИСТР. Господин королевский палач!
1-й ПРИДВОРНЫЙ. Сию минуту. *(Встает. Говорит своей собеседнице, надевая белые перчатки.)* Прошу простить меня. Я скоро вернусь и расскажу вам, как я спас жизнь моим бедным кроликам. *(Первому Министру.)* Я готов.

АННУНЦИАТА. Дайте же мне проститься с ним! Прощай, Христиан-Теодор!
УЧЕНЫЙ. Прощай, Аннунциата!
АННУНЦИАТА. Тебе страшно, Христиан-Теодор?
УЧЕНЫЙ. Да. Но я не прошу пощады. Я...
ПЕРВЫЙ МИНИСТР. Барабаны!
ПЬЕТРО. Барабаны!

Барабанщик бьет в барабан.

ПЕРВЫЙ МИНИСТР. Шагом марш!
ПЬЕТРО. Шагом марш!
КАПРАЛ. Шагом марш!

Караул уходит и уводит Ученого. Палач идет следом.

ПЕРВЫЙ МИНИСТР. Господа, прошу вас на балкон — посмотреть фейерверк. А здесь тем временем приготовят прохладительные и успокоительные напитки.

Все встают, двигаются к выходу. На сцене остаются Аннунциата и Юлия.

ЮЛИЯ. Аннунциата, я не могла поступить иначе. Простите.
АННУНЦИАТА. Он совершенно здоров — и вдруг должен умереть!
ЮЛИЯ. Мне это тоже ужасно, ужасно неприятно, поверьте мне. Но какой негодяй этот доктор! Так предать своего хорошего знакомого!
АННУНЦИАТА. А вы?
ЮЛИЯ. Разве можно сравнивать! Этот ничтожный доктор ничего не терял. А я так люблю сцену. Вы плачете?
АННУНЦИАТА. Нет. Я буду плакать у себя в комнате.
ЮЛИЯ. Надо учиться выбрасывать из головы все, что заставляет страдать. Легкое движение головой — и все. Вот так. Попробуйте.
АННУНЦИАТА. Не хочу.
ЮЛИЯ. Напрасно. Не отворачивайтесь от меня. Клянусь вам, я готова убить себя, так мне жалко его. Но это между нами.
АННУНЦИАТА. Он еще жив?
ЮЛИЯ. Конечно, конечно! Когда все будет кончено, они ударят в барабаны.

АННУНЦИАТА. Я не верю, что ничего нельзя сделать. Умоляю вас, Юлия, давайте остановим все это. Надо идти туда... Скорей!
ЮЛИЯ. Тише!

>Быстро входит Доктор.

ДОКТОР. Вина!
МАЖОРДОМ. Вина доктору!
ЮЛИЯ. Аннунциата, если вы мне дадите слово, что будете молчать, то я попробую помочь вам...
АННУНЦИАТА. Никому не скажу! Честное слово! Только скорее!
ЮЛИЯ. Вовсе не надо спешить. Мое средство может помочь, только когда все будет кончено. Молчите. Слушайте внимательно. *(Подходит к Доктору.)* Доктор!
ДОКТОР. Да, Юлия.
ЮЛИЯ. А ведь я знаю, о чем вы думаете.
ДОКТОР. О вине.
ЮЛИЯ. Нет, о воде...
ДОКТОР. Мне не до шуток сейчас, Юлия.
ЮЛИЯ. Вы знаете, что я не шучу.
ДОКТОР. Дайте мне хоть на миг успокоиться.
ЮЛИЯ. К сожалению, это невозможно. Сейчас одному нашему общему знакомому... ну, словом, вы понимаете меня.
ДОКТОР. Что я могу сделать?
ЮЛИЯ. А вода?
ДОКТОР. Какая?
ЮЛИЯ. Вспомните время, когда мы были так дружны... Однажды светила луна, сияли звезды, и вы рассказали мне, что открыли живую воду, которая излечивает все болезни и даже воскрешает мертвых, если они хорошие люди.
АННУНЦИАТА. Доктор, это правда? Есть такая вода?
ДОКТОР. Юлия шутит, как всегда.
АННУНЦИАТА. Вы лжете, я вижу. Я сейчас убью вас!
ДОКТОР. Я буду этому очень рад.
АННУНЦИАТА. Доктор, вы проснетесь завтра, а он никогда не проснется. Он называл вас: друг, товарищ!
ДОКТОР. Глупая, несчастная девочка! Что я могу сделать? Вся вода у них за семью дверями, за семью замками, а ключи у министра финансов.

ЮЛИЯ. Не верю, что вы не оставили себе бутылочку на черный день.
ДОКТОР. Нет, Юлия! Уж настолько-то я честен. Я не оставил ни капли себе, раз не могу лечить всех.
ЮЛИЯ. Ничтожный человек.
ДОКТОР. Ведь министр любит вас, попросите у него ключи, Юлия!
ЮЛИЯ. Я? Эгоист! Он хочет все свалить на меня.
АННУНЦИАТА. Сударыня!
ЮЛИЯ. Ни слова больше! Я сделала все, что могла.
АННУНЦИАТА. Доктор!
ДОКТОР. Что я могу сделать?
МАЖОРДОМ. Его величество!

Зал заполняется придворными. Медленно входят Тень и Принцесса. Они садятся на трон. Первый Министр подает знак Мажордому.

Сейчас солистка его величества, находящаяся под покровительством его превосходительства господина министра финансов, госпожа Юлия Джули исполнит прохладительную и успокоительную песенку «Не стоит голову терять».
ТЕНЬ. Не стоит голову терять... Прекрасно!
ЮЛИЯ *(делает глубокий реверанс королю. Кланяется придворным. Поет).*

>   Жила на свете стрекоза,
>   Она была кокетка.
>   Ее прелестные глаза
>   Губили мух нередко.
>   Она любила повторять:
>   «Не стоит голову терять...»

Гром барабанов обрывает песенку.

ТЕНЬ *(вскакивает, шатаясь.)* Воды!

Мажордом бросается к Тени и останавливается, пораженный. Голова тени вдруг слетает с плеч. Обезглавленная Тень неподвижно сидит на троне.

АННУНЦИАТА. Смотрите!
МИНИСТР ФИНАНСОВ. Почему это?
ПЕРВЫЙ МИНИСТР. Боже мой! Не рассчитали. Ведь это же его собственная тень. Господа, вы на рауте в королевском

дворце. Вам должно быть весело, весело во что бы то ни стало!

ПРИНЦЕССА *(подбегает к министрам.)* Сейчас же! Сейчас же! Сейчас же!

ПЕРВЫЙ МИНИСТР. Что, ваше высочество?

ПРИНЦЕССА. Сейчас же исправить это! Я не хочу! Не хочу! Не хочу!

ПЕРВЫЙ МИНИСТР. Принцесса, умоляю вас, перестаньте.

ПРИНЦЕССА. А что сказали бы вы, если бы жених ваш потерял голову?

ТАЙНЫЙ СОВЕТНИК. Это он от любви, принцесса.

ПРИНЦЕССА. Если вы не исправите его, я прикажу сейчас же вас обезглавить. У всех принцесс на свете целые мужья, а у меня вон что! Свинство какое!..

ПЕРВЫЙ МИНИСТР. Живую воду, живо, живо, живо!

МИНИСТР ФИНАНСОВ. Кому? Этому? Но она воскрешает только хороших людей.

ПЕРВЫЙ МИНИСТР. Придется воскресить хорошего. Ах, как не хочется.

МИНИСТР ФИНАНСОВ. Другого выхода нет. Доктор! Следуйте за мной. Лакеи! Ведите меня. *(Уходит.)*

ПЕРВЫЙ МИНИСТР. Успокойтесь, принцесса, все будет сделано.

1-й Придворный входит, снимает на ходу перчатки. Заметив обезглавленного Короля, он замирает на месте.

1-й ПРИДВОРНЫЙ. Позвольте... А кто это сделал? Довольно уйти на полчаса из комнаты — и у тебя перебивают работу... Интриганы!

Распахивается дверь, и через сцену проходит целое шествие. Впереди лакеи ведут Министра финансов. За ним четверо солдат несут большую бочку. Бочка светится сама собою. Из щелей вырываются языки пламени. На паркет капают светящиеся капли. За бочкой шагает Доктор. Шествие проходит через сцену и скрывается.

ЮЛИЯ. Аннунциата, вы были правы.

АННУНЦИАТА. В чем?

ЮЛИЯ. Он победит! Сейчас он победит. Они принесли живую воду. Она воскресит его.

АННУНЦИАТА. Зачем им воскрешать хорошего человека?

ЮЛИЯ. Чтобы плохой мог жить. Вы счастливица, Аннунциата.
АННУНЦИАТА. Не верю, что-нибудь еще случится, ведь мы во дворце.
ЮЛИЯ. Ах, я боюсь, что больше ничего не случится. Неужели войдет в моду — быть хорошим человеком? Ведь это так хлопотливо!
ЦЕЗАРЬ БОРДЖИА. Господин начальник королевской стражи!
ПЬЕТРО. Что еще?
ЦЕЗАРЬ БОРДЖИА. Придворные что-то косятся на нас. Не удрать ли?
ПЬЕТРО. А черт его знает. Еще поймают!
ЦЕЗАРЬ БОРДЖИА. Мы связались с неудачником.
ПЬЕТРО. Никогда ему не прощу, будь я проклят.
ЦЕЗАРЬ БОРДЖИА. Потерять голову в такой важный момент!
ПЬЕТРО. Болван! И еще при всех! Пошел бы к себе в кабинет и там терял бы что угодно, скотина!
ЦЕЗАРЬ БОРДЖИА. Бестактное существо.
ПЬЕТРО. Осел!
ЦЕЗАРЬ БОРДЖИА. Нет, надо будет его съесть. Надо, надо.
ПЬЕТРО. Да уж, придется.

Гром барабанов. На плечах Тени внезапно появляется голова.

ЦЕЗАРЬ БОРДЖИА. Поздравляю, ваше величество!
ПЬЕТРО. Ура, ваше величество!
МАЖОРДОМ. Воды, ваше величество!
ТЕНЬ. Почему так пусто в зале? Где все? Луиза?

Вбегает Принцесса. За нею придворные.

ПРИНЦЕССА. Как тебе идет голова, милый!
ТЕНЬ. Луиза, где он?
ПРИНЦЕССА. Не знаю. Как ты себя чувствуешь, дорогой?
ТЕНЬ. Мне больно глотать.
ПРИНЦЕССА. Я сделаю тебе компресс на ночь.
ТЕНЬ. Спасибо. Но где же он? Зовите его сюда.

Вбегают Первый Министр и Министр финансов.

ПЕРВЫЙ МИНИСТР. Отлично. Все на месте.
МИНИСТР ФИНАНСОВ. Никаких перемен!

ПЕРВЫЙ МИНИСТР. Ваше величество, сделайте милость, кивните головой.

ТЕНЬ. Где он?

ПЕРВЫЙ МИНИСТР. Прекрасно! Голова работает! Ура! Все в порядке.

ТЕНЬ. Я спрашиваю вас: где он?

ПЕРВЫЙ МИНИСТР. А я отвечаю: все в порядке, ваше величество. Сейчас он будет заключен в темницу.

ТЕНЬ. Да вы с ума сошли! Как вы посмели даже думать об этом! Почетный караул!

ПЬЕТРО. Почетный караул!

ТЕНЬ. Идите просите, умоляйте его прийти сюда.

ПЬЕТРО. Просить и умолять его — шагом марш!

Уходит с караулом.

ПРИНЦЕССА. Зачем вы зовете его, Теодор-Христиан?

ТЕНЬ. Я хочу жить.

ПРИНЦЕССА. Но вы говорили, что он неудачник.

ТЕНЬ. Все это так, но я жить без него не могу!

Вбегает Доктор.

ДОКТОР. Он поправился. Слышите вы все: он поступал как безумец, шел прямо, не сворачивая, он был казнен — и вот он жив, жив, как никто из вас.

МАЖОРДОМ. Его светлость господин ученый.

Входит Ученый. Тень вскакивает и протягивает ему руки. Ученый не обращает на него внимания.

УЧЕНЫЙ. Аннунциата!

АННУНЦИАТА. Я здесь.

УЧЕНЫЙ. Аннунциата, они не дали мне договорить. Да, Аннунциата. Мне страшно было умирать. Ведь я так молод!

ТЕНЬ. Христиан!

УЧЕНЫЙ. Замолчи. Но я пошел на смерть, Аннунциата. Ведь, чтобы победить, надо идти и на смерть. И вот — я победил. Идемте отсюда, Аннунциата.

ТЕНЬ. Нет! Останься со мной, Христиан. Живи во дворце. Ни один волос не упадет с твоей головы. Хочешь, я назначу тебя первым министром?

ПЕРВЫЙ МИНИСТР. Но почему же именно первым? Вот министр финансов нездоров.

МИНИСТР ФИНАНСОВ. Я нездоров? Смотрите. *(Легко прыгает по залу.)*
ПЕРВЫЙ МИНИСТР. Поправился!
МИНИСТР ФИНАНСОВ. У нас, деловых людей, в минуту настоящей опасности на ногах вырастают крылья.
ТЕНЬ. Хочешь, я прогоню их всех, Христиан? Я дам управлять тебе — в разумных, конечно, пределах. Я помогу тебе некоторое количество людей сделать счастливыми. Ты не хочешь мне отвечать? Луиза! Прикажи ему.
ПРИНЦЕССА. Замолчи, ты, трус! Что вы наделали, господа? Раз в жизни встретила я хорошего человека, а вы бросились на него, как псы. Прочь, уйди отсюда, тень!

Тень медленно спускается с трона, прижимается к стене, закутавшись в мантию.

Можете стоять в любой самой жалкой позе. Меня вы не разжалобите. Господа! Он не жених мне больше. Я найду себе нового жениха.
ТАЙНЫЙ СОВЕТНИК. Вот радость-то!
ПРИНЦЕССА. Я все поняла, Христиан, милый. Эй! Начальник стражи, взять его! *(Указывает на Тень.)*
ПЬЕТРО. Пожалуйста. Взять его! *(Идет к Тени.)*
ПЕРВЫЙ МИНИСТР. Я помогу вам.
МИНИСТР ФИНАНСОВ. И я, и я.
ЦЕЗАРЬ БОРДЖИА. Долой тень!

Хватают Тень, но Тени нет, пустая мантия повисает на их руках.

ПРИНЦЕССА. Он убежал…
УЧЕНЫЙ. Он скрылся, чтобы еще раз и еще раз стать у меня на дороге. Но я узнаю его, я всюду узнаю его. Аннунциата, дайте мне руку, идемте отсюда.
АННУНЦИАТА. Как ты себя чувствуешь, Христиан-Теодор, милый?
УЧЕНЫЙ. Мне больно глотать. Прощайте, господа!
ПРИНЦЕССА. Христиан-Теодор, простите меня, ведь я ошиблась всего один раз. Ну, я наказана уж — и будет. Останься или возьми меня с собой. Я буду вести себя очень хорошо. Вот увидишь.
УЧЕНЫЙ. Нет, принцесса.
ПРИНЦЕССА. Не уходи. Какая я несчастная девушка! Господа, просите его.

ПРИДВОРНЫЕ. Ну куда же вы?
— Останьтесь...
— Посидите, пожалуйста...
— Куда вам так спешить? Еще детское время.

УЧЕНЫЙ. Простите, господа, но я так занят. *(Идет с Аннунциатой, взяв ее за руку.)*

ПРИНЦЕССА. Христиан-Теодор! На улице идет дождь. Темно. А во дворце тепло, уютно. Я прикажу затопить все печки. Останься.

УЧЕНЫЙ. Нет. Мы оденемся потеплее и уедем. Не задерживайте нас, господа.

ЦЕЗАРЬ БОРДЖИА. Пропустите, пропустите! Вот ваши галоши, господин профессор!

ПЬЕТРО. Вот плащ. *(Аннунциате.)* Похлопочи за отца, чудовище!

КАПРАЛ. Карета у ворот.

УЧЕНЫЙ. Аннунциата, в путь!

                            Занавес

1940

Сказка в трех действиях

ДЕЙСТВУЮЩИЕ ЛИЦА

ДРАКОН
ЛАНЦЕЛОТ
ШАРЛЕМАНЬ — архивариус
ЭЛЬЗА — его дочь
БУРГОМИСТР
ГЕНРИХ — его сын
КОТ
ОСЕЛ
1-й ТКАЧ
2-й ТКАЧ
ШАПОЧНЫХ ДЕЛ МАСТЕР
МУЗЫКАЛЬНЫХ ДЕЛ МАСТЕР
КУЗНЕЦ
1-я ПОДРУГА Эльзы
2-я ПОДРУГА Эльзы
3-я ПОДРУГА Эльзы
ЧАСОВОЙ
САДОВНИК
1-й ГОРОЖАНИН
2-й ГОРОЖАНИН
1-я ГОРОЖАНКА
2-я ГОРОЖАНКА
МАЛЬЧИК
РАЗНОСЧИК
ТЮРЕМЩИК
ЛАКЕИ, СТРАЖА, ГОРОЖАНЕ

Действие первое

Просторная уютная кухня, очень чистая, с большим очагом в глубине. Пол каменный, блестит. Перед очагом на кресле дремлет Кот.

ЛАНЦЕЛОТ (*входит, оглядывается, зовет*). Господин хозяин! Госпожа хозяйка! Живая душа, откликнись! Никого... Дом пуст, ворота открыты, двери отперты, окна настежь. Как хорошо, что я честный человек, а то пришлось бы мне сейчас дрожать, оглядываться, выбирать, что подороже, и удирать во всю мочь, когда так хочется отдохнуть. (*Садится.*) Подождем. Господин кот! Скоро вернутся ваши хозяева? А? Вы молчите?
КОТ. Молчу.
ЛАНЦЕЛОТ. А почему, позвольте узнать?
КОТ. Когда тебе тепло и мягко, мудрее дремать и помалкивать, мой милейший.
ЛАНЦЕЛОТ. Ну а где же все-таки твои хозяева?
КОТ. Они ушли, и это крайне приятно.
ЛАНЦЕЛОТ. Ты их не любишь?
КОТ. Люблю каждым волоском моего меха, и лапами, и усами, но им грозит огромное горе. Я отдыхаю душой, только когда они уходят со двора.
ЛАНЦЕЛОТ. Вот оно что. Так им грозит беда? А какая? Ты молчишь?
КОТ. Молчу.
ЛАНЦЕЛОТ. Почему?
КОТ. Когда тебе тепло и мягко, мудрее дремать и помалкивать, чем копаться в неприятном будущем. Мяу!
ЛАНЦЕЛОТ. Кот, ты меня пугаешь. В кухне так уютно, так заботливо разведен огонь в очаге. Я просто не хочу верить, что этому милому, просторному дому грозит беда. Кот! Что здесь случилось? Отвечай же мне! Ну же!
КОТ. Дайте мне забыться, прохожий.
ЛАНЦЕЛОТ. Слушай, кот, ты меня не знаешь. Я человек до того легкий, что меня как пушинку носит по всему свету. И я очень легко вмешиваюсь в чужие дела. Я был из-за этого девятнадцать раз ранен легко, пять раз тяжело и три раза смертельно. Но я жив до сих пор, потому что я не только легок как пушинка, а еще и упрям как осел. Говори же, кот, что тут случилось. А вдруг я спасу твоих хозяев? Со мною это бывало. Ну? Да ну же! Как тебя зовут?

КОТ. Машенька.

ЛАНЦЕЛОТ. Я думал — ты кот.

КОТ. Да, я кот, но люди иногда так невнимательны. Хозяева мои до сих пор удивляются, что я еще ни разу не окотился. Говорят: что же это ты, Машенька? Милые люди, бедные люди! И больше я не скажу ни слова.

ЛАНЦЕЛОТ. Скажи мне хоть кто они, твои хозяева?

КОТ. Господин архивариус Шарлемань и единственная его дочь, у которой такие мягкие лапки, славная, милая, тихая Эльза.

ЛАНЦЕЛОТ. Кому же из них грозит беда?

КОТ. Ах, ей и, следовательно, всем нам!

ЛАНЦЕЛОТ. А что ей грозит? Ну же!

КОТ. Мяу! Вот уж скоро четыреста лет, как над нашим городом поселился дракон.

ЛАНЦЕЛОТ. Дракон? Прелестно!

КОТ. Он наложил на наш город дань. Каждый год дракон выбирает себе девушку. И мы, не мяукнув, отдаем ее дракону. И он уводит ее к себе в пещеру. И мы больше никогда не видим ее. Говорят, что они умирают там от омерзения. Фрр! Пшел, пшел вон! Ф-ф-ф!

ЛАНЦЕЛОТ. Кому это ты?

КОТ. Дракону. Он выбрал нашу Эльзу! Проклятая ящерица! Ф-ффф!

ЛАНЦЕЛОТ. Сколько у него голов?

КОТ. Три.

ЛАНЦЕЛОТ. Порядочно. А лап?

КОТ. Четыре.

ЛАНЦЕЛОТ. Ну, это терпимо. С когтями?

КОТ. Да. Пять когтей на каждой лапе. Каждый коготь — олений рог.

ЛАНЦЕЛОТ. Серьезно? И острые у него когти?

КОТ. Как ножи.

ЛАНЦЕЛОТ. Так. Ну а пламя выдыхает?

КОТ. Да.

ЛАНЦЕЛОТ. Настоящее?

КОТ. Леса горят.

ЛАНЦЕЛОТ. Ага. В чешуе он?

КОТ. В чешуе.

ЛАНЦЕЛОТ. И небось, крепкая чешуя-то?

КОТ. Основательная.

ЛАНЦЕЛОТ. Ну а все-таки?

КОТ. Алмаз не берет.

ЛАНЦЕЛОТ. Так. Представляю себе. Рост?

КОТ. С церковь.

ЛАНЦЕЛОТ. Ага, все ясно. Ну, спасибо, кот.

КОТ. Вы будете драться с ним?

ЛАНЦЕЛОТ. Посмотрим.

КОТ. Умоляю вас — вызовите его на бой. Он, конечно, убьет вас, но пока суд да дело, можно будет помечтать, развалившись перед очагом, о том, случайно или чудом, так или сяк, не тем, так этим, может быть, как-нибудь, а вдруг и вы его убьете.

ЛАНЦЕЛОТ. Спасибо, кот.

КОТ. Встаньте.

ЛАНЦЕЛОТ. Что случилось?

КОТ. Они идут.

ЛАНЦЕЛОТ. Хоть бы она мне понравилась, ах, если бы она мне понравилась! Это так помогает... *(Смотрит в окно.)* Нравится! Кот, она очень славная девушка. Что это? Кот! Она улыбается! Она совершенно спокойна! И отец ее весело улыбается. Ты обманул меня?

КОТ. Нет. Самое печальное в этой истории и есть то, что они улыбаются. Тише. Здравствуйте! Давайте ужинать, дорогие мои друзья.

Входят Эльза и Шарлемань.

ЛАНЦЕЛОТ. Здравствуйте, добрый господин и прекрасная барышня.

ШАРЛЕМАНЬ. Здравствуйте, молодой человек.

ЛАНЦЕЛОТ. Ваш дом смотрел на меня так приветливо, и ворота были открыты, и в кухне горел огонь, и я вошел без приглашения. Простите.

ШАРЛЕМАНЬ. Не надо просить прощения. Наши двери открыты для всех.

ЭЛЬЗА. Садитесь, пожалуйста. Дайте мне вашу шляпу, я повешу ее за дверью. Сейчас я накрою на стол... Что с вами?

ЛАНЦЕЛОТ. Ничего.

ЭЛЬЗА. Мне показалось, что вы... испугались меня.

ЛАНЦЕЛОТ. Нет, нет... Это я просто так.

ШАРЛЕМАНЬ. Садитесь, друг мой. Я люблю странников. Это оттого, вероятно, что я всю жизнь прожил не выезжая из города. Откуда вы пришли?

ЛАНЦЕЛОТ. С юга.

ШАРЛЕМАНЬ. И много приключений было у вас на пути?

ЛАНЦЕЛОТ. Ах, больше, чем мне хотелось бы.

ЭЛЬЗА. Вы устали, наверное. Садитесь же. Что же вы стоите?

ЛАНЦЕЛОТ. Спасибо.

ШАРЛЕМАНЬ. У нас вы можете хорошо отдохнуть. У нас очень тихий город. Здесь никогда и ничего не случается.

ЛАНЦЕЛОТ. Никогда?

ШАРЛЕМАНЬ. Никогда. На прошлой неделе, правда, был очень сильный ветер. У одного дома едва не снесло крышу. Но это не такое уж большое событие.

ЭЛЬЗА. Вот и ужин на столе. Пожалуйста. Что же вы?

ЛАНЦЕЛОТ. Простите меня, но... Вы говорите, что у вас очень тихий город?

ЭЛЬЗА. Конечно.

ЛАНЦЕЛОТ. А... а дракон?

ШАРЛЕМАНЬ. Ах это... Но ведь мы так привыкли к нему. Он уже четыреста лет живет у нас.

ЛАНЦЕЛОТ. Но... мне говорили, что дочь ваша...

ЭЛЬЗА. Господин прохожий...

ЛАНЦЕЛОТ. Меня зовут Ланцелот.

ЭЛЬЗА. Господин Ланцелот, простите, я вовсе не делаю вам замечания, но все-таки прошу вас: ни слова об этом.

ЛАНЦЕЛОТ. Почему?

ЭЛЬЗА. Потому что тут уж ничего не поделаешь.

ЛАНЦЕЛОТ. Вот как?

ШАРЛЕМАНЬ. Да, уж тут ничего не сделать. Мы сейчас гуляли в лесу и обо всем так хорошо, так подробно переговорили. Завтра, как только дракон уведет ее, я тоже умру.

ЭЛЬЗА. Папа, не надо об этом.

ШАРЛЕМАНЬ. Вот и все, вот и все.

ЛАНЦЕЛОТ. Простите, еще только один вопрос. Неужели никто не пробовал драться с ним?

ШАРЛЕМАНЬ. Последние двести лет — нет. До этого с ним часто сражались, но он убивал всех своих противников. Он удивительный стратег и великий тактик. Он атакует врага внезапно, забрасывает камнями сверху, потом устремляется отвесно вниз, прямо на голову коня, и бьет его огнем, чем совершенно деморализует бедное животное. А потом он разрывает когтями всадника. Ну, и в конце концов против него перестали выступать...

ЛАНЦЕЛОТ. А целым городом против него не выступали?

ШАРЛЕМАНЬ. Выступали.

ЛАНЦЕЛОТ. Ну и что?

ШАРЛЕМАНЬ. Он сжег предместья и половину жителей свел с ума ядовитым дымом. Это великий воин.

ЭЛЬЗА. Возьмите еще масла, прошу вас.

ЛАНЦЕЛОТ. Да, да, я возьму. Мне нужно набраться сил. Итак — простите, что я все расспрашиваю, — против дракона никто и не пробует выступать? Он совершенно обнаглел?

ШАРЛЕМАНЬ. Нет, что вы! Он так добр!

ЛАНЦЕЛОТ. Добр?

ШАРЛЕМАНЬ. Уверяю вас. Когда нашему городу грозила холера, он по просьбе городского врача дохнул своим огнем на озеро и вскипятил его. Весь город пил кипяченую воду и был спасен от эпидемии.

ЛАНЦЕЛОТ. Давно это было?

ШАРЛЕМАНЬ. О нет. Всего восемьдесят два года назад. Но добрые дела не забываются.

ЛАНЦЕЛОТ. А что он еще сделал доброго?

ШАРЛЕМАНЬ. Он избавил нас от цыган.

ЛАНЦЕЛОТ. Но цыгане — очень милые люди.

ШАРЛЕМАНЬ. Что вы! Какой ужас! Я, правда, в жизни своей не видал ни одного цыгана. Но я еще в школе проходил, что эти люди страшные.

ЛАНЦЕЛОТ. Но почему?

ШАРЛЕМАНЬ. Это бродяги по природе, по крови. Они враги любой государственной системы, иначе они обосновались бы где-нибудь, а не бродили бы туда-сюда. Их песни лишены мужественности, а идеи разрушительны. Они воруют детей. Они проникают всюду. Теперь мы вовсе очистились от них, но еще сто лет назад любой брюнет обязан был доказать, что в нем нет цыганской крови.

ЛАНЦЕЛОТ. Кто вам рассказал все это о цыганах?

ШАРЛЕМАНЬ. Наш дракон. Цыгане нагло выступали против него в первые годы его власти.

ЛАНЦЕЛОТ. Славные, нетерпеливые люди.

ШАРЛЕМАНЬ. Не надо, пожалуйста, не надо так говорить.
ЛАНЦЕЛОТ. Что он ест, ваш дракон?
ШАРЛЕМАНЬ. Город наш дает ему тысячу коров, две тысячи овец, пять тысяч кур и два пуда соли в месяц. Летом и осенью сюда еще добавляется десять огородов салата, спаржи и цветной капусты.
ЛАНЦЕЛОТ. Он объедает вас!
ШАРЛЕМАНЬ. Нет, что вы! Мы не жалуемся. А как же можно иначе? Пока он здесь — ни один другой дракон не осмелится нас тронуть.
ЛАНЦЕЛОТ. Да другие-то, по-моему, все давно перебиты!
ШАРЛЕМАНЬ. А вдруг нет? Уверяю вас, единственный способ избавиться от драконов — это иметь своего собственного. Довольно о нем, прошу вас. Лучше вы расскажите нам что-нибудь интересное.
ЛАНЦЕЛОТ. Хорошо. Вы знаете, что такое жалобная книга?
ЭЛЬЗА. Нет.
ЛАНЦЕЛОТ. Так знайте же. В пяти годах ходьбы отсюда, в Черных горах, есть огромная пещера. И в пещере этой лежит книга, исписанная до половины. К ней никто не прикасается, но страница за страницей прибавляется к написанным прежде, прибавляется каждый день. Кто пишет? Мир! Горы, травы, камни, деревья, реки видят, что делают люди. Им известны все преступления преступников, все несчастья страдающих напрасно. От ветки к ветке, от капли к капле, от облака к облаку доходят до пещеры в Черных горах человеческие жалобы, и книга растет. Если бы на свете не было этой книги, то деревья засохли бы от тоски, а вода стала бы горькой. Для кого пишется эта книга? Для меня.
ЭЛЬЗА. Для вас?
ЛАНЦЕЛОТ. Для нас. Для меня и немногих других. Мы внимательные, легкие люди. Мы проведали, что есть такая книга, и не поленились добраться до нее. А заглянувший в эту книгу однажды не успокоится вовеки. Ах, какая это жалобная книга! На эти жалобы нельзя не ответить. И мы отвечаем.
ЭЛЬЗА. А как?
ЛАНЦЕЛОТ. Мы вмешиваемся в чужие дела. Мы помогаем тем, кому необходимо помочь. И уничтожаем тех, кого необходимо уничтожить. Помочь вам?
ЭЛЬЗА. Как?

ШАРЛЕМАНЬ. Чем вы можете нам помочь?
КОТ. Мяу!
ЛАНЦЕЛОТ. Три раза я был ранен смертельно, и как раз теми, кого насильно спасал. И все-таки, хоть вы меня и не просите об этом, я вызову на бой дракона! Слышите, Эльза!
ЭЛЬЗА. Нет, нет! Он убьет вас, и это отравит последние часы моей жизни.
КОТ. Мяу!
ЛАНЦЕЛОТ. Я вызову на бой дракона!

Раздается все нарастающий свист, шум, вой, рев. Стекла дрожат. Зарево вспыхивает за окнами.

КОТ. Легок на помине!

Вой и свист внезапно обрываются. Громкий стук в дверь.

ШАРЛЕМАНЬ. Войдите!

Входит богато одетый лакей.

ЛАКЕЙ. К вам господин дракон.
ШАРЛЕМАНЬ. Милости просим!

Лакей широко распахивает дверь. Пауза. И вот не спеша в комнату входит пожилой, но крепкий, моложавый, белобрысый человек с солдатской выправкой. Волосы ежиком. Он широко улыбается. Вообще обращение его, несмотря на грубоватость, не лишено некоторой приятности. Он глуховат.

ЧЕЛОВЕК. Здорово, ребята! Эльза, здравствуй, крошка! А у вас гость. Кто это?
ШАРЛЕМАНЬ. Это странник, прохожий.
ЧЕЛОВЕК. Как? Рапортуй громко, отчетливо, по-солдатски.
ШАРЛЕМАНЬ. Это странник!
ЧЕЛОВЕК. Не цыган?
ШАРЛЕМАНЬ. Что вы! Это очень милый человек.
ЧЕЛОВЕК. А?
ШАРЛЕМАНЬ. Милый человек.
ЧЕЛОВЕК. Хорошо. Странник! Что ты не смотришь на меня? Чего ты уставился на дверь?
ЛАНЦЕЛОТ. Я жду, когда войдет дракон.
ЧЕЛОВЕК. Ха-ха! Я — дракон.

ЛАНЦЕЛОТ. Вы? А мне говорили, что у вас три головы, когти, огромный рост!

ДРАКОН. Я сегодня попросту, без чинов.

ШАРЛЕМАНЬ. Господин дракон так давно живет среди людей, что иногда сам превращается в человека и заходит к нам в гости по-дружески.

ДРАКОН. Да. Мы воистину друзья, дорогой Шарлемань. Каждому из вас я даже более чем просто друг. Я друг вашего детства. Мало того, я друг детства вашего отца, деда, прадеда. Я помню вашего прапрадеда в коротеньких штанишках. Черт! Непрошеная слеза. Ха-ха! Приезжий таращит глаза. Ты не ожидал от меня таких чувств? Ну? Отвечай! Растерялся, сукин сын. Ну, ну. Ничего. Ха-ха. Эльза!

ЭЛЬЗА. Да, господин дракон.

ДРАКОН. Дай лапку.

Эльза протягивает руку Дракону.

Плутовка. Шалунья. Какая теплая лапка. Мордочку выше! Улыбайся. Так. Ты чего, прохожий? А?

ЛАНЦЕЛОТ. Любуюсь.

ДРАКОН. Молодец. Четко отвечаешь. Любуйся. У нас попросту, приезжий. По-солдатски. Раз, два, горе не беда! Ешь!

ЛАНЦЕЛОТ. Спасибо, я сыт.

ДРАКОН. Ничего, ешь. Зачем приехал?

ЛАНЦЕЛОТ. По делам.

ДРАКОН. А?

ЛАНЦЕЛОТ. По делам.

ДРАКОН. А по каким? Ну, говори. А? Может, я и помогу тебе. Зачем ты приехал сюда?

ЛАНЦЕЛОТ. Чтобы убить тебя.

ДРАКОН. Громче!

ЭЛЬЗА. Нет, нет! Он шутит! Хотите, я еще раз дам вам руку, господин дракон?

ДРАКОН. Чего?

ЛАНЦЕЛОТ. Я вызываю тебя на бой, слышишь ты, дракон!

Дракон молчит, побагровев.

Я вызываю тебя на бой в третий раз, слышишь?

Раздается оглушительный, страшный, тройной рев. Несмотря на мощь этого рева, от которого стены дрожат, он не лишен некоторой музы-

кальности. Ничего человеческого в этом реве нет. Это ревет Дракон, сжав кулаки и топая ногами.

ДРАКОН (*внезапно оборвав рев. Спокойно.*) Дурак. Ну? Чего молчишь? Страшно?
ЛАНЦЕЛОТ. Нет.
ДРАКОН. Нет?
ЛАНЦЕЛОТ. Нет.
ДРАКОН. Ну хорошо же. (*Делает легкое движение плечами и вдруг поразительно меняется. Новая голова появляется у Дракона на плечах. Старая исчезает бесследно. Серьезный, сдержанный, высоколобый, узколицый, седеющий блондин стоит перед Ланцелотом.*)
КОТ. Не удивляйтесь, дорогой Ланцелот. У него три башки. Он их и меняет, когда пожелает.
ДРАКОН (*голос его изменился так же, как лицо. Негромко. Суховато*). Ваше имя Ланцелот?
ЛАНЦЕЛОТ. Да.
ДРАКОН. Вы потомок известного странствующего рыцаря Ланцелота?
ЛАНЦЕЛОТ. Это мой дальний родственник.
ДРАКОН. Принимаю ваш вызов. Странствующие рыцари — те же цыгане. Вас нужно уничтожить.
ЛАНЦЕЛОТ. Я не дамся.
ДРАКОН. Я уничтожил восемьсот девять рыцарей, девятьсот пять людей неизвестного звания, одного пьяного старика, двух сумасшедших, двух женщин — мать и тетку девушек, избранных мной, и одного мальчика двенадцати лет — брата такой же девушки. Кроме того, мною было уничтожено шесть армий и пять мятежных толп. Садитесь, пожалуйста.
ЛАНЦЕЛОТ (*садится.*) Благодарю вас.
ДРАКОН. Вы курите? Курите, не стесняйтесь.
ЛАНЦЕЛОТ. Спасибо. (*Достает трубку, набивает не спеша табаком.*)
ДРАКОН. Вы знаете, в какой день я появился на свет?
ЛАНЦЕЛОТ. В несчастный.
ДРАКОН. В день страшной битвы. В тот день сам Аттила потерпел поражение — вам понятно, сколько воинов надо было уложить для этого? Земля пропиталась кровью. Листья на деревьях к полуночи стали коричневыми. К рас-

свету огромные черные грибы — они называются гробовики — выросли под деревьями. А вслед за ними из-под земли выполз я. Я — сын войны. Война — это я. Кровь мертвых гуннов течет в моих жилах — это холодная кровь. В бою я холоден, спокоен и точен.

При слове «точен» Дракон делает легкое движение рукой. Раздается сухое щелканье. Из указательного пальца Дракона лентой вылетает пламя. Зажигает табак в трубке, которую к этому времени набил Ланцелот.

ЛАНЦЕЛОТ. Благодарю вас. *(Затягивается с наслаждением.)*

ДРАКОН. Вы против меня — следовательно, вы против войны?

ЛАНЦЕЛОТ. Что вы! Я воюю всю жизнь.

ДРАКОН. Вы чужой здесь, а мы издревле научились понимать друг друга. Весь город будет смотреть на вас с ужасом и обрадуется вашей смерти. Вам предстоит бесславная гибель. Понимаете?

ЛАНЦЕЛОТ. Нет.

ДРАКОН. Я вижу, что вы решительны по-прежнему?

ЛАНЦЕЛОТ. Даже больше.

ДРАКОН. Вы — достойный противник.

ЛАНЦЕЛОТ. Благодарю вас.

ДРАКОН. Я буду воевать с вами всерьез.

ЛАНЦЕЛОТ. Отлично.

ДРАКОН. Это значит, что я убью вас немедленно. Сейчас. Здесь.

ЛАНЦЕЛОТ. Но я безоружен!

ДРАКОН. А вы хотите, чтобы я дал вам время вооружиться? Нет. Я ведь сказал, что буду воевать с вами всерьез. Я нападу на вас внезапно, сейчас... Эльза, принесите метелку!

ЭЛЬЗА. Зачем?

ДРАКОН. Я сейчас испепелю этого человека, а вы выметете его пепел.

ЛАНЦЕЛОТ. Вы боитесь меня?

ДРАКОН. Я не знаю, что такое страх.

ЛАНЦЕЛОТ. Почему же тогда вы так спешите? Дайте мне сроку до завтра. Я найду себе оружие, и мы встретимся на поле.

ДРАКОН. А зачем?

ЛАНЦЕЛОТ. Чтобы народ не подумал, что вы трусите.

ДРАКОН. Народ ничего не узнает. Эти двое будут молчать. Вы умрёте сейчас — храбро, тихо и бесславно. *(Поднимает руку.)*

ШАРЛЕМАНЬ. Стойте!

ДРАКОН. Что такое?

ШАРЛЕМАНЬ. Вы не можете убить его.

ДРАКОН. Что?

ШАРЛЕМАНЬ. Умоляю вас — не гневайтесь, я предан вам всей душой. Но ведь я архивариус.

ДРАКОН. При чем здесь ваша должность?

ШАРЛЕМАНЬ. У меня хранится документ, подписанный вами триста восемьдесят два года назад. Этот документ не отменен. Видите, я не возражаю, а только напоминаю. Там стоит подпись: «Дракон».

ДРАКОН. Ну и что?

ШАРЛЕМАНЬ. Это моя дочка, в конце концов. Я ведь желаю, чтобы она жила подольше. Это вполне естественно.

ДРАКОН. Короче.

ШАРЛЕМАНЬ. Будь что будет — я возражаю. Убить его вы не можете. Всякий вызвавший вас — в безопасности до дня боя, пишете вы и подтверждаете это клятвой. И день боя назначаете не вы, а он, вызвавший вас, — так сказано в документе и подтверждено клятвой. А весь город должен помогать тому, кто вызовет вас, и никто не будет наказан — это тоже подтверждается клятвой.

ДРАКОН. Когда был написан этот документ?

ШАРЛЕМАНЬ. Триста восемьдесят два года назад.

ДРАКОН. Я был тогда наивным, сентиментальным, неопытным мальчишкой.

ШАРЛЕМАНЬ. Но документ не отменен.

ДРАКОН. Мало ли что...

ШАРЛЕМАНЬ. Но документ...

ДРАКОН. Довольно о документах. Мы взрослые люди.

ШАРЛЕМАНЬ. Но ведь вы сами подписали... Я могу сбегать за документом.

ДРАКОН. Ни с места.

ШАРЛЕМАНЬ. Нашелся человек, который пробует спасти мою девочку. Любовь к ребенку — ведь это же ничего. Это можно. А кроме того, гостеприимство — это ведь тоже вполне можно. Зачем вы смотрите на меня так страшно? *(Закрывает лицо руками.)*

ЭЛЬЗА. Папа! Папа!
ШАРЛЕМАНЬ. Я протестую!
ДРАКОН. Ладно. Сейчас я уничтожу все гнездо.
ЛАНЦЕЛОТ. И весь мир узнает, что вы трус!
ДРАКОН. Откуда?

> Кот одним прыжком вылетает в окно. Шипит издали.

КОТ. Всем, всем, все, все расскажу, старый ящер.

Дракон снова разражается ревом, рев этот так же мощен, но на этот раз в нем явственно слышны хрипы, стоны, отрывистый кашель. Это ревет огромное древнее злобное чудовище.

ДРАКОН *(внезапно оборвав вой).* Ладно. Будем драться завтра, как вы просили.

Быстро уходит. И сейчас же за дверью поднимается свист, гул, шум. Стены дрожат, мигает лампа, свист, гул и шум затихают, удаляясь.

ШАРЛЕМАНЬ. Улетел! Что же я наделал! Ах, что я наделал! Я старый проклятый себялюбец. Но ведь я не мог иначе! Эльза, ты сердишься на меня?
ЭЛЬЗА. Нет, что ты!
ШАРЛЕМАНЬ. Я вдруг ужасно ослабел. Простите меня. Я лягу. Нет, нет, не провожай меня. Оставайся с гостем. Занимай его разговорами — ведь он был так любезен с нами. Простите, я пойду прилягу. *(Уходит.)*

> Пауза.

ЭЛЬЗА. Зачем вы затеяли все это? Я не упрекаю вас — но все было так ясно и достойно. Вовсе не так страшно умереть молодой. Все состарятся, а ты нет.
ЛАНЦЕЛОТ. Что вы говорите! Подумайте! Деревья и те вздыхают, когда их рубят.
ЭЛЬЗА. А я не жалуюсь.
ЛАНЦЕЛОТ. И вам не жалко отца?
ЭЛЬЗА. Но ведь он умрет как раз тогда, когда ему хочется умереть. Это, в сущности, счастье.
ЛАНЦЕЛОТ. И вам не жалко расставаться с вашими подругами?
ЭЛЬЗА. Нет, ведь если бы не я, дракон выбрал бы кого-нибудь из них.
ЛАНЦЕЛОТ. А жених ваш?

ЭЛЬЗА. Откуда вы знаете, что у меня был жених?
ЛАНЦЕЛОТ. Я почувствовал это. А с женихом вам не жалко расставаться?
ЭЛЬЗА. Но ведь дракон, чтобы утешить Генриха, назначил его своим личным секретарем.
ЛАНЦЕЛОТ. Ах вот оно что. Ну тогда, конечно, с ним не так уж жалко расставаться. Ну а ваш родной город? Вам не жалко его оставить?
ЭЛЬЗА. Но ведь как раз за свой родной город я и погибаю.
ЛАНЦЕЛОТ. И он равнодушно принимает вашу жертву?
ЭЛЬЗА. Нет, нет! Меня не станет в воскресенье, а до самого вторника весь город погрузится в траур. Целых три дня никто не будет есть мяса. К чаю будут подаваться особые булочки под названием «бедная девушка» — в память обо мне.
ЛАНЦЕЛОТ. И это все?
ЭЛЬЗА. А что еще можно сделать?
ЛАНЦЕЛОТ. Убить дракона.
ЭЛЬЗА. Это невозможно.
ЛАНЦЕЛОТ. Дракон вывихнул вашу душу, отравил кровь и затуманил зрение. Но мы все это исправим.
ЭЛЬЗА. Не надо. Если верно то, что вы говорите обо мне, значит, мне лучше умереть.

Вбегает кот.

КОТ. Восемь моих знакомых кошек и сорок восемь моих котят обежали все дома и рассказали о предстоящей драке. Мяу! Бургомистр бежит сюда!
ЛАНЦЕЛОТ. Бургомистр? Прелестно!

Вбегает Бургомистр.

БУРГОМИСТР. Здравствуй, Эльза. Где прохожий?
ЛАНЦЕЛОТ. Вот я.
БУРГОМИСТР. Прежде всего, будьте добры, говорите потише, по возможности без жестов, двигайтесь мягко и не смотрите мне в глаза.
ЛАНЦЕЛОТ. Почему?
БУРГОМИСТР. Потому что нервы у меня в ужасном состоянии. Я болен всеми нервными и психическими болезнями, какие есть на свете, и, сверх того, еще тремя, неизвестными до сих пор. Думаете, легко быть бургомистром при драконе?

ЛАНЦЕЛОТ. Вот я убью дракона, и вам станет легче.
БУРГОМИСТР. Легче? Ха-ха! Легче! Ха-ха! Легче! *(Впадает в истерическое состояние. Пьет воду. Успокаивается.)* То, что вы осмелились вызвать господина дракона, — несчастье. Дела были в порядке. Господин дракон своим влиянием держал в руках моего помощника, редкого негодяя, и всю его банду, состоящую из купцов-мукомолов. Теперь все перепутается. Господин дракон будет готовиться к бою и забросит дела городского управления, в которые он только что начал вникать.
ЛАНЦЕЛОТ. Да поймите же вы, несчастный человек, что я спасу город!
БУРГОМИСТР. Город? Ха-ха! Город! Город! Ха-ха! *(Пьет воду, успокаивается.)* Мой помощник такой негодяй, что я пожертвую двумя городами, только бы уничтожить его. Лучше пять драконов, чем такая гадина, как мой помощник. Умоляю вас, уезжайте.
ЛАНЦЕЛОТ. Не уеду.
БУРГОМИСТР. Поздравляю вас, у меня припадок каталепсии. *(Застывает с горькой улыбкой на лице.)*
ЛАНЦЕЛОТ. Ведь я спасу всех! Поймите!

> Бургомистр молчит.

Не понимаете?

> Бургомистр молчит. Ланцелот обрызгивает его водой.

БУРГОМИСТР. Нет, я не понимаю вас. Кто вас просит драться с ним?
ЛАНЦЕЛОТ. Весь город этого хочет.
БУРГОМИСТР. Да? Посмотрите в окно. Лучшие люди города прибежали просить вас, чтобы вы убирались прочь!
ЛАНЦЕЛОТ. Где они?
БУРГОМИСТР. Вон, жмутся у стен. Подойдите ближе, друзья мои.
ЛАНЦЕЛОТ. Почему они идут на цыпочках?
БУРГОМИСТР. Чтобы не действовать мне на нервы. Друзья мои, скажите Ланцелоту, чего вы от него хотите. Ну! Раз! Два! Три!
ХОР ГОЛОСОВ. Уезжайте прочь от нас! Скорее! Сегодня же!

> Ланцелот отходит от окна.

БУРГОМИСТР. Видите! Если вы гуманный и культурный человек, то подчинитесь воле народа.
ЛАНЦЕЛОТ. Ни за что!
БУРГОМИСТР. Поздравляю вас, у меня легкое помешательство. *(Упирает одну руку в бок, другую изгибает изящно.)* Я чайник, заварите меня!
ЛАНЦЕЛОТ. Я понимаю, почему эти людишки прибежали сюда на цыпочках.
БУРГОМИСТР. Ну, почему же это?
ЛАНЦЕЛОТ. Чтобы не разбудить настоящих людей. Вот я сейчас поговорю с ними. *(Выбегает.)*
БУРГОМИСТР. Вскипятите меня! Впрочем, что он может сделать? Дракон прикажет — и мы его засадим в тюрьму. Дорогая Эльза, не волнуйся. Секунда в секунду в назначенный срок наш дорогой дракон заключит тебя в свои объятия. Будь покойна.
ЭЛЬЗА. Хорошо.

Стук в дверь.

Войдите.

Входит тот самый лакей, который объявлял о приходе Дракона.

БУРГОМИСТР. Здравствуй, сынок.
ЛАКЕЙ. Здравствуй, отец.
БУРГОМИСТР. Ты от него? Никакого боя не будет, конечно? Ты принес приказ заточить Ланцелота в тюрьму?
ЛАКЕЙ. Господин дракон приказывает: первое — назначить бой на завтра, второе — Ланцелота снабдить оружием, третье — быть поумнее.
БУРГОМИСТР. Поздравляю вас, у меня зашел ум за разум. Ум! Ау! Отзовись! Выйди!
ЛАКЕЙ. Мне приказано переговорить с Эльзой наедине.
БУРГОМИСТР. Ухожу, ухожу, ухожу! *(Торопливо удаляется.)*
ЛАКЕЙ. Здравствуй, Эльза.
ЭЛЬЗА. Здравствуй, Генрих.
ГЕНРИХ. Ты надеешься, что Ланцелот спасет тебя?
ЭЛЬЗА. Нет. А ты?
ГЕНРИХ. И я нет.
ЭЛЬЗА. Что дракон велел передать мне?
ГЕНРИХ. Он велел передать, чтобы ты убила Ланцелота, если это понадобится.

ЭЛЬЗА *(в ужасе).* Как?
ГЕНРИХ. Ножом. Вот он, этот ножик. Он отравленный...
ЭЛЬЗА. Я не хочу!
ГЕНРИХ. А господин дракон на это велел сказать, что иначе он перебьет всех твоих подруг.
ЭЛЬЗА. Хорошо. Скажи, что я постараюсь.
ГЕНРИХ. А господин дракон на это велел сказать: всякое колебание будет наказано как ослушание.
ЭЛЬЗА. Я ненавижу тебя!
ГЕНРИХ. А господин дракон на это велел сказать, что умеет награждать верных слуг.
ЭЛЬЗА. Ланцелот убьет твоего дракона!
ГЕНРИХ. А господин дракон на это велел сказать: посмотрим!

Занавес

Действие второе

Центральная площадь города. Направо — ратуша с башенкой, на которой стоит часовой. Прямо — огромное мрачное коричневое здание без окон, с гигантской чугунной дверью во всю стену, от фундамента до крыши. На двери надпись готическими буквами — «Людям вход безусловно запрещен». Налево — широкая старинная крепостная стена. В центре площади — колодец с резными перилами и навесом. Генрих, без ливреи, в фартуке, чистит медные украшения на чугунной двери.

ГЕНРИХ *(напевает).* Посмотрим, посмотрим, провозгласил дракон. Посмотрим, посмотрим, взревел старик дра-дра. Старик дракоша прогремел: посмотрим, черт возьми! И мы действительно посмо! Посмотрим, тру-ля-ля!

Из ратуши выбегает Бургомистр. На нем смирительная рубашка.

БУРГОМИСТР. Здравствуй, сынок. Ты посылал за мной?
ГЕНРИХ. Здравствуй, отец. Я хотел узнать, как там у вас идут дела. Заседание городского самоуправления закрылось?
БУРГОМИСТР. Какое там! За целую ночь мы едва успели утвердить повестку дня.
ГЕНРИХ. Умаялся?
БУРГОМИСТР. А ты как думаешь? За последние полчаса мне переменили три смирительные рубашки. *(Зевает.)* Не знаю, к дождю, что ли, но только сегодня ужасно разыгралась моя

проклятая шизофрения. Так и брежу, так и брежу... Галлюцинации, навязчивые идеи, то-се. *(Зевает.)* Табак есть?
ГЕНРИХ. Есть.
БУРГОМИСТР. Развяжи меня. Перекурим.

Генрих развязывает отца. Усаживаются рядом на ступеньках дворца. Закуривают.

ГЕНРИХ. Когда же вы решите вопрос об оружии?
БУРГОМИСТР. О каком оружии?
ГЕНРИХ. Для Ланцелота.
БУРГОМИСТР. Для какого Ланцелота?
ГЕНРИХ. Ты что, с ума сошел?
БУРГОМИСТР. Конечно. Хорош сын. Совершенно забыл, как тяжко болен его бедняга отец. *(Кричит.)* О люди, люди, возлюбите друг друга! *(Спокойно.)* Видишь, какой бред.
ГЕНРИХ. Ничего, ничего, папа. Это пройдет.
БУРГОМИСТР. Я сам знаю, что пройдет, а все-таки неприятно.
ГЕНРИХ. Ты послушай меня. Есть важные новости. Старик дракоша нервничает.
БУРГОМИСТР. Неправда!
ГЕНРИХ. Уверяю тебя. Всю ночь, не жалея крылышек, наш старикан порхал неведомо где. Заявился домой только на рассвете. От него ужасно несло рыбой, что с ним случается всегда, когда он озабочен. Понимаешь?
БУРГОМИСТР. Так, так.
ГЕНРИХ. И мне удалось установить следующее. Наш добрый ящер порхал всю ночь исключительно для того, чтобы разузнать всю подноготную о славном господине Ланцелоте.
БУРГОМИСТР. Ну, ну?
ГЕНРИХ. Не знаю, в каких притонах — на Гималаях или на горе Арарат, в Шотландии или на Кавказе, — но только старичок разведал, что Ланцелот — профессиональный герой. Презираю людишек этой породы. Но дра-дра, как профессиональный злодей, очевидно, придает им кое-какое значение. Он ругался, скрипел, ныл. Потом дедушке захотелось пивца. Вылакав целую бочку любимого своего напитка и не отдав никаких приказаний, дракон вновь расправил свои перепонки и вот до сей поры шныряет в небесах, как пичужка. Тебя это не тревожит?

БУРГОМИСТР. Ни капельки.

ГЕНРИХ. Папочка, скажи мне — ты старше меня... опытней... Скажи, что ты думаешь о предстоящем бое? Пожалуйста, ответь. Неужели Ланцелот может... Только отвечай попросту, без казенных восторгов, — неужели Ланцелот может победить? А? Папочка? Ответь мне!

БУРГОМИСТР. Пожалуйста, сынок, я отвечу тебе попросту, от души. Я так, понимаешь, малыш, искренне привязан к нашему дракоше! Вот честное слово даю. Сроднился я с ним, что ли? Мне, понимаешь, даже, ну как тебе сказать, хочется отдать за него жизнь. Ей-богу правда, вот провалиться мне на этом месте! Нет, нет, нет! Он, голубчик, победит! Он победит, чудушко-юдушко! Душечка-цыпочка! Летун-хлопотун! Ох, люблю я его как! Ой, люблю! Люблю — и крышка. Вот тебе и весь ответ.

ГЕНРИХ. Не хочешь ты, папочка, попросту, по душам поговорить с единственным своим сыном!

БУРГОМИСТР. Не хочу, сынок. Я еще не сошел с ума. То есть я, конечно, сошел с ума, но не до такой степени. Это дракон приказал тебе допросить меня?

ГЕНРИХ. Ну что ты, папа!

БУРГОМИСТР. Молодец, сынок! Очень хорошо провел весь разговор. Горжусь тобой. Не потому, что я отец, клянусь тебе. Я горжусь тобою как знаток, как старый служака. Ты запомнил, что я ответил тебе?

ГЕНРИХ. Разумеется.

БУРГОМИСТР. А эти слова: чудушко-юдушко, душечка-цыпочка, летун-хлопотун?

ГЕНРИХ. Все запомнил.

БУРГОМИСТР. Ну вот так и доложи!

ГЕНРИХ. Хорошо, папа.

БУРГОМИСТР. Ах ты мой единственный, ах ты мой шпиончик... Карьерочку делает, крошка. Денег не надо?

ГЕНРИХ. Нет, пока не нужно, спасибо, папочка.

БУРГОМИСТР. Бери, не стесняйся. Я при деньгах. У меня как раз вчера был припадок клептомании. Бери...

ГЕНРИХ. Спасибо, не надо. Ну а теперь скажи мне правду...

БУРГОМИСТР. Ну что ты, сыночек, как маленький, — правду, правду... Я ведь не обыватель какой-нибудь, а бургомистр. Я сам себе не говорю правды уже столько лет, что и забыл, какая она, правда-то. Меня от нее воротит, отшвыривает. Правда — она знаешь чем пахнет, проклятая? Довольно, сын. Слава дракону! Слава дракону! Слава дракону!

Часовой на башне ударяет алебардой об пол.

ЧАСОВОЙ *(кричит).* Смирно! Равнение на небо! Его превосходительство показались над Серыми горами!

Генрих и Бургомистр вскакивают и вытягиваются, подняв головы к небу. Слышен отдаленный гул, который постепенно замирает.

Вольно! Его превосходительство повернули обратно и скрылись в дыму и пламени!
ГЕНРИХ. Патрулирует.
БУРГОМИСТР. Так, так. Слушай, а теперь ты мне ответь на один вопросик. Дракон действительно не дал никаких приказаний, а, сынок?
ГЕНРИХ. Не дал, папа.
БУРГОМИСТР. Убивать не будем?
ГЕНРИХ. Кого?
БУРГОМИСТР. Нашего спасителя.
ГЕНРИХ. Ах, папа, папа.
БУРГОМИСТР. Скажи, сынок. Не приказал он потихоньку тюкнуть господина Ланцелота? Не стесняйся, говори... Чего там... Дело житейское. А, сынок? Молчишь?
ГЕНРИХ. Молчу.
БУРГОМИСТР. Ну ладно, молчи. Я сам понимаю: ничего не поделаешь — служба.
ГЕНРИХ. Напоминаю вам, господин бургомистр, что с минуты на минуту должна состояться торжественная церемония вручения оружия господину герою. Возможно, что сам дра-дра захочет почтить церемонию своим присутствием, а у тебя еще ничего не готово.
БУРГОМИСТР *(зевает и потягивается).* Ну что ж, пойду. Мы в один миг подберем ему оружие какое-нибудь. Останется доволен. Завяжи-ка мне рукава... Вот и он идет! Ланцелот идет!
ГЕНРИХ. Уведи его! Сейчас сюда придет Эльза, с которой мне нужно поговорить.

Входит Ланцелот.

БУРГОМИСТР *(кликушествуя).* Слава тебе, слава, осанна, Георгий Победоносец! Ах, простите, я обознался в бреду. Мне вдруг почудилось, что вы так на него похожи.

ЛАНЦЕЛОТ. Очень может быть. Это мой дальний родственник.

БУРГОМИСТР. Как скоротали ночку?

ЛАНЦЕЛОТ. Бродил.

БУРГОМИСТР. Подружились с кем-нибудь?

ЛАНЦЕЛОТ. Конечно.

БУРГОМИСТР. С кем?

ЛАНЦЕЛОТ. Боязливые жители вашего города травили меня собаками. А собаки у вас очень толковые. Вот с ними-то я и подружился. Они меня поняли, потому что любят своих хозяев и желают им добра. Мы болтали почти до рассвета.

БУРГОМИСТР. Блох не набрались?

ЛАНЦЕЛОТ. Нет. Это были славные, аккуратные псы.

БУРГОМИСТР. Вы не помните, как их звали?

ЛАНЦЕЛОТ. Они просили не говорить.

БУРГОМИСТР. Терпеть не могу собак.

ЛАНЦЕЛОТ. Напрасно.

БУРГОМИСТР. Слишком простые существа.

БУРГОМИСТР. Вы думаете, это так просто — любить людей? Ведь собаки великолепно знают, что за народ их хозяева. Плачут, а любят. Это настоящие работники. Вы посылали за мной?

БУРГОМИСТР. За мной, воскликнул аист — и клюнул змею своим острым клювом. За мной, сказал король — и оглянулся на королеву. За мной летели красотки верхом на изящных тросточках. Короче говоря — да, я посылал за вами, господин Ланцелот.

ЛАНЦЕЛОТ. Чем могу служить?

БУРГОМИСТР. В магазине Мюллера получена свежая партия сыра. Лучшее украшение девушки — скромность и прозрачное платьице. На закате дня дикие утки пролетели над колыбелькой. Вас ждут на заседание городского самоуправления, господин Ланцелот.

ЛАНЦЕЛОТ. Зачем?

БУРГОМИСТР. Зачем растут липы на улице Драконовых Лапок? Зачем танцы, когда хочется поцелуев? Зачем поцелуи, когда стучат копыта? Члены городского самоуправления должны лично увидеть вас, чтобы сообразить, какое именно оружие подходит вам больше всего, господин Ланцелот. Идемте, покажемся им!

Уходят.

ГЕНРИХ. Посмотрим, посмотрим, провозгласил дракон; посмотрим, посмотрим, взревел старик дра-дра; старик дракоша прогремел: посмотрим, черт возьми, — и мы действительно посмо!

Входит Эльза.

Эльза!
ЭЛЬЗА. Да, я. Ты посылал за мной?
ГЕНРИХ. Посылал. Как жаль, что на башне стоит часовой. Если бы не эта в высшей степени досадная помеха, я бы тебя обнял и поцеловал.
ЭЛЬЗА. А я бы тебя ударила.
ГЕНРИХ. Ах, Эльза, Эльза! Ты всегда была немножко слишком добродетельна! Но это шло тебе. За скромностью твоей скрывается нечто. Дра-дра чувствует девушек. Он всегда выбирал самых многообещающих, шалун-попрыгун. А Ланцелот еще не пытался ухаживать за тобой?
ЭЛЬЗА. Замолчи.
ГЕНРИХ. Впрочем, конечно, нет. Будь на твоем месте старая дура, он все равно полез бы сражаться. Ему все равно, кого спасать. Он и не разглядел, какая ты.
ЭЛЬЗА. Мы только что познакомились.
ГЕНРИХ. Это не оправдание.
ЭЛЬЗА. Ты звал меня только для того, чтобы сообщить все это?
ГЕНРИХ. О нет. Я звал тебя, чтобы спросить — хочешь выйти замуж за меня?
ЭЛЬЗА. Перестань!
ГЕНРИХ. Я не шучу. Я уполномочен передать тебе следующее: если ты будешь послушна и в случае необходимости убьешь Ланцелота, то в награду дра-дра отпустит тебя.
ЭЛЬЗА. Не хочу.
ГЕНРИХ. Дай договорить. Вместо тебя избранницей будет другая, совершенно незнакомая девушка из простонародья. Она все равно намечена на будущий год. Выбирай, что лучше — глупая смерть или жизнь, полная таких радостей, которые пока только снились тебе, да и то так редко, что даже обидно.
ЭЛЬЗА. Он струсил!

ГЕНРИХ. Кто? Дра-дра? Я знаю все его слабости. Он самодур, солдафон, паразит — все что угодно, но только не трус.
ЭЛЬЗА. Вчера он угрожал, а сегодня торгуется?
ГЕНРИХ. Этого добился я.
ЭЛЬЗА. Ты?
ГЕНРИХ. Я настоящий победитель дракона, если хочешь знать. Я могу выхлопотать все. Я ждал случая — и дождался. Я не настолько глуп, чтобы уступать тебя кому бы то ни было.
ЭЛЬЗА. Не верю тебе.
ГЕНРИХ. Веришь.
ЭЛЬЗА. Все равно, я не могу убить человека!
ГЕНРИХ. А нож ты захватила с собой тем не менее. Вон он висит у тебя на поясе. Я ухожу, дорогая. Мне надо надеть парадную ливрею. Но я ухожу спокойный. Ты выполнишь приказ ради себя и ради меня. Подумай! Жизнь, вся жизнь перед нами — если ты захочешь. Подумай, моя очаровательная. *(Уходит.)*
ЭЛЬЗА. Боже мой! У меня щеки горят так, будто я целовалась с ним. Какой позор! Он почти уговорил меня... Значит, вот я какая!.. Ну и пусть. И очень хорошо. Довольно! Я была самая послушная в городе. Верила всему. И чем это кончилось? Да, меня все уважали, а счастье доставалось другим. Они сидят сейчас дома, выбирают платья понаряднее, гладят оборочки. Завиваются. Собираются идти любоваться на мое несчастье. Ах, я так и вижу, как они пудрятся у зеркала и говорят: «Бедная Эльза, бедная девушка, она была такая хорошая!» Одна я, одна из всего города, стою на площади и мучаюсь. И дурак часовой таращит на меня глаза, думает о том, что сделает сегодня со мной дракон. И завтра этот солдат будет жив, будет отдыхать после дежурства. Пойдет гулять к водопаду, где река такая веселая, что даже самые печальные люди улыбаются, глядя, как славно она прыгает. Или пойдет он в парк, где садовник вырастил чудесные анютины глазки, которые щурятся, подмигивают и даже умеют читать, если буквы крупные и книжка кончается хорошо. Или он поедет кататься по озеру, которое когда-то вскипятил дракон и где русалки до сих пор такие смирные. Они не только никого не топят, а даже торгуют, сидя на мелком месте,

спасательными поясами. Но они по-прежнему прекрасны, и солдаты любят болтать с ними. И расскажет русалкам этот глупый солдат, как заиграла веселая музыка, как все заплакали, а дракон повел меня к себе. И русалки примутся ахать: «Ах, бедная Эльза, ах, бедная девушка, сегодня такая хорошая погода, а ее нет на свете». Не хочу! Хочу все видеть, все слышать, все чувствовать. Вот вам! Хочу быть счастливой! Вот вам! Я взяла нож, чтобы убить себя. И не убью. Вот вам!

Ланцелот выходит из ратуши.

ЛАНЦЕЛОТ. Эльза! Какое счастье, что я вижу вас!
ЭЛЬЗА. Почему?
ЛАНЦЕЛОТ. Ах, славная моя барышня, у меня такой трудный день, что душа так и требует отдыха, хоть на минуточку. И вот, как будто нарочно, вдруг вы встречаетесь мне.
ЭЛЬЗА. Вы были на заседании?
ЛАНЦЕЛОТ. Был.
ЭЛЬЗА. Зачем они звали вас?
ЛАНЦЕЛОТ. Предлагали деньги, лишь бы я отказался от боя.
ЭЛЬЗА. И что вы им ответили?
ЛАНЦЕЛОТ. Ответил: ах вы бедные дураки! Не будем говорить о них. Сегодня, Эльза, вы еще красивее, чем вчера. Это верный признак того, что вы действительно нравитесь мне. Вы верите, что я освобожу вас?
ЭЛЬЗА. Нет.
ЛАНЦЕЛОТ. А я не обижаюсь. Вот как вы мне нравитесь, оказывается.

Вбегают подруги Эльзы.

1-я ПОДРУГА. А вот и мы!
2-я ПОДРУГА. Мы лучшие подруги Эльзы.
3-я ПОДРУГА. Мы жили душа в душу столько лет, с самого детства.
1-я ПОДРУГА. Она у нас была самая умная.
2-я ПОДРУГА. Она была у нас самая славная.
3-я ПОДРУГА. И все-таки любила нас больше всех. И зашьет, бывало, что попросишь, и поможет решить задачу, и утешит, когда тебе покажется, что ты самая несчастная.

1-я ПОДРУГА. Мы не опоздали?
2-я ПОДРУГА. Вы правда будете драться с ним?
3-я ПОДРУГА. Господин Ланцелот, вы не можете устроить нас на крышу ратуши? Вам не откажут, если вы попросите. Нам так хочется увидеть бой получше.
1-я ПОДРУГА. Ну вот, вы и рассердились.
2-я ПОДРУГА. И не хотите разговаривать с нами.
3-я ПОДРУГА. А мы вовсе не такие плохие девушки.
1-я ПОДРУГА. Вы думаете, мы нарочно помешали попрощаться с Эльзой.
2-я ПОДРУГА. А мы не нарочно.
3-я ПОДРУГА. Это Генрих приказал нам не оставлять вас наедине с ней, пока господин дракон не разрешит этого...
1-я ПОДРУГА. Он приказал нам болтать...
2-я ПОДРУГА. И вот мы болтаем, как дурочки.
3-я ПОДРУГА. Потому что иначе мы заплакали бы. А вы приезжий и представить себе не можете, какой это стыд — плакать при чужих.

Шарлемань выходит из ратуши.

ШАРЛЕМАНЬ. Заседание закрылось, господин Ланцелот. Решение об оружии для вас вынесено. Простите нас. Пожалейте нас, бедных убийц, господин Ланцелот.

Гремят трубы. Из ратуши выбегают слуги, которые расстилают ковры и устанавливают кресла. Большое и роскошно украшенное кресло ставят они посредине. Вправо и влево — кресла попроще. Выходит Бургомистр, окруженный членами городского самоуправления. Он очень весел. Генрих, в парадной ливрее, с ними.

БУРГОМИСТР. Очень смешной анекдот... Как она сказала? Я думала, что все мальчики это умеют? Ха-ха-ха! А этот анекдот вы знаете? Очень смешной. Одному цыгану отрубили голову...

Гремят трубы.

Ах, уже все готово... Ну хорошо, я вам расскажу его после церемонии... Напомните мне. Давайте, давайте, господа. Мы скоренько отделаемся.

Члены городского самоуправления становятся вправо и влево от кресла, стоящего посредине. Генрих становится за спинкой этого кресла.

(Кланяется пустому креслу. Скороговоркой.) Потрясенные и взволнованные доверием, которое вы, ваше превосходительство, оказываете нам, разрешая выносить столь важные решения, просим вас занять место почетного председателя. Просим раз, просим два, просим три. Сокрушаемся, но делать нечего. Начнем сами. Садитесь, господа. Объявляю заседоние...

Пауза.

Воды!

Слуга достает воду из колодца. Бургомистр пьет.

Объявляю заседуние... Воды! *(Пьет. Откашливается, очень тоненьким голосом.)* Объявляю *(глубоким басом)* заседание... Воды! *(Пьет. Тоненько.)* Спасибо, голубчик! *(Басом.)* Пошел вон, негодяй! *(Своим голосом.)* Поздравляю вас, господа, у меня началось раздвоение личности. *(Басом.)* Ты что ж это делаешь, старая дура? *(Тоненько.)* Не видишь, что ли, председательствую. *(Басом.)* Да разве это женское дело? *(Тоненько.)* Да я и сама не рада, касатик. Не сажайте меня, бедную, на кол, а дайте огласить протокол. *(Своим голосом.)* Слушали: о снабжении некоего Ланцелота оружием. Постановили: снабдить, но скрепя сердца. Эй вы там! Давайте сюда оружие!

Гремят трубы. Входят слуги. Первый слуга подает Ланцелоту маленький медный тазик, к которому прикреплены узенькие ремешки.

ЛАНЦЕЛОТ. Это тазик от цирюльника.
БУРГОМИСТР. Да, но мы назначили его исполняющим обязанности шлема. Медный подносик назначен щитом. Не беспокойтесь! Даже вещи в нашем городе послушны и дисциплинированны. Они будут выполнять свои обязанности вполне добросовестно. Рыцарских лат у нас на складе, к сожалению, не оказалось. Но копье есть. *(Протягивает Ланцелоту лист бумаги.)* Это удостоверение дается вам в том, что копье действительно находится в ремонте, что подписью и приложением печати удостоверяется. Вы предъявите его во время боя господину дракону, и все кончится отлично. Вот вам и все. *(Басом.)* Закрывай заседание, старая дура! *(Тоненьким голосом.)* Да закрываю, закрываю, будь оно проклято. И чего народ все сердится, сер-

дится, и сам не знает, чего сердится. *(Поет.)* Раз, два, три, четыре, пять, вышел рыцарь погулять... *(Басом.)* Закрывай, окаянная! *(Тоненьким голосом.)* А я что делаю? *(Поет.)* Вдруг дракончик вылетает, прямо в рыцаря стреляет... Пиф-паф, ой-ой-ой, объявляю заседаньице закрытым.
ЧАСОВОЙ. Смирно! Равнение на небо! Его превосходительство показались над Серыми горами и со страшной быстротой летят сюда.

Все вскакивают и замирают, подняв головы к небу. Далекий гул, который разрастается с ужасающей быстротой. На сцене темнеет. Полная тьма. Гул обрывается.

Смирно! Его превосходительство как туча парит над нами, закрыв солнце. Затаите дыхание!

Вспыхивают два зеленоватых огонька.

КОТ *(шепотом).* Ланцелот, это я, кот.
ЛАНЦЕЛОТ *(шепотом).* Я сразу тебя узнал по глазам.
КОТ. Я буду дремать на крепостной стене. Выбери время, проберись ко мне, и я промурлыкаю тебе нечто крайне приятное...
ЧАСОВОЙ. Смирно! Его превосходительство кинулись вниз головами на площадь.

Оглушительный свист и рев. Вспыхивает свет. В большом кресле сидит с ногами крошечный мертвенно-бледный пожилой человечек.

КОТ *(с крепостной стены.)* Не пугайся, дорогой Ланцелот. Это его третья башка. Он их меняет, когда пожелает.
БУРГОМИСТР. Ваше превосходительство! Во вверенном мне городском самоуправлении никаких происшествий не случилось. В околотке — один. Налицо...
ДРАКОН *(надтреснутым тенорком, очень спокойно).* Пошел вон! Все пошли вон! Кроме приезжего.

Все уходят. На сцене Ланцелот, Дракон и Кот, который дремлет на крепостной стене, свернувшись клубком.

Как здоровье?
ЛАНЦЕЛОТ. Спасибо, отлично.
ДРАКОН. А это что за тазик на полу?
ЛАНЦЕЛОТ. Оружие.
ДРАКОН. Это мои додумались?

ЛАНЦЕЛОТ. Они.
ДРАКОН. Вот безобразники. Обидно, небось?
ЛАНЦЕЛОТ. Нет.
ДРАКОН. Вранье. У меня холодная кровь, но даже я обиделся бы. Страшно вам?
ЛАНЦЕЛОТ. Нет.
ДРАКОН. Вранье, вранье. Мои люди очень страшные. Таких больше нигде не найдешь. Моя работа. Я их кроил.
ЛАНЦЕЛОТ. И все-таки они люди.
ДРАКОН. Это снаружи.
ЛАНЦЕЛОТ. Нет.
ДРАКОН. Если бы ты увидел их души — ох, задрожал бы.
ЛАНЦЕЛОТ. Нет.
ДРАКОН. Убежал бы даже. Не стал бы умирать из-за калек. Я же их, любезный мой, лично покалечил. Как требуется, так и покалечил. Человеческие души, любезный, очень живучи. Разрубишь тело пополам — человек околеет. А душу разорвешь — станет послушней, и только. Нет, нет, таких душ нигде не подберешь. Только в моем городе. Безрукие души, безногие души, глухонемые души, цепные души, легавые души, окаянные души. Знаешь, почему бургомистр притворяется душевнобольным? Чтобы скрыть, что у него и вовсе нет души. Дырявые души, продажные души, прожженные души, мертвые души. Нет, нет, жалко, что они невидимы.
ЛАНЦЕЛОТ. Это ваше счастье.
ДРАКОН. Как так?
ЛАНЦЕЛОТ. Люди испугались бы, увидев своими глазами, во что превратились их души. Они на смерть пошли бы, а не остались покоренным народом. Кто бы тогда кормил вас?
ДРАКОН. Черт его знает, может быть, вы и правы. Ну что ж, начнем?
ЛАНЦЕЛОТ. Давайте.
ДРАКОН. Попрощайтесь сначала с девушкой, ради которой вы идете на смерть. Эй, мальчик!

Вбегает Генрих.

Эльзу!

Генрих убегает.

Вам нравится девушка, которую я выбрал?

ЛАНЦЕЛОТ. Очень, очень нравится.

ДРАКОН. Это приятно слышать. Мне она тоже очень, очень нравится. Отличная девушка. Послушная девушка.

Входят Эльза и Генрих.

Поди, поди сюда, моя милая. Посмотри мне в глаза. Вот так. Очень хорошо. Глазки ясные. Можешь поцеловать мне руку. Вот так. Славненько. Губки теплые. Значит, на душе у тебя спокойно. Хочешь попрощаться с господином Ланцелотом?

ЭЛЬЗА. Как прикажете, господин дракон.

ДРАКОН. А вот как прикажу. Иди. Поговори с ним ласково. *(Тихо.)* Ласково-ласково поговори с ним. Поцелуй его на прощанье. Ничего, ведь я буду здесь. При мне можно. А потом убей его. Ничего, ничего. Ведь я буду здесь. При мне ты это сделаешь. Ступай. Можешь отойти с ним подальше. Ведь я вижу прекрасно. Я все увижу. Ступай.

Эльза подходит к Ланцелоту.

ЭЛЬЗА. Господин Ланцелот, мне приказано попрощаться с вами.

ЛАНЦЕЛОТ. Хорошо, Эльза. Давайте попрощаемся, на всякий случай. Бой будет серьезный. Мало ли что может случиться. Я хочу на прощанье сказать вам, что я вас люблю, Эльза.

ЭЛЬЗА. Меня!

ЛАНЦЕЛОТ. Да, Эльза. Еще вчера вы мне так понравились, когда я взглянул в окно и увидел, как вы тихонечко идете с отцом своим домой. Потом вижу, что при каждой встрече вы кажетесь мне все красивее и красивее. Ага, подумал я. Вот оно. Потом, когда вы поцеловали лапу дракону, я не рассердился на вас, а только ужасно огорчился. Ну и тут уже мне все стало понятно. Я, Эльза, люблю вас. Не сердитесь. Я ужасно хотел, чтобы вы знали это.

ЭЛЬЗА. Я думала, что вы все равно вызвали бы дракона. Даже если бы другая девушка была на моем месте.

ЛАНЦЕЛОТ. Конечно, вызвал бы. Я их терпеть не могу, драконов этих. Но ради вас я готов задушить его голыми руками, хотя это очень противно.

ЭЛЬЗА. Вы, значит, меня любите?

ЛАНЦЕЛОТ. Очень. Страшно подумать! Если бы вчера, на перекрестке трех дорог, я повернул бы не направо, а налево, то мы так и не познакомились бы никогда. Какой ужас, верно?
ЭЛЬЗА. Да.
ЛАНЦЕЛОТ. Подумать страшно. Мне кажется теперь, что ближе вас никого у меня на свете нет, и город ваш я считаю своим, потому что вы тут живете. Если меня... ну, словом, если нам больше не удастся поговорить, то вы уж не забывайте меня.
ЭЛЬЗА. Нет.
ЛАНЦЕЛОТ. Не забывайте. Вот вы сейчас первый раз за сегодняшний день посмотрели мне в глаза. И меня всего так и пронизало теплом, как будто вы приласкали меня. Я странник, легкий человек, но вся жизнь моя проходила в тяжелых боях. Тут дракон, там людоеды, там великаны. Возишься, возишься... Работа хлопотливая, неблагодарная. Но я все-таки был вечно счастлив. Я не уставал. И часто влюблялся.
ЭЛЬЗА. Часто?
ЛАНЦЕЛОТ. Конечно. Ходишь-бродишь, дерешься — и знакомишься с девушками. Ведь они вечно попадают то в плен к разбойникам, то в мешок к великану, то на кухню к людоеду. А эти злодеи всегда выбирают девушек получше, особенно людоеды. Ну вот и влюбишься, бывало. Но разве так, как теперь? С теми я все шутил. Смешил их. А вас, Эльза, если бы мы были одни, то все целовал бы. Правда. И увел бы вас отсюда. Мы вдвоем шагали бы по лесам и горам — это совсем не трудно. Нет, я добыл бы вам коня с таким седлом, что вы бы никогда не уставали. И я шел бы у вашего стремени и любовался на вас. И ни один человек не посмел бы вас обидеть.

Эльза берет Ланцелота за руку.

ДРАКОН. Молодец девушка. Приручает его.
ГЕНРИХ. Да. Она далеко не глупа, ваше превосходительство.
ЛАНЦЕЛОТ. Эльза, да ты, кажется, собираешься плакать?
ЭЛЬЗА. Собираюсь.
ЛАНЦЕЛОТ. Почему?
ЭЛЬЗА. Мне жалко.

ЛАНЦЕЛОТ. Кого?

ЭЛЬЗА. Себя и вас. Не будет нам с вами счастья, господин Ланцелот. Зачем я родилась на свет при драконе!

ЛАНЦЕЛОТ. Эльза, я всегда говорю правду. Мы будем счастливы. Поверь мне.

ЭЛЬЗА. Ой, ой, не надо.

ЛАНЦЕЛОТ. Мы пойдем с тобою по лесной дорожке, веселые и счастливые. Только ты да я.

ЭЛЬЗА. Нет, нет, не надо.

ЛАНЦЕЛОТ. И небо над нами будет чистое. Никто не посмеет броситься на нас оттуда.

ЭЛЬЗА. Правда?

ЛАНЦЕЛОТ. Правда. Ах, разве знают в бедном вашем народе, как можно любить друг друга? Страх, усталость, недоверие сгорят в тебе, исчезнут навеки, — вот как я буду любить тебя. А ты, засыпая, будешь улыбаться и, просыпаясь, будешь улыбаться и звать меня, — вот как ты меня будешь любить. И себя полюбишь тоже. Ты будешь ходить спокойная и гордая. Ты поймешь, что уж раз я тебя такую целую, значит, ты хороша. И деревья в лесу будут ласково разговаривать с нами, и птицы, и звери, потому что настоящие влюбленные все понимают и заодно со всем миром. И все будут рады нам, потому что настоящие влюбленные приносят счастье.

ДРАКОН. Что он ей там напевает?

ГЕНРИХ. Проповедует. Ученье — свет, а неученье — тьма. Мойте руки перед едой. И тому подобное. Этот сухарь...

ДРАКОН. Ага, ага. Она положила ему руку на плечо! Молодец.

ЭЛЬЗА. Пусть даже мы не доживем до такого счастья. Все равно, я все равно уже и теперь счастлива. Эти чудовища сторожат нас. А мы ушли от них за тридевять земель. Со мной никогда так не говорили, дорогой мой. Я не знала, что есть на свете такие люди, как ты. Я еще вчера была послушная, как собачка, не смела думать о тебе. И все-таки ночью спустилась тихонько вниз и выпила вино, которое оставалось в твоем стакане. Я только сейчас поняла, что это я по-своему, тайно-тайно, поцеловала тебя ночью за то, что ты вступился за меня. Ты не поймешь, как перепутаны все чувства у нас, бедных, забитых девушек. Еще недавно мне казалось, что я тебя ненавижу. А это я по-

своему, тайно-тайно, влюблялась в тебя. Дорогой мой! Я люблю тебя — какое счастье сказать это прямо! И какое счастье... *(Целует Ланцелота.)*
ДРАКОН *(сучит ножками от нетерпения).* Сейчас сделает, сейчас сделает, сейчас сделает!
ЭЛЬЗА. А теперь пусти меня, милый. *(Освобождается из объятий Ланцелота. Выхватывает нож из ножен.)* Видишь этот нож? Дракон приказал, чтобы я убила тебя этим ножом. Смотри!
ДРАКОН. Ну! Ну! Ну!
ГЕНРИХ. Делай, делай!

Эльза швыряет нож в колодец.

Презренная девчонка!
ДРАКОН *(гремит).* Да как ты посмела!..
ЭЛЬЗА. Ни слова больше! Неужели ты думаешь, что я позволю тебе ругаться теперь, после того как он поцеловал меня? Я люблю его. И он убьет тебя.
ЛАНЦЕЛОТ. Это чистая правда, господин дракон.
ДРАКОН. Ну-ну. Что ж. Придется подраться. *(Зевает.)* Да откровенно говоря, я не жалею об этом, я тут не так давно разработал очень любопытный удар лапой эн в икс-направлении. Сейчас попробуем его на теле. Денщик, позови-ка стражу.

Генрих убегает.

Ступай домой, дурочка, а после боя мы поговорим с тобою обо всем задушевно.

Входит Генрих со стражей.

Слушай, стража, что-то я хотел тебе сказать... Ах да... Проводи-ка домой эту барышню и посторожи ее там.

Ланцелот делает шаг вперед.

ЭЛЬЗА. Не надо. Береги силы. Когда ты его убьешь, приходи за мной. Я буду ждать тебя и перебирать каждое слово, которое ты сказал мне сегодня. Я верю тебе.
ЛАНЦЕЛОТ. Я приду за тобой.
ДРАКОН. Ну вот и хорошо. Ступайте.

Стража уводит Эльзу.

Мальчик, сними часового с башни и отправь его в тюрьму. Ночью надо будет отрубить ему голову. Он слышал, как девчонка кричала на меня, и может проболтаться об этом в казарме. Распорядись. Потом придёшь смазать мне когти ядом.

Генрих убегает.

(Ланцелоту.) А ты стой здесь, слышишь? И жди. Когда я начну — не скажу. Настоящая война начинается вдруг. Понял?

Слезает с кресла и уходит во дворец. Ланцелот подходит к Коту.

ЛАНЦЕЛОТ. Ну, кот, что приятного собирался ты промурлыкать мне?
КОТ. Взгляни направо, дорогой Ланцелот. В облаке пыли стоит ослик. Брыкается. Пять человек уговаривают упрямца. Сейчас я им спою песенку. *(Мяукает.)* Видишь, как запрыгал упрямец прямо к нам. Но у стены он заупрямится вновь, а ты поговори с погонщиками его. Вот и они.

За стеной — голова осла, который останавливается в облаке пыли.
Пять погонщиков кричат на него. Генрих бежит через площадь.

ГЕНРИХ *(погонщикам).* Что вы здесь делаете?
ДВОЕ ПОГОНЩИКОВ *(хором).* Везём товар на рынок, ваша честь.
ГЕНРИХ. Какой?
ДВОЕ ПОГОНЩИКОВ. Ковры, ваша честь.
ГЕНРИХ. Проезжайте, проезжайте. У дворца нельзя задерживаться!
ДВОЕ ПОГОНЩИКОВ. Осёл заупрямился, ваша честь.
ГОЛОС ДРАКОНа. Мальчик!
ГЕНРИХ. Проезжайте, проезжайте! *(Бежит бегом во дворец.)*
ДВОЕ ПОГОНЩИКОВ *(хором).* Здравствуйте, господин Ланцелот. Мы друзья ваши, господин Ланцелот. *(Откашливаются разом.)* Кха-кха. Вы не обижайтесь, что мы говорим разом, — мы с малых лет работаем вместе и так сработались, что и думаем, и говорим как один человек. Мы даже влюбились в один день и один миг и женились на родных сёстрах-близнецах. Мы соткали множество ковров, но самый лучший приготовили мы на нынешнюю ночь,

для вас. *(Снимают со спины осла ковер и расстилают его на земле.)*
ЛАНЦЕЛОТ. Какой красивый ковер!
ДВОЕ ПОГОНЩИКОВ. Да. Ковер лучшего сорта, двойной, шерсть с шелком, краски приготовлены по особому нашему секретному способу. Но секрет ковра не в шерсти, не в шелке, не в красках. *(Негромко.)* Это ковер-самолет.
ЛАНЦЕЛОТ. Прелестно! Говорите скорее, как им управлять.
ДВОЕ ПОГОНЩИКОВ. Очень просто, господин Ланцелот. Это — угол высоты, на нем выткано солнце. Это — угол глубины, на нем выткана земля. Это — угол узорных полетов, на нем вытканы ласточки. А это — драконов угол. Подымешь его — и летишь круто вниз, прямо врагу на башку. Здесь выткан кубок с вином и чудесная закуска. Побеждай и пируй. Нет-нет. Не говори нам спасибо. Наши прадеды все поглядывали на дорогу, ждали тебя. Наши деды ждали. А мы вот — дождались.

Уходят быстро, и тотчас же к Ланцелоту подбегает 3-й Погонщик с картонным футляром в руках.

3-й ПОГОНЩИК. Здравствуйте, сударь! Простите. Поверните голову так. А теперь этак. Отлично. Сударь, я шапочных и шляпочных дел мастер. Я делаю лучшие шляпы и шапки в мире. Я очень знаменит в этом городе. Меня тут каждая собака знает.
КОТ. И кошка тоже.
3-й ПОГОНЩИК. Вот видите! Без всякой примерки, бросив один взгляд на заказчика, я делаю вещи, которые удивительно украшают людей, — и в этом моя радость. Одну даму, например, муж любит, только пока она в шляпе моей работы. Она даже спит в шляпе и признается всюду, что она мне обязана счастьем всей своей жизни. Сегодня я всю ночь работал на вас, сударь, и плакал как ребенок, с горя.
ЛАНЦЕЛОТ. Почему?
3-й ПОГОНЩИК. Это такой трагический, особенный фасон. Это шапка-невидимка.
ЛАНЦЕЛОТ. Прелестно!
3-й ПОГОНЩИК. Как только вы ее наденете, так и исчезнете, и бедный мастер вовеки не узнает, идет она вам или нет. Берите, только не примеряйте при мне. Я этого не перенесу! Нет, не перенесу!

Убегает. Тотчас же к Ланцелоту подходит 4-й Погонщик — бородатый угрюмый человек со свертком на плече. Развертывает сверток. Там меч и копье.

4-й ПОГОНЩИК. На. Всю ночь ковали. Ни пуха тебе, ни пера.

Уходит. К Ланцелоту подбегает 5-й Погонщик — маленький седой человечек со струнным музыкальным инструментом в руках.

5-й ПОГОНЩИК. Я музыкальных дел мастер, господин Ланцелот. Еще мой прапрапрадед начал строить этот маленький инструмент. Из поколения в поколение работали мы над ним, и в человеческих руках он стал совсем человеком. Он будет вашим верным спутником в бою. Руки ваши будут заняты копьем и мечом, но он сам позаботится о себе. Он сам даст ля — и настроится. Сам переменит лопнувшую струну, сам заиграет. Когда следует, он будет бисировать, а когда нужно — молчать. Верно я говорю?

Музыкальный инструмент отвечает музыкальной фразой.

Видите? Мы слышали, мы все слышали, как вы, одинокий, бродили по городу, и спешили, спешили вооружить вас с головы до ног. Мы ждали, сотни лет ждали, дракон сделал нас тихими, и мы ждали тихо-тихо. И вот дождались. Убейте его и отпустите нас на свободу. Верно я говорю?

Музыкальный инструмент отвечает музыкальной фразой. 5-й Погонщик уходит с поклонами.

КОТ. Когда начнется бой, мы — я и ослик — укроемся в амбаре позади дворца, чтобы пламя случайно не опалило мою шкурку. Если понадобится, кликни нас. Здесь, в поклаже на спине ослика, — укрепляющие напитки, пирожки с вишнями, точило для меча, запасные наконечники для копья, иголки и нитки.

ЛАНЦЕЛОТ. Спасибо. (*Становится на ковер. Берет оружие, кладет у ног музыкальный инструмент. Достает шапку-невидимку, надевает ее и исчезает.*)

КОТ. Аккуратная работа. Прекрасные мастера. Ты еще тут, дорогой Ланцелот?

ГОЛОС ЛАНЦЕЛОТА. Нет. Я подымаюсь потихоньку. До свиданья, друзья.

Н. Акимов. «Дракон» Е.Л. Шварца.
Афиша к спектаклю. 1962 г.

Н. Акимов. «Дракон» Е.Л. Шварца.
Трон. Эскиз декорации. 1962 г.

Н. Акимов. Эскиз костюма палача к спектаклю «Дракон» по пьесе Е.Л. Шварца. 1944 г.

Н. Акимов. «Тень» Е.Л. Шварца.
Афиша спектакля. 1960 г.

Вверху: сцена из спектакля «Тень» по пьесе Е.Л. Шварца. Ленинградский театр комедии, постановка Н. Акимова. 1960 г. Ниже: Н. Акимов. Эскизы костюмов к спектаклю «Тень».

Дружеский шарж, подареный Е.Л. Шварцу на его юбилейном вечере в Доме писателей им. Вл. Маяковского. Октябрь 1956 г. Ленинград.

Н. Акимов. Портрет Е.Л. Шварца. 1938 г.

КОТ. До свиданья, дорогой мой. Ах, сколько тревожений, сколько забот. Нет, быть в отчаянии — это гораздо приятнее. Дремлешь и ничего не ждешь. Верно я говорю, ослик?

Осел шевелит ушами.

Ушами я разговаривать не умею. Давай поговорим, ослик, словами. Мы знакомы мало, но раз уж работаем вместе, то можно и помяукать дружески. Мучение — ждать молча. Помяукаем.

ОСЕЛ. Мяукать не согласен.

КОТ. Ну тогда хоть поговорим. Дракон думает, что Ланцелот здесь, а его и след простыл. Смешно, верно?

ОСЕЛ *(мрачно)*. Потеха!

КОТ. Отчего же ты не смеешься?

ОСЕЛ. Побьют. Как только я засмеюсь громко, люди говорят: опять этот проклятый осел кричит. И дерутся.

КОТ. Ах вот как! Это, значит, у тебя смех такой пронзительный?

ОСЕЛ. Ага.

КОТ. А над чем ты смеешься?

ОСЕЛ. Как когда... Думаю, думаю — да и вспомню смешное. Лошади меня смешат.

КОТ. Чем?

ОСЕЛ. Так... Дуры.

КОТ. Прости, пожалуйста, за нескромность. Я тебя давно вот о чем хотел спросить...

ОСЕЛ. Ну?

КОТ. Как можешь ты есть колючки?

ОСЕЛ. А что?

КОТ. В траве попадаются, правда, съедобные стебельки. А колючки... сухие такие!

ОСЕЛ. Ничего. Люблю острое.

КОТ. А мясо?

ОСЕЛ. Что — мясо?

КОТ. Не пробовал есть?

ОСЕЛ. Мясо — это не еда. Мясо — это поклажа. Его в тележку кладут, дурачок.

КОТ. А молоко?

ОСЕЛ. Вот это в детстве я пил.

КОТ. Ну, слава богу, можно будет поболтать о приятных, утешительных предметах.

ОСЕЛ. Верно. Это приятно вспомнить. Утешительно. Мать добрая. Молоко теплое. Сосешь, сосешь. Рай! Вкусно.
КОТ. Молоко и лакать приятно.
ОСЕЛ. Лакать не согласен.
КОТ *(вскакивает).* Слышишь?
ОСЕЛ. Стучит копытами, гад.

Тройной вопль Дракона.

ДРАКОН. Ланцелот!

Пауза.

Ланцелот!
ОСЕЛ. Ку-ку! *(Разражается ослиным хохотом.)* И-а! И-а! И-а!

Дворцовые двери распахиваются. В дыму и пламени смутно виднеются то три гигантские башки, то огромные лапы, то сверкающие глаза.

ДРАКОН. Ланцелот! Полюбуйся на меня перед боем. Где же ты?

Генрих выбегает на площадь. Мечется, ищет Ланцелота, заглядывает в колодец.

Где же он?
ГЕНРИХ. Он спрятался, ваше превосходительство.
ДРАКОН. Эй, Ланцелот! Где ты?

Звон меча.

Кто посмел ударить меня?!
ГОЛОС ЛАНЦЕЛОТА. Я, Ланцелот!

Полная тьма. Угрожающий рев. Вспыхивает свет. Генрих мчится в ратушу. Шум боя.

КОТ. Бежим в укрытие.
ОСЕЛ. Пора.

Убегают. Площадь наполняется народом. Народ необычайно тих. Все перешептываются, глядя на небо.

1-й ГОРОЖАНИН. Как мучительно затягивается бой.
2-й ГОРОЖАНИН. Да! Уже две минуты — и никаких результатов.
1-й ГОРОЖАНИН. Я надеюсь, что сразу все будет кончено.

2-й ГОРОЖАНИН. Ах, мы жили так спокойно... А сейчас время завтракать — и не хочется есть. Ужас! Здравствуйте, господин садовник. Почему мы так грустны?

САДОВНИК. У меня сегодня распустились чайные розы, хлебные розы и винные розы. Посмотришь на них — и ты сыт и пьян. Господин дракон обещал зайти взглянуть и дать денег на дальнейшие опыты. А теперь он воюет. Из-за этого ужаса могут погибнуть плоды многолетних трудов.

РАЗНОСЧИК (бойким шепотом). А вот кому закопченные стекла? Посмотришь — и увидишь господина дракона копченым.

Все тихо смеются.

1-й ГОРОЖАНИН. Какое безобразие. Ха-ха-ха!
2-й ГОРОЖАНИН. Увидишь его копченым, как же!

Покупают стекла.

МАЛЬЧИК. Мама, от кого дракон удирает по всему небу?
ВСЕ. Тссс!
1-й ГОРОЖАНИН. Он не удирает, мальчик, он маневрирует.
МАЛЬЧИК. А почему он поджал хвост?
ВСЕ. Тссс!
1-й ГОРОЖАНИН. Хвост поджат по заранее обдуманному плану, мальчик.
1-я ГОРОЖАНКА. Подумать только! Война идет уже целых шесть минут, а конца ей еще не видно. Все так взволнованны, даже простые торговки подняли цены на молоко втрое.
2-я ГОРОЖАНКА. Ах, что там торговки. По дороге сюда мы увидели зрелище, леденящее душу. Сахар и сливочное масло, бледные как смерть, неслись из магазинов на склады. Ужасно нервные продукты. Как услышат шум боя — так и прячутся.

Крики ужаса. Толпа шарахается в сторону. Появляется Шарлемань.

ШАРЛЕМАНЬ. Здравствуйте, господа!

Молчание.

Вы не узнаете меня?

1-й ГОРОЖАНИН. Конечно, нет. Со вчерашнего вечера вы стали совершенно неузнаваемым.

ШАРЛЕМАНЬ. Почему?

САДОВНИК. Ужасные люди. Принимают чужих. Портят настроение дракону. Это хуже, чем по газону ходить. Да еще спрашивают почему.

2-й ГОРОЖАНИН. Я лично совершенно не узнаю вас после того, как ваш дом окружила стража.

ШАРЛЕМАНЬ. Да, это ужасно. Не правда ли? Эта глупая стража не пускает меня к родной моей дочери. Говорит, что дракон не велел никого пускать к Эльзе.

1-й ГОРОЖАНИН. Ну что ж. Со своей точки зрения они совершенно правы.

ШАРЛЕМАНЬ. Эльза там одна. Правда, она очень весело кивала мне в окно, но это, наверное, только для того, чтобы успокоить меня. Ах, я не нахожу себе места!

2-й ГОРОЖАНИН. Как — не находите места? Значит, вас уволили с должности архивариуса?

ШАРЛЕМАНЬ. Нет.

2-й ГОРОЖАНИН. Тогда о каком месте вы говорите?

ШАРЛЕМАНЬ. Неужели вы не понимаете меня?

1-й ГОРОЖАНИН. Нет. После того как вы подружились с этим чужаком, мы с вами говорим на разных языках.

Шум боя, удары меча.

МАЛЬЧИК *(указывает на небо)*. Мама, мама! Он перевернулся вверх ногами. Кто-то бьет его так, что искры летят!
ВСЕ. Тссс!

Гремят трубы. Выходят Генрих и Бургомистр.

БУРГОМИСТР. Слушайте приказ. Во избежание эпидемии глазных болезней, и только поэтому, на небо смотреть воспрещается. Что происходит на небе, вы узнаете из коммюнике, которое по мере надобности будет выпускать личный секретарь господина дракона.

1-й ГОРОЖАНИН. Вот это правильно.
2-й ГОРОЖАНИН. Давно пора.
МАЛЬЧИК. Мама, а почему вредно смотреть, как его бьют?
ВСЕ. Тссс!

Появляются подруги Эльзы.

1-я ПОДРУГА. Десять минут идет война! Зачем этот Ланцелот не сдается?
2-я ПОДРУГА. Знает ведь, что дракона победить нельзя.
3-я ПОДРУГА. Он просто нарочно мучает нас.
1-я ПОДРУГА. Я забыла у Эльзы свои перчатки. Но мне все равно теперь. Я так устала от этой войны, что мне ничего не жалко.
2-я ПОДРУГА. Я тоже стала совершенно бесчувственная. Эльза хотела подарить мне на память свои новые туфли, но я и не вспоминаю о них.
3-я ПОДРУГА. Подумать только! Если бы не этот приезжий, дракон давно бы уже увел Эльзу к себе. И мы сидели бы спокойно дома и плакали бы.
РАЗНОСЧИК (*бойко, шепотом*). А вот кому интересный научный инструмент, так называемое зеркальце, — смотришь вниз, а видишь небо? Каждый за недорогую цену может увидеть дракона у своих ног.

> Все тихо смеются.

1-й ГОРОЖАНИН. Какое безобразие! Ха-ха-ха!
2-й ГОРОЖАНИН. Увидишь его у своих ног! Дожидайся!

> Зеркала раскупают. Все смотрят в них, разбившись на группы. Шум боя все ожесточеннее.

1-я ГОРОЖАНКА. Но это ужасно!
2-я ГОРОЖАНКА. Бедный дракон!
1-я ГОРОЖАНКА. Он перестал выдыхать пламя.
2-я ГОРОЖАНКА. Он только дымится.
1-й ГОРОЖАНИН. Какие сложные маневры.
2-й ГОРОЖАНИН. По-моему... Нет, я ничего не скажу!
1-й ГОРОЖАНИН. Ничего не понимаю.
ГЕНРИХ. Слушайте коммюнике городского самоуправления. Бой близится к концу. Противник потерял меч. Копье его сломано. В ковре-самолете обнаружена моль, которая с невиданной быстротой уничтожает летные силы врага. Оторвавшись от своих баз, противник не может добыть нафталина и ловит моль, хлопая ладонями, что лишает его необходимой маневренности. Господин дракон не уничтожает врага только из любви к войне. Он еще не насытился подвигами и не налюбовался чудесами собственной храбрости.

1-й ГОРОЖАНИН. Вот теперь я все понимаю.

МАЛЬЧИК. Ну, мамочка, ну смотри, ну честное слово, его кто-то лупит по шее.

1-й ГОРОЖАНИН. У него три шеи, мальчик.

МАЛЬЧИК. Ну вот, видите, а теперь его гонят в три шеи.

1-й ГОРОЖАНИН. Это обман зрения, мальчик!

МАЛЬЧИК. Вот я и говорю, что обман. Я сам часто дерусь и понимаю, кого бьют. Ой! Что это?!

1-й ГОРОЖАНИН. Уберите ребенка.

2-й ГОРОЖАНИН. Я не верю, не верю глазам своим! Врача, глазного врача мне!

1-й ГОРОЖАНИН. Она падает сюда. Я этого не перенесу! Не заслоняйте! Дайте взглянуть!..

    Голова Дракона с грохотом валится на площадь.

БУРГОМИСТР. Коммюнике! Полжизни за коммюнике!

ГЕНРИХ. Слушайте коммюнике городского самоуправления. Обессиленный Ланцелот потерял все и частично захвачен в плен.

МАЛЬЧИК. Как — частично?

ГЕНРИХ. А так. Это военная тайна. Остальные его части беспорядочно сопротивляются. Между прочим, господин дракон освободил от военной службы по болезни одну свою голову с зачислением ее в резерв первой очереди.

МАЛЬЧИК. А все-таки я не понимаю...

1-й ГОРОЖАНИН. Ну чего тут не понимать? Зубы у тебя падали?

МАЛЬЧИК. Падали.

1-й ГОРОЖАНИН. Ну вот. А ты живешь себе.

МАЛЬЧИК. Но голова у меня никогда не падала.

1-й ГОРОЖАНИН. Мало ли что!

ГЕНРИХ. Слушайте обзор происходящих событий. Заглавие: почему два, в сущности, больше, чем три? Две головы сидят на двух шеях. Получается четыре. Так. А кроме того, сидят они несокрушимо.

    Вторая голова Дракона с грохотом валится на площадь.

Обзор откладывается по техническим причинам. Слушайте коммюнике. Боевые действия развиваются согласно планам, составленным господином драконом.

МАЛЬЧИК. И все?

ГЕНРИХ. Пока все.

1-й ГОРОЖАНИН. Я потерял уважение к дракону на две трети. Господин Шарлемань! Дорогой друг! Почему вы там стоите в одиночестве?

2-й ГОРОЖАНИН. Идите к нам, к нам.

1-й ГОРОЖАНИН. Неужели стража не впускает вас к единственной дочери? Какое безобразие!

2-й ГОРОЖАНИН. Почему вы молчите?

1-й ГОРОЖАНИН. Неужели вы обиделись на нас?

ШАРЛЕМАНЬ. Нет, но я растерялся. Сначала вы не узнавали меня без всякого притворства. Я знаю вас. А теперь так же непритворно вы радуетесь мне.

САДОВНИК. Ах, господин Шарлемань. Не надо размышлять. Это слишком страшно. Страшно подумать, сколько времени я потерял, бегая лизать лапу этому одноголовому чудовищу. Сколько цветов мог вырастить!

ГЕНРИХ. Послушайте обзор событий!

САДОВНИК. Отстаньте! Надоели!

ГЕНРИХ. Мало ли что! Время военное. Надо терпеть. Итак, я начинаю. Един Бог, едино солнце, едина луна, едина голова на плечах у нашего повелителя. Иметь всего одну голову — это человечно, это гуманно в высшем смысле этого слова. Кроме того, это крайне удобно и в чисто военном отношении. Это сильно сокращает фронт. Оборонять одну голову втрое легче, чем три.

Третья голова Дракона с грохотом валится на площадь.
Взрыв криков. Теперь все говорят очень громко.

1-й ГОРОЖАНИН. Долой дракона!

2-й ГОРОЖАНИН. Нас обманывали с детства!

1-я ГОРОЖАНКА. Как хорошо! Некого слушаться!

2-я ГОРОЖАНКА. Я как пьяная! Честное слово.

МАЛЬЧИК. Мама, теперь, наверное, не будет занятий в школе! Ура!

РАЗНОСЧИК. А вот кому игрушка? Дракошка-картошка! Раз — и нет головы!

Все хохочут во всю глотку.

САДОВНИК. Очень остроумно. Как? Дракон-корнеплод? Сидеть в парке! Всю жизнь! Безвыходно! Ура!

ВСЕ. Ура! Долой его! Дракошка-картошка! Бей кого попало!

ГЕНРИХ. Прослушайте коммюнике!
ВСЕ. Не прослушаем! Как хотим, так и кричим! Как желаем, так и лаем! Какое счастье! Бей!
БУРГОМИСТР. Эй, стража!

Стража выбегает на площадь.

(Генриху.) Говори. Начни помягче, а потом стукни. Смирно!

Все затихают.

ГЕНРИХ *(очень мягко).* Прослушайте, пожалуйста, коммюнике. На фронтах ну буквально, буквально-таки ничего интересного не произошло. Все обстоит вполне благополучненько. Объявляется осадное положеньице. За распространение слушков *(грозно)* будем рубить головы без замены штрафом. Поняли? Все по домам! Стража, очистить площадь!

Площадь пустеет.

Ну? Как тебе понравилось это зрелище?
БУРГОМИСТР. Помолчи, сынок.
ГЕНРИХ. Почему ты улыбаешься?
БУРГОМИСТР. Помолчи, сынок.

Глухой тяжелый удар, от которого содрогается земля.

Это тело дракона рухнуло на землю за мельницей.
1-я ГОЛОВА ДРАКОНА. Мальчик!
ГЕНРИХ. Почему ты так потираешь руки, папа?
БУРГОМИСТР. Ах, сынок! В руки мне сама собою свалилась власть.
2-я ГОЛОВА. Бургомистр, подойди ко мне! Дай воды! Бургомистр!
БУРГОМИСТР. Все идет великолепно, Генрих. Покойник воспитал их так, что они повезут любого, кто возьмет вожжи.
ГЕНРИХ. Однако сейчас на площади...
БУРГОМИСТР. Ах, это пустяки. Каждая собака прыгает как безумная, когда ее спустишь с цепи, а потом сама бежит в конуру.
3-я ГОЛОВА. Мальчик! Подойди-ка ко мне! Я умираю.
ГЕНРИХ. А Ланцелота ты не боишься, папа?
БУРГОМИСТР. Нет, сынок. Неужели ты думаешь, что дракона было так легко убить? Вернее всего, господин Лан-

целот лежит обессиленный на ковре-самолете и ветер уносит его прочь от нашего города.

ГЕНРИХ. А если вдруг он спустится...

БУРГОМИСТР. ...то мы с ним легко справимся. Он обессилен, уверяю тебя. Наш дорогой покойник все-таки умел драться. Идем. Напишем первые приказы. Главное — держаться как ни в чем не бывало.

1-я ГОЛОВА. Мальчик! Бургомистр!

БУРГОМИСТР. Идем, идем, некогда!

Уходят.

1-я ГОЛОВА. Зачем, зачем я ударил его второй левой лапой? Второй правой надо было.

2-я ГОЛОВА. Эй, кто-нибудь! Ты, Миллер! Ты мне хвост целовал при встрече. Эй, Фридрихсен! Ты подарил мне трубку с тремя мундштуками и надписью «Твой навеки». Где ты, Анна-Мария-Фредерика Вебер? Ты говорила, что влюблена в меня, и носила на груди кусочки моего когтя в бархатном мешочке. Мы издревле научились понимать друг друга. Где же вы все? Дайте воды. Ведь вот он, колодец, рядом. Глоток! Полглотка! Ну хоть губы смочить.

1-я ГОЛОВА. Дайте, дайте мне начать сначала! Я вас всех передавлю!

2-я ГОЛОВА. Одну капельку, кто-нибудь.

3-я ГОЛОВА. Надо было скроить хоть одну верную душу. Не поддавался материал.

2-я ГОЛОВА. Тише! Я чую, рядом кто-то живой. Подойди. Дай воды.

ГОЛОС ЛАНЦЕЛОТА. Не могу!

На площади появляется Ланцелот. Он стоит на ковре-самолете, опираясь на погнутый меч. В руках его шапка-невидимка. У ног музыкальный инструмент.

1-я ГОЛОВА. Ты победил случайно! Если бы я ударил второй правой...

2-я ГОЛОВА. А впрочем, прощай!

3-я ГОЛОВА. Меня утешает, что я оставляю тебе прожженные души, дырявые души, мертвые души... А впрочем, прощай!

2-я ГОЛОВА. Один человек возле, тот, кто убил меня! Вот так кончилась жизнь!

ВСЕ ТРИ ГОЛОВЫ (*хором*). Кончилась жизнь. Прощай! (*Умирают.*)
ЛАНЦЕЛОТ. Они-то умерли, но и мне что-то нехорошо. Не слушаются руки. Вижу плохо. И слышу все время, как зовет меня кто-то по имени: «Ланцелот, Ланцелот». Знакомый голос. Унылый голос. Не хочется идти. Но, кажется, придется на этот раз. Как ты думаешь — я умираю?

> Музыкальный инструмент отвечает.

Да, как тебя послушаешь, это выходит и возвышенно, и благородно. Но мне ужасно нездоровится. Я смертельно ранен. Погоди-ка, погоди... Но дракон-то убит, вот и легче мне стало дышать. Эльза! Я его победил! Правда, никогда больше не увидеть мне тебя, Эльза! Не улыбнешься ты мне, не поцелуешь, не спросишь: «Ланцелот, что с тобой? Почему ты такой невеселый? Почему у тебя так кружится голова? Почему болят плечи? Кто зовет тебя так упрямо — Ланцелот, Ланцелот?» Это смерть меня зовет, Эльза. Я умираю. Это очень грустно, верно?

> Музыкальный инструмент отвечает.

Это очень обидно. Все они спрятались. Как будто победа — это несчастье какое-нибудь. Да погоди же ты, смерть. Ты меня знаешь. Я не раз смотрел тебе в глаза и никогда не прятался. Не уйду! Слышу. Дай мне подумать еще минуту. Все они спрятались. Так. Но сейчас дома они потихоньку-потихоньку приходят в себя. Души у них распрямляются. Зачем, шепчут они, зачем кормили и холили мы это чудовище? Из-за нас умирает теперь на площади человек, один-одинешенек. Ну, уж теперь мы будем умнее! Вон какой бой разыгрался в небе из-за нас. Вон как больно дышать бедному Ланцелоту. Нет уж, довольно, довольно! Из-за слабости нашей гибли самые сильные, самые добрые, самые нетерпеливые. Камни и те поумнели бы. А мы все-таки люди. Вот что шепчут сейчас в каждом доме, в каждой комнатке. Слышишь?

> Музыкальный инструмент отвечает.

Да, да, именно так. Значит, я умираю недаром. Прощай, Эльза. Я знал, что буду любить тебя всю жизнь... Только не верил, что кончится жизнь так скоро. Прощай, город, прощай, утро, день, вечер. Вот и ночь пришла! Эй вы! Смерть зовет, торопит... Мысли мешаются... Что-то... что-то я не договорил... Эй вы! Не бойтесь. Это можно — не обижать вдов и сирот. Жалеть друг друга тоже можно. Не бойтесь! Жалейте друг друга. Жалейте — и вы будете счастливы! Честное слово, это правда, чистая правда, самая чистая правда, какая есть на земле. Вот и все. А я ухожу. Прощайте.

> Музыкальный инструмент отвечает.
>
> Занавес

Действие третье

Роскошно обставленный зал во дворце Бургомистра. На заднем плане, по обе стороны двери, полукруглые столы, накрытые к ужину. Перед ними, в центре, небольшой стол, на котором лежит толстая книга в золотом переплете. При поднятии занавеса гремит оркестр. Группа горожан глядят на дверь.

ГОРОЖАНЕ *(тихо).* Раз, два, три. *(Громко.)* Да здравствует победитель дракона! *(Тихо.)* Раз, два, три. *(Громко.)* Да здравствует наш повелитель! *(Тихо.)* Раз, два, три. *(Громко.)* До чего же мы довольны — это уму непостижимо! *(Тихо.)* Раз, два, три. *(Громко.)* Мы слышим его шаги!

> Входит Генрих.

(Громко, но стройно.) Ура! Ура! Ура!

1-й ГОРОЖАНИН. О славный наш освободитель! Ровно год назад окаянный, антипатичный, нечуткий, противный сукин сын дракон был уничтожен вами.

ГОРОЖАНЕ. Ура, ура, ура!

1-й ГОРОЖАНИН. С тех пор мы живем очень хорошо. Мы...

ГЕНРИХ. Стойте, стойте, любезные. Сделайте ударение на «очень».

1-й ГОРОЖАНИН. Слушаю-с. С тех пор мы живем о-очень хорошо.

ГЕНРИХ. Нет, любезный. Не так. Не надо нажимать на «о». Получается какой-то двусмысленный завыв: «оучень». Поднаприте-ка на «ч».

1-й ГОРОЖАНИН. С тех пор мы живем оччччень хорошо.

ГЕНРИХ. Во-во! Утверждаю этот вариант. Ведь вы знаете победителя дракона. Это простой до наивности человек. Он любит искренность, задушевность. Дальше.

1-й ГОРОЖАНИН. Мы просто не знаем, куда деваться от счастья.

ГЕНРИХ. Отлично! Стойте. Вставим здесь что-нибудь этакое... гуманное, добродетельное... Победитель дракона это любит. *(Щелкает пальцами.)* Стойте, стойте, стойте! Сейчас, сейчас, сейчас! Вот! Нашел! Даже пташки чирикают весело. Зло ушло — добро пришло! Чик-чирик! Чирик-ура! Повторим.

1-й ГОРОЖАНИН. Даже пташки чирикают весело. Зло ушло — добро пришло, чик-чирик, чирик-ура!

ГЕНРИХ. Уныло чирикаете, любезный! Смотрите, как бы вам самому не было за это чирик-чирик.

1-й ГОРОЖАНИН *(весело).* Чик-чирик! Чирик-ура!

ГЕНРИХ. Так-то лучше. Ну-с, хорошо. Остальные куски мы репетировали уже?

ГОРОЖАНЕ. Так точно, господин бургомистр.

ГЕНРИХ. Ладно. Сейчас победитель дракона, президент вольного города выйдет к вам. Запомните — говорить надо стройно и вместе с тем задушевно, гуманно, демократично. Это дракон разводил церемонии, а мы...

ЧАСОВОЙ *(из средней двери.)* Сми-ирно! Равнение на двери! Его превосходительство президент вольного города идут по коридору. *(Деревянно, басом.)* Ах ты душечка! Ах ты благодетель! Дракона убил! Вы подумайте!

Гремит музыка. Входит Бургомистр.

ГЕНРИХ. Ваше превосходительство господин президент вольного города! За время моего дежурства никаких происшествий не случилось! Налицо десять человек. Из них безумно счастливы все... В околотке...

БУРГОМИСТР. Вольно, вольно, господа. Здравствуйте, бургомистр. *(Пожимает руку Генриху.)* О! А это кто? А, бургомистр?

ГЕНРИХ. Сограждане наши помнят, что ровно год назад вы убили дракона. Прибежали поздравить.

БУРГОМИСТР. Да что вы? Вот приятный сюрприз! Ну-ну, валяйте.

ГОРОЖАНЕ *(тихо).* Раз, два, три. *(Громко.)* Да здравствует победитель дракона! *(Тихо.)* Раз, два, три. *(Громко.)* Да здравствует наш повелитель...

Входит Тюремщик.

БУРГОМИСТР. Стойте, стойте! Здравствуй, тюремщик.
ТЮРЕМЩИК. Здравствуйте, ваше превосходительство.
БУРГОМИСТР *(горожанам).* Спасибо, господа. Я и так знаю все, что вы хотите сказать. Черт, непрошеная слеза. *(Смахивает слезу.)* Но тут, понимаете, у нас в доме свадьба, а у меня остались кое-какие делишки. Ступайте, а потом приходите на свадьбу. Повеселимся. Кошмар окончился, и мы теперь живем! Верно?
ГОРОЖАНЕ. Ура! Ура! Ура!
БУРГОМИСТР. Во-во, именно. Рабство отошло в область преданий, и мы переродились. Вспомните — кем я был при проклятом драконе? Больным, сумасшедшим. А теперь? Здоров как огурчик. О вас я уж и не говорю. Вы у меня всегда веселы и счастливы, как пташки. Ну и летите себе. Живо! Генрих, проводи!

Горожане уходят.

БУРГОМИСТР. Ну что там у тебя в тюрьме?
ТЮРЕМЩИК. Сидят.
БУРГОМИСТР. Ну а мой бывший помощник как?
ТЮРЕМЩИК. Мучается.
БУРГОМИСТР. Ха-ха! Врешь небось?
ТЮРЕМЩИК. Ей-право, мучается.
БУРГОМИСТР. Ну а как все-таки?
ТЮРЕМЩИК. На стену лезет.
БУРГОМИСТР. Ха-ха! Так ему и надо! Отвратительная личность. Бывало, рассказываешь анекдот, все смеются, а он бороду показывает. Это, мол, анекдот старый, с бородой. Ну вот и сиди теперь. Мой портрет ему показывал?
ТЮРЕМЩИК. А как же!
БУРГОМИСТР. Какой? На котором я радостно улыбаюсь?
ТЮРЕМЩИК. Этот самый.
БУРГОМИСТР. Ну и что он?
ТЮРЕМЩИК. Плачет.
БУРГОМИСТР. Врешь небось?
ТЮРЕМЩИК. Ей-право, плачет.
БУРГОМИСТР. Ха-ха! Приятно. Ну а ткачи, снабдившие этого... ковром-самолетом?
ТЮРЕМЩИК. Надоели, проклятые. Сидят в разных этажах, а держатся как один. Что один скажет, то и другой.
БУРГОМИСТР. Но, однако же, они похудели?

ТЮРЕМЩИК. У меня похудеешь!

БУРГОМИСТР. А кузнец?

ТЮРЕМЩИК. Опять решетку перепилил. Пришлось вставить в окно его камеры алмазную.

БУРГОМИСТР. Хорошо, хорошо, не жалей расходов. Ну и что он?

ТЮРЕМЩИК. Озадачен.

БУРГОМИСТР. Ха-ха! Приятно!

ТЮРЕМЩИК. Шапочник сшил такие шапочки мышам, что коты их не трогают.

БУРГОМИСТР. Ну да? Почему?

ТЮРЕМЩИК. Любуются. А музыкант поет, тоску наводит. Я, как захожу к нему, затыкаю уши воском.

БУРГОМИСТР. Ладно. Что в городе?

ТЮРЕМЩИК. Тихо. Однако пишут.

БУРГОМИСТР. Что?

ТЮРЕМЩИК. Буквы «Л» на стенах. Это значит — Ланцелот.

БУРГОМИСТР. Ерунда. Буква «Л» обозначает — любим президента.

ТЮРЕМЩИК. Ага. Значит, не сажать, которые пишут?

БУРГОМИСТР. Нет, отчего же. Сажай. Еще чего пишут?

ТЮРЕМЩИК. Стыдно сказать. «Президент — скотина. Его сын — мошенник»... «Президент...» *(Хихикает басом.)* Не смею повторить, как они выражаются. Однако больше всего пишут букву «Л».

БУРГОМИСТР. Вот чудаки. Дался им этот Ланцелот. А о нем так и нет сведений?

ТЮРЕМЩИК. Пропал.

БУРГОМИСТР. Птиц допрашивал?

ТЮРЕМЩИК. Ага.

БУРГОМИСТР. Всех?

ТЮРЕМЩИК. Ага. Вот орел мне какую отметину поставил. Клюнул в ухо.

БУРГОМИСТР. Ну и что они говорят?

ТЮРЕМЩИК. Говорят, не видали Ланцелота. Один попугай соглашается. Ты ему: видал? И он тебе: видал. Ты ему: Ланцелота? И он тебе: Ланцелота. Ну, попугай известно что за птица.

БУРГОМИСТР. А змеи?

ТЮРЕМЩИК. Эти сами бы приползли, если бы что узнали. Это свои. Да еще родственники покойнику. Однако не ползут.

БУРГОМИСТР. А рыбы?
ТЮРЕМЩИК. Молчат.
БУРГОМИСТР. Может, знают что-нибудь?
ТЮРЕМЩИК. Нет. Ученые рыбоводы смотрели им в глаза — подтверждают: ничего, мол, им не известно. Одним словом, Ланцелот, он же Георгий, он же Персей-проходимец, в каждой стране именуемый по-своему, до сих пор не обнаружен.
БУРГОМИСТР. Ну и шут с ним.

Входит Генрих.

ГЕНРИХ. Пришел отец счастливой невесты господин архивариус Шарлемань.
БУРГОМИСТР. Ага! Ага! Его-то мне и надо. Проси.

Входит Шарлемань.

Ну, ступайте, тюремщик. Продолжайте работать. Я вами доволен.
ТЮРЕМЩИК. Мы стараемся.
БУРГОМИСТР. Старайтесь. Шарлемань, вы знакомы с тюремщиком?
ШАРЛЕМАНЬ. Очень мало, господин президент.
БУРГОМИСТР. Ну-ну. Ничего. Может быть, еще познакомитесь поближе.
ТЮРЕМЩИК. Взять?
БУРГОМИСТР. Ну вот, уже сразу и взять. Иди, иди пока. До свиданья.

Тюремщик уходит.

Ну-с, Шарлемань, вы догадываетесь, конечно, зачем мы вас позвали? Всякие государственные заботы, хлопоты, то-се помешали мне забежать к вам лично. Но вы и Эльза знаете из приказов, расклеенных по городу, что сегодня ее свадьба.
ШАРЛЕМАНЬ. Да, мы это знаем, господин президент.
БУРГОМИСТР. Нам, государственным людям, некогда делать предложения с цветами, вздохами и так далее. Мы не предлагаем, а приказываем как ни в чем не бывало. Ха-ха! Это крайне удобно. Эльза счастлива?
ШАРЛЕМАНЬ. Нет.
БУРГОМИСТР. Ну вот еще... Конечно, счастлива. А вы?

ШАРЛЕМАНЬ. Я в отчаянии, господин президент...

БУРГОМИСТР. Какая неблагодарность! Я убил дракона...

ШАРЛЕМАНЬ. Простите меня, господин президент, но я не могу в это поверить.

БУРГОМИСТР. Можете!

ШАРЛЕМАНЬ. Честное слово, не могу.

БУРГОМИСТР. Можете, можете. Если даже я верю в это, то вы и подавно можете.

ШАРЛЕМАНЬ. Нет.

ГЕНРИХ. Он просто не хочет.

БУРГОМИСТР. Но почему?

ГЕНРИХ. Набивает цену.

БУРГОМИСТР. Ладно. Предлагаю вам должность первого моего помощника.

ШАРЛЕМАНЬ. Я не хочу.

БУРГОМИСТР. Глупости. Хотите.

ШАРЛЕМАНЬ. Нет.

БУРГОМИСТР. Не торгуйтесь, нам некогда. Казенная квартира возле парка, недалеко от рынка, в сто пятьдесят три комнаты, причем все окна выходят на юг. Сказочное жалованье. И кроме того, каждый раз, как вы идете на службу, вам выдаются подъемные, а когда идете домой — отпускные. Соберетесь в гости — вам даются командировочные, а сидите дома — вам платятся квартирные. Вы будете почти так же богаты, как я. Всё. Вы согласны.

ШАРЛЕМАНЬ. Нет.

БУРГОМИСТР. Чего же вы хотите?

ШАРЛЕМАНЬ. Мы одного хотим — не трогайте нас, господин президент.

БУРГОМИСТР. Вот славно — не трогайте! А раз мне хочется? И кроме того, с государственной точки зрения — это очень солидно. Победитель дракона женится на спасенной им девушке. Это так убедительно. Как вы не хотите понять?

ШАРЛЕМАНЬ. Зачем вы мучаете нас? Я научился думать, господин президент, это само по себе мучительно, а тут еще эта свадьба. Так ведь можно и с ума сойти.

БУРГОМИСТР. Нельзя, нельзя! Все эти психические заболевания — ерунда. Выдумки.

ШАРЛЕМАНЬ. Ах, боже мой! Как мы беспомощны! То, что город наш совсем-совсем такой же тихий и послушный, как прежде, — это так страшно.

БУРГОМИСТР. Что за бред? Почему это страшно? Вы что — решили бунтовать со своей дочкой?

ШАРЛЕМАНЬ. Нет. Мы гуляли с ней сегодня в лесу и обо всем так хорошо, так подробно переговорили. Завтра, как только ее не станет, я тоже умру.

БУРГОМИСТР. Как это — не станет? Что за глупости!

ШАРЛЕМАНЬ. Неужели вы думаете, что она переживет эту свадьбу?

БУРГОМИСТР. Конечно. Это будет славный, веселый праздник. Другой бы радовался, что выдает дочку за богатого.

ГЕНРИХ. Да и он тоже радуется.

ШАРЛЕМАНЬ. Нет. Я пожилой, вежливый человек, мне трудно сказать вам это прямо в глаза. Но я все-таки скажу. Эта свадьба — большое несчастье для нас.

ГЕНРИХ. Какой утомительный способ торговаться.

БУРГОМИСТР. Слушайте вы, любезный! Больше, чем предложено, не получите! Вы, очевидно, хотите пай в наших предприятиях? Не выйдет! То, что нагло забирал дракон, теперь в руках лучших людей города. Проще говоря, в моих, и отчасти — Генриха. Это совершенно законно. Не дам из этих денег ни гроша!

ШАРЛЕМАНЬ. Разрешите мне уйти, господин президент.

БУРГОМИСТР. Можете. Запомните только следующее. Первое: на свадьбе извольте быть веселы, жизнерадостны и остроумны. Второе: никаких смертей! Потрудитесь жить столько, сколько мне будет угодно. Передайте это вашей дочери. Третье: в дальнейшем называйте меня «ваше превосходительство». Видите этот список? Тут пятьдесят фамилий. Все ваши лучшие друзья. Если вы будете бунтовать, все пятьдесят заложников пропадут без вести. Ступайте. Стойте. Сейчас за вами будет послан экипаж. Вы привезете дочку — и чтобы ни-ни! Поняли? Идите!

Шарлемань уходит.

Ну, все идет как по маслу.

ГЕНРИХ. Что докладывал тюремщик?

БУРГОМИСТР. На небе ни облачка.

ГЕНРИХ. А буква «Л»?

БУРГОМИСТР. Ах, мало ли букв писали они на стенках при драконе? Пусть пишут. Это им все-таки утешительно, а нам не вредит. Посмотри-ка, свободно это кресло?

ГЕНРИХ. Ах, папа! *(Ощупывает кресло.)* Никого тут нет. Садись.

БУРГОМИСТР. Пожалуйста, не улыбайся. В своей шапке-невидимке он может пробраться всюду.

ГЕНРИХ. Папа, ты не знаешь этого человека. Он до самого темени набит предрассудками. Из рыцарской вежливости, перед тем как войти в дом, он снимет свою шапку — и стража схватит его.

БУРГОМИСТР. За год характер у него мог испортиться. *(Садится.)* Ну, сынок, ну, мой крошечный, а теперь поговорим о наших делишках. За тобой должок, мое солнышко!

ГЕНРИХ. Какой, папочка?

БУРГОМИСТР. Ты подкупил трех моих лакеев, чтобы они следили за мной, читали мои бумаги и так далее. Верно?

ГЕНРИХ. Ну что ты, папочка!

БУРГОМИСТР. Погоди, сынок, не перебивай. Я прибавил им пятьсот талеров из личных своих средств, чтобы они передавали тебе только то, что я разрешу. Следовательно, ты должен мне пятьсот талеров, мальчугашка.

ГЕНРИХ. Нет, папа. Узнав об этом, я прибавил им шестьсот.

БУРГОМИСТР. А я, догадавшись, — тысячу, поросеночек! Следовательно, сальдо получается в мою пользу. И не прибавляй им, голубчик, больше. Они на таких окладах разъелись, развратились, одичали. Того и гляди, начнут на своих бросаться. Дальше. Необходимо будет распутать личного моего секретаря. Беднягу пришлось отправить в психиатрическую лечебницу.

ГЕНРИХ. Неужели? Почему?

БУРГОМИСТР. Да мы с тобой подкупали и перекупали его столько раз в день, что он теперь никак не может сообразить, кому служит. Доносит мне на меня же. Интригует сам против себя, чтобы захватить собственное свое место. Парень честный, старательный, жалко смотреть, как он мучается. Зайдем к нему завтра в лечебницу и установим, на кого он работает, в конце концов. Ах ты, мой сыночек! Ах ты, мой славненький! На папино место ему захотелось.

ГЕНРИХ. Ну что ты, папа!

БУРГОМИСТР. Ничего, мой малюсенький! Ничего. Дело житейское. Знаешь, что я хочу тебе предложить? Давай следить друг за другом попросту, по-родственному, как

отец с сыном, безо всяких там посторонних. Денег сбережем сколько!
ГЕНРИХ. Ах, папа, ну что такое деньги!
БУРГОМИСТР. И в самом деле. Умрешь — с собой не возьмешь...

> Стук копыт и звон колокольчиков.

(Бросается к окну.) Приехала! Приехала наша красавица! Карета какая! Чудо! Украшена драконовой чешуей! А сама Эльза! Чудо из чудес. Вся в бархате. Нет, все-таки власть — вещь ничего себе... *(Шепотом.)* Допроси ее!
ГЕНРИХ. Кого?
БУРГОМИСТР. Эльзу. Она так молчалива в последние дни. Не знает ли она, где этот... *(оглядывается)* Ланцелот. Допроси осторожно. А я послушаю тут за портьерой. *(Скрывается.)*

> Входят Эльза и Шарлемань.

ГЕНРИХ. Эльза, приветствую тебя. Ты хорошеешь с каждым днем — это очень мило с твоей стороны. Президент переодевается. Он попросил принести свои извинения. Садись в это кресло, Эльза. *(Усаживает ее спиной к портьере, за которой скрывается Бургомистр.)* А вы подождите в прихожей, Шарлемань.

> Шарлемань уходит с поклоном.

Эльза, я рад, что президент натягивает на себя свои парадные украшения. Мне давно хочется поговорить с тобою наедине, по-дружески, с открытой душой. Почему ты все молчишь? А? Ты не хочешь отвечать? Я ведь по-своему привязан к тебе. Поговори со мной.
ЭЛЬЗА. О чем?
ГЕНРИХ. О чем хочешь.
ЭЛЬЗА. Я не знаю... Я ничего не хочу.
ГЕНРИХ. Не может быть. Ведь сегодня твоя свадьба... Ах, Эльза... Опять мне приходится уступать тебя. Но победитель дракона есть победитель. Я циник, я насмешник, но перед ним и я преклоняюсь. Ты не слушаешь меня?
ЭЛЬЗА. Нет.
ГЕНРИХ. Ах, Эльза... Неужели я стал совсем чужим тебе? А ведь мы так дружили в детстве. Помнишь, как ты боле-

ла корью, а я бегал к тебе под окна, пока не заболел сам. И ты навещала меня и плакала, что я такой тихий и кроткий. Помнишь?

ЭЛЬЗА. Да.

ГЕНРИХ. Неужели дети, которые так дружили, вдруг умерли? Неужели в тебе и во мне ничего от них не осталось? Давай поговорим, как в былые времена, как брат с сестрой.

ЭЛЬЗА. Ну хорошо, давай поговорим.

Бургомистр выглядывает из-за портьеры и бесшумно аплодирует Генриху.

Ты хочешь знать, почему я все время молчу?

Бургомистр кивает головой.

Потому что я боюсь.

ГЕНРИХ. Кого?

ЭЛЬЗА. Людей.

ГЕНРИХ. Вот как? Укажи, каких именно людей ты боишься. Мы их заточим в темницу, и тебе сразу станет легче.

Бургомистр достает записную книжку.

Ну, называй имена.

ЭЛЬЗА. Нет, Генрих, это не поможет.

ГЕНРИХ. Поможет, уверяю тебя. Я это испытал на опыте. И сон делается лучше, и аппетит, и настроение.

ЭЛЬЗА. Видишь ли... Я не знаю, как тебе объяснить... Я боюсь всех людей.

ГЕНРИХ. Ах, вот что... Понимаю. Очень хорошо понимаю. Все люди, и я в том числе, кажутся тебе жестокими. Верно? Ты, может быть, не поверишь мне, но... но я сам их боюсь. Я боюсь отца.

Бургомистр недоумевающе разводит руками.

Боюсь верных наших слуг. И я притворяюсь жестоким, чтобы они боялись меня. Ах, все мы запутались в своей собственной паутине. Говори, говори еще, я слушаю.

Бургомистр понимающе кивает.

ЭЛЬЗА. Ну что же я еще могу сказать тебе... Сначала я сердилась, потом горевала, потом все мне стало безразлично. Я теперь так послушна, как никогда не была. Со мною можно делать все что угодно.

> Бургомистр хихикает громко. Испуганно прячется за портьеру. Эльза оглядывается.

Кто это?
ГЕНРИХ. Не обращай внимания. Там готовятся к свадебному пиршеству. Бедная моя, дорогая сестренка. Как жалко, что исчез, бесследно исчез Ланцелот. Я только теперь понял его. Это удивительный человек. Мы все виноваты перед ним. Неужели нет надежды, что он вернется?

> Бургомистр опять вылез из-за портьеры. Он — весь внимание.

ЭЛЬЗА. Он... Он не вернется.
ГЕНРИХ. Не надо так думать. Мне почему-то кажется, что мы еще увидим его.
ЭЛЬЗА. Нет.
ГЕНРИХ. Поверь мне!
ЭЛЬЗА. Мне приятно, когда ты говоришь это, но... Нас никто не слышит?

> Бургомистр приседает за спинкой кресла.

ГЕНРИХ. Конечно, никто, дорогая. Сегодня праздник. Все шпионы отдыхают.
ЭЛЬЗА. Видишь ли... Я знаю, что с Ланцелотом.
ГЕНРИХ. Не надо, не говори, если тебе это мучительно.

> Бургомистр грозит ему кулаком.

ЭЛЬЗА. Нет, я так долго молчала, что сейчас мне хочется рассказать тебе все. Мне казалось, что никто, кроме меня, не поймет, как это грустно, — уж в таком городе я родилась. Но ты так внимательно слушаешь меня сегодня... Словом... Ровно год назад, когда кончался бой, кот побежал на дворцовую площадь. И он увидел: белый-белый как смерть Ланцелот стоит возле мертвых голов дракона. Он опирался на меч и улыбался, чтобы не огорчить кота. Кот бросился ко мне позвать меня на помощь. Но стража так старательно охраняла меня, что муха не могла пролететь в дом. Они прогнали кота.
ГЕНРИХ. Грубые солдаты!

ЭЛЬЗА. Тогда он позвал знакомого своего осла. Уложив раненого ему на спину, он вывел осла глухими закоулками прочь из нашего города.
ГЕНРИХ. Но почему?
ЭЛЬЗА. Ах, Ланцелот был так слаб, что люди могли бы убить его. И вот они отправились по тропинке в горы. Кот сидел возле раненого и слушал, как бьется его сердце.
ГЕНРИХ. Оно билось, надеюсь?
ЭЛЬЗА. Да, но только все глуше и глуше. И вот кот крикнул: «Стой!» И осел остановился. Уже наступила ночь. Они взобрались высоко-высоко в горы, и вокруг было так тихо, так холодно. «Поворачивай домой! — сказал кот. — Теперь люди не обидят его. Пусть Эльза простится с ним, а потом мы его похороним».
ГЕНРИХ. Он умер, бедный!
ЭЛЬЗА. Умер, Генрих. Упрямый ослик сказал: поворачивать не согласен. И пошел дальше. А кот вернулся — ведь он так привязан к дому. Он вернулся, рассказал мне все, и теперь я никого не жду. Все кончено.
БУРГОМИСТР. Ура! Все кончено! *(Пляшет, носится по комнате.)* Все кончено! Я — полный владыка над всеми! Теперь уж совсем некого бояться. Спасибо, Эльза! Вот это праздник! Кто осмелится сказать теперь, что это не я убил дракона? Ну, кто?
ЭЛЬЗА. Он подслушивал?
ГЕНРИХ. Конечно.
ЭЛЬЗА. И ты знал это?
ГЕНРИХ. Ах, Эльза, не изображай наивную девочку. Ты сегодня, слава богу, замуж выходишь!
ЭЛЬЗА. Папа! Папа!

Вбегает Шарлемань.

ШАРЛЕМАНЬ. Что с тобою, моя маленькая? *(Хочет обнять ее.)*
БУРГОМИСТР. Руки по швам! Стойте навытяжку перед моей невестой!
ШАРЛЕМАНЬ *(вытянувшись).* Не надо, успокойся. Не плачь. Что ж поделаешь? Тут уж ничего не поделаешь. Что ж тут поделаешь?

Гремит музыка.

БУРГОМИСТР *(подбегает к окну).* Как славно! Как уютно! Гости приехали на свадьбу. Лошади в лентах! На оглоблях фонарики! Как прекрасно жить на свете и знать, что никакой дурак не может помешать этому. Улыбайся же, Эльза. Секунда в секунду в назначенный срок сам президент вольного города заключит тебя в свои объятия.

Двери широко распахиваются.

Добро пожаловать, добро пожаловать, дорогие гости.

Входят гости. Проходят парами мимо Эльзы и Бургомистра. Говорят чинно, почти шепотом.

1-й ГОРОЖАНИН. Поздравляем жениха и невесту. Все так радуются.
2-й ГОРОЖАНИН. Дома украшены фонариками.
1-й ГОРОЖАНИН. На улице светло как днем!
2-й ГОРОЖАНИН. Все винные погреба полны народу.
МАЛЬЧИК. Все дерутся и ругаются.
ГОСТИ. Тссс!
САДОВНИК. Позвольте поднести вам колокольчики. Правда, они звенят немного печально, но это ничего. Утром они завянут и успокоятся.

1-я ПОДРУГА ЭЛЬЗЫ. Эльза, милая, постарайся быть веселой. А то я заплачу и испорчу ресницы, которые так удались мне сегодня.

2-я ПОДРУГА. Ведь он все-таки лучше, чем дракон... У него есть руки, ноги, а чешуи нету. Ведь все-таки он хоть и президент, а человек. Завтра ты нам все расскажешь. Это будет так интересно!

3-я ПОДРУГА. Ты сможешь делать людям так много добра! Вот, например, ты можешь попросить жениха, чтобы он уволил начальника моего папы. Тогда папа займет его место, будет получать вдвое больше жалованья, и мы будем так счастливы.

БУРГОМИСТР *(считает вполголоса гостей).* Раз, два, три, четыре. *(Потом приборы.)* Раз, два, три... Так... Один гость как будто лишний... Ах, да это мальчик... Ну-ну, не реви. Ты будешь есть из одной тарелки с мамой. Все в сборе. Господа, прошу за стол. Мы быстро и скромно совершим обряд бракосочетания, а потом приступим к свадебному пиру. Я достал рыбу, которая создана для того, чтобы ее ели. Она смеется от радости, когда ее варят, и сама сообщает повару, когда готова. А вот индюшка, начиненная собственными индюшатами. Это так уютно, так семейственно. А вот поросята, которые не только откармливались, но и воспитывались специально для нашего стола. Они умеют служить и подавать лапку, несмотря на то, что они зажарены. Не визжи, мальчик, это совсем не страшно, а потешно. А вот вина, такие старые, что впали в детство и прыгают, как маленькие, в своих бутылках. А вот водка, очищенная до того, что графин кажется пустым. Позвольте, да он и в самом деле пустой. Это подлецы лакеи очистили его. Но это ничего, в буфете еще много графинов. Как приятно быть богатым, господа! Все уселись? Отлично. Постойте-постойте, не надо есть, сейчас мы обвенчаемся. Одну минутку! Эльза! Дай лапку!

Эльза протягивает руку Бургомистру.

Плутовка! Шалунья! Какая теплая лапка! Мордочку выше! Улыбайся! Все готово, Генрих?
ГЕНРИХ. Так точно, господин президент.
БУРГОМИСТР. Делай.
ГЕНРИХ. Я плохой оратор, господа, и боюсь, что буду говорить несколько сумбурно. Год назад самоуверенный проходимец вызвал на бой проклятого дракона. Специальная комиссия, созданная городским самоуправлением, установила следующее: покойный наглец только раздразнил покойное чудовище, неопасно ранив его. Тогда бывший наш бургомистр, а ныне президент вольного города, героически бросился на дракона и убил его уже окончательно, совершив различные чудеса храбрости.

Аплодисменты.

Чертополох гнусного рабства был с корнем вырван из почвы нашей общественной нивы.

Аплодисменты.

Благодарный город постановил следующее: если мы проклятому чудовищу отдавали лучших наших девушек, то неужели мы откажем в этом простом и естественном праве нашему дорогому избавителю!

Аплодисменты.

Итак, чтобы подчеркнуть величие президента, с одной стороны, и послушание и преданность города, с другой стороны, я как бургомистр совершу сейчас обряд бракосочетания. Орган, свадебный гимн!

Гремит орган.

Писцы! Откройте книгу записей счастливых событий.

Входят писцы с огромными автоматическими перьями в руках.

Четыреста лет в эту книгу записывали имена бедных девушек, обреченных дракону. Четыреста страниц заполнены. И впервые на четыреста первой мы впишем имя счастливицы, которую возьмет в жены храбрец, уничтоживший чудовище.

Аплодисменты.

Жених, отвечай мне по чистой совести. Согласен ли ты взять в жены эту девушку?
БУРГОМИСТР. Для блага родного города я способен на все.

Аплодисменты.

ГЕНРИХ. Записывайте, писцы! Осторожнее! Поставишь кляксу — заставлю слизать языком! Так! Ну вот и все. Ах, виноват! Осталась еще одна пустая формальность. Невеста! Ты, конечно, согласна стать женою господина президента вольного города?

Пауза.

Ну, отвечай-ка, девушка, согласна ли ты...
ЭЛЬЗА. Нет.
ГЕНРИХ. Ну вот и хорошо. Пишите, писцы, — она согласна.
ЭЛЬЗА. Не смейте писать!

Писцы отшатываются.

ГЕНРИХ. Эльза, не мешай нам работать.
БУРГОМИСТР. Но, дорогой мой, она вовсе и не мешает. Если девушка говорит «нет», это значит «да». Пишите, писцы!
ЭЛЬЗА. Нет! Я вырву этот лист из книги и растопчу его!

БУРГОМИСТР. Прелестные девичьи колебания, слезы, грезы, то-се. Каждая девушка плачет на свой лад перед свадьбой, а потом бывает вполне удовлетворена. Мы сейчас подержим ее за ручки и сделаем все, что надо. Писцы...
ЭЛЬЗА. Дайте мне сказать хоть одно слово! Пожалуйста!
ГЕНРИХ. Эльза!
БУРГОМИСТР. Не кричи, сынок. Все идет как полагается. Невеста просит слова. Дадим ей слово и на этом закончим официальную часть. Ничего, ничего, пусть — здесь все свои.
ЭЛЬЗА. Друзья мои, друзья! Зачем вы убиваете меня? Это страшно, как во сне. Когда разбойник занес над тобою нож, ты еще можешь спастись. Разбойника убьют, или ты ускользнешь от него... Ну а если нож разбойника вдруг сам бросится на тебя? И веревка его поползет к тебе, как змея, чтобы связать по рукам и ногам? Если даже занавеска с окна его, тихая занавесочка, вдруг тоже бросится на тебя, чтобы заткнуть тебе рот? Что вы все скажете тогда? Я думала, что все вы только послушны дракону, как нож послушен разбойнику. А вы, друзья мои, тоже, оказывается, разбойники! Я не виню вас, вы сами этого не замечаете, но я умоляю вас — опомнитесь! Неужели дракон не умер, а, как это бывало с ним часто, обратился в человека? Тогда превратился он на этот раз во множество людей, и вот они убивают меня. Не убивайте меня! Очнитесь! Боже мой, какая тоска... Разорвите паутину, в которой вы все запутались. Неужели никто не вступится за меня?
МАЛЬЧИК. Я бы вступился, но мама держит меня за руки.
БУРГОМИСТР. Ну вот и все. Невеста закончила свое выступление. Жизнь идет по-прежнему, как ни в чем не бывало.
МАЛЬЧИК. Мама!
БУРГОМИСТР. Молчи, мой маленький. Будем веселиться как ни в чем не бывало. Довольно этой канцелярщины, Генрих, напишите там: «Брак считается совершившимся» — и давайте кушать. Ужасно кушать хочется.
ГЕНРИХ. Пишите, писцы: брак считается совершившимся, Ну, живее! Задумались?

Писцы берутся за перья. Громкий стук в дверь. Писцы отшатываются.

БУРГОМИСТР. Кто там?

Молчание.

Эй вы там! Кто бы вы ни были, завтра, завтра, в приемные часы, через секретаря. Мне некогда! Я тут женюсь!

Снова стук.

Не открывать дверей! Пишите, писцы!

Дверь распахивается сама собой. За дверью — никого.

Генрих, ко мне! Что это значит?
ГЕНРИХ. Ах, папа, обычная история. Невинные жалобы нашей девицы растревожили всех этих наивных обитателей рек, лесов, озер. Домовой прибежал с чердака, водяной вылез из колодца... Ну и пусть себе... Что они нам могут сделать? Они так же невидимы и бессильны, как так называемая совесть и тому подобное. Ну приснится нам три-четыре страшных сна — и все тут.
БУРГОМИСТР. Нет, это он!
ГЕНРИХ. Кто?
БУРГОМИСТР. Ланцелот. Он в шапке-невидимке. Он стоит возле. Он слушает, что мы говорим. И его меч висит над моей головой.
ГЕНРИХ. Дорогой папаша! Если вы не придете в себя, то я возьму власть в свои руки.
БУРГОМИСТР. Музыка! Играй! Дорогие гости! Простите эту невольную заминку, но я так боюсь сквозняков. Сквозняк открыл двери — и все тут. Эльза, успокойся, крошка! Я объявляю брак состоявшимся с последующим утверждением. Что это? Кто там бежит?

Вбегает перепуганный Лакей.

ЛАКЕЙ. Берите обратно! Берите обратно!
БУРГОМИСТР. Что брать обратно?
ЛАКЕЙ. Берите обратно ваши проклятые деньги! Я больше не служу у вас!
БУРГОМИСТР. Почему?
ЛАКЕЙ. Он убьет меня за все мои подлости. *(Убегает.)*
БУРГОМИСТР. Кто убьет его? А? Генрих?

Вбегает 2-й Лакей.

2-й ЛАКЕЙ. Он уже идет по коридору! Я поклонился ему в пояс, а он мне не ответил! Он теперь и не глядит на людей. Ох, будет нам за все! Ох, будет! *(Убегает.)*

БУРГОМИСТР. Генрих!

ГЕНРИХ. Держитесь как ни в чем не бывало. Что бы ни случилось. Это спасет нас.

Появляется 3-й Лакей, пятясь задом.

3-й ЛАКЕЙ *(кричит в пространство).* Я докажу! Моя жена может подтвердить! Я всегда осуждал ихнее поведение! Я брал с них деньги только на нервной почве. Я свидетельство принесу! *(Исчезает.)*

БУРГОМИСТР. Смотри!

ГЕНРИХ. Как ни в чем не бывало! Ради бога, как ни в чем не бывало!

Входит Ланцелот.

БУРГОМИСТР. А, здравствуйте, вот кого не ждали. Но тем не менее — добро пожаловать. Приборов не хватает... но ничего. Вы будете есть из глубокой тарелки, а я из мелкой. Я бы приказал принести, но лакеи, дурачки, разбежались... А мы тут венчаемся, так сказать, хе-хе-хе, дело, так сказать, наше личное, интимное. Так уютно... Знакомьтесь, пожалуйста. Где же гости? Ах, они уронили что-то и ищут это под столом. Вот сын мой, Генрих. Вы, кажется, встречались. Он такой молодой, а уже бургомистр. Сильно выдвинулся после того как я... после того как мы... Ну, словом, после того как дракон был убит. Что же вы? Входите, пожалуйста.

ГЕНРИХ. Почему вы молчите?

БУРГОМИСТР. И в самом деле, что же вы? Как доехали? Что слышно? Не хотите ли отдохнуть с дороги? Стража вас проводит.

ЛАНЦЕЛОТ. Здравствуй, Эльза!

ЭЛЬЗА. Ланцелот! *(Подбегает к нему.)* Сядь, пожалуйста, сядь. Это в самом деле ты?

ЛАНЦЕЛОТ. Да, Эльза.

ЭЛЬЗА. И руки у тебя теплы. И волосы чуть подросли, пока мы не виделись. Или мне это кажется? А плащ все тот же. Ланцелот! *(Усаживает его за маленький стол, стоящий в центре.)* Выпей вина. Или нет, ничего не бери у них. Ты отдохни, и мы уйдем. Папа! Он пришел, папа! Совсем как в тот вечер. Как раз тогда, когда мы с тобой опять думали, что нам только одно и осталось — взять да умереть тихонько. Ланцелот!

ЛАНЦЕЛОТ. Значит, ты меня любишь по-прежнему?
ЭЛЬЗА. Папа, слышишь? Мы столько раз мечтали, что он войдет и спросит: Эльза, ты меня любишь по-прежнему? А я отвечу: да, Ланцелот! А потом спрошу: где ты был так долго?
ЛАНЦЕЛОТ. Далеко-далеко, в Черных горах.
ЭЛЬЗА. Ты сильно болел?
ЛАНЦЕЛОТ. Да, Эльза. Ведь быть смертельно раненным — это очень, очень опасно.
ЭЛЬЗА. Кто ухаживал за тобой?
ЛАНЦЕЛОТ. Жена одного дровосека. Добрая, милая женщина. Только она обижалась, что я в бреду все время называл ее «Эльза».
ЭЛЬЗА. Значит, и ты без меня тосковал?
ЛАНЦЕЛОТ. Тосковал.
ЭЛЬЗА. А я как убивалась! Меня мучили тут.
БУРГОМИСТР. Кто? Не может быть! Почему же вы не пожаловались нам! Мы приняли бы меры!
ЛАНЦЕЛОТ. Я знаю все, Эльза.
ЭЛЬЗА. Знаешь?
ЛАНЦЕЛОТ. Да.
ЭЛЬЗА. Откуда?
ЛАНЦЕЛОТ. В Черных горах, недалеко от хижины дровосека, есть огромная пещера. И в пещере этой лежит книга, жалобная книга, исписанная почти до конца. К ней никто не прикасается, но страница за страницей прибавляется к написанным прежним, прибавляется каждый день. Кто пишет? Мир! Записаны, записаны все преступления преступников, все несчастья страдающих напрасно.

Генрих и Бургомистр на цыпочках направляются к двери.

ЭЛЬЗА. И ты прочел там о нас?
ЛАНЦЕЛОТ. Да, Эльза. Эй вы там! Убийцы! Ни с места!
БУРГОМИСТР. Ну почему же так резко?
ЛАНЦЕЛОТ. Потому что я не тот, что год назад. Я освободил вас — а вы что сделали?
БУРГОМИСТР. Ах, боже мой! Если мною недовольны, я уйду в отставку.
ЛАНЦЕЛОТ. Никуда вы не уйдете!
ГЕНРИХ. Совершенно правильно. Как он тут без вас вел себя — это уму непостижимо. Я могу вам представить

полный список его преступлений, которые еще не попали в жалобную книгу, а только намечены к исполнению.

ЛАНЦЕЛОТ. Замолчи!

ГЕНРИХ. Но позвольте! Если глубоко рассмотреть, то я лично ни в чем не виноват. Меня так учили.

ЛАНЦЕЛОТ. Всех учили. Но зачем ты оказался первым учеником, скотина такая?

ГЕНРИХ. Уйдем, папа. Он ругается.

ЛАНЦЕЛОТ. Нет, ты не уйдешь. Я уже месяц как вернулся, Эльза.

ЭЛЬЗА. И не зашел ко мне!

ЛАНЦЕЛОТ. Зашел, но в шапке-невидимке, рано утром. Я тихо поцеловал тебя, так, чтобы ты не проснулась. И пошел бродить по городу. Страшную жизнь увидел я. Читать было тяжело, а своими глазами увидеть — еще хуже. Эй вы, Миллер!

1-й Горожанин поднимается из-под стола.

Я видел, как вы плакали от восторга, когда кричали бургомистру: «Слава тебе, победитель дракона!»

1-й ГОРОЖАНИН. Это верно. Плакал. Но я не притворялся, господин Ланцелот.

ЛАНЦЕЛОТ. Но ведь вы знали, что дракона убил не он.

1-й ГОРОЖАНИН. Дома знал... а на параде... *(Разводит руками.)*

ЛАНЦЕЛОТ. Садовник!

Садовник поднимается из-под стола.

Вы учили львиный зев кричать: «Ура президенту!»?

САДОВНИК. Учил.

ЛАНЦЕЛОТ. И научили?

САДОВНИК. Да. Только, покричав, львиный зев каждый раз показывал мне язык. Я думал, что добуду деньги на новые опыты... но...

ЛАНЦЕЛОТ. Фридрихсен!

2-й Горожанин вылезает из-под стола.

Бургомистр, рассердившись на вас, посадил вашего единственного сына в подземелье?

2-й ГОРОЖАНИН. Да. Мальчик и так все кашляет, а в подземелье сырость!

ЛАНЦЕЛОТ. И вы подарили после того бургомистру трубку с надписью «Твой навеки»?
2-й ГОРОЖАНИН. А как еще я мог смягчить его сердце?
ЛАНЦЕЛОТ. Что мне делать с вами?
БУРГОМИСТР. Плюнуть на них. Эта работа не для вас. Мы с Генрихом прекрасно управимся с ними. Это будет лучшее наказание для этих людишек. Берите под руку Эльзу и оставьте нас жить по-своему. Это будет так гуманно, так демократично.
ЛАНЦЕЛОТ. Не могу. Войдите, друзья!

Входят ткачи, Кузнец, Шляпочных и шапочных дел мастер, Музыкальных дел мастер.

И вы меня очень огорчили. Я думал, вы справитесь с ними без меня. Почему вы послушались и пошли в тюрьму? Ведь вас так много!
ТКАЧИ. Они не дали нам опомниться.
ЛАНЦЕЛОТ. Возьмите этих людей. Бургомистра и президента.
ТКАЧИ *(берут Бургомистра и президента.)* Идем!
КУЗНЕЦ. Я сам проверил решетки. Крепкие. Идем!
ШАПОЧНЫХ ДЕЛ МАСТЕР. Вот вам дурацкие колпаки! Я делал прекрасные шляпы, но вы в тюрьме ожесточили меня. Идем!
МУЗЫКАЛЬНЫХ ДЕЛ МАСТЕР. Я в своей камере вылепил скрипку из черного хлеба и сплел из паутины струны. Невесело играет моя скрипка и тихо, но вы сами в этом виноваты. Идите под нашу музыку туда, откуда нет возврата.
ГЕНРИХ. Но это ерунда, это неправильно, так не бывает. Бродяга, нищий, непрактичный человек — и вдруг...
ТКАЧИ. Идем!
БУРГОМИСТР. Я протестую, это негуманно!
ТКАЧИ. Идем!

Мрачная, простая, едва слышная музыка. Генриха и Бургомистра уводят.

ЛАНЦЕЛОТ. Эльза, я не тот, что был прежде. Видишь?
ЭЛЬЗА. Да. Но я люблю тебя еще больше.
ЛАНЦЕЛОТ. Нам нельзя будет уйти...
ЭЛЬЗА. Ничего. Ведь и дома бывает очень весело.
ЛАНЦЕЛОТ. Работа предстоит мелкая. Хуже вышивания. В каждом из них придется убить дракона.

МАЛЬЧИК. А нам будет больно?
ЛАНЦЕЛОТ. Тебе — нет.
1-й ГОРОЖАНИН. А нам?
ЛАНЦЕЛОТ. С вами придется повозиться.
САДОВНИК. Но будьте терпеливы, господин Ланцелот. Умоляю вас — будьте терпеливы. Прививайте. Разводите костры — тепло помогает росту. Сорную траву удаляйте осторожно, чтобы не повредить здоровые корни. Ведь если вдуматься, то люди, в сущности, тоже, может быть, пожалуй, со всеми оговорками, заслуживают тщательного ухода.
1-я ПОДРУГА. И пусть сегодня свадьба все-таки состоится.
2-я ПОДРУГА. Потому что от радости люди тоже хорошеют.
ЛАНЦЕЛОТ. Верно! Эй, музыка!

    Гремит музыка.

Эльза, дай руку. Я люблю всех вас, друзья мои. Иначе чего бы ради я стал возиться с вами. А если уж люблю, то все будет прелестно. И все мы после долгих забот и мучений будем счастливы, очень счастливы наконец!

    Занавес

1943

Приятно быть детским писателем

Сказка о потерянном времени

Жил-был мальчик, по имени Петя Зубов. Учился он в третьем классе четырнадцатой школы и все время отставал, и по русскому письменному, и по арифметике, и даже по пению.

— Успею! — говорил он в конце первой четверти. — Во второй вас всех догоню.

А приходила вторая — он надеялся на третью. Так он опаздывал да отставал, отставал да опаздывал — и не тужил.

Все «успею» да «успею». И вот однажды пришел Петя Зубов в школу, как всегда с опозданием. Вбежал в раздевалку. Шлепнул портфелем по загородке и крикнул:

— Тетя Наташа! Возьмите мое пальтишко!

А тетя Наташа спрашивает откуда-то из-за вешалок:

— Кто меня зовет?

— Это я, Петя Зубов, — отвечает мальчик.

— А почему у тебя сегодня голос такой хриплый? — спрашивает тетя Наташа.

— А я и сам удивляюсь, — отвечает Петя. — Вдруг охрип ни с того ни с сего.

Вышла тетя Наташа из-за вешалок, взглянула на Петю — да как вскрикнет:

— Ой!

Петя Зубов тоже испугался и спрашивает:

— Тетя Наташа, что с вами?

— Как — что? — отвечает тетя Наташа. — Вы говорили, что вы Петя Зубов, а на самом деле вы, должно быть, его дедушка.

— Какой же я дедушка? — спрашивает мальчик. — Я — Петя, ученик третьего класса.

— Да вы посмотрите в зеркало! — говорит тетя Наташа.

Взглянул мальчик в зеркало — и чуть не упал. Увидел Петя Зубов, что превратился он в высокого, худого, бледного старика. Выросла у него седая окладистая борода, усы. Морщины покрыли сеткою лицо.

Смотрел на себя Петя, смотрел, и затряслась его седая борода.

Крикнул он басом:

— Мама! — и выбежал прочь из школы.

Бежит он и думает: «Ну, уж если и мама меня не узнает, тогда все пропало».

Прибежал Петя домой и позвонил три раза. Мама открыла ему дверь.

Смотрит она на Петю и молчит. И Петя молчит тоже. Стоит, выставив свою седую бороду, и чуть не плачет.

— Вам кого, дедушка? — спросила мама наконец.

— Ты меня не узнаешь? — прошептал Петя.

— Простите — нет, — ответила мама.

Отвернулся бедный Петя и пошел куда глаза глядят.

Идет он и думает: «Какой я одинокий, несчастный старик. Ни мамы, ни детей, ни внуков, ни друзей... И главное, ничему не успел научиться. Настоящие старики — те или доктора, или мастера, или академики, или учителя. А кому я нужен, когда я всего только ученик третьего класса? Мне даже и пенсии не дадут — ведь я всего только три года работал. Да и как работал — на двойки да на тройки. Что же со мною будет? Бедный я старик! Несчастный я мальчик! Чем же все это кончится?»

Так Петя думал и шагал, шагал и думал, и сам не заметил, как вышел за город и попал в лес. И шел он по лесу, пока не стемнело.

«Хорошо бы отдохнуть», — подумал Петя и вдруг увидел, что в стороне, за елками, белеет какой-то домик. Вошел Петя в домик — хозяев нет. Стоит посреди комнаты стол. Над ним висит керосиновая лампа. Вокруг стола — четыре табуретки. Ходики тикают на стене. А в углу горою навалено сено.

Лег Петя в сено, зарылся в него поглубже, согрелся, поплакал тихонько, утер слезы бородой и уснул.

Просыпается Петя — в комнате светло, керосиновая лампа горит под стеклом. А вокруг стола сидят ребята —

два мальчика и две девочки. Большие окованные медью счеты лежат перед ними. Ребята считают и бормочут:

— Два года, да еще пять, да еще семь, да еще три... Это вам, Сергей Владимирович, а это ваши, Ольга Капитоновна, а это вам, Марфа Васильевна, а это ваши, Пантелей Захарович.

Что это за ребята? Почему они такие хмурые? Почему кряхтят они, и охают, и вздыхают, как настоящие старики? Почему называют друг друга по имени-отчеству? Зачем собрались они ночью здесь, в одинокой лесной избушке?

Замер Петя Зубов, не дышит, ловит каждое слово. И страшно ему стало от того, что услышал он.

Не мальчики и девочки, а злые волшебники и злые волшебницы сидели за столом! Вот ведь как, оказывается, устроено на свете: человек, который понапрасну теряет время, сам не замечает, как стареет. И злые волшебники разведали об этом и давай ловить ребят, теряющих время понапрасну. И вот поймали волшебники Петю Зубова, и еще одного мальчика, и еще двух девочек и превратили их в стариков. Состарились бедные дети, и сами этого не заметили — ведь человек, напрасно теряющий время, не замечает, как стареет. А время, потерянное ребятами, забрали волшебники себе. И стали волшебники малыми ребятами, а ребята — старыми стариками.

Как быть?

Что делать?

Да неужели же не вернуть ребятам потерянной молодости?

Подсчитали волшебники время, хотели уже спрятать счеты в стол, но Сергей Владимирович, главный из них, не позволил. Взял он счеты и подошел к ходикам. Покрутил стрелки, подергал гири, послушал, как тикает маятник, и опять защелкал на счетах. Считал, считал он, шептал, шептал, пока не показали ходики полночь. Тогда смешал Сергей Владимирович костяшки и еще раз проверил, сколько получилось у него.

Потом подозвал он волшебников к себе и заговорил негромко:

— Господа волшебники! Знайте — ребята, которых мы превратили сегодня в стариков, еще могут помолодеть.

— Как? — воскликнули волшебники.

— Сейчас скажу, — ответил Сергей Владимирович.

Он вышел на цыпочках из домика, обошел его кругом, вернулся, запер дверь на задвижку и поворошил сено палкой.

Петя Зубов замер, как мышка.

Но керосиновая лампа светила тускло, и злой волшебник не увидел Пети. Подозвал он остальных волшебников к себе поближе и заговорил негромко:

— К сожалению, так устроено на свете: от любого несчастья может спастись человек. Если ребята, которых мы превратили в стариков, разыщут завтра друг друга, придут ровно в двенадцать часов ночи сюда к нам и повернут стрелку ходиков на семьдесят семь кругов обратно, то дети снова станут детьми, а мы погибнем.

Помолчали волшебники. Потом Ольга Капитоновна сказала:

— Откуда им все это узнать?

А Пантелей Захарович проворчал:

— Не придут они сюда к двенадцати часам ночи. Хоть на минуту, да опоздают.

А Марфа Васильевна пробормотала:

— Да куда им! Да где им! Эти лентяи до семидесяти семи и сосчитать не сумеют, сразу собьются.

— Так-то оно так, — ответил Сергей Владимирович. — А все-таки пока что держите ухо востро. Если доберутся ребята до ходиков, тронут стрелки — нам тогда и с места не сдвинуться. Ну, а пока нечего время терять — идем на работу.

И волшебники, спрятав счеты в стол, побежали как дети, но при этом кряхтели, охали и вздыхали как настоящие старики.

Дождался Петя Зубов, пока затихли в лесу шаги. Выбрался из домика. И, не теряя напрасно времени, прячась за деревьями и кустами, побежал, помчался в город искать стариков-школьников.

Город еще не проснулся. Темно было в окнах, пусто на улицах, только милиционеры стояли на постах. Но вот забрезжил рассвет. Зазвенели первые трамваи. И увидел наконец Петя Зубов — идет не спеша по улице старушка с большой корзинкой.

Подбежал к ней Петя Зубов и спрашивает:

— Скажите, пожалуйста, бабушка, — вы не школьница?

— Что, что? — спросила старушка сурово.

— Вы не третьеклассница? — прошептал Петя робко.

А старушка как застучит ногами да как замахнется на Петю корзинкой. Еле Петя ноги унес. Отдышался он немного — дальше пошел. А город уже совсем проснулся. Летят трамваи, спешат на работу люди. Грохочут грузовики — скорее, скорее надо сдать грузы в магазины, на заводы, на железную дорогу. Дворники счищают снег, посыпают панель песком, чтобы пешеходы не скользили, не падали, не теряли времени даром. Сколько раз видел все это Петя Зубов и только теперь понял, почему так боятся люди не успеть, опоздать, отстать.

Оглядывается Петя, ищет стариков, но ни одного подходящего не находит. Бегут по улицам старики, но сразу видно — настоящие, не третьеклассники.

Вот старик с портфелем. Наверное, учитель. Вот старик с ведром и кистью — это маляр. Вот мчится красная пожарная машина, а в машине старик — начальник пожарной охраны города. Этот, конечно, никогда в жизни не терял времени понапрасну.

Ходит Петя, бродит, а молодых стариков, старых детей, нет как нет. Жизнь кругом так и кипит. Один он, Петя, отстал, опоздал, не успел, ни на что не годен, никому не нужен.

Ровно в полдень зашел Петя в маленький скверик и сел на скамеечку отдохнуть.

И вдруг вскочил.

Увидел он — сидит недалеко на другой скамеечке старушка и плачет.

Хотел подбежать к ней Петя, но не посмел.

— Подожду! — сказал он сам себе — Посмотрю, что она дальше делать будет.

А старушка перестала вдруг плакать, сидит ногами болтает. Потом достала из одного кармана газету, а из другого — кусок ситного с изюмом. Развернула старушка газету — Петя ахнул от радости: «Пионерская правда»! — и принялась старушка читать и есть. Изюм выковыривает, а самый ситный не трогает.

Кончила старушка читать, спрятала газету и ситный и вдруг что-то увидала в снегу. Наклонилась она и схватила мячик. Наверное, кто-нибудь из детей, игравших в сквере, потерял этот мячик в снегу.

Оглядела старушка мячик со всех сторон обтерла его старательно платочком, встала, подошла не спеша к дереву и давай играть в трешки.

Бросился к ней Петя через снег, через кусты. Бежит и кричит:

— Бабушка! Честное слово, вы школьница!

Старушка подпрыгнула от радости, схватила Петю за руки и отвечает:

— Верно, верно! Я ученица третьего класса Маруся Поспелова. А вы кто такой?

Рассказал Петя Марусе, кто он такой. Взялись они за руки, побежали искать остальных товарищей. Искали час, другой, третий. Наконец зашли во второй двор огромного дома. И видят: за дровяным сараем прыгает старушка. Нарисовала мелом на асфальте классы и скачет на одной ножке, гоняет камешек.

Бросились Петя и Маруся к ней:

— Бабушка! Вы школьница?

— Школьница, — отвечает старушка. — Ученица третьего класса Наденька Соколова. А вы кто такие?

Рассказали ей Петя и Маруся, кто они такие. Взялись все трое за руки, побежали искать последнего своего товарища.

Но он как сквозь землю провалился. Куда только не заходили старики — и во дворы, и в сады, и в детские театры, и в детские кино, и в Дом Занимательной Науки, — пропал мальчик, да и только.

А время идёт. Уже стало темнеть. Уже в нижних этажах домов зажёгся свет.. Кончается, день. Что делать? Неужели всё пропало?

Вдруг Маруся закричала:

— Смотрите! Смотрите!

Посмотрели Петя и Наденька — и вот что увидели: летит трамвай, девятый номер. А на «колбасе» висит старичок. Шапка лихо надвинута на ухо, борода развевается по ветру. Едет старик и посвистывает. Товарищи его ищут, с ног сбились, а он катается себе по всему городу и в ус не дует!

Бросились ребята за трамваем вдогонку. На их счастье, зажегся на перекрестке красный огонь, остановился трамвай.

Схватили ребята «колбасника» за полы, оторвали от «колбасы».

— Ты школьник? — спрашивают.

— А как же? — отвечает он. — Ученик второго класса Зайцев Вася. А вам чего?

Рассказали ему ребята, кто они такие.

Чтобы не терять времени даром, сели они все четверо в трамвай и поехали за город, к лесу.

Какие-то школьники ехали в этом же трамвае. Встали они, уступают нашим старикам место.

— Садитесь, пожалуйста, дедушки и бабушки.

Смутились старики, покраснели и отказались.

А школьники, как нарочно, попались вежливые, воспитанные, просят стариков, уговаривают:

— Да садитесь же! Вы за свою долгую жизнь наработались, устали. Сидите теперь, отдыхайте.

Тут, к счастью, подошел трамвай к лесу, соскочили наши старики — и в чащу бегом.

Но тут ждала их новая беда. Заблудились они в лесу.

Наступила ночь, темная-темная. Бродят старики по лесу, падают, спотыкаются, а дороги не находят.

— Ах, время, время! — говорит Петя. — Бежит оно, бежит. Я вчера не заметил дороги обратно к домику — боялся время потерять. А теперь вижу, что иногда лучше потратить немножко времени, чтобы потом его сберечь.

Совсем выбились из сил старички. Но, на их счастье, подул ветер, очистилось небо от туч, и засияла на небе полная луна.

Влез Петя Зубов на березу и увидел — вон он, домик, в двух шагах белеют его стены, светятся окна среди густых елок.

Спустился Петя вниз и шепнул товарищам:

— Тише! Ни слова! За мной!

Поползли ребята по снегу к домику. Заглянули осторожно в окно.

Ходики показывают без пяти минут двенадцать. Волшебники лежат на сене, берегут украденное время.

— Они спят! — сказала Маруся.

— Тише! — прошептал Петя.

Тихо-тихо открыли ребята дверь и поползли к ходикам. Без одной минуты двенадцать встали они у часов. Ровно в полночь протянул Петя руку к стрелкам и — раз, два, три — закрутил их обратно, справа налево.

С криком вскочили волшебники, но не могли сдвинуться с места. Стоят и растут, растут. Вот превратились они во взрослых людей, вот седые волосы заблестели у них на висках, покрылись морщинами щеки.

— Поднимите меня, — закричал Петя. — Я делаюсь маленьким, я не достаю до стрелок! Тридцать один, тридцать два, тридцать три!

Подняли товарищи Петю на руки. На сороковом обороте стрелок волшебники стали дряхлыми, сгорбленными старичками. Все ближе пригибало их к земле, все ниже становились они. И вот на семьдесят седьмом, и последнем, обороте стрелок вскрикнули злые волшебники и пропали, как будто их не было на свете.

Посмотрели ребята друг на друга и засмеялись от радости. Они снова стали детьми. С бою взяли, чудом вернули они потерянное напрасно время.

Они-то спаслись, но ты помни: человек, который понапрасну теряет время, сам не замечает, как стареет.

Новые приключения Кота в Сапогах

Однажды Кот в Сапогах пришел к своему хозяину, которого звали Карабас, и говорит ему:

— Я уезжаю!

— Это почему же? — спрашивает Карабас.

— Я стал очень толстый, — отвечает Кот в Сапогах. — Мне по утрам даже трудно сапоги надевать. Живот мешает. Это оттого, что я ничего не делаю.

— А ты делай что-нибудь, Котик, — говорит ему Карабас.

— Да ведь нечего, — отвечает Кот в Сапогах. — Мышей я всех переловил, птиц ты трогать не позволяешь. До свиданья!

— Ну что ж, — сказал Карабас. — Ну, тогда до свиданья, дай лапку. Ты вернешься?

— Вернусь, — ответил Кот в Сапогах и пошел в прихожую.

В прихожей он нашел коробочку гуталина, выкатил ее из-под шкафа, открыл, почистил сапоги и отправился в путь.

Шел он день, шел два и дошел до самого моря. И видит Кот — стоит у берега большой красивый корабль.

«Хороший корабль, — подумал Кот. — Не корабль, — подумал Кот, — а картинка! Если на этом корабле еще и крысы есть, то это просто прелесть что такое!»

Вошел Кот на корабль, отыскал на капитанском мостике капитана и говорит ему:

— Здравствуй, капитан!

Капитан посмотрел на Кота и ахнул:

— Ах! Да это никак знаменитый Кот в Сапогах?

— Да, это я, — говорит Кот, — Я хочу на вашем корабле пожить немного. У вас крысы есть?

— Конечно, — говорит капитан. — Если корабль плохой, то крысы с корабля бегут. А если корабль хороший, крепкий, они так и лезут — спасенья нет.

Услышав это, Кот снял поскорее сапоги, чтобы потише ступать, отдал их капитану и побежал вниз. Капитан за ним. Кот вбежал в капитанскую каюту, постоял, послушал — и вдруг как прыгнет в буфет! Буфет затрясся, загрохотал, задребезжал.

— Батюшки, да он всю мою посуду перебьет! — закричал капитан.

Не успел он после этих слов и глазом моргнуть, как вылезает Кот обратно из буфета и тащит за хвосты четырнадцать штук крыс.

Уложил он их рядом и говорит капитану:

— Видал? А всего только одно блюдечко и разбил.

И с этого началась у Кота с капитаном дружба. И не только с капитаном — стал Кот для всего корабля самым дорогим гостем. Очень полюбили его все моряки — так он замечательно крыс ловил. Прошло дней пять — и почти перевелись на корабле крысы.

Вот однажды сидел капитан у себя в каюте и угощал Кота сбитыми сливками.

Вдруг зовут капитана наверх. Капитан побежал на капитанский мостик. Кот следом спешит, сапогами грохочет.

И видит Кот — идет по морю навстречу большой красивый корабль.

Все ближе подходит корабль, все ближе, и видит Кот, что там на капитанском мостике стоит женщина. На плечах у нее белая куртка, а на голове капитанская фуражка.

— Что это на встречном корабле женщина делает? — спрашивает Кот у своего друга-капитана.

А капитан и не слышит, схватил из ящичка маленькие флажки и стал их то опускать, то подымать... То правую руку вытянет, а левую опустит, то левую подымет, а правую вытянет, то скрестит руки. Флажки так и мелькают.

А женщина в капитанской фуражке тоже взяла флажки и отвечает капитану. Так они и переговаривались флажками, пока не разошлись корабли.

И увидел вдруг Кот, что лицо у капитана стало очень грустное.

— Капитан, а капитан, кто эта женщина в белой курточке и капитанской фуражке?

— А эта женщина — моя жена, — отвечает капитан.

— Что же она делает на встречном корабле? — удивился Кот.

— Как — что? — отвечает капитан. — Она этим кораблем командует.

— Разве женщины бывают капитанами?

— У нас бывают, — отвечает капитан. — Чего ты удивляешься? Она очень хороший капитан.

— Это видно, — сказал Кот. — Корабль у нее красивый, чистый.

Тут капитан чуть поморщился и говорит Коту:

— У меня, между прочим, тоже все в порядке. Если б ты наш корабль в море встретил, то увидел бы, что он тоже весь так и сияет.

— Да я знаю, — говорит Кот. — Но отчего же ты все-таки такой грустный?

Капитан поморщился еще больше, хотел ответить, но вдруг на мостик поднялся моряк и говорит:

— Капитан! Там вся команда собралась, вас ждет.

— По какому поводу собрание? — спрашивает капитан.

— А мы видели ваш разговор с женой, очень за вас огорчились и хотим обсудить, как вам помочь.

Вздохнул капитан и пошел с капитанского мостика вниз. Кот следом бежит, сапогами грохочет.

Стоит внизу вся команда, ждет капитана.

Объявил капитан собрание открытым и говорит:

— Да, товарищи, пришлось мне сегодня узнать грустные вещи: передала мне жена, что сын мой до того себя плохо ведет, что просто ужас. Бабушку из-за него пришлось в дом отдыха отправить, дедушку — в санаторий, а тетя чуть с ума не сошла. Живет он сейчас на даче в детском саду и ведет себя с каждым днем хуже. Что такое, почему — непонятно. Я — хороший человек, жена тоже, а мальчик — видите какой. Разве приятно посреди моря такие новости узнавать?

— Конечно, неприятно, — ответили моряки.

И начали обсуждать, как тут быть, как помочь капитану. Любой согласен поехать узнать, в чем же дело с мальчиком, но у каждого на корабле своя работа. Нельзя же ее оставить.

И вдруг Кот в Сапогах вскочил на мачту и говорит:
— Я поеду.

Сначала его моряки стали отговаривать. Но Кот настоял на своем.

— Крыс, — говорит он, — я уничтожил, давайте мне другое дело — потруднее. Увидите — я все там рассмотрю и налажу.

Делать нечего.

Спустили шлюпку, стали прощаться с Котом, лапку ему пожимать.

— Осторожнее, — говорит Кот, — не давите мне так лапку. Всего вам хорошего. Спасибо.

Спрыгнул Кот в шлюпку, сел на весла, гребет к берегу. Моряки выстроились вдоль борта, и оркестр выстроился рядом. Оркестр гремит, моряки кричат:
— До свиданья, Котик!

А он им лапкой машет.

— Не забудь, что моего сына зовут Сере-е-ежа-а! — кричит капитан.

— У меня записано-о! — отвечает Кот в Сапогах.

— Через месяц наши корабли дома буду-у-ут! Мы с женой приедем узнать, что и ка-а-ак! — кричит капитан.

— Ла-адно-о! — отвечает Кот.

Вот все тише музыка, все тише, вот уже и не видно корабля. Пристал Кот в Сапогах к берегу, сдал шлюпку сторожу на пристани, пошел на вокзал, сел в поезд и поехал к Сереже на дачу.

Приехал он к Сереже на дачу. Пожил там день, пожил два, и все его очень там полюбили. С простым котом и то интересно: и поиграть с ним можно, и погладить его приятно. А тут вдруг приехал Кот в Сапогах! Говорит по-человечьи. Сказки рассказывает. Наперегонки бегает. В прятки играет. Воды не боится, плавает и на боку, и на спине, и по-собачьи, и по-лягушачьи. Все подружились с Котом в Сапогах.

А Сережа, сын капитана, — нет. Начнет, например. Кот сказку рассказывать, а Сережа его за хвост дергает и все дело этим портит. Что за сказка, если через каждые два слова приходится мяукать.

— Жил-был... мяу... один мальчик... мяу.

И так все время. Чуть что наладится, Сережа уже тут — и все дело губит.

На вид мальчик хороший, здоровый, румяный, глаза отцовские — ясные, нос материнский — аккуратный, волосы густые, вьются. А ведет себя как разбойник.

Уже скоро месяц пройдет, скоро приедут Сережины родители, а дело все не идет на лад.

И вот что заметил Кот в Сапогах.

Начнет, скажем, Сережа его за хвост дергать. Некоторые ребята смеются, а сам Сережа — нет, и лицо у него невеселое. Смотрит на Сережу Кот в Сапогах, и кажется ему, что бросил бы Сережа это глупое занятие, но не может. Сидит в нем какое-то упрямство.

«Нет, — думает Кот, — здесь дело неладное. Об этом подумать надо».

И вот однажды ночью отправился Кот на крышу думать.

Занимал детский сад очень большую дачу — комнат, наверное, в сорок. И крыша была огромная, с поворотами, с закоулками: ходишь по крыше, как по горам. Сел Кот возле трубы, лапки поджал, глаза у него светятся, думает. А ночь темная, луны нет, только звезды горят. Тихо-тихо кругом. Деревья в саду стоят и листиком не шелохнут, как будто тоже думают. Долго сидел так Кот в Сапогах. Заведующая Лидия Ивановна уж на что поздно спать ложится, но и та уснула, свет у нее погас в окне, а Кот все думает.

Стоит дача большая, темная, только на крыше два огонька горят. Это светятся у Кота глаза.

И вдруг вскочил Кот в Сапогах и насторожился. Даже зарычал он, как будто собаку почуял. Человеку бы ни за что не услышать, а Кот слышит: внизу тихо-тихо кто-то ворчит, ворчит, бормочет, бормочет. Снял Кот сапоги, положил их возле трубы, прыгнул с крыши на высокий тополь, с тополя на землю и пополз неслышно кругом дома.

И вот видит Кот под окном той комнаты, где стоит Сережина кровать, жабу. И какую жабу — ростом с хорошее ведро.

Глазищи жаба выпучила, рот распялила и бормочет, бормочет, ворчит, ворчит...

«Вот оно что! Ну, так я и знал», — подумал Кот.

Подкрался к жабе и слушает.

А жаба бормочет:

— Направо — болота, налево — лужи, а ты, Сережа, веди себя похуже.

— Здравствуй, старуха, — сказал Кот жабе.

Та даже и не вздрогнула. Ответила спокойно:

— Здравствуй, Кот, — и снова забормотала: — Когда все молчат, ты, Сережа, кричи, а когда все кричат, ты, Сережа, молчи.

— Ты что же это, старуха, делаешь? — спросил Кот.

— А тебе что? — ответила жаба и опять заворчала, забормотала: — Когда все стоят, ты, Сережа, иди, а когда все идут, ты, Сережа, сиди.

— Злая волшебница! — говорит Кот в Сапогах жабе. — Я тебе запрещаю хорошего мальчика превращать в разбойника! Слышишь?

А жаба в ответ только хихикнула и опять заворчала, забормотала:

— Заговорит с тобою Кот, а ты ему, Сережа, дай камнем в живот. Болота, трясины, лужи — веди себя, Сережа, похуже.

— Жаба, — говорит Кот, — да ты никак забыла, что я за кот! Перестань сейчас же, а то я тебя оцарапаю.

— Ну ладно, — ответила жаба. — На сегодня, пожалуй, хватит.

Отвернулась она от окна, подпрыгнула, поймала на лету ночную бабочку, проглотила ее и уселась в траве. Глядит на Кота, выпучив глазищи, и улыбается.

— Зачем тебе Сережа понадобился? — спрашивает Кот.

Тут жаба раздулась как теленок и засветилась зеленым светом.

— Ладно, ладно, не напугаешь, — говорит Кот. — Отвечай, зачем ты к мальчику привязалась.

— А очень просто, — говорит жаба. — Терпеть не могу, когда ребята дружно живут. Вот я и ворчу, бормочу себе тут потихоньку. Сережа мой, наслушавшись, десять скандалов в день устраивает! Хи-хи!

— Чего ты этим добьешься? — спрашивает Кот.

Тут жаба раздулась как стол и засветилась синим светом.

— Чего надо, того и добьюсь, — зашипела она. — Двадцать лет назад на этой даче в сорока комнатах два человека жили. Хозяин и хозяйка. Хозяйка была красивая, глаза выпученные, рот до ушей, зеленая — настоящая жаба. Просто прелесть, какая милая. Полный день ворчит, кричит, квакает. Никого она на порог не пускала. Все сорок комнат — им двоим. А сам хозяин еще лучше был. Худой как палка, а злой как я. Он и в сад заглянуть никому не позволял, кулак показывал всякому, кто только глянет через забор. Хорошо было, уютно. И вдруг — на тебе: двадцать лет назад пришли люди, выгнали хозяев! И с тех пор не жизнь пошла, а одно беспокойство. Лужи возле забора были прелестные, старинные, — взяли их да осушили. Грязь была мягкая, роскошная, — а они мостовую проложили, смотреть не хочется. А в наши сорок комнат ребят привезли. Поют ребята, веселятся, танцуют, читают, и все так дружно. Гадость какая! Ведь если у них так дружно пойдет, то мои хозяева никогда не вернутся. Нет, я на это не согласна!

— Ну ладно, — сказал Кот в Сапогах. — Хорошо же, злая волшебница. Недолго тебе тут колдовать.

— Посмотрим! — ответила жаба, перестала светиться, сделалась ростом с ведро и уползла в подполье.

Полез Кот в Сапогах обратно на крышу, надел сапоги и до самого утра просидел возле трубы. Все думал: что же делать?

После завтрака вышел Сережа в сад. Кот слез с крыши — и к нему. Сережа схватил камень и запустил прямо коту в живот. Хорошо, что кот этого ждал, — увернулся и вскочил на дерево.

Уселся Кот на ветке и говорит Сереже:

— Слушай, брат, что я тебе расскажу. Ты ведь сам не понимаешь, кому ты служишь.

И рассказал он Сереже все, что ночью видел и слышал. Рассказал и говорит:

— Сережа, ты сам подумай — что же это получается? Выходит, что ты вместе с жабой за старых хозяев. Мы живем дружно, а ты безобразничаешь. Как же это так? Это хорошо?

И видит Кот по Сережиным глазам, что он хочет спросить: «Котик, как же мне быть?»

Вот уже открывает Сережа рот, чтобы это сказать... Вот сейчас скажет. И вдруг как заорет:

— Хорошо, хорошо!

Побежал Сережа после этого в дом, схватил планер, который ребята вместе с Котом склеили, и поломал его. Тогда Кот подумал и говорит:

— Да, жаба-то, оказывается, довольно сильная волшебница.

Слез он с дерева, умыл как следует мордочку лапкой, усы пригладил, почистил сапоги и прицепил к ним шпоры.

— Война так война, — сказал Кот в Сапогах.

После мертвого часа позвал он всех ребят на озеро. На озере рассказал Кот ребятам все, что ночью видел и слышал.

Ребята загудели, зашумели, один мальчик даже заплакал.

— Плакать тут нечего, — сказал Кот в Сапогах, — Тут не плакать надо, а сражаться! Нужно спасти товарища. Мы должны дружно, как один, ударить по врагу, — И тут Кот ударил ногой о землю, и шпоры на его сапогах зазвенели.

— Правильно, правильно! — закричали ребята.

— Ночью я объявляю жабе войну, — сказал Кот, — Вы не спите, все-все со мной пойдете.

Одна девочка — ее звали Маруся — говорит:

— Я темноты боюсь, но, конечно, от всех не отстану.

А мальчик Миша сказал:

— Это хорошо, что сегодня спать не надо. Я терпеть не могу спать ложиться.

— Тише! — сказал Кот в Сапогах. — Сейчас я научу вас, как нужно сражаться с этой злой волшебницей.

И стал Кот в Сапогах учить ребят. Целый час они то шептались с Котом, то становились парами, то становились в круг, то опять шептались.

И наконец Кот в Сапогах сказал:

— Хорошо! Идите отдыхайте пока.

И вот пришла ночь. Темная, еще темнее прошлой. Выполз Кот из дома. Ждал он ждал, и наконец под окном заворчала, забормотала жаба. Кот к ней подкрался и ударил ее по голове. Раздулась жаба, засветилась зеленым светом, прыгнула на Кота, а Кот бежать. А жаба за ним. А Кот на пожарную лестницу. А жаба следом. А Кот на крышу. А жаба туда же. Бросился Кот к трубе, остановился и крикнул:

— Вперед, товарищи!

Крикнул он это, и над гребнем крыши показались головы, много голов — весь детский сад.

В полном порядке, пара за парой, поднялись ребята на гребень крыши, спустились вниз и опять поднялись, на другой гребень, к трубе. Все они были без башмаков, в носках, чтобы не поднимать шума, чтобы от грохота железа не проснулась Лидия Ивановна.

— Молодцы! — сказал Кот ребятам.

А они взялись за руки и окружили Кота и жабу.

— Так! Правильно, — сказал Кот. — Очень хорошо!

А жаба смотрела на ребят, тяжело дышала и хлопала глазами. И все росла, росла. Вот она стала большой, как стол, и засветилась синим светом. Вот она стала как шкаф и засветилась желтым светом.

— Спокойно, ребята! — сказал Кот. — Все идет как следует.

А Маруся на это ответила Коту:

— Это даже хорошо, что она светится, а то я темноты боюсь.

И Миша сказал:

— Да, хорошо, что светло, а то я чуть не уснул, пока ждали ее.

И все ребята сказали:

— Ничего, ничего, мы не боимся!

— Не боитесь? — спросила жаба тихонько.

— Ну вот ни капельки! — ответили хором ребята.

Тогда жаба бросилась на них.

— Держитесь! — приказал Кот и, гремя шпорами, прыгнул вслед за жабой.

Ребята вскрикнули, но не расцепили рук. Туда и сюда бросалась жаба, и все напрасно. Не разорвался круг, устояли ребята. Жаба прыгнет — они поднимут руки, жаба поползет — они опустят. Двигается круг ребят по крыше вверх-вниз, вниз-вверх, как по горам, но крепко сцеплены руки — нет жабе выхода.

— Петя! — командует Кот. — Держись! Она сейчас к тебе прыгнет! Так! Варя! Чего ты глазами моргаешь? Держитесь все как один! Пусть видит жаба, какие вы дружные ребята!

— Дружные! — шипит жаба. — Да я сама сегодня видела, как этот вот Миша дрался с этим вот Шурой!

И бросилась жаба вперед, хотела проскочить между Мишей и Шурой, но не проскочила. Подняли они вверх крепко сцепленные руки, и отступила жаба.

— Держитесь! — шепчет Кот. — Я на крыше как у себя дома, а она свежего воздуха не переносит. Она вот-вот лопнет от злости, и — готово дело — мы победим.

А жаба уже стала ростом с автобус, светится белым светом.

Совсем светло стало на крыше. И вдруг видит Кот: Сережа сидит возле чердачного окна.

— Сережа! — закричал Кот. — Иди к нам в круг.

Встал Сережа, сделал шаг к ребятам и остановился. Жаба засмеялась.

— Сережа! — зовет Кот. — К нам скорее! Ведь мы же ради тебя сражаемся.

Пошел было Сережа к ребятам, но вдруг жаба громко свистнула, и в ответ на ее свист что-то застучало, забилось, завозилось под крышей по всему чердаку.

— Вам нравится в кошки-мышки играть! — закричала жаба. — Так нате же вам еще мышек! Получайте!

И тут из чердачного окна вдруг полетели летучие мыши. И прямо к ребятам. Огромная стая летучих мышей закружилась над головами.

Ребята отворачиваются, а мыши пищат, бьют их крыльями по лицу. Кот старается — машет лапками, но куда там! Будь он летучим котом, он мог бы ловить летучих мышей, но он был Кот в Сапогах.

Сережа постоял-постоял, прыгнул в чердачное окно и исчез.

Дрогнули ребята, расцепили руки. Побежали они в разные стороны, а летучие мыши полетели за ними. Ну что тут делать? А жаба стала как шкаф, потом — как бочонок, потом — как ведро. И бросилась она бежать от Кота через всю крышу огромными прыжками. Вот уйдет совсем. Коту нельзя от жабы отойти, а ребята зовут его, кричат:

— Котик, Кот, помоги!

— Что будет? Что будет?

И вдруг яркий свет ударил из слухового окна. Загрохотало железо. На крышу выскочила заведующая Лидия Ивановна с лампой в руках, а за нею Сережа. Бросилась она к ребятам.

— Ко мне! — кричит она. — Летучие мыши света боятся!

Не успели ребята опомниться — снова грохот, и на крышу выскакивают капитан — Сережин отец и капитан — Сережина мать. В руках у них электрические фонарики.

— Сюда! — кричат они. — К нам!

Летучие мыши испугались, поднялись высоко вверх и исчезли. А ребята бросились к жабе и снова окружили ее кольцом, не дают ей бежать.

— Молодцы! — кричит Кот. — Правильно!

Стала жаба расти, сделалась она большая, как стол, потом — как шкаф, потом — как автобус, потом — как дом, и тут она наконец-таки — бах! — и лопнула. Лопнула, как мяч или воздушный шарик, ничего от нее не осталось. Кусочек только зеленой шкурки, маленький, как тряпочка.

После этого побежали все вниз, в столовую, зажгли там свет, радуются, кричат.

Лидия Ивановна говорит:

— Ах, Кот в Сапогах! Почему же вы мне ничего не сказали! Я вам так верила, а вы потащили ребят на крышу.

Кот сконфузился и закрыл морду лапками.

Тут капитан вступился.

— Ну ладно! — говорит он. — Жабу-то он все-таки первый открыл. Представьте себе наше удивление. Как только корабли прибыли на родину, мы сели в машину и поскорей сюда. Смотрим, а тут на крыше целый бой. Нет, вы только подумайте! А где Сережа?

— Он под столом сидит, — отвечает Лидия Ивановна. — Он стесняется. Ведь это он меня на крышу вызвал. Молодец!

Сережа сначала крикнул из-под стола:

— Молодец-холодец! — но потом вылез оттуда и говорит: — Здравствуй, мама, здравствуй, папа! Да, это верно, это я Лидию Ивановну позвал.

Тут все еще больше обрадовались. Никто никогда не слышал, чтобы Сережа так мирно и спокойно разговаривал.

— Батюшки! Я и забыл! — вскричал капитан. Убежал он и вернулся с двумя свертками. Развернул один сверток, а там сапоги высокие, красивые, начищенные, так и сияют, как солнце. — Это вся наша команда посылает тебе, Кот, подарок за твою хорошую работу.

А капитанша развернула второй сверток. Там широкая красная лента и шляпа.

— А это от нашего корабля, — говорит капитанша. — Команда просила передать, что ждет тебя в гости к нам.

Поглядел Кот на подарки и говорит:

— Ну, это уж лишнее.

Потом надел шляпу, сапоги, повязал ленточку на шею и час, наверное, стоял у зеркала, все смотрел на себя и улыбался

Ну, а потом все пошло хорошо и благополучно. Прожил Кот на даче с детским садом до самой осени, а осенью поехал со всеми ребятами в город и в Октябрьские дни ехал с ними мимо трибуны на грузовике. С трибуны кричат:

— Смотрите, смотрите, какая маска хорошая!

А Кот отвечает:

— Я не маска, я — настоящий Кот в Сапогах.

Тогда с трибуны говорят:

— Ну, а если настоящий, так это еще лучше.

Рассеянный волшебник

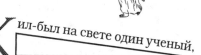

Жил-был на свете один ученый, настоящий добрый волшебник, по имени Иван Иванович Сидоров. И был он такой прекрасный инженер, что легко и быстро строил машины, огромные, как дворцы, и маленькие, как часики. Между делом, шутя, построил он для дома своего чудесные машины, легкие как перышки. И эти самые машинки у него и пол мели, и мух выгоняли, и писали под диктовку, и мололи кофе, и в домино играли. А любимая его машинка была величиной с кошку, бегала за хозяином как собака, а разговаривала как человек. Уйдет Иван Иванович из дому, а машинка эта и на телефонные звонки отвечает, и обед готовит, и двери открывает. Хорошего человека она пустит в дом, поговорит с ним да еще споет ему песенку, как настоящая птичка. А плохого прогонит да еще залает ему вслед, как настоящий цепной пес. На ночь машинка сама разбиралась, а утром сама собиралась и кричала:

— Хозяин, а хозяин! Вставать пора!

Иван Иванович был хороший человек, но очень рассеянный. То выйдет на улицу в двух шляпах разом, то забудет, что вечером у него заседание. И машинка ему тут очень помогала: когда нужно — напомнит, когда нужно — поправит.

Вот однажды пошел Иван Иванович гулять в лес. Умная машинка бежит за ним, звонит в звоночек, как велосипед. Веселится. А Иван Иванович просит ее:

— Тише, тише, не мешай мне размышлять.

И вдруг услышали они: копыта стучат, колеса скрипят.

И увидели: выезжает им навстречу мальчик, везет зерно на мельницу.

Поздоровались они.

Мальчик остановил телегу и давай расспрашивать Ивана Ивановича, что это за машинка да как она сделана.

Иван Иванович стал объяснять.

А машинка убежала в лес гонять белок, заливается, как колокольчик.

Мальчик выслушал Ивана Ивановича, засмеялся и говорит:

— Нет, вы прямо настоящий волшебник.
— Да вроде этого, — отвечает Иван Иванович.
— Вы, наверное, все можете сделать?
— Да, — отвечает Иван Иванович.
— Ну, а можете вы, например, мою лошадь превратить в кошку?
— Отчего же! — отвечает Иван Иванович.

Вынул он из жилетного кармана маленький прибор.

— Это, — говорит, — зоологическое волшебное стекло. Раз, два, три!

И направил он уменьшительное волшебное стекло на лошадь.

И вдруг — вот чудеса-то! — дуга стала крошечной, оглобли — тоненькими, сбруя — легонькой, вожжи повисли тесемочками. И увидел мальчик: вместо коня запряжена в его телегу кошка. Стоит кошка важно, как конь, и роет землю передней лапкой, словно копытом. Потрогал ее мальчик — шерстка мягкая. Погладил — замурлыкала. Настоящая кошка, только в упряжке.

Посмеялись они.

Тут из лесу выбежала чудесная машинка. И вдруг остановилась как вкопанная. И стала она давать тревожные звонки, и красные лампочки зажглись у нее на спине.

— Что такое? — испугался Иван Иванович.
— Как — что? — закричала машинка. — Вы по рассеянности забыли, что наше увеличительное зоологическое волшебное стекло лежит в ремонте на стекольном заводе! Как же вы теперь превратите кошку опять в лошадь?

Что тут делать?

Мальчик плачет, кошка мяучит, машинка звонит, а Иван Иванович просит:

— Пожалуйста, прошу вас, потише, не мешайте мне размышлять.

Подумал он, подумал и говорит:

— Нечего, друзья, плакать, нечего мяукать, нечего звонить. Лошадь, конечно, превратилась в кошку, но сила в ней осталась прежняя, лошадиная. Поезжай, мальчик, спокойно на этой кошке в одну лошадиную силу. А ровно через месяц я, не выходя из дому, направлю на кошку волшебное увеличительное стекло, и она снова станет лошадью.

Успокоился мальчик.

Дал свой адрес Ивану Ивановичу, дернул вожжи, сказал: «Но!» И повезла кошка телегу.

Когда вернулись они с мельницы в село Мурино, сбежались все, от мала до велика, удивляться на чудесную кошку.

Распряг мальчик кошку.

Собаки было бросились на нее, а она как ударит их лапой во всю свою лошадиную силу. И тут собаки сразу поняли, что с такой кошкой лучше не связываться.

Привели кошку в дом. Стала она жить-поживать. Кошка как кошка. Мышей ловит, молоко лакает, на печке дремлет. А утром запрягут ее в телегу, и работает кошка как лошадь.

Все ее очень полюбили и забыли даже, что была она когда-то лошадью.

Так прошло двадцать пять дней.

Ночью дремлет кошка на печи.

Вдруг — бах! бум! трах-тах-тах!

Все вскочили.

Зажгли свет.

И видят: печь развалилась по кирпичикам. А на кирпичах лежит лошадь и глядит, подняв уши, ничего со сна понять не может.

Что же, оказывается, произошло?

В эту самую ночь принесли Ивану Ивановичу из ремонта увеличительное зоологическое волшебное стекло. Машинка на ночь уже разобралась. А сам Иван Иванович не догадался сказать по телефону в село Мурино, чтобы вывели кошку во двор из комнаты, потому что он сейчас будет превращать ее в лошадь. Никого не предупредив, направил он волшебный прибор по указанному адресу: раз, два, три — и очутилась на печке вместо кошки целая лошадь. Конечно, печка под такой тяжестью развалилась на мелкие кирпичики.

Но все кончилось хорошо.

Иван Иванович на другой же день построил им печку еще лучше прежней.

А лошадь так и осталась лошадью.

Но правда, завелись у нее кошачьи повадки.

Пашет она землю, тянет плуг, старается — и вдруг увидит полевую мышь. И сейчас же все забудет, стрелой бросается на добычу.

И ржать разучилась.

Мяукала басом.

И нрав у нее остался кошачий, вольнолюбивый. На ночь конюшню перестали запирать. Если запрешь — кричит лошадь на все село:

— Мяу! Мяу!

По ночам открывала она ворота конюшни копытом и неслышно выходила во двор. Мышей подкарауливала, крыс подстерегала. Или легко, как кошка, взлетала лошадь на крышу и бродила там до рассвета. Другие кошки ее любили. Дружили с ней. Играли. Ходили к ней в гости в конюшню, рассказывали ей обо всех своих кошачьих делах, а она им — о лошадиных.

И они понимали друг друга как самые лучшие друзья.

Приключения Шуры и Маруси

Повесть

Маруся и Шура. Марусе было семь с половиною лет, а Шуре — только пять.

Однажды сидели они возле окошка и красили кукле щеки.

Вдруг в комнату входит бабушка и говорит:

— Вот что, девочки: скоро папа придет с работы, мама придет со службы, а суп нечем засыпать. Я сбегаю в магазин, а вы тут посидите одни. Ладно?

Маруся ничего не ответила.

А Шура сказала:

— Ладно. А вдруг будет пожар?

— Ужас какой! — рассердилась бабушка. — Откуда ему быть, пожару-то? Не подходи к плите — и не будет пожара.

— А если придут разбойники? — спросила Шура.

— Так вы им не открывайте, — ответила бабушка. — Спросите: «Кто там?» — и не открывайте. До свиданья.

И она ушла.

— Вот хорошо-то! — сказала Шура. — Теперь мы хозяева! Давай бросим красить! Давай лучше в буфете конфеты искать. Ведь все ушли!

— Отстаньте вы все от меня! — сказала Маруся. Она была упрямая. Уж если начала что делать, так ни за что не бросит.

Шура вздохнула и пошла к буфету одна, но не дошла.

Где-то на лестнице жалобно замяукала кошка.

Шура даже затряслась от радости и закричала:

— Маруся! К нам кошка просится!

— Отстаньте вы все от меня! — пробормотала опять Маруся.

— Я ее впущу.

— Только попробуй! — ответила Маруся. — Может быть, это дикая кошка. Может быть, она всех нас перецарапает.

— Она совсем не дикая, — ответила Шура и пошла в прихожую.

Кошка плакала где-то совсем близко за дверью.

— Кыс-кыс-кыс! — позвала ее Шура.

«Мурр-мяу!» — ласково ответила кошка.

— Ты к нам просишься? Да, кисенька? — спросила Шура.

«Мурр-мурр-мяу!» — ответила кошка еще ласковее.

— Хорошо, сейчас! — сказала Шура и стала отпирать дверь.

— Шура! — закричала Маруся строгим голосом, вскочила, но в прихожую не пошла. Она стала наспех, стоя докрашивать кукле щеки.

А Шура тем временем справилась с замком и выскочила на площадку.

Кошка, увидев Шуру, сделала круглые глаза и прыгнула сразу ступенек на десять вверх, будто из двери вышла не маленькая девочка, а какой-то страшный великан.

— Чего это ты? — удивилась Шура.

Услышав Шурин голос, кошка взлетела еще ступенек на пятнадцать, будто это не девочка заговорила, а ружье выпалило.

— Кошечка, куда ты? — сказала Шура самым тихим, самым нежным голосом. — Ведь это я, Шура, с которой ты из-за двери разговаривала!

И на цыпочках, осторожно-осторожно, она пошла вверх по лестнице.

Кошка, не двигаясь, глядела на Шуру.

Как хороша была кошка!

Вся серая, вся вымазанная в угле, в паутине, в пыли. Надо будет вымыть ее в тазу для посуды, пока не вернется бабушка.

Одно ухо разорвано. Можно помазать его йодом. А какая она худая! Наверное, это самая худая кошка на свете.

Девочка была уже в трех шагах от нее, и кошка уже не таращила глаза, как безумная, а только щурилась.

Еще две ступенечки — и можно будет ее погладить.

И вдруг дверь Шуриной квартиры с громом захлопнулась.

Кошка снова, как дикая, выпучила глаза, подпрыгнула вверх и сразу исчезла, будто и не было ее вовсе.

Чуть не заплакала Шура.

Оглянулась.

Перед закрытой дверью строгая, так что смотреть страшно, стояла Маруся.

— Здравствуйте! — сказала Маруся.

— Здравствуй, — ответила Шура.

— Очень хорошо! — сказала Маруся сурово, как мама, когда та очень сердита. — Очень! Большая девочка, а убегает из дому как грудная. Идем!

Она взбежала вверх по лестнице, схватила Шуру за плечо и поволокла ее вниз, домой.

Она дернула за дверную ручку, а дверь не открылась. Маруся дернула еще раз, потом затрясла ручку изо всех сил — и все напрасно: дверь не открывалась.

— Мы заперлись! — зарыдала Маруся. — Мы заперлись!

— Куда заперлись? — прошептала Шура.

— Замок защелкнулся! Я нечаянно дверь захлопнула! А мы на лестнице остались!

Шура подумала и тоже заревела, но только гораздо громче Маруси.

Тогда Маруся сразу успокоилась. Она ласково, как мама, обняла Шуру и сказала ей:

— Ну-ну! Ничего, ничего! Я с тобой... Я тут...

— А что мы будем делать?

— Ничего, ничего... Бабушку подождем. Сейчас осень, не зима. Не замерзнем.

Маруся нагнулась и вытерла нос подолом платья. Потом вытерла нос Шуре, тоже подолом. Носовые платки были далеко — там, за дверью, в запертой квартире.

Лампочки в проволочных колпачках уже горели на каждой площадке.

Место было знакомое: ведь сколько раз по этой самой лестнице девочки поднимались и спускались. Но сейчас лестница была не такая, как всегда. Скажешь слово — гул идет вверх и вниз. Что-то щелкает и пищит в стене. А главное — уж очень странно стоять на лестнице без пальто, без шапок, неодетыми.

Шура вдруг вспомнила, что кукла Нюрка лежит дома на подоконнике. Одна. В квартире совсем пусто. Никого там нет!

Шура всхлипнула.

— Ну-ну! — сказала Маруся. — Я тут!.. Ведь мы...

Маруся не договорила.

Случилось что-то, уж на этот раз в самом деле страшное.

На лестницу из верхней квартиры, из той, что в шестом этаже, вышел пес по имени Ам.

Ам был маленький — немного выше ростом, чем большой кот, шерсть у него была рыжая, вся в клочьях, морда узкая. На морде росли какие-то странные густые усы, вроде человеческих. Пес этот бешено ненавидел детей.

Когда девочки собирались идти гулять, бабушка сначала выходила на лестницу поглядеть, нет ли Ама. А потом уже, если путь был свободен, выходили девочки.

Но что делалось, когда девочки все-таки встречали страшного пса!

Ам взрывался, как бомба. Он лаял, прыгал, вертелся, визжал, и бабушка вертелась, как молодая, и топала ногами, заслоняя девочек.

Казалось, что, если бы не храбрая бабушка, Ам в клочки разорвал бы и Марусю и Шуру.

И вот теперь Ам стоял на верхней площадке. И девочки были одни. Что-то будет?

Шура бросилась к двери и стала отчаянно звонить в свою пустую квартиру.

А Маруся сделала шаг вперед и остановилась.

— Не бойся, Шура! — прошептала она. — Я тут!

Ам, как видно, еще не почуял девочек. Он не спешил вниз. Он громко сопел и фыркал, принюхивался к чему-то, бегал по верхней площадке.

Вдруг что-то загрохотало, зашипело. Вниз по лестнице огромными прыжками понеслась кошка. За ней — страшный Ам.

Кошка прижалась в угол, как раз против девочек. Ам хотел броситься на нее, но разом остановился.

Девочек увидел!

Он растерялся.

Что делать? На кого броситься? На кошку? Или на Шуру с Марусей?

Но тут вдруг кошка взвыла басом и вскочила Аму на спину. Ам заорал. И они клубком покатились по площадке.

Шура бросилась вниз по лестнице. Маруся — за ней.

— Руку дай! Упадешь! — кричала она, но Шура не слушала.

Наверху мяукали, ревели, выли и шипели сцепившиеся враги. А девочки все бежали вниз.

Они бежали, не останавливаясь, и вдруг очутились где-то совсем в незнакомом месте. Лестница кончилась. Но вместо обитой клеенкой двери, которая ведет во двор, перед девочками была совсем другая дверь — большая, железная. Что такое? Куда они попали?

Маруся дернула дверь к себе. Она открылась. Девочки бросились вперед.

Ну и комната! Длинная, узкая, высокая. Пол каменный.

Потолок не такой, как дома, не ровный, а полукруглый, как под воротами. На потолке горит всего одна лампочка, закопченная, запыленная, как будто шерстью обросшая. И что-то все время грохочет, грохочет, а где — невозможно разглядеть.

А в глубине комнаты в стену вделано что-то круглое. Печь не печь, машина не машина.

— Это паровоз? — спросила Шура шепотом.

Маруся ничего не ответила.

И вдруг грохот умолк. Стало тихо, так тихо, что даже зазвенело в ушах.

Девочки услышали — кто-то кашляет.

— Кто это? — крякнула Шура. — А? Кто это?

— А вы кто? А? Вы кто такие? — спросил из темноты чей-то голос. — Ну?

Девочки схватили друг друга за руки. Откуда-то из угла выбежал маленький старичок с большой белой бородой. В одной руке он держал клещи, а в другой молоток.

Он подбежал к девочкам, уставился на них и заговорил быстро-быстро, как будто горох сыпал:

— А вы кто? А? Чьи? Почему? Как так? Откуда?

Девочки молчали.

Старик вдруг улыбнулся во весь свой рот.

— Ишь ты! Вот видишь как! — забормотал он. — Молчат. Сёстры? Ну да, сёстры. Обе сероглазые. Обе курносые. Аккуратные. Да. Это правильно. Так и надо. Как зовут-то? Не бойтесь. Я добрый. Ну? Ты кто?

— Маруся, — сказала Маруся.

— А я Шура, — сказала Шура.

— И это правильно! — похвалил старик. — А сюда зачем прибежали? Ну? А? Давайте, давайте!

— Бабушка ушла, — сказала Маруся.

— Так-так, — ободрил её старик. — Дальше!

И девочки рассказали ему все свои приключения.

— Видите как, — удивился старик. — Что за собака, до чего напугала народ! Это вы, значит, от неё убегая, ту дверь, что во двор ведёт, проскочили. И забежали в подвал. В кочегарку.

— Куда? — спросила Шура.

— Сюда, — ответил старик. — Это кочегарка. Понятно?

Девочки промолчали.

Старик засмеялся:

— Непонятно? Это вот кочегарка. А я машинист.

— А это паровоз? — спросила Шура и показала на стену, в которую было вделано что-то круглое.

— Паровоз без колёс не бывает, — сказал старик. — Это котёл.

— А зачем он?

— Зима идёт? Идёт, — сказал старик и пошёл к котлу. Девочки — за ним.

— Морозы будут? Будут. Истопник набьёт топку углем. Разожжёт его. Вода в котле закипит. Побежит по трубам из квартиры в квартиру горячая вода. Всем она тепло понесёт. Вот оно как будет зимой-то.

Тут старик положил на пол клещи и молоток и сказал:

— Идёмте.

— Куда? — спросили девочки.

— Как — куда? — удивился старик. — Должен я вас проводить, если вас обижает собака? Конечно, должен. Идём!

Он пошёл к двери. Девочки — за ним.

Вот и четвёртый этаж и знакомая дверь.

Дедушка позвонил. Никто не ответил.

Он позвонил еще раз.

— Видите как! — огорчился дедушка. — Не пришли ваши-то. Худо! Взять вас опять в кочегарку? Вернутся ваши тем временем, тревогу поднимут. Здесь стоять с вами? Работа у меня внизу. Как быть, а?

— Да ничего, вы идите, — сказала Маруся.

— Нет, дедушка! С нами побудь, — сказала Шура.

— Вот ведь случай! — покачал головой старик. — Что ты скажешь? — Он задумался.

— Сделаю я вот как, — решил дедушка наконец, — ни по-вашему, ни по-нашему. Я побегу вниз, а дверь в кочегарку не закрою. Я распахну ее пошире. В случае чего — закричите: «Дедушка!» Я услышу. И мигом прискачу. Так?

— Пожалуйста, — сказала Маруся, а Шура только вздохнула.

Дедушка подмигнул ей — ничего, мол, — и быстро побежал вниз.

Скоро девочки услышали, как внизу заскрипела тяжелая дверь.

Потом издали-издали раздался голос:

— Э-эй! Девочки-и! Слышите вы меня?

— Да-а! Слы-ышим! — закричали девочки в один голос.

— Ну, и я вас тоже слышу-у! Стойте спокойно!

И дедушка внизу зашумел, заколотил молотком.

Сначала он стучал не очень громко, а потом разошелся вовсю. По лестнице пошел грохот.

— Где же бабушка? — спросила Шура.

— А? — переспросила Маруся.

— Бабушка где? — заорала Шура во весь голос. — Пропала?

— Ничего, ничего. Придет. Наверно, народу в магазине много.

Шура наклонилась через перила, чтобы посмотреть, не идет ли бабушка наконец.

Вдруг она отскочила от перил и взвизгнула.

Маруся бросилась к ней, потом к двери.

Действительно, было чего испугаться.

Повеселевший, успокоившийся Ам поднимался по лестнице.

И не один!

Он вел к себе со двора в гости двух товарищей. Жирный, страшный, курносый, кривоногий пес бежал слева от него. Он был чуть выше Ама. А справа не спеша шагала огромная большемордая собака-великан, с хорошего теленка ростом.

— Де-едушка! — завопила Шура.

Никакого ответа. Только грохот.

— Дедушка! — закричала Маруся так громко, что даже горло заболело.

Не отвечает дедушка.

За своим стуком ничего он не слышит.

Что делать?

А собаки все ближе, все ближе.

Маруся схватила Шуру за руку, и девочки понеслись вверх по лестнице.

Вот шестой этаж, последний. Здесь оставаться нельзя. Здесь живет Ам. Выше! Выше!

Вот и чердак. Девочки бросились к чердачной двери. Обе вместе схватились за ручку. Дернули.

Отперта!

Девочки вбежали на чердак и захлопнули за собой дверь. Здесь наверху, под крышей, было еще темнее, чем в подвале у дедушки.

Девочки стояли в длинном-длинном коридоре. Конца ему не было. И на весь этот длинный коридор горела всего одна лампочка, под белым колпаком.

Стены коридора были решетчатые, деревянные. За решетками в темноте что-то белело. Вон как будто чьи-то ноги. Вон кто-то раскинул широко белые руки, а голову не видать.

— Это что? — спросила Шура.

— Где?

— Вон там кто-то стоит.

Маруся ничего не ответила. Она взяла Шуру за руку и пошла вперед, поближе к лампочке.

Здесь, под лампочкой, было светлее. И девочки сразу успокоились. Они увидели, что за решеткой просто развешано белье.

Вдруг что-то загремело над их головами.

Маруся и Шура взглянули вверх.

— Кто это? А? Маруся!

— Кошки, кошки, — ответила Маруся и со страхом посмотрела наверх. — Ну, вот честное тебе даю слово, что кошки!

Вдруг железо на крыше загрохотало совсем близко, совсем над головой.

Потом все стихло.

И шагах в пяти от лампочки, где было совсем светло, с потолка медленно стали спускаться чьи-то ноги.

Да, ошибиться тут нельзя было. Сначала показались тупоносые башмаки, потом черные брюки.

Ноги задвигались, будто шагая по воздуху, и что-то нащупали. Тут девочки разглядели стремянку. Стремянка была черная, вся в чем-то вымазанная, поэтому девочки ее раньше не заметили в темноте. Ноги стали на стремянку и медленно пошли вниз.

Вот показалась черная рубаха, черные руки, и в коридор спустился совершенно черный человек.

Девочки глядели на него не мигая.

Черный человек, не замечая девочек, принялся складывать стремянку. Его глаза на черном лице казались совсем белыми.

Вот он сложил стремянку, прислонил ее к стене, и тут Шура спросила радостно:

— Вы негр?

Черный человек повернулся к девочкам и улыбнулся. Белые его зубы так и засверкали.

— Это я-то? — спросил он. — Нет, гражданочка. То есть я, конечно, черный. Но только до шести часов.

Сказав это, незнакомец засмеялся и подошел к девочкам.

— Вы ра... разбойник? — спросила Шура.

Незнакомец не успел ответить, потому что Маруся радостно захохотала.

— Я узнала вас! Вот честное слово! — закричала она и хотела схватить незнакомца за руку. Но тот отступил на шаг и не позволил Марусе сделать этого.

— Я знаю, знаю, кто это! Шура! Я знаю, кто он!

— Ну вот то-то и оно-то! — сказал черный человек, — Здравствуйте. Руки я подать не могу — вымажу вас в саже, — но вы меня не бойтесь. Есть такая песенка:

Вот идёт Петруша,
Чёрный трубочист.
Хоть лицом он чёрен,
Но душою чист.

Это я и есть.

— А вас можно отмыть, Петруша? — спросила Шура.

— И даже очень просто, — ответил Петруша. — Горячей водой, да мылом, да мочалкой всю черноту с меня снять очень легко. Немножко останется сажи вот тут, у глаз, возле самых ресниц. Да и то, если хорошенько постараешься, и это можно смыть. Поняли? Вот то-то и оно-то. А вы как сюда попали?

Девочки рассказали ему всё сначала.

— Вы подумайте! — удивился трубочист. — Вот ведь штука! Ах этот Ам! Ну и Ам!

— А зачем вы ходили по крыше? — спросила Шура.

— Вы в кухне плиту топите? Топите, — сказал трубочист. — И все топят. Сажа от горящих ваших дров летит вверх. И садится по стенкам, по закоулочкам во всех трубах, во всех дымоходах. И сажу эту, девочки, оставлять никак нельзя. Если взовьётся от дров искра, горячая такая, что на лету не погаснет, а полетит вверх и ляжет в какой-нибудь уголок, где сажи много, — сейчас же загорится сажа. А от неё пойдёт пламя по всему дымоходу. Из трубы как полетят искры — прямо фонтаном. Пожар может быть от этого на чердаке. А от чердака — во всём доме.

— Пожар? — спросила Шура и оглянулась со страхом.

Петруша засмеялся.

— Будь покойна! — сказал он. — Мы вас оберегаем. Трубы чистим — это я. Двор метём, у ворот сторожим — это дворники. Паровое отопление топим...

— ...это дедушка, — сказала Шура.

— Правильно, — сказал Петруша. — Вот то-то и оно-то. Ну, идём — видно, надо вас проводить.

Петруша смело пошёл вперёд. Девочки — следом.

Храбрый Петруша распахнул дверь и вышел на площадку.

Девочки выглянули из двери.

Ну так и есть.

Ам и его страшные друзья прыгают, играют на площадке. Услышав шаги Петруши, собака-великан вскочила и насторожилась.

Ам зарычал.

Девочки спрятались за дверь.

— Это что? — крикнул вдруг Петруша страшным голосом. — Это что за собачья выставка! Вон пошли! Ну!

И он бросился вниз к собакам.

Девочки выглянули.

Собака-великан и кривоногий курносый пес, не оглядываясь, удирали по лестнице.

Ам, стоя на задних лапах, отчаянно царапал передними дверь, просился домой.

Дверь открылась, и Ам бросился домой.

— Вот то-то и оно-то, — сказал Петруша. — Их, главное, не надо бояться. Идемте, гражданочки.

Вот и знакомая дверь, и четвертый этаж.

— Звоните, — сказал Петруша, — а то я кнопку испачкаю.

Маруся позвонила — и сейчас же за дверьми раздался топот.

У замка завозились. Послышался папин голос:

— Не мешай.

Потом мамин:

— Я открою.

Потом бабушкин:

— Ох, что же вы! Дайте мне.

И наконец дверь распахнулась, и мама бросилась обнимать девочек, папа кинулся расспрашивать Петрушу, а бабушка, стоя в дверях, заплакала, как маленькая.

Когда все всё узнали, мама обняла и поцеловала Петрушу и вся при этом вымазалась в саже. Но никто над ней не смеялся. А папа сбегал вниз, в подвал, и поблагодарил дедушку.

Потом девочек повели чай пить. Прошло полчаса или минут сорок, пока бабушка, папа и мама наконец не успокоились, и тогда девочкам здорово досталось.

Война Петрушки и Степки-растрепки

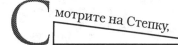 глядите на растрепку!

В чернилах руки, в известке брюки, на рубашке пятна — смотреть неприятно.

У Степкиного дома — прелая солома, метлы торчат, галки кричат.

У крыльца стоит Степан, поднимает грязный чан, то сам отопьет, то свинье подает.

Вот стоит Петрушка, гладкая макушка. Вымыты руки, выглажены брюки, рубашка как снег — аккуратный человек.

Стоит в саду Петрушкин дом, игрушки бегают кругом. попадешь к нему в сад — не захочешь назад.

Бежит, как шелковый клубок, ученый пес его Пушок: «Тяф-тяф! Пожалуйте за мной, вас ждет давно хозяин мой!»

И говорит Петрушка, гладкая макушка:

— Войдите, мы вам рады. Хотите шоколаду?

Песенка Петрушки

У меня родня — игрушки,
У меня и звон и шум.
Медвежонок — брат Петрушки,
Ванька-Встанька — сват и кум.
ДЗИНЬ-БУМ!
Сват и кум!

Спать ложимся ровно в восемь,
Ровно в шесть уже встаем.
Пол метем и воду носим,
Щепки колем топором.

ДЗИНЬ-БОМ!
Топором!

Самый лучший дом на свете —
Светлый дом, Петрушкин дом!
Умывайтесь чаще, дети, —
Мы вас в гости позовем.
ДЗИНЬ-БОМ!
Позовем!

    Песенка Степки-растрепки

Я Степка-растрепка —
Хрю!
Я свиньям похлебку
Варю!
Нет в мире похлебки вкусней.
Не веришь — спроси у свиней!

Вся нечисть и грязь —
Хрю!
Ко мне собралась,
К свинарю.
Нет в мире меня грязней.
Не веришь — спроси у свиней!

Я умник большой —
Хрю!
«Ученье долой!» —
Говорю.
Нет в мире меня умней.
Не веришь — спроси у свиней!

Я первый герой —
Хрю!
Пусть выйдет любой —
Поборю.
Нет в мире меня сильней.
Не веришь — спроси у свиней!

    Была у Петрушки дочка Погремушка. Весь свет обойдешь — милей не найдешь.
    Увидал ее Степка, грязный растрепка, почесал свою гриву:

— Ничего, — говорит, — красива! Я сейчас на ней женюсь, либо в луже утоплюсь!

Побежал Степан домой, воротился со свиньей.

Земля задрожала, свинья завизжала, испугался Пушок, удрал со всех ног. Погремушка махнула рукой:

— Уходи, такой-сякой! Забирай подарок гадкий, удирай во все лопатки!

А Степан берет лягушку, угощает Погремушку:

— Кушайте, красавица, это вам понравится!

Квакнула лягушка, ахнула Погремушка, махнула рукой, убежала домой.

— Я, — говорит, — не прощу, я, — говорит, — отомщу!

Взял Степан бутыль чернил да Пушка и окатил.

Пушок завизжал, к хозяину прибежал:

— Обидел меня Степка, запачкал меня растрепка!

Рассердился Петрушка, гладкая макушка:

— Я, — говорит, — ему не прощу! Я, — говорит, — ему отомщу!

Развел Петрушка мелу кадушку и растрепке отомстил — свинью мелом окатил.

Свинья завизжала, к хозяину прибежала:

— Пожалей свою бедную свинку: побелил ей Петрушка спинку!

Топнул растрепка ногой и пошел на Петрушку войной.

Свинья бежит, земля дрожит. На свинье Степка, грозный растрепка, а за ним в ряд воины спешат — родственники Степки, младшие растрепки.

Храбро за Петрушкой в бой пошли игрушки. Пушки новые палят, ядра — чистый шоколад!

Степкины солдаты, жадные ребята, увидали шоколад — и сражаться не хотят. Ядра ловят прямо в рот — вот прожорливый народ! Ловили да ели, пока не отяжелели. Повалились спать — где уж там воевать!

Во дворе Петрушки пляшут все игрушки. Бьет Петрушка в барабан: нынче в плен попал Степан!

Идет Степка пленный, плачет Степка бедный:

— Прощайте, поросята, веселые ребята! Прощайте, мои свинки, щетинистые спинки! Я в плен попал, я навек пропал!

Подошел Петрушка, гладкая макушка, и крикнул страшным голосом:

— Остричь растрепке волосы, свести в баню потом и держать под замком!

Пять мастеров над Стёпкой билось, двенадцать ножниц иступилось. Растрепкиных волос увезли целый воз. Постригли, помыли и в тюрьму посадили.

Служил у Петрушки лекарь, чинил любого калеку. Ногу, скажем, пришьёт, йодом зальет — глядь! — нога и приросла, будто так и была.

Привели к нему раненых солдат. «Почини», — говорят. Скорее да скорее. Доктор рук не жалеет: то зашьёт, то зальёт, тратит бочками йод. Кончил шить — вот беда! — всё пришито не туда.

Раненые воины все до слез расстроены. Один видит вдруг — ноги вместо рук. Убивается другой: «Не могу ходить рукой!» А командиру — что за срам! — пришили голову к ногам.

Утешает лекарь командира:

— Зато вам не надо мундира. А раз вам нужны только брюки — для чего вам туловище и руки?

Шла Погремушка домой, поравнялась с тюрьмой — что же это значит? Кто же это плачет?

Это Стёпка слезы льет, Стёпка песенку поет:

> Я тихонько сижу,
> На окно гляжу.
> Как светло за окном.
> Как темно кругом!
> Никто меня не слышит,
> Шуршат в подполье мыши,
> Кричат часовые
> Страшные да злые.
> Не с кем мне поиграть,
> Не с кем слова сказать!

Погремушка поглядела — арестанта пожалела: у него башка остриженная, у него лицо обиженное...

Голосил он так уныло, что она его простила. Помчалась домой, ключ схватила большой, прибежала назад:

— Вылезай-ка, брат! Бежим со мной ко мне домой!

Говорит Погремушка:

— Не сердись на нас, Петрушка! Я видала, как в темнице Стёпка бедный томится. Одолела меня жалость, мое сердце так и сжалось, я обиды позабыла и его освободила.

Говорит Степка, бывший растрепка:

— Ты меня прости и домой отпусти. Я помою всех знакомых, уничтожу насекомых, мелом выбелю дом и сюда бегом. Подари ты мне игрушки и жени на Погремушке. Я примусь тогда за чтение, и возьмусь я за ученье!

Покачал Петрушка головой:

— Что же делать мне с тобой! Все прощу я, так и быть, если руки будешь мыть!

Мчится Степка домой с мочалкой большой, а за ним несется в ряд голых банщиков отряд.

Дома баню затопили и к работе приступили.

Две недели не пили, не ели, мыли да поливали, брили да подстригали.

Всех помыли, никого не забыли! Стали вымытые в ряд, банщиков благодарят.

Веселый задал пир Петрушка, на свадьбе Степки с Погремушкой.

Двадцать три торта разного сорта, яблоки с арбуз, как сахар на вкус, ташкентский виноград, конфеты, шоколад — гости еле-еле всё это поели!

А пошли плясать, прямо ног не видать — так высоко прыгали, так ногами дрыгали.

В оркестре у Степана два порвали барабана, чуть не лопнул трубач, а скрипач пустился вскачь:

> На руках моих мозоли,
> Нету больше канифоли,
> Надоело мне играть,
> Очень хочется плясать!

Три сапожника в зале к плясунам подбегали, зашивали башмаки, подбивали каблуки.

Раздавали повара сахарные веера; веерами обвевали, лимонадом угощали.

Сам Петрушка плясал, пока на пол не упал; полежал минут пять — и опять пошел плясать!

Есть еще на свете скверные дети, вроде Степки, неряхи и растрепки. Не хотят мыться, не хотят учиться.

Как пойдут по улице, прохожие хмурятся, собаки бросаются, лошади пугаются.

Кто боится воды — тот дождется беды. А кто любит мыться, любит учиться, тот скорее растет, веселее живет.

Здесь налево и направо нарисован мальчик Пава. Он растрепкой был сначала — мама плакала, рыдала. Посмотрите — стали птицы в голове его гнездиться.

Он узнал из нашей книжки, что нельзя прожить без стрижки.

Начал мальчик Пава мыться, и работать, и учиться.

Глянь налево, глянь направо — где красивей мальчик Пава?

1925

Снежная Королева

Сказка в четырех действиях на андерсеновские темы

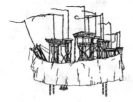

ДЕЙСТВУЮЩИЕ ЛИЦА

СКАЗОЧНИК
КЕЙ
ГЕРДА
БАБУШКА
СОВЕТНИК
СНЕЖНАЯ КОРОЛЕВА
ВОРОН
ВОРОНА
ПРИНЦ КЛАУС
ПРИНЦЕССА ЭЛЬЗА
КОРОЛЬ
АТАМАНША
ПЕРВЫЙ РАЗБОЙНИК
МАЛЕНЬКАЯ РАЗБОЙНИЦА
СЕВЕРНЫЙ ОЛЕНЬ
СТРАЖНИКИ
ЛАКЕИ КОРОЛЯ
РАЗБОЙНИКИ

Действие первое

Перед занавесом появляется Сказочник, молодой человек лет двадцати пяти. Он в сюртуке, при шпаге, в широкополой шляпе.

СКАЗОЧНИК. Снип-снап-снурре, пурре-базелюрре! Разные люди бывают на свете: кузнецы, повара, доктора, школьники, аптекари, учителя, кучера, актеры, сторожа. А я вот — сказочник. И все мы — и актеры, и учителя, и кузнецы, и доктора, и повара, и сказочники, — все мы работаем, и все мы люди нужные, необходимые, очень хорошие люди. Не будь, например, меня, сказочника, не сидели бы вы сегодня в театре и никогда вы не узнали бы, что случилось с одним мальчиком, по имени Кей, который... Но тссс... молчание. Снип-снап-снурре, пурре-базелюрре! Ах, как много сказок я знаю! Если рассказывать каждый день по сто сказок, то за сто лет я успею выложить только сотую долю моего запаса.

Сегодня вы увидите сказку о Снежной Королеве. Это сказка и грустная и веселая, и веселая и грустная. В ней участвуют мальчик и девочка, мои ученики, поэтому я взял с собой грифельную доску. Потом принц и принцесса. И я взял с собой шпагу и шляпу. *(Раскланивается.)* Это добрые принц и принцесса, и я с ними обойдусь вежливо. Затем мы увидим разбойников. *(Достает пистолет.)* Поэтому я вооружен. *(Пробует выстрелить; пистолет не стреляет.)* Он не стреляет, и это очень хорошо, потому что я терпеть не могу шума на сцене. Кроме того, мы попадем в вечные льды, поэтому я надел свитер. Поняли? Снип-снап-снурре, пурре-базелюрре. Ну-с, вот как будто и все. Можно начинать...

Да, самое главное, я и забыл! Мне прискучило все рассказывать да рассказывать.Сегодня я буду показывать сказку. И не только показывать — я сам буду участвовать во всех приключениях. Как же это так? А очень просто. Моя сказка — я в ней хозяин. И самое интересное то, что придумал я пока только начало да кое-что из середины, так что, чем кончатся наши приключения, я и сам не знаю! Как же это так? А очень просто! Что будет, то и будет, а когда мы дойдем до конца, то узнаем больше, чем знаем. Вот и все!.. Снип-снап-снурре, пурре-базелюрре!

Сказочник исчезает. Открывается занавес. Бедная, но опрятная комната на чердаке. Большое замерзшее окно. Недалеко от окна, поближе к печке, стоит сундук без крышки. В этом сундуке растет розовый куст. Несмотря на то, что стоит зима, розовый куст в цвету. Под кустом на скамеечке сидят мальчик и девочка. Это Кей и Герда. Они сидят взявшись за руки. Поют мечтательно.

КЕЙ И ГЕРДА.

> Снип-снап-снурре,
> пурре-базелюрре.

Снип-снап-снурре,
Пурре-базелюрре.

КЕЙ. Стой!
ГЕРДА. Что такое?
КЕЙ. Ступеньки скрипят...
ГЕРДА. Погоди, погоди... Да!
КЕЙ. И как весело они скрипят! Когда соседка шла жаловаться, что я разбил снежком окно, они скрипели вовсе не так.
ГЕРДА. Да уж! Тогда они ворчали, как собаки.
КЕЙ. А теперь, когда идет наша бабушка...
ГЕРДА. ...ступеньки поскрипывают как скрипочки.
КЕЙ. Ну, бабушка, ну скорей же!
ГЕРДА. Не надо ее торопить, Кей, ведь мы живем под самой крышей, а она уже старенькая.
КЕЙ. Ничего, ведь она еще далеко. Она не слышит. Ну, ну, бабушка, шагай!
ГЕРДА. Ну, ну, бабушка, живей.
КЕЙ. Уже чайник зашумел.
ГЕРДА. Уже чайник закипел. Вот, вот! Она вытирает ноги о коврик.
КЕЙ. Да, да. Слышишь: она раздевается у вешалки.

Стук в дверь.

ГЕРДА. Зачем это она стучит? Она ведь знает, что мы не запираемся.
КЕЙ. Хи-хи! Она нарочно... Она хочет нас напугать.
ГЕРДА. Хи-хи!
КЕЙ. Тише! А мы ее напугаем. Не отвечай, молчи.

Стук повторяется. Дети фыркают, зажимая руками рот. Снова стук.

Давай спрячемся.
ГЕРДА. Давай!

Фыркая, дети прячутся за сундук с розовым кустом. Дверь открывается, и в комнату входит высокий седой человек в черном сюртуке. На лацкане сюртука сверкает большая серебряная медаль. Он, важно подняв голову, оглядывается.

КЕЙ. *(вылетает из-за ширмы на четвереньках).* Гав-гав!
ГЕРДА. Бу! Бу!

Человек в черном сюртуке, не теряя выражения холодной важности, подпрыгивает от неожиданности.

ЧЕЛОВЕК *(сквозь зубы).* Что это за бессмыслица?

Дети стоят растерянные, взявшись за руки.

Невоспитанные дети, я вас спрашиваю: что это за бессмыслица? Отвечайте же, невоспитанные дети!
КЕЙ. Простите, но мы воспитанные...
ГЕРДА. Мы очень, очень воспитанные дети! Здравствуйте! Садитесь, пожалуйста!

Человек достает из бокового кармана сюртука лорнет. Разглядывает брезгливо детей.

ЧЕЛОВЕК. Воспитанные дети: а) не бегают на четвереньках, б) не вопят «гав-гав», в) не кричат «бу-бу» и, наконец, г) не бросаются на незнакомых людей.
КЕЙ. Но мы думали, что вы бабушка!
ЧЕЛОВЕК. Вздор! Я вовсе не бабушка. Где розы?
ГЕРДА. Вот они.
КЕЙ. А зачем они вам?
ЧЕЛОВЕК *(отворачивается от детей, разглядывает розы в лорнет).* Ага. Действительно ли это живые розы? *(Нюхает.)* А) издают запах, свойственный этому растению, б) обладают соответствующей раскраской и, наконец, в) растут из подобающей почвы. Живые розы... Ха!
ГЕРДА. Слушай, Кей, я боюсь его. Кто это? Зачем он пришел к нам? Чего он хочет от нас?
КЕЙ. Не бойся. Я спрошу... *(Человеку.)* Кто вы? А? Чего вы хотите от нас? Зачем вы к нам пришли?
ЧЕЛОВЕК *(не оборачиваясь, разглядывает розы).* Воспитанные дети не задают вопросов старшим. Они ждут, пока старшие сами не зададут им вопрос.
ГЕРДА. Будьте так добры, задайте нам вопрос: не... не хотим ли мы узнать, кто вы такой?
ЧЕЛОВЕК *(не оборачиваясь).* Вздор!
ГЕРДА. Кей, даю тебе честное слово, что это злой волшебник.
КЕЙ. Герда, ну вот честное слово — нет.
ГЕРДА. Увидишь, сейчас из него пойдет дым и он начнет летать по комнате. Или превратит тебя в козленка.

КЕЙ. Я не дамся!
ГЕРДА. Давай убежим.
КЕЙ. Стыдно.

Человек откашливается. Герда вскрикивает.

Да это он только кашляет, глупенькая.
ГЕРДА. А я подумала, что это он уже начал.

Человек внезапно отворачивается от цветов и не спеша двигается к детям.

КЕЙ. Что вам угодно?
ГЕРДА. Мы не дадимся.
ЧЕЛОВЕК. Вздор!

Человек двигается прямо на детей, которые в ужасе отступают.

ГОЛОС ИЗ ПЕРЕДНЕЙ. Дети! Чья это меховая шуба висит на вешалке?
КЕЙ И ГЕРДА *(радостно)*. Бабушка! Скорей, скорей сюда!
ГОЛОС. Соскучились? Не выбегайте, я с мороза. Сейчас иду, только сниму пальто, вот так, а теперь шапочку... Теперь вытру ноги как следует... Ну, вот и я.

В комнату входит чистенькая, беленькая, румяная старушка Она весело улыбается, но, увидев незнакомого человека, останавливается и перестает улыбаться.

ЧЕЛОВЕК. Здравствуйте, хозяйка.
БАБУШКА. Здравствуйте, господин...
ЧЕЛОВЕК. ...коммерции советник. Долго же вы заставляете себя ждать, хозяйка.
БАБУШКА. Но, господин коммерции советник, я ведь не знала, что вы придете к нам.
СОВЕТНИК. Это не важно, не оправдывайтесь. Вам повезло, хозяйка. Вы бедны, разумеется?
БАБУШКА. Садитесь, господин советник.
СОВЕТНИК. Это не важно.
БАБУШКА. Я-то, во всяком случае, сяду. Я набегалась сегодня.
СОВЕТНИК. Можете сесть. Итак, повторяю: вам повезло, хозяйка. Вы бедны?
БАБУШКА. И да и нет. Деньгами — небогата. А...
СОВЕТНИК. А остальное вздор. Перейдем к делу. Я узнал, что у вас среди зимы расцвел розовый куст. Я покупаю его.

БАБУШКА. Но он не продается.

СОВЕТНИК. Вздор.

БАБУШКА. Уверяю вас! Этот куст все равно что подарок. А подарки не продаются.

СОВЕТНИК. Вздор.

БАБУШКА. Поверьте мне! Наш друг, студент-сказочник, учитель моих ребятишек, уж так ухаживал за этим кустом! Он перекапывал его, посыпал землю какими-то порошками, он даже пел ему песни.

СОВЕТНИК. Вздор.

БАБУШКА. Спросите соседей. И вот после всех его забот благодарный куст расцвел среди зимы. И этот куст продавать!..

СОВЕТНИК. Какая вы хитрая старуха, хозяйка! Молодец! Вы набиваете цену. Так, так! Сколько?

БАБУШКА. Куст не продается.

СОВЕТНИК. Но, любезная, не задерживайте меня. Вы прачка?

БАБУШКА. Да, я стираю белье, помогаю по хозяйству, готовлю чудесные пряники, вышиваю, умею убаюкивать самых непокорных детей и ухаживаю за больными. Я все умею, господин советник. Есть люди, которые говорят, что у меня золотые руки, господин советник.

СОВЕТНИК. Вздор! Начнем сначала. Вы, может быть, не знаете, кто я такой. Я богатый человек, хозяйка. Я очень богатый человек. Сам король знает, как я богат; он наградил меня медалью за это, хозяйка. Вы видели большие фургоны с надписью «лед»? Видели, хозяйка? Лед, ледники, холодильники, подвалы, набитые льдом, — все это мое, хозяйка. Лед сделал меня богачом. Я все могу купить, хозяйка. Сколько стоят ваши розы?

БАБУШКА. Неужели вы так любите цветы?

СОВЕТНИК. Вот еще! Да я их терпеть не могу.

БАБУШКА. Так зачем же тогда...

СОВЕТНИК. Я люблю редкости! На этом я разбогател. Летом лед редкость. Я продаю летом лед. Зимою редкость цветы — я попробую их разводить. Всё! Итак, ваша цена?

БАБУШКА. Я не продам вам розы.

СОВЕТНИК. А вот продадите.

БАБУШКА. А вот ни за что!

СОВЕТНИК. Вздор! Вот вам десять талеров. Берите! Живо!

БАБУШКА. Не возьму.
СОВЕТНИК. Двадцать.

Бабушка отрицательно качает головой.

Тридцать, пятьдесят, сто! И сто мало? Ну, хорошо — двести. Этого на целый год хватит и вам, и этим гадким детям.
БАБУШКА. Это очень хорошие дети!
СОВЕТНИК. Вздор! Вы подумайте только: двести талеров за самый обыкновенный розовый куст!
БАБУШКА. Это не обыкновенный куст, господин советник. Сначала на ветках его появились бутоны, совсем еще маленькие, бледные, с розовыми носиками. Потом они развернулись, расцвели, и вот цветут, цветут и не отцветают. За окном зима, господин советник, а у нас лето.
СОВЕТНИК. Вздор! Если бы сейчас было лето, лед поднялся бы в цене.
БАБУШКА. Эти розы — наша радость, господин советник.
СОВЕТНИК. Вздор, вздор, вздор! Деньги — вот это радость. Я вам предлагаю деньги, слышите — деньги! Понимаете — деньги!
БАБУШКА. Господин советник! Есть вещи более сильные, чем деньги.
СОВЕТНИК. Да ведь это бунт! Значит, деньги, по-вашему, ничего не стоят? Сегодня вы скажете, что деньги ничего не стоят, завтра — что богачи и почтенные люди ничего не стоят... Вы решительно отказываетесь от денег?
БАБУШКА. Да. Эти розы не продаются ни за какие деньги, господин советник.
СОВЕТНИК. В таком случае вы... вы... сумасшедшая старуха, вот кто вы...
КЕЙ *(глубоко оскорбленный, бросается к нему).* А вы... вы... невоспитанный старик, вот кто вы!
БАБУШКА. Дети, дети, не надо!
СОВЕТНИК. Да я вас заморожу!
ГЕРДА. Мы не дадимся!
СОВЕТНИК. Увидим... Это вам даром не пройдет!
КЕЙ. Бабушку все, все уважают! А вы рычите на нее, как...
БАБУШКА. Кей!
КЕЙ *(сдерживаясь)*... как нехороший человек.
СОВЕТНИК. Ладно! Я: а) отомщу, б) скоро отомщу и в) страшно отомщу. Я дойду до самой королевы. Вот вам!

Советник бежит и в дверях сталкивается со Сказочником.

(Яростно.) А, господин сказочник! Сочинитель сказок, над которыми все издеваются! Это все ваши штуки! Хорошо же! Увидите! Это и вам не пройдет даром.
СКАЗОЧНИК *(вежливо кланяясь Советнику).* Снип-снап-снурре, пурре-базелюрре!
СОВЕТНИК. Вздор! *(Убегает.)*
СКАЗОЧНИК. Здравствуйте, бабушка! Здравствуйте, дети! Вас огорчил коммерции советник? Не обращайте на него внимания. Что он нам может сделать? Смотрите, как весело розы кивают нам головками. Они хотят сказать нам: все идет хорошо. Мы с вами, вы с нами — и все мы вместе.

Советник в меховой шубе и в цилиндре показывается в дверях.

СОВЕТНИК. Увидим, надолго ли. Ха-ха!

Сказочник бросается к нему. Советник исчезает. Сказочник возвращается.

СКАЗОЧНИК. Бабушка, дети, все хорошо. Он ушел, совсем ушел. Я вас очень прошу, пожалуйста, забудем о нем.
ГЕРДА. Он хотел унести наши розы.
КЕЙ. Но мы не позволили.
СКАЗОЧНИК. Ах, какие вы молодцы! Но за что вы обидели чайник? *(Бежит к печке.)* Слышите, он кричит: «Вы забыли меня, я шумел, и вы не слышали. Я зол, зол, попробуйте-ка, троньте меня!» *(Пробует снять чайник с огня.)* И верно, его не тронуть! *(Берет чайник полой сюртука.)*
БАБУШКА *(вскакивает).* Вы опять обожжетесь, я вам дам полотенце.
СКАЗОЧНИК *(боком, держа кипящий чайник полой сюртука, пробирается к столу).* Ничего. Все эти чайники, чашки, столы и стулья... *(пробует поставить чайник на стол, но это ему никак не удается)* сюртуки и башмаки из-за того, что я говорю на их языке и часто болтаю с ними *(ставит наконец чайник на стол)*, считают меня своим братом и ужасно меня не уважают. Сегодня утром вдруг пропали мои башмаки. Нашел я их в прихожей под шкафом. Оказывается, они пошли в гости к старой сапожной щетке, заговорились там и... Что с вами, дети?

ГЕРДА. Ничего.

СКАЗОЧНИК. Говорите правду!

ГЕРДА. Ну, хорошо, я скажу. Знаете, что? Мне все-таки немножко страшно.

СКАЗОЧНИК. Ах вот как! Значит, вам немного страшно, дети?

КЕЙ. Нет, но... Советник сказал, что он дойдет до самой королевы. О какой это королеве он говорил?

СКАЗОЧНИК. Я думаю, что о Снежной Королеве. Он с ней в большой дружбе. Ведь она ему поставляет лед.

ГЕРДА. Ой, кто это стучит в окно? Я не боюсь, но все-таки скажите: кто же это стучит в окно?

БАБУШКА. Это просто снег, девочка. Метель разыгралась.

КЕЙ. Пусть Снежная Королева только попробует сюда войти. Я посажу ее на печь, и она сразу растает.

СКАЗОЧНИК *(вскакивает).* Верно, мальчик! *(Взмахивает рукой и опрокидывает чашку.)* Ну вот... Я ведь вам говорил... И не стыдно тебе, чашка? Верно, мальчик! Снежная Королева не посмеет сюда войти! С тем, у кого горячее сердце, ей ничего не поделать!

ГЕРДА. А где она живет?

СКАЗОЧНИК. Летом — далеко-далеко, на севере. А зимой она летает на черном облаке высоко-высоко в небе. Только поздно-поздно ночью, когда все спят, она проносится по улицам города и взглядывает на окна, и тогда стекла покрываются ледяными узорами и цветами.

ГЕРДА. Бабушка, значит, она все-таки смотрела на наши окна? Видишь, они все в узорах.

КЕЙ. Ну и пусть. Посмотрела и улетела.

ГЕРДА. А вы видели Снежную Королеву?

СКАЗОЧНИК. Видел.

ГЕРДА. Ой! Когда?

СКАЗОЧНИК. Давно-давно, когда тебя еще не было на свете.

КЕЙ. Расскажите.

СКАЗОЧНИК. Хорошо. Только я отойду подальше от стола, а то я опять опрокину что-нибудь. *(Идет к окну, берет с подоконника доску и грифель.)* Но после рассказа мы засядем за работу. Вы уроки выучили?

ГЕРДА. Да.

КЕЙ. Все до одного!

СКАЗОЧНИК. Ну, тогда, значит, вы заслужили интересную историю. Слушайте.

Начинает рассказывать — сначала спокойно и сдержанно, но постепенно, увлекаясь, принимается размахивать руками. В одной руке у него грифельная доска, в другой — грифель.

Было это давно, очень давно. Мама моя, так же как и ваша бабушка, каждый день уходила работать к чужим людям. Только руки у моей мамы были не золотые, нет, совсем не золотые. Она, бедная, была слабенькая и почти такая же нескладная, как я. Поэтому кончала она свою работу поздно. Однажды вечером она запоздала еще больше, чем всегда. Сначала я ждал ее терпеливо, но когда догорела и погасла свечка, то мне стало совсем невесело. Приятно сочинять страшные сказки, но когда они сами лезут тебе в голову, то это уж совсем не то. Свеча погасла, но старый фонарь, что висел за окном, освещал комнату. И надо вам сказать, что это было еще хуже. Фонарь качался на ветру, тени бегали по комнате, и мне казалось, что это маленькие черненькие гномы кувыркаются, прыгают и только об одном и думают — как бы на меня напасть. И я оделся потихоньку, и замотал шею шарфом, и бегом выбежал из комнаты, чтобы подождать маму на улице. На улице было тихо-тихо, так тихо, как бывает только зимой. Я присел на ступеньки и стал ждать. И вдруг — как засвистит ветер, как полетит снег! Казалось, что он падает не только с неба, а летит от стен, с земли, из-под ворот, отовсюду. Я побежал к дверям, но тут одна снежинка стала расти, расти и превратилась в прекрасную женщину.

КЕЙ. Это была она?

ГЕРДА. А как она была одета?

СКАЗОЧНИК. Она была в белом с головы до ног. Большая белая муфта была у нее в руках. Огромный бриллиант сверкал у нее на груди. «Вы кто?» — крикнул я. «Я Снежная Королева, — ответила женщина, — хочешь, я возьму тебя к себе? Поцелуй меня, не бойся». Я отпрыгнул...

Сказочник взмахивает руками и попадает грифельной доской в стекло. Стекло разбивается. Гаснет лампа. Музыка. Снег, белея, влетает в разбитое окно.

ГОЛОС БАБУШКИ. Спокойно, дети.
СКАЗОЧНИК. Это я виноват! Сейчас я зажгу свет!

Вспыхивает свет. Все вскрикивают. Прекрасная женщина стоит посреди комнаты. Она в белом с головы до ног. Большая белая муфта у нее в руках. На груди, на серебряной цепочке, сверкает огромный бриллиант.

КЕЙ. Это кто?
ГЕРДА. Кто вы?

Сказочник пробует заговорить, но женщина делает повелительный знак рукой, и он отшатывается и умолкает.

ЖЕНЩИНА. Простите, я стучала, но меня никто не слышал.
ГЕРДА. Бабушка сказала — это снег.
ЖЕНЩИНА. Нет, я стучала в дверь как раз тогда, когда у вас погас свет. Я испугала вас?
КЕЙ. Ну вот, ни капельки.
ЖЕНЩИНА. Я очень рада этому; ты смелый мальчик. Здравствуйте, господа!
БАБУШКА. Здравствуйте, госпожа...
ЖЕНЩИНА. Можете называть меня баронессой.
БАБУШКА. Здравствуйте, госпожа баронесса. Садитесь, пожалуйста.
ЖЕНЩИНА. Благодарю вас. *(Садится.)*
БАБУШКА. Сейчас я заложу окно подушкой, очень дует. *(Закладывает окно.)*
ЖЕНЩИНА. О, меня это нисколько не беспокоит. Я пришла к вам по делу. Мне рассказывали о вас. Говорят, что вы очень хорошая женщина, работящая, честная, добрая, но бедная.
БАБУШКА. Не угодно ли чаю, госпожа баронесса?
ЖЕНЩИНА. Нет, ни за что! Ведь он горячий. Мне говорили, что, несмотря на свою бедность, вы держите приемыша.
КЕЙ. Я не приемыш!
БАБУШКА. Он говорит правду, госпожа баронесса.
ЖЕНЩИНА. Но мне говорили так: девочка — ваша внучка, а мальчик...
БАБУШКА. Да, мальчик не внук мне. Но ему не было и года, когда родители его умерли. Он остался совсем один на свете, госпожа баронесса, и я взяла его к себе. Он вырос

у меня на руках, он такой же родной мне, как мои покойные дети и как моя единственная внучка...
ЖЕНЩИНА. Эти чувства делают вам честь. Но вы совсем старая и можете умереть.
КЕЙ. Бабушка вовсе не старая.
ГЕРДА. Бабушка не может умереть.
ЖЕНЩИНА. Тише. Когда я говорю, все должно умолкнуть. Поняли? Итак, я беру у вас мальчика.
КЕЙ. Что?
ЖЕНЩИНА. Я одинока, богата, детей у меня нет — этот мальчик будет у меня вместо сына. Вы, конечно, согласитесь, хозяйка? Это выгодно вам всем.
КЕЙ. Бабушка, бабушка, не отдавай меня, дорогая! Я не люблю ее, а тебя так люблю! Розы ты и то пожалела, а я ведь целый мальчик! Я умру, если она возьмет меня к себе... Если тебе трудно, я тоже буду зарабатывать — газеты продавать, носить воду, сгребать снег, — ведь за все это платят, бабушка. А когда ты совсем состаришься, я куплю тебе мягкое кресло, очки и интересные книжки. Ты будешь сидеть, отдыхать, читать, а мы с Гердой будем заботиться о тебе.
ГЕРДА. Бабушка, бабушка, вот честное слово, не отдавай его! Ну, пожалуйста!
БАБУШКА. Да что вы, дети! Я, конечно, ни за что не отдам его.
КЕЙ. Вы слышите?
ЖЕНЩИНА. Не надо так спешить. Подумай, Кей. Ты будешь жить во дворце, мальчик. Сотни верных слуг будут повиноваться каждому твоему слову. Там...
КЕЙ. Там не будет Герды, там не будет бабушки, я не пойду к вам.
СКАЗОЧНИК. Молодец...
ЖЕНЩИНА. Молчите! *(Делает повелительный знак рукой.)*

Сказочник отшатывается.

БАБУШКА. Простите меня, баронесса, но так и будет, как сказал мальчик. Как я его могу отдать? Он вырос у меня на руках. Первое слово, которое он сказал, было «огонь».
ЖЕНЩИНА *(вздрагивает).* Огонь?
БАБУШКА. Первый раз он пошел вот здесь, от кровати к печке...
ЖЕНЩИНА *(вздрагивает).* К печке?

БАБУШКА. Я плакала над ним, когда он хворал, я так радовалась, когда он выздоравливал. Он иногда шалит, иногда огорчает меня, но чаще радует. Это мой мальчик, и он останется у меня.

ГЕРДА. Смешно даже подумать, как же мы можем без него жить.

ЖЕНЩИНА *(встает).* Ну что же! Пусть будет по-вашему. Эти чувства делают вам честь. Оставайся здесь, мальчик, если ты так этого хочешь. Но поцелуй меня на прощанье.

Сказочник делает шаг вперед. Женщина останавливает его повелительным жестом.

Ты не хочешь?

КЕЙ. Не хочу.

ЖЕНЩИНА. Ах вот как! Я-то сначала думала, что ты храбрый мальчик, а ты, оказывается, трус!

КЕЙ. Я вовсе не трус.

ЖЕНЩИНА. Ну, тогда поцелуй меня на прощанье.

ГЕРДА. Не надо, Кей.

КЕЙ. Но я вовсе не желаю, чтобы она думала, что я боюсь баронесс. *(Смело подходит к. баронессе, поднимается на цыпочки и протягивает ей губы.)* Всего хорошего!

ЖЕНЩИНА. Молодец! *(Целует Кея.)*

За сценой свист и вой ветра, снег стучит в окно.

(Смеется.) До свидания, господа! До скорого свидания, мальчик! *(Быстро уходит.)*

СКАЗОЧНИК. Какой ужас! Ведь это была она, она, Снежная Королева!

БАБУШКА. Полно вам рассказывать сказки.

КЕЙ. Ха-ха-ха!

ГЕРДА. Что ты смеешься, Кей?

КЕЙ. Ха-ха-ха! Смотрите, как смешно, наши розы завяли. А какие они стали безобразные, гадкие, фу! *(Срывает одну из роз и швыряет ее на пол.)*

БАБУШКА. Розы завяли, какое несчастье! *(Бежит к розовому кусту.)*

КЕЙ. Как смешно бабушка переваливается на ходу. Это прямо утка, а не бабушка. *(Передразнивает ее походку.)*

ГЕРДА. Кей! Кей!

КЕЙ. Если ты заревешь, я дерну тебя за косу.

БАБУШКА. Кей! Я не узнаю тебя.

КЕЙ. Ах, как вы мне все надоели. Да оно и понятно. Живем втроем в такой конуре...

БАБУШКА. Кей! Что с тобой?

СКАЗОЧНИК. Это была Снежная Королева! Это она, она!

ГЕРДА. Почему же вы не сказали...

СКАЗОЧНИК. Не мог. Она протягивала ко мне руку — и холод пронизывал меня с головы до ног, и язык отнимался, и...

КЕЙ. Вздор!

ГЕРДА. Кей! Ты говоришь как советник.

КЕЙ. Ну, и очень рад.

БАБУШКА. Дети, ложитесь спать! Уже поздно. Вы начинаете капризничать. Слышите: разом умываться и — спать.

ГЕРДА. Бабушка... Я сначала хочу узнать, что с ним!

КЕЙ. А я пойду спать. У-у! Какая ты некрасивая, когда плачешь...

ГЕРДА. Бабушка...

СКАЗОЧНИК *(выпроваживает их).* Спать, спать, спать. *(Бросается к Бабушке.)* Вы знаете, что с ним? Когда я рассказал своей маме, что меня хотела поцеловать Снежная Королева, мама ответила: хорошо, что ты не позволил ей этого. У человека, которого поцелует Снежная Королева, сердце застывает и превращается в кусок льда. Теперь у нашего Кея ледяное сердце.

БАБУШКА. Этого не может быть. Завтра же он проснется таким же добрым и веселым, как был.

СКАЗОЧНИК. А если нет? Ах, я этого вовсе не ждал. Что делать? Как быть дальше? Нет, Снежная Королева, я не отдам тебе мальчика! Мы спасем его! Спасем! Спасем!

Вой и свист метели за окном резко усиливается.

Не испугаемся! Вой, свисти, пой, колоти в окна, — мы еще поборемся с тобой. Снежная Королева!

Занавес

Действие второе

Перед занавесом лежит камень. Герда, очень утомленная, медленно выходит из-за портала. Опускается на камень.

ГЕРДА. Вот теперь-то я понимаю, что такое — одна. Никто мне не скажет: «Герда, хочешь есть?» Никто мне не скажет: «Герда, дай-ка лоб, кажется, у тебя жар». Никто мне не скажет: «Что с тобой? Почему ты сегодня такая грустная?» Когда встречаешь людей, то все-таки легче: они расспросят, поговорят, иногда накормят даже. А эти места такие безлюдные: иду я с самого рассвета и никого еще не встретила. Попадаются на дороге домики, но все они заперты на замок. Зайдешь во двор — никого, и в садиках пусто, и в огородах тоже, и в поле никто не работает. Что это значит? Куда ж это все ушли?

ВОРОН (*выходит из разреза занавеса, говорит глухо, слегка картавя*). Здравствуйте, барышня!

ГЕРДА. Здравствуйте, сударь.

ВОРОН. Простите, но вы не швырнете в меня палкой?

ГЕРДА. О, что вы, конечно, нет!

ВОРОН. Ха-ха-ха! Приятно слышать! А камнем?

ГЕРДА. Что вы, сударь!

ВОРОН. Ха-ха-ха! А кирпичом?

ГЕРДА. Нет, нет, уверяю вас.

ВОРОН. Ха-ха-ха! Позвольте почтительнейше поблагодарить вас за вашу удивительнейшую учтивость. Красиво я говорю?

ГЕРДА. Очень, сударь.

ВОРОН. Ха-ха-ха! Это оттого, что я вырос в парке королевского дворца. Я почти придворный ворон. А невеста моя — настоящая придворная ворона. Она питается объедками королевской кухни. Вы нездешняя, конечно?

ГЕРДА. Да, я пришла издалека.

ВОРОН. Я сразу догадался, что это так. Иначе вы знали бы, почему опустели все дома при дороге.

ГЕРДА. А почему они опустели, сударь? Я надеюсь, что ничего худого не случилось.

ВОРОН. Ха-ха-ха! Напротив! Во дворце праздник, пир на весь мир, и все отправились туда. Но, прошу прощения, вы чем-то огорчены? Говорите, говорите, я добрый ворон — а вдруг я смогу помочь вам.

ГЕРДА. Ах, если бы вы могли помочь мне найти одного мальчика!

ВОРОН. Мальчика? Говорите, говорите! Это интересно. Крайне интересно!

ГЕРДА. Видите ли, я ищу мальчика, с которым я вместе выросла. Мы жили так дружно — я, он и наша бабушка.

Но однажды — это было прошлой зимой — он взял санки и ушел на городскую площадь. Он привязал свои санки к большим саням — мальчики часто так делают, чтобы прокатиться побыстрее. В больших санях сидел человек в белой меховой шубе и белой шапке. Едва мальчик успел привязать свои санки к большим саням, как человек в белой шубе и шапке ударил по коням: кони рванулись, сани понеслись, санки за ними — и больше никто никогда не видал мальчика. Имя этого мальчика...

ВОРОН. Кей... Кр-ра! Кр-ра!

ГЕРДА. Откуда вы знаете, что его зовут Кей?

ВОРОН. А вас зовут Герда.

ГЕРДА. Да, меня зовут Герда. Но откуда вы все это знаете?

ВОРОН. Наша родственница, сорока, ужасная сплетница, знает все, что делается на свете, и все новости приносит нам на хвосте. Так узнали мы и вашу историю.

ГЕРДА (*вскакивает*). Вы, значит, знаете, где Кей? Отвечайте же! Отчего вы молчите?

ВОРОН. Кр-ра! Кр-ра! Сорок вечеров подряд мы рядили и судили и гадали и думали: где же он? Где Кей? Так и не додумались.

ГЕРДА (*садится*). Вот и мы тоже. Целую зиму ждали мы Кея. А весной я ушла его искать. Бабушка спала еще, я ее поцеловала потихоньку на прощанье — и вот ищу. Бедная бабушка, она, наверное, там скучает одна.

ВОРОН. Да. Сороки рассказывают, что ваша бабушка крайне, крайне горюет... Страшно тоскует!

ГЕРДА. А я столько времени потеряла напрасно. Вот уже целое лето я все ищу его, ищу — и никто не знает, где он.

ВОРОН. Тссс!

ГЕРДА. Что такое?

ВОРОН. Дайте-ка мне послушать! Да, это летит сюда она. Я узнаю шум ее крыльев. Многоуважаемая Герда, сейчас я познакомлю вас с моей невестой — придворной вороной. Она будет рада... Вот она...

Появляется Ворона, очень похожая на своего жениха. Вороны обмениваются церемонными поклонами.

ВОРОНА. Здравствуй, Карл!
ВОРОН. Здравствуй, Клара!
ВОРОНА. Здравствуй, Карл!

ВОРОН. Здравствуй, Клара!

ВОРОНА. Здравствуй, Карл! У меня крайне интересные новости. Сейчас ты раскроешь клюв, Карл.

ВОРОН. Говори скорей! Скорей!

ВОРОНА. Кей нашелся!

ГЕРДА *(вскакивает)*. Кей? Вы не обманываете меня? Где же он? Где?

ВОРОНА *(отпрыгивает)*. Ах! Кто это?

ВОРОН. Не пугайся, Клара. Позволь представить тебе эту девочку. Ее зовут Герда.

ВОРОНА. Герда! Вот чудеса! *(Церемонно кланяясь.)* Здравствуйте, Герда.

ГЕРДА. Не мучайте меня, скажите, где Кей. Что с ним? Он жив? Кто его нашел?

Вороны некоторое время оживленно разговаривают на вороньем языке. Затем подходят к Герде. Говорят, перебивая друг друга.

ВОРОНА. Месяц...
ВОРОН. ...назад...
ВОРОНА. ...принцесса...
ВОРОН. ...дочь...
ВОРОНА. ...короля...
ВОРОН. ...пришла...
ВОРОНА. ...к...
ВОРОН. ...королю...
ВОРОНА. ...и...
ВОРОН. ...говорит...
ВОРОНА. ...Папа...
ВОРОН. ...мне...
ВОРОНА. ...очень...
ВОРОН. ...скучно...
ВОРОНА. ...подруги...
ВОРОН. ...боятся...
ВОРОНА. ...меня...
ВОРОН. ...мне...
ВОРОНА. ...не...
ВОРОН. ...с...
ВОРОНА. ...кем...
ВОРОН. ...играть...

ГЕРДА. Простите, что я вас перебиваю, но зачем вы рассказываете мне о королевской дочери?

ВОРОН. Но, дорогая Герда, иначе вы ничего не поймете!

Продолжают рассказ. При этом говорят они слово за словом без малейшей паузы, так, что кажется, будто это говорит один человек.

ВОРОН И ВОРОНА. «Мне не с кем играть, — сказала дочь короля. — Подруги нарочно проигрывают мне в шашки, нарочно поддаются в пятнашки. Я умру с тоски». — «Ну ладно, — сказал король, — я выдам тебя замуж». — «Устроим смотр женихов, — сказала принцесса, — я выйду замуж только за того, кто меня не испугается». Устроили смотр. Все пугались, входя во дворец. Но один мальчик ни капельки не испугался.

ГЕРДА *(радостно).* И это был Кей?

ВОРОН. Да, это был он.

ВОРОНА. Все другие молчали от страха как рыбы, а он так разумно разговаривал с принцессой!

ГЕРДА. Еще бы! Он очень умный! Он знает сложение, вычитание, умножение, деление и даже дроби!

ВОРОН. И вот принцесса выбрала его, и король дал ему титул принца и подарил ему полцарства. Поэтому-то и был во дворце устроен пир на весь мир.

ГЕРДА. Вы уверены, что это Кей? Ведь он совсем мальчик!

ВОРОНА. Принцесса тоже маленькая девочка. Но ведь принцессы могут выходить замуж, когда им вздумается.

ВОРОН. Вы не огорчены, что Кей забыл бабушку и вас? В последнее время, как говорит сорока, он был очень груб с вами?

ГЕРДА. Я не обижалась.

ВОРОНА. А вдруг Кей не захочет с вами разговаривать?

ГЕРДА. Захочет. Я уговорю его. Пусть он напишет бабушке, что он жив и здоров, и я уйду. Идемте же. Я так рада, что он не у Снежной Королевы. Идемте во дворец!

ВОРОНА. Ах, я боюсь, что вас не пустят туда! Ведь это все-таки королевский дворец, а вы простая девчонка. Как быть? Я не очень люблю детей. Они вечно дразнят меня и Карла. Они кричат: «Карл у Клары украл кораллы». Но вы не такая. Вы покорили мое сердце. Идемте. Я знаю все ходы и переходы дворца. Ночью мы проберемся туда.

ГЕРДА. А вы уверены, что принц — это и есть Кей?

ВОРОНА. Конечно. Я сегодня сама слышала, как принцесса кричала: «Кей, Кей, поди-ка сюда!» Вы не побоитесь ночью пробраться во дворец?

ГЕРДА. Нет!
ВОРОНА. В таком случае, вперед!
ВОРОН. Ур-ра! Ур-ра! Верность, храбрость, дружба...
ВОРОНА. ...разрушат все преграды. Ур-ра! Ур-ра! Ур-ра!

Уходят. Следом за ними молча проползает человек, закутанный в плащ. За ним другой. Занавес открывается. Зала в королевском дворце. Через середину пола, заднюю стену и потолок проходит черта, проведенная мелом, очень заметная на темной отделке залы. В зале полутемно.
Дверь бесшумно открывается. Входит Ворона.

ВОРОНА *(негромко)*. Карл! Карл!
ВОРОН *(за сценой)*. Клара! Клара!
ВОРОНА. Храбрей! Храбрей! Сюда. Здесь никого нет.

Тихо входят Герда и Ворон.

Осторожно! Осторожно! Держитесь правой стороны. За черту! За черту!
ГЕРДА. Скажите, пожалуйста, а зачем проведена эта черта?
ВОРОНА. Король подарил принцу полцарства. И все апартаменты дворца государь тоже аккуратно поделил пополам. Правая сторона — принца и принцессы, левая — королевская. Нам благоразумней держаться правой стороны... Вперед!

Герда и Ворон идут. Вдруг раздается негромкая музыка. Герда останавливается.

ГЕРДА. Что это за музыка?
ВОРОНА. Это просто сны придворных дам. Им снится что они танцуют на балу.

Музыку заглушает гул — топот коней, отдаленные крики: «Ату его, ату-ту-ту! Держи! Режь! Бей!»

ГЕРДА. А это что?
ВОРОНА. А это придворным кавалерам снится, что они загнали на охоте оленя.

Раздается веселая, радостная музыка.

ГЕРДА. А это?
ВОРОНА. А это сны узников, заточенных в подземелье. Им снится, что их отпустили на свободу.

ВОРОН. Что с вами, дорогая Герда? Вы побледнели?
ГЕРДА. Нет, право, нет! Но я сама не знаю, почему мне как-то беспокойно.
ВОРОНА. О, это крайне просто и понятно. Ведь королевскому дворцу пятьсот лет. Сколько страшных преступлений совершено тут за эти годы! Тут и казнили людей, и убивали из-за угла кинжалами, и душили.
ГЕРДА. Неужели Кей живет здесь, в этом страшном доме?
ВОРОНА. Идемте же...
ГЕРДА. Иду.

Раздается топот и звон бубенцов.

А это что?
ВОРОНА. Я не понимаю.

Шум все ближе.

ВОРОН. Дорогая Клара, не благоразумней ли будет удрать?
ВОРОНА. Спрячемся.

Прячутся за драпировку, висящую на стене. Едва они успевают скрыться, как двери с шумом распахиваются и в залу галопом врываются два лакея. В руках у них канделябры с зажженными свечами. Между двумя лакеями Принц и Принцесса. Они играют в лошадки. Принц изображает лошадь. На груди его звенят бубенцы игрушечной сбруи. Он прыгает, роет ногами пол, лихо бегает по своей половине зала. Лакеи, сохраняя на лицах невозмутимое выражение, носятся следом, не отставая ни на шаг, освещая дорогу детям.

ПРИНЦ *(останавливается)*. Ну, хватит. Мне надоело быть лошадью. Давай играть в другую игру.
ПРИНЦЕССА. В прятки?
ПРИНЦ. Можно. Ты будешь прятаться! Ну! Я считаю до ста. *(Отворачивается и считает.)*

Принцесса бегает по комнате, ищет место, где спрятаться. Лакеи с канделябрами — за нею. Принцесса останавливается наконец у драпировки, за которой скрылись Герда и вороны. Отдергивает драпировку. Видит Герду, которая горько плачет, и двух низко кланяющихся ворон.
Взвизгивает и отскакивает. Лакеи — за нею.

(Оборачиваясь.) Что? Крыса?
ПРИНЦЕССА. Хуже, гораздо хуже. Там девочка и две вороны.

ПРИНЦ. Глупости! Сейчас я посмотрю.
ПРИНЦЕССА. Нет, нет, это, наверное, какие-нибудь призраки.
ПРИНЦ. Глупости! *(Идет к занавеске.)*

> Герда, вытирая слезы, выходит ему навстречу. За нею, все время кланяясь, — вороны.

Как ты попала сюда, девочка? Мордочка у тебя довольно славная. Почему ты пряталась от нас?
ГЕРДА. Я давно бы вошла... Но я заплакала. А я очень не люблю, когда видят, как я плачу. Я вовсе не плакса, поверьте мне!
ПРИНЦ. Я верю, верю. Ну, девочка, рассказывай, что случилось. Ну же... Давай поговорим по душам. *(Лакеям.)* Поставьте подсвечники и уходите.

> Лакеи повинуются.

Ну, вот мы одни. Говори же!

> Герда тихо плачет.

Ты не думай, я ведь тоже просто мальчик как мальчик. Я пастух из деревни. Я попал в принцы только потому, что ничего не боюсь. Я ведь тоже натерпелся в свое время. Старшие братья мои считались умными, а я считался дурачком, хотя на самом деле все было наоборот. Ну, дружок, ну же... Эльза, да поговори же ты с ней ласково.
ПРИНЦЕССА *(милостиво улыбаясь, торжественно)*. Любезная подданная...
ПРИНЦ. Зачем ты говоришь по-королевски? Ведь тут все свои.
ПРИНЦЕССА. Прости, я нечаянно... Девочка, миленькая, будь так добра, расскажи нам, что с тобою.
ГЕРДА. Ах, в той занавеске, за которой я пряталась, есть дырочка.
ПРИНЦ. Ну и что?
ГЕРДА. И в эту дырочку я увидела ваше лицо, принц.
ПРИНЦ. И вот поэтому ты заплакала?
ГЕРДА. Да... Вы... вы вовсе не Кей...
ПРИНЦ. Конечно, нет. Меня зовут Клаус. Откуда ты взяла, что я Кей?

ВОРОНА. Пусть простит меня всемилостивейший принц, но я лично слышала, как их высочество *(указывает клювом на Принцессу)* называло ваше высочество — Кей.

ПРИНЦ *(Принцессе).* Когда это было?

ПРИНЦЕССА. После обеда. Помнишь? Сначала мы играли в дочки-матери. Я была дочка, а ты — мама. Потом в волка и семерых козлят. Ты был семеро козлят и поднял такой крик, что мой отец и повелитель, который спал после обеда, свалился с кровати. Помнишь?

ПРИНЦ. Ну, дальше!

ПРИНЦЕССА. После этого нас попросили играть потише. И я рассказала тебе историю Герды и Кея, которую рассказывала в кухне ворона. И мы стали играть в Герду и Кея, и я называла тебя Кей.

ПРИНЦ. Так... Кто же ты, девочка?

ГЕРДА. Ах, принц, ведь я Герда.

ПРИНЦ. Да что ты? *(Ходит взволнованно взад и вперед.)* Вот обидно, действительно.

ГЕРДА. Мне так хотелось, чтобы вы были Кей.

ПРИНЦ. Ах ты... Ну что же это? Что ты думаешь делать дальше, Герда?

ГЕРДА. Буду опять искать Кея, пока не найду, принц.

ПРИНЦ. Молодец. Слушай. Называй меня просто Клаус.

ПРИНЦЕССА. А меня — Эльза.

ПРИНЦ. И говори мне «ты».

ПРИНЦЕССА. И мне тоже.

ГЕРДА. Ладно.

ПРИНЦ. Эльза, мы должны сделать что-нибудь для Герды.

ПРИНЦЕССА. Давай пожалуем ей голубую ленту через плечо подвязку с мечами, бантами и колокольчиками.

ПРИНЦ. Ах, это ей никак не поможет. Ты в какую сторону сейчас пойдешь, Герда?

ГЕРДА. На север. Я боюсь, что Кея унесла все-таки она. Снежная Королева.

ПРИНЦ. Ты думаешь идти к самой Снежной Королеве? Но ведь это очень далеко.

ГЕРДА. Что ж поделаешь!

ПРИНЦ. Я знаю, как быть. Мы дадим Герде карету.

ВОРОНЫ. Карету? Очень хорошо!

ПРИНЦ. И четверку вороных коней.

ВОРОНЫ. Вороных? Прекрасно! Прекрасно!

ПРИНЦ. А ты, Эльза, дашь Герде шубу, шапку, муфту, перчатки и меховые сапожки.

ПРИНЦЕССА. Пожалуйста, Герда, мне не жалко. У меня четыреста восемьдесят девять шуб.

ПРИНЦ. Сейчас мы уложим тебя спать, а с утра ты поедешь.

ГЕРДА. Нет, нет, только не укладывайте меня спать — ведь я очень спешу.

ПРИНЦЕССА. Ты права, Герда. Я тоже терпеть не могу, когда меня укладывают спать. Как только я получила полцарства, сразу же изгнала из своей половины гувернантку, и теперь уже скоро двенадцать, а я все не сплю!

ПРИНЦ. Но ведь Герда устала.

ГЕРДА. Я отдохну и высплюсь в карете.

ПРИНЦ. Ну, хорошо.

ГЕРДА. Я вам потом отдам и карету, и шубу, и перчатки, и...

ПРИНЦ. Глупости! Вороны! Летите сейчас же в конюшню и прикажите там от моего имени взять четверку вороных и заложить в карету.

ПРИНЦЕССА. В золотую.

ГЕРДА. Ах нет, нет! Зачем же в золотую?

ПРИНЦЕССА. Не спорь, не спорь! Так будет гораздо красивее.

Вороны уходят.

ПРИНЦ. А мы сейчас пойдем в гардеробную и принесем тебе шубу. Ты пока сиди и отдыхай. *(Усаживает Герду в кресло.)* Вот так. Ты не будешь бояться одна?

ГЕРДА. Нет, не буду. Спасибо вам.

ПРИНЦ. Ты только не ходи на королевскую половину. А на нашей тебя никто не посмеет тронуть.

ПРИНЦЕССА. Правда, скоро полночь. А в полночь в этой комнате часто является призрак моего прапрапрапрадедушки Эрика Третьего Отчаянного. Он триста лет назад зарезал свою тетю и с тех пор никак не может успокоиться.

ПРИНЦ. Но ты не обращай на него внимания.

ПРИНЦЕССА. Мы оставим эти канделябры. *(Хлопает в ладоши.)*

Входят два лакея.

Свету!

Лакеи исчезают и тотчас же появляются с новыми канделябрами.

ПРИНЦ. Ну, Герда, не робей.
ПРИНЦЕССА. Ну, Герда, мы сейчас.
ГЕРДА. Спасибо, Эльза! Спасибо, Клаус! Вы очень славные ребята.

Принц и Принцесса убегают, сопровождаемые двумя лакеями.

Все-таки я никогда в жизни больше не буду ходить во дворцы. Уж очень они старые. Мурашки-то все так и бегают, так и бегают по спине.

Раздается громкий глубокий звон. Бьют часы.

Полночь... Теперь еще вздумает явиться прапрадедушка. Ну, так и есть, идет. Вот неприятность-то какая! О чем я с ним буду говорить? Шагает. Ну да, это он.

Распахивается дверь, и в залу входит высокий величественный человек в горностаевой мантии и короне.

(*Вежливо, приседая.*) Здравствуйте, прапрапрапрадедушка.
ЧЕЛОВЕК (*некоторое время, откинув голову, глядит на Герду*). Что? Что? Кого?
ГЕРДА. Ах, не гневайтесь, умоляю вас. Ведь я, право, не виновата в том, что вы заре... что вы поссорились со своей тетей.
ЧЕЛОВЕК. Да ты никак думаешь, что я Эрик Третий Отчаянный?
ГЕРДА. А разве это не так, сударь?
ЧЕЛОВЕК. Нет! Перед тобою стоит Эрик Двадцать Девятый. Слышишь?
ГЕРДА. А вы кого зарезали, сударь?
ЧЕЛОВЕК. Да ты что — смеешься надо мной? Да знаешь ли ты, что когда я гневаюсь, то даже мех на моей мантии и тот встает дыбом?
ГЕРДА. Простите, пожалуйста, если я что сказала не так. Я ни разу до сих пор не видела призраков и совершенно не знаю, как с ними обращаться.
ЧЕЛОВЕК. Но я вовсе не призрак!
ГЕРДА. А кто же вы, сударь?
ЧЕЛОВЕК. Я король. Отец принцессы Эльзы. Меня нужно называть «ваше величество».

ГЕРДА. Ах, простите, ваше величество, я обозналась.
КОРОЛЬ. Обозналась! Дерзкая девчонка! *(Садится.)* Ты знаешь, который час?
ГЕРДА. Двенадцать, ваше величество.
КОРОЛЬ. Вот то-то и есть. А мне доктора предписали ложиться в десять. И все это из-за тебя.
ГЕРДА. Как — из-за меня?
КОРОЛЬ. А... очень просто. Иди сюда, и я тебе все расскажу.

Герда делает несколько шагов и останавливается.

Иди же. Что ты делаешь? Подумай, ты меня — понимаешь: меня! — заставляешь ждать. Скорей же!
ГЕРДА. Простите, но только я не пойду.
КОРОЛЬ. Как это?
ГЕРДА. Видите ли, друзья мои не советовали мне уходить с половины принцессы.
КОРОЛЬ. Да не могу же я орать через всю комнату. Иди сюда.
ГЕРДА. Не пойду.
КОРОЛЬ. А я говорю, что ты пойдешь!
ГЕРДА. А я говорю, что нет!
КОРОЛЬ. Сюда! Слышишь, ты, цыпленок!
ГЕРДА. Я вас очень прошу не кричать на меня. Да-да, ваше величество. Я столько за это время перевидала, что вовсе и не пугаюсь вас, а только сама тоже начинаю сердиться. Вам, ваше величество, не приходилось, наверное, идти ночью по чужой стране, по незнакомой дороге. А мне приходилось. В кустах что-то воет, в траве что-то кашляет, на небе луна желтая, как желток, совсем не такая, как на родине. А ты все идешь, идешь, идешь. Неужели вы думаете, что после всего этого я буду бояться в комнате?
КОРОЛЬ. Ах вот что! Ты не боишься? Ну, тогда давай заключим мир. Люблю храбрецов. Дай руку. Не бойся!
ГЕРДА. Я вовсе не боюсь. *(Протягивает Королю руку.)*

Король хватает Герду и тащит на свою половину.

КОРОЛЬ. Эй, стража!

Распахивается дверь. Двое стражников вбегают в комнату. Отчаянным движением Герде удается вырваться и убежать на половину Принцессы.

ГЕРДА. Это мошенничество! Это нечестно!..

КОРОЛЬ *(стражникам).* Что вы тут стоите и слушаете? Вон отсюда!

Стражники уходят.

Ты что же это делаешь? Ты ругаешь меня — понимаешь: меня! — при моих подданных. Ведь это я... Да ты всмотрись, это я, король.

ГЕРДА. Ваше величество, скажите, пожалуйста, чего вы ко мне привязались? Я веду себя смирно, никого не трогаю. Что вам от меня надо?

КОРОЛЬ. Меня разбудила принцесса, говорит — Герда здесь. А твою историю знает весь дворец. Я пришел поговорить с тобою, расспросить, поглядеть на тебя, а ты вдруг не идешь на мою половину. Конечно, я разгневался. Мне обидно стало. И у короля есть сердце, девочка.

ГЕРДА. Простите, я вас вовсе не хотела обидеть.

КОРОЛЬ. Ну да чего уж там. Ладно. Я успокоился теперь и, пожалуй, пойду спать.

ГЕРДА. Спокойной ночи, ваше величество. Не сердитесь на меня.

КОРОЛЬ. Что ты, я вовсе не сержусь... Даю тебе в этом честное слово, королевское слово. Ты ищешь мальчика по имени Кей?

ГЕРДА. Ищу, ваше величество.

КОРОЛЬ. Я помогу тебе в твоих поисках. *(Снимает с пальца перстень.)* Это волшебный перстень. Тот, кто владеет им, сразу находит то, что ищет, — вещь или человека, все равно. Слышишь?

ГЕРДА. Да, ваше величество.

КОРОЛЬ. Я жалую тебе этот перстень. Возьми его. Ну, чего же ты? Ах, ты все еще не веришь мне... *(Смеется.)* Какая потешная девочка! Ну вот, смотри. Я вешаю этот перстень на гвоздик, а сам ухожу. *(Добродушно смеется.)* Вот я какой добрый. Спокойной ночи, девочка.

ГЕРДА. Спокойной ночи, король.

КОРОЛЬ. Ну, я ухожу. Видишь? *(Уходит.)*

ГЕРДА. Ушел. Как тут быть? *(Делает шаг к черте и останавливается.)* Вон и шаги его затихли. Во всяком случае, пока он добежит от двери до меня, я всегда успею удрать. Ну... Раз, два, три! *(Бежит, хватает перстень.)*

Вдруг в стене, как раз там, где висит перстень, распахивается дверца, и оттуда выскакивают Король и стражники. Они отрезают Герде дорогу на половину Принцессы

КОРОЛЬ. Что? Чья взяла? Ты забыла, что в каждом дворце есть потайные двери? Взять ее!..

Стражники неуклюже двигаются к Герде. Пытаются схватить ее. Это им не удается. Наконец один из стражников ловит Герду, но вскрикивает и сразу выпускает ее. Герда снова на половине Принцессы.

(Ревет.) Неповоротливые животные! Разъелись на дворцовых хлебах!
СТРАЖНИК. Она уколола меня иголкой.
КОРОЛЬ. Вон!

Стражники уходят.

ГЕРДА. Стыдно, стыдно, король!
КОРОЛЬ. Не говори глупостей! Король имеет право быть коварным.
ГЕРДА. Стыдно, стыдно!
КОРОЛЬ. Не смей дразнить меня! Или я перейду на половину принцессы и схвачу тебя.
ГЕРДА. Только попробуйте.
КОРОЛЬ. Дьявол... Ну ладно, я объясню тебе все... Ты оскорбила советника...
ГЕРДА. Что? Советника? Он здесь?
КОРОЛЬ. Ну конечно, здесь. Ты и эта... твоя бабушка не продали ему там чего-то... Розы, что ли... И теперь он требует, чтобы я заточил тебя в подземелье. Согласись на это! Я сам выберу тебе в подземелье местечко посуше.
ГЕРДА. Откуда советник знает, что я здесь?
КОРОЛЬ. Он следил за тобой. Ну! Соглашайся же... Да войди же ты в мое положение... Я должен этому советнику массу денег. Горы! Я у него в руках. Если я не схвачу тебя, он меня разорит. Он прекратит поставку льда — и мы останемся без мороженого. Он прекратит поставку холодного оружия — и соседи разобьют меня. Понимаешь? Очень прошу, пожалуйста, пойдем в темницу. Теперь уж я говорю совершенно честно, уверяю тебя.
ГЕРДА. Я верю, но в темницу ни за что не пойду. Мне надо найти Кея.

Из потайной двери выходит Советник. Король вздрагивает.

СОВЕТНИК *(смотрит в лорнет).* С вашего позволения, государь, я поражен. Она еще не схвачена?
КОРОЛЬ. Как видите.
СОВЕТНИК *(медленно двигаясь к черте).* Король должен быть: а) холоден, как снег, б) тверд, как лед, и в) быстр, как снежный вихрь.
КОРОЛЬ. Она на половине принцессы.
СОВЕТНИК. Вздор! *(Прыгает за черту, хватает Герду и зажимает ей рот платком.)* Всё!
СКАЗОЧНИК *(прыгает из потайной двери).* Нет, это еще не всё, советник. *(Отталкивает Советника и освобождает Герду.)*
СОВЕТНИК. Вы здесь?
СКАЗОЧНИК. Да. *(Обнимает Герду.)* Я переодевался до неузнаваемости и следил за каждым шагом вашим, советник. А когда вы уехали из города, я отправился следом.
СОВЕТНИК. Зовите стражу, государь.
СКАЗОЧНИК *(выхватывает пистолет).* Ни с места, король, иначе я застрелю вас. Молчите... И вы не двигайтесь, советник. Так. Когда мне было восемь лет, я смастерил себе кукольный театр и написал для него пьесу.

Советник внимательно глядит в лорнет на Сказочника.

И в этой пьесе у меня действовал король. «Как говорят короли? — думал я. — Конечно, не так, как все люди». И я достал у соседа-студента немецкий словарь, и в пьесе моей король говорил со своей дочкой так: «Дорогая тохтер, садись за дёр тыш и кушай ди цукер». И только сейчас наконец я наверняка узнаю, как говорит король с дочерью.
СОВЕТНИК *(выхватывает шпагу).* Зовите стражу, государь. Пистолет не выстрелит! Сказочник забыл насыпать на полку порох.
СКАЗОЧНИК *(действуя несколько неуклюже, быстро берет под мышку пистолет, выхватывает шпагу и снова целится левой рукой в Короля).* Ни с места, государь! А вдруг пистолет все-таки выстрелит...

Сказочник сражается с Советником, целясь в Короля.

ГЕРДА *(визжит).* Клаус, Эльза!

СОВЕТНИК. Да зовите же стражу, государь! Пистолет не заряжен.
КОРОЛЬ. А он говорит, что заряжен.
СОВЕТНИК. Все равно он промахнется.
КОРОЛЬ. А ну как не промахнется? Ведь тогда я — понимаете: я! — буду убит.
СОВЕТНИК. Ну ладно! Я сам справлюсь с этим нескладным человеком.
СКАЗОЧНИК. Попробуйте! Раз! Ага, задел.
СОВЕТНИК. Нет, мимо.

Сражаясь, они подходят к самой черте. Король с неожиданной легкостью подскакивает и, протянув ногу через пограничную черту, дает Сказочнику подножку.

СКАЗОЧНИК *(падая)*. Король! Вы подставили мне ножку?
КОРОЛЬ. Ага! *(Бежит, крича.)* Стража! Стража!
ГЕРДА. Клаус, Эльза!

Сказочник пробует подняться, но Советник приставил ему шпагу к горлу.

СОВЕТНИК. Не кричи и не двигайся, девчонка, иначе я заколю его.

Вбегают двое стражников.

КОРОЛЬ. Схватите этого человека. Голова его лежит на моей земле.
СОВЕТНИК. И эту девчонку тоже заберите.

Едва стражники успевают сделать шаг, как в комнату вбегают Принц и Принцесса со своими лакеями. В руках у Принца целый ворох шуб. Увидев все происходящее, Принц бросает шубы на пол, подлетает к Советнику и хватает его за руку. Сказочник вскакивает.

ПРИНЦ. Это что такое? Мы там задержались, не могли найти ключей, а вы тут обижаете нашу гостью?
ГЕРДА. Они хотят заточить меня в темницу.
ПРИНЦЕССА. Пусть только попробуют.
ГЕРДА. Король чуть не погубил лучшего моего друга! Он ему подставил ножку. *(Обнимает Сказочника.)*
ПРИНЦЕССА. Ах вот как... Ну, сейчас, государь, вы свету не взвидите. Сейчас, сейчас я начну капризничать...
ПРИНЦ. Некогда! Герда, мы принесли тебе три шубы.
ПРИНЦЕССА. Примерь, которая тебе больше подойдет.

ПРИНЦ. Некогда! Надевай первую попавшуюся! Живей!

Советник шепчется о чем-то с Королем. Герда одевается.

Король и повелитель, не советую вам больше трогать нас.
ПРИНЦЕССА. Папа, если ты не перестанешь, я никогда в жизни ничего не буду есть за обедом,
ПРИНЦ. Чего вы там сговариваетесь? Как вам не стыдно связываться с детьми?
КОРОЛЬ. Мы вовсе не сговариваемся. Мы просто так... болтаем.
ПРИНЦ. Ну смотрите!

Входят Ворон и Ворона.

ВОРОН И ВОРОНА *(хором).* Кар-рета подана!
ПРИНЦ. Молодцы! Жалую вам за это ленту через плечо и эту самую... подвязку со звоночками.

Ворон и Ворона низко кланяются.

Ты готова, Герда? Идем. *(Сказочнику.)* И вы с нами?
СКАЗОЧНИК. Нет. Я останусь здесь, и если советник вздумает пойти за Гердой, я шагу ему не дам ступить. Я догоню тебя, Герда.
СОВЕТНИК. Вздор.
ПРИНЦЕССА. Ну смотри, папа!
ПРИНЦ *(поднимает с пола шубы).* С нами не так-то легко справиться, государь. Идем.

Уходят. Впереди Герда, сопровождаемая лакеями. За нею Принц и Принцесса, позади Ворон и Ворона.

КОРОЛЬ *(стражникам).* Трубите тревогу. *(Уходит большими шагами.)*

Сейчас же раздаются звуки труб и барабанов, свистки, крики, лязг оружия. Звонит большой колокол.

СКАЗОЧНИК. Это что еще за шум?
СОВЕТНИК. Скоро все будет кончено, сочинитель. Слуги короля нападут на Герду и схватят ее.
СКАЗОЧНИК. Не схватят. Эти разжиревшие лакеи не так-то ловки, советник.

СОВЕТНИК. Схватят. Ну, какова сила золота, сказочник? Довольно мне было сказать слово — и вот весь огромный дворец гудит и ходит ходуном.

СКАЗОЧНИК. Весь огромный дворец ходит ходуном и гудит из-за маленькой девочки, у которой нет ни гроша. При чем же тут золото?

СОВЕТНИК. А при том, что девчонка попадет в темницу.

СКАЗОЧНИК. А я уверен, что она убежит.

Входит Король.

КОРОЛЬ. Ее схватили.

СКАЗОЧНИК. Как?

КОРОЛЬ. А очень просто. Когда поднялась тревога, они погасили свет, думая скрыться в темноте, но мои храбрые солдаты поймали вашу Герду.

Стук в дверь.

Ее привели! Войдите.

Входит стражник и вводит Герду. Она плачет, закрывая лицо муфтой.

Ну вот, то-то и есть! Чего тут плакать, я не понимаю. Ведь я тебя не съем, а просто заточу в темницу.

СКАЗОЧНИК. Герда! Герда!

КОРОЛЬ *(торжествуя).* Вот то-то и есть!

Стук в дверь.

Кто там еще? Войдите!

Входит стражник и вводит еще одну Герду. Она плачет, закрывая лицо муфтой.

Ну вот, так я и знал. Все эти хлопоты свели меня с ума. Две!

Обе Герды опускают муфты. Это Принц и Принцесса. Они хохочут.

СОВЕТНИК. Принц и принцесса?

СКАЗОЧНИК *(торжествуя).* Вот то-то и есть!

КОРОЛЬ. Да как же это так?

ПРИНЦ. А очень просто. Вы видели, что мы принесли для Герды три шубы. Она надела одну...

ПРИНЦЕССА. ...а мы в темноте — остальные.

ПРИНЦ. И стража погналась за нами.
ПРИНЦЕССА. А Герда мчится себе в карете.
ПРИНЦ. И вам не догнать ее. Ни за что!
СКАЗОЧНИК. Молодцы!
КОРОЛЬ. Я с вами еще посчитаюсь, любезный!
СОВЕТНИК. Да уж вы-то ее, во всяком случае, не догоните, сочинитель.
ПРИНЦЕССА. Что такое?
ПРИНЦ. Это мы еще посмотрим!
СКАЗОЧНИК. Вы проиграли, советник.
СОВЕТНИК. Игра еще не кончилась, сочинитель!

Занавес

Действие третье

СКАЗОЧНИК (*появляется перед занавесом*). Крибле-крабле-бумс — все идет отлично. Король и советник хотели было схватить меня. Еще миг — и пришлось бы сидеть мне в подземелье да сочинять сказки про тюремную крысу и тяжелые цепи. Но Клаус напал на советника, Эльза — на короля, и — крибле-крабле-бумс — я свободен, я шагаю по дороге. Все идет отлично. Советник испугался. Там, где дружба, верность, горячее сердце, ему ничего не поделать. Он отправился домой; Герда едет в карете на четверке вороных, и — крибле-крабле-бумс — бедный мальчик будет спасен. Правда, карета, к сожалению, золотая, а золото — очень тяжелая вещь. Поэтому кони везут карету не так чтобы уж очень быстро. Но зато я догнал ее! Девочка спит, а я не мог удержаться и побежал вперед пешком. Я шагаю без устали — левой, правой, левой, правой, — только искры летят из-под каблуков. Хоть и поздняя осень уже, но небо чистое, сухо, деревья стоят в серебре — это постарался первый морозец. Дорога идет лесом. Те птицы, которые опасаются простуды, уже улетели на юг, но — крибле-крабле-бумс — как весело, как бодро насвистывают те, что не боятся прохлады. Просто душа радуется. Одну минуту! Прислушайтесь! Мне хочется, чтобы и вы услышали птиц. Слышите?

Раздается длинный, пронзительный, зловещий свист. Вдали ему отвечает другой.

Что такое? Да это совсем не птицы.

Раздается зловещий далекий хохот, улюлюканье, крик.

(Достает пистолет и оглядывает его.) Разбойники! А карета едет без всякой охраны. *(Озабоченно.)* Крибле-крабле-бумс... *(Скрывается в разрезе занавеса.)*

Полукруглая комната, видимо расположенная внутри башни. Когда занавес поднимается, комната пуста. За дверью кто-то свистит трижды. Ему отвечают три других свиста. Двери открываются, и в комнату входит Первый Разбойник. Он ведет за руку человека в плаще. Глаза человека завязаны платком. Концы платка опускаются на лицо человека, так что зрителю оно не видно. Сейчас же открывается вторая дверь, и в комнату входит пожилая женщина в очках. Широкополая разбойничья шляпа надета набекрень. Она курит трубку.

АТАМАНША. Сними с него платок.
ПЕРВЫЙ РАЗБОЙНИК. Прошу. *(Снимает платок с человека в плаще. Это Советник.)*
АТАМАНША. Что вам нужно?
СОВЕТНИК. Здравствуйте, сударыня. Мне нужно видеть атамана разбойников.
АТАМАНША. Это я.
СОВЕТНИК. Вы?
АТАМАНША. Да. После того как умер от простуды мой муж, дело в свои руки взяла я. Чего вы хотите?
СОВЕТНИК. Я хочу вам сказать несколько слов по секрету.
АТАМАНША. Иоганнес, вон!
ПЕРВЫЙ РАЗБОЙНИК. Повинуюсь! *(Идет к двери.)*
АТАМАНША. Только не подслушивай, а то я тебя застрелю.
ПЕРВЫЙ РАЗБОЙНИК. Да что вы, атаманша! *(Уходит.)*
АТАМАНША. Если только вы меня обеспокоили по пустякам, вам отсюда не уйти живым.
СОВЕТНИК. Вздор! Мы с вами прекрасно сговоримся.
АТАМАНША. Валяйте, валяйте!
СОВЕТНИК. Я вам могу указать на великолепную добычу.
АТАМАНША. Ну?
СОВЕТНИК. Сейчас по дороге проедет золотая карета, запряженная четверкой вороных коней; она из королевской конюшни.
АТАМАНША. Кто в карете?
СОВЕТНИК. Девчонка.

АТАМАНША. Есть охрана?
СОВЕТНИК. Нет.
АТАМАНША. Так. Однако... карета в самом деле золотая?
СОВЕТНИК. Да. И поэтому едет она тихо. Она близко, я совсем недавно обогнал ее. Им не удрать от вас.
АТАМАНША. Так. Какую долю добычи вы требуете?
СОВЕТНИК. Вы должны будете отдать мне девчонку.
АТАМАНША. Вот как?
СОВЕТНИК. Да. Это нищая девчонка, вам не дадут за нее выкупа.
АТАМАНША. Нищая девчонка едет в золотой карете?
СОВЕТНИК. Карету ей дал на время принц Клаус. Девчонка нищая. У меня есть причины ненавидеть ее. Вы мне выдадите девчонку, и я увезу ее.
АТАМАНША. Увезете... Значит, вы тоже приехали сюда в карете?
СОВЕТНИК. Да.
АТАМАНША. В золотой?
СОВЕТНИК. Нет.
АТАМАНША. А где стоит ваша карета?
СОВЕТНИК. Не скажу.
АТАМАНША. Жаль. Мы бы и ее забрали тоже. Так вы хотите увезти девчонку?
СОВЕТНИК. Да. Впрочем, если вы настаиваете, я могу и не увозить ее. При одном условии: девчонка должна остаться здесь навсегда.
АТАМАНША. Ладно, там видно будет. Карета близко?
СОВЕТНИК. Очень близко.
АТАМАНША. Ага! *(Закладывает пальцы в рот и оглушительно свистит.)*

Вбегает Первый Разбойник.

ПЕРВЫЙ РАЗБОЙНИК. Что прикажете?
АТАМАНША. Лестницу и подзорную трубу.
ПЕРВЫЙ РАЗБОЙНИК. Слушаю-с!

Атаманша взбирается на стремянную лестницу и глядит в бойницу.

АТАМАНША. Ага! Ну, я вижу, вы не соврали. Карета едет по дороге и вся так и сверкает.
СОВЕТНИК *(потирает руки)*. Золото!
АТАМАНША. Золото!

ПЕРВЫЙ РАЗБОЙНИК. Золото!
АТАМАНША. Труби сбор. *(Свистит.)*
ПЕРВЫЙ РАЗБОЙНИК. Повинуюсь. *(Трубит в трубу, которую снимает с гвоздя на стене.)*

Ему отвечают трубы за стеной, дробь барабана, шум шагов на лестнице, лязг оружия.

АТАМАНША *(опоясываясь мечом).* Иоганнес! Пришли сюда кого-нибудь. Нужно стать на часах возле этого человека.
СОВЕТНИК. Зачем?
АТАМАНША. Нужно. Иоганнес, ты слышишь, что я сказала?
ПЕРВЫЙ РАЗБОЙНИК. Никто не пойдет, атаманша.
АТАМАНША. Почему?
ПЕРВЫЙ РАЗБОЙНИК. Разбойники — нетерпеливые люди. Узнавши про золотую карету, они прямо обезумели. Ни один не останется — так они спешат захватить карету.
АТАМАНША. Откуда все знают о карете? Ты подслушивал?
ПЕРВЫЙ РАЗБОЙНИК. Я — нет. Они — да.
АТАМАНША. Тогда пришли этого... бородача, который пришел проситься в разбойники. Он новичок, он придет.
ПЕРВЫЙ РАЗБОЙНИК. Попробую. Но только... Это у нас он новичок. А вообще же это старый разбойник. Я разговаривал с ним. Он тоже обезумел и ревет не хуже других. Хороший парень, свирепый.
АТАМАНША. Ничего, послушается. А не послушается — застрелим. Ступай.

Первый Разбойник уходит.

Ну, любезный друг. Если вы обманули нас, если мы возле кареты встретим засаду, вам не выйти отсюда живым.
СОВЕТНИК. Вздор! Торопитесь же! Карета совсем близко.
АТАМАНША. Не учите меня!

Стук в дверь.

Войди!

Входит бородатый человек свирепого вида.

Ты не поедешь с нами!
БОРОДАЧ. Атаманша! Возьмите меня! Уж я так буду стараться, что только искры полетят. В бою я зверь.

АТАМАНША. Там не будет боя. Охраны нет. Кучер, лакей да девчонка.
БОРОДАЧ. Девчонка! Возьмите меня, атаманша. Я ее заколю.
АТАМАНША. Зачем?
БОРОДАЧ. С детства ненавижу детей.
АТАМАНША. Мало ли что. Ты останешься здесь. Следи за этим человеком и, если он вздумает бежать, убей его! Не возражай — застрелю.
БОРОДАЧ. Ну ладно...
АТАМАНША. Смотри же. *(Идет к двери.)*
БОРОДАЧ. Ни пуха вам, ни пера.

Атаманша уходит.

СОВЕТНИК *(очень доволен, напевает).* Дважды два — четыре, все идет разумно. Дважды два — четыре, все идет как должно!

Издали доносится голос Атаманши: «По коням!» Удаляющийся топот копыт.

Пятью пять — двадцать пять, слава королеве. Шестью шесть — тридцать шесть, горе дерзким детям. *(Обращается к разбойнику.)* Ты тоже не любишь детей, разбойник?
БОРОДАЧ. Ненавижу.
СОВЕТНИК. Молодец!
БОРОДАЧ. Я держал бы всех детей в клетке, пока они не вырастут.
СОВЕТНИК. Очень разумная мысль. Ты давно в этой шайке?
БОРОДАЧ. Не очень. С полчаса всего. Я тут долго не пробуду. Я все время перехожу из шайки в шайку. Ссорюсь. Я человек отчаянный.
СОВЕТНИК. Прекрасно! Ты мне можешь пригодиться для одного дельца!
БОРОДАЧ. За деньги?
СОВЕТНИК. Конечно.

Издали доносятся крики.

Ага! *(Идет к стремянке.)* Я хочу взглянуть, что там делается.
БОРОДАЧ. Валяйте!

СОВЕТНИК *(поднимается к бойницам и смотрит в подзорную трубу).* Это очень смешно! Кучер пробует погнать лошадей вскачь, но золото — тяжелая вещь.
БОРОДАЧ. А наши?
СОВЕТНИК. Окружают карету. Кучер бежит. Они хватают девчонку. Ха-ха-ха! А это кто удирает? Сказочник! Беги, беги, герой! Отлично!

Взрыв криков.

Все. Сказочник убит. *(Слезает с лестницы. Напевает.)* Все идет как должно, дважды два — четыре.
БОРОДАЧ. Надеюсь, девчонку-то они не убили?
СОВЕТНИК. Как будто бы нет. А что?
БОРОДАЧ. Мне хочется это сделать самому.
СОВЕТНИК *(кладет руку на плечо бородачу).* Разбойник, ты мне нравишься.
БОРОДАЧ. Какие у вас холодные руки, я чувствую это даже через одежду.
СОВЕТНИК. Я всю жизнь возился со льдом. Нормальная моя температура — тридцать три и две. Здесь нет детей?
БОРОДАЧ. Конечно, нет!
СОВЕТНИК. Отлично!

Слышен приближающийся стук копыт.

Едут! Едут! Здесь нет детей, гадкая девчонка, сказочник убит — кто за тебя заступится?

Шум, крики. Распахивается дверь. В комнату входят Атаманша и Первый Разбойник. За ними — толпа разбойников. Они ведут Герду.

АТАМАНША. Эй ты, незнакомец! Ты свободен! Ты не обманул нас!
СОВЕТНИК. Напоминаю вам о нашем условии, атаманша. Отдайте мне девчонку!
АТАМАНША. Можешь забрать ее с собой.
ГЕРДА. Нет, нет!
СОВЕТНИК. Молчи! Здесь за тебя никто не заступится. Твой друг сочинитель убит.
ГЕРДА. Убит?
СОВЕТНИК. Да. Это очень хорошо. У вас найдется веревка, атаманша? Надо будет связать девчонку по рукам и ногам.

АТАМАНША. Это можно. Иоганнес, свяжи ее!
ГЕРДА. Подождите, милые разбойники, подождите минуточку!

Разбойники хохочут.

Я вам вот что хотела сказать, разбойники. Возьмите мою шубу, шапку, перчатки, муфту, меховые сапожки, а меня отпустите, и я пойду своей дорогой.

Разбойники хохочут.

Разбойники, ведь я ничего смешного не сказала. Взрослые часто смеются неизвестно почему. Но вы попробуйте не смеяться. Пожалуйста, разбойники. Мне очень хочется, чтобы вы послушались меня.

Разбойники хохочут.

Вы все-таки смеетесь? Когда хочешь очень хорошо говорить, то, как нарочно, мысли путаются в голове и все нужные слова разбегаются. Ведь есть же на свете слова, от которых даже разбойники могут сделаться добрыми...

Разбойники хохочут.

ПЕРВЫЙ РАЗБОЙНИК. Да, есть такие слова, от которых даже разбойники добреют. Это: «Возьмите десять тысяч талеров выкупа».
СОВЕТНИК. Разумно.

Разбойники хохочут.

ГЕРДА. Но ведь я бедная. Ах, не отдавайте, не отдавайте меня этому человеку! Вы ведь не знаете его, вы не понимаете, какой он страшный.
СОВЕТНИК. Вздор! Мы с ними прекрасно понимаем друг друга.
ГЕРДА. Отпустите меня. Ведь я маленькая девочка, я уйду потихонечку, как мышка, вы даже и не заметите. Без меня погибнет Кей — он очень хороший мальчик. Поймите меня! Ведь есть же у вас друзья!
БОРОДАЧ. Довольно, девочка, ты надоела мне! Не трать слов. Мы люди серьезные, деловые, у нас нет ни друзей, ни жен, ни семьи; жизнь научила нас, что единственный верный друг — золото!

СОВЕТНИК. Разумно сказано. Вяжите ее.

ГЕРДА. Ах, лучше выдерите меня за уши или отколотите, если вы такие злые, но только отпустите! Да неужели же здесь нет никого, кто заступился бы за меня?

СОВЕТНИК. Нет! Вяжите ее.

Внезапно распахивается дверь, и в комнату вбегает девочка, крепкая, миловидная, черноволосая. За плечами у нее ружье Она бросается к Атаманше.

(Вскрикивает.) Здесь есть дети?

АТАМАНША. Здравствуй, дочь! *(Дает девочке щелчок в нос.)*

МАЛЕНЬКАЯ РАЗБОЙНИЦА. Здравствуй, мать! *(Отвечает ей тем же.)*

АТАМАНША. Здравствуй, козочка! *(Щелчок.)*

МАЛЕНЬКАЯ РАЗБОЙНИЦА. Здравствуй, коза! *(Отвечает ей тем же.)*

АТАМАНША. Как поохотилась, дочь?

МАЛЕНЬКАЯ РАЗБОЙНИЦА. Отлично, мать. Подстрелила зайца. А ты?

АТАМАНША. Добыла золотую карету, четверку вороных коней из королевской конюшни и маленькую девочку.

МАЛЕНЬКАЯ РАЗБОЙНИЦА *(вскрикивает).* Девочку? *(Замечает Герду.)* Правда!.. Молодец, мать! Я беру девочку себе.

СОВЕТНИК. Я протестую.

МАЛЕНЬКАЯ РАЗБОЙНИЦА. А это еще что за старый сухарь?

СОВЕТНИК. Но...

МАЛЕНЬКАЯ РАЗБОЙНИЦА. Я тебе не лошадь, не смей говорить мне «но!» Идем, девочка! Не дрожи, я этого терпеть не могу.

ГЕРДА. Я не от страха. Я очень обрадовалась.

МАЛЕНЬКАЯ РАЗБОЙНИЦА. И я тоже. *(Треплет Герду по щеке.)* Ах ты мордашка... Мне ужасно надоели разбойники. Ночью они грабят, а днем сонные как мухи. Начнешь с ними играть, а они засыпают. Приходится их колоть ножом, чтобы они бегали. Идем ко мне.

СОВЕТНИК. Я протестую, протестую, протестую!

МАЛЕНЬКАЯ РАЗБОЙНИЦА. Мама, застрели-ка его!.. Не бойся, девочка, пока я с тобой не поссорилась, никто тебя и пальцем не тронет. Ну, идем ко мне! Мама, что я тебе сказала, стреляй же! Идем, девочка...

Уходят.

СОВЕТНИК. Что это значит, атаманша? Вы нарушаете наши условия.
АТАМАНША. Да. Раз моя дочь взяла девочку себе — я ничего не могу поделать. Я дочери ни в чем не отказываю. Детей надо баловать — тогда из них вырастают настоящие разбойники.
СОВЕТНИК. Но атаманша! Смотрите, атаманша!..
АТАМАНША. Довольно, любезный! Радуйтесь и тому, что я не исполнила дочкиной просьбы и не подстрелила вас. Уходите, пока не поздно.

Раздается глубокий, низкий, мелодичный звон.

Ага! Это звенит золотая карета. Ее подвезли к башне. Идем разобьем ее на куски да поделим. *(Идет к двери.)*

Разбойники с ревом устремляются за атаманшей. Советник задерживает бородача. Все уходят, кроме них двоих.

СОВЕТНИК. Не спеши!
БОРОДАЧ. Но ведь там будут делить золото.
СОВЕТНИК. Ты ничего не потеряешь. Ты должен будешь заколоть одну из этих девчонок.
БОРОДАЧ. Которую?
СОВЕТНИК. Пленницу.

Раздается низкий мелодичный звон, похожий на удары большого колокола, звон продолжается во все время их разговора.

БОРОДАЧ. Они раскалывают карету!
СОВЕТНИК. Говорят тебе, ты ничего не потеряешь, я заплачу тебе.
БОРОДАЧ. Сколько?
СОВЕТНИК. Не обижу.
БОРОДАЧ. Сколько? Я не мальчик, я знаю, как делаются дела.
СОВЕТНИК. Десять талеров.
БОРОДАЧ. Прощай!
СОВЕТНИК. Погоди! Ты же ненавидишь детей. Заколоть мерзкую девчонку — это ведь одно удовольствие.
БОРОДАЧ. Не следует говорить о чувствах, когда делаются дела.

СОВЕТНИК. И это говорит благородный разбойник!
БОРОДАЧ. Благородные разбойники были когда-то, да повымерли. Остались ты да я. Дело есть дело... Тысячу талеров!
СОВЕТНИК. Пятьсот...
БОРОДАЧ. Тысячу!..
СОВЕТНИК. Семьсот...
БОРОДАЧ. Тысячу! Кто-то идет. Решай скорей!
СОВЕТНИК. Ладно. Пятьсот сейчас, пятьсот — когда дело будет сделано.
БОРОДАЧ. Нет. Имей в виду, кроме меня никто не возьмется за это. Мне все равно тут не жить, а остальные боятся маленькой разбойницы!
СОВЕТНИК. Ладно. Бери! *(Передает бородачу пачку денег.)*
БОРОДАЧ. Отлично.
СОВЕТНИК. И не медли.
БОРОДАЧ. Ладно.

Звон затихает. Распахивается дверь, входят Герда и Маленькая Разбойница. Герда, увидев Советника, вскрикивает.

МАЛЕНЬКАЯ РАЗБОЙНИЦА *(выхватив из-за пояса пистолет, целится в Советника).* Ты здесь еще? Вон отсюда!
СОВЕТНИК. Но я протестую...
МАЛЕНЬКАЯ РАЗБОЙНИЦА. Ты, видно, только одно слово и знаешь: «протестую» да «протестую». Я считаю до трех. Если не уберешься — стреляю... Раз...
СОВЕТНИК. Слушайте...
МАЛЕНЬКАЯ РАЗБОЙНИЦА. Два...
СОВЕТНИК. Но ведь...
МАЛЕНЬКАЯ РАЗБОЙНИЦА. Три!

Советник убегает.

(Хохочет.) Видишь? Я ведь говорила: пока мы не поссоримся, тебя никто не тронет. Да если даже мы и поссоримся, то я никому тебя не дам в обиду. Я сама тебя тогда убью: ты мне очень, очень понравилась.
БОРОДАЧ. Позвольте мне, маленькая разбойница, сказать два слова вашей новой подруге.
МАЛЕНЬКАЯ РАЗБОЙНИЦА. Что такое?
БОРОДАЧ. О, не сердитесь, пожалуйста. Я ей хотел сказать два слова, только два слова по секрету.

МАЛЕНЬКАЯ РАЗБОЙНИЦА. Я терпеть не могу, когда мои подруги секретничают с чужими. Убирайся вон отсюда!
БОРОДАЧ. Однако...
МАЛЕНЬКАЯ РАЗБОЙНИЦА *(целится в него из пистолета).* Раз!
БОРОДАЧ. Слушайте!..
МАЛЕНЬКАЯ РАЗБОЙНИЦА. Два!
БОРОДАЧ. Но ведь...
МАЛЕНЬКАЯ РАЗБОЙНИЦА. Три!

Бородач выбегает.

Ну, вот и все. Теперь, надеюсь, взрослые не будут нам больше мешать. Ты мне очень, очень нравишься, Герда. Твою шубку, перчатки, меховые сапожки и муфту я возьму себе. Ведь подруги должны делиться. Тебе жалко?
ГЕРДА. Нет, нисколько. Но я боюсь, что замерзну насмерть, когда попаду в страну Снежной Королевы.
МАЛЕНЬКАЯ РАЗБОЙНИЦА. Ты не поедешь туда! Вот еще глупости: только что подружились — и вдруг уезжать. У меня есть целый зверинец: олень, голуби, собаки, но ты мне больше нравишься, Герда. Ах ты, моя мордашка! Собак я держу во дворе: они огромные, могут проглотить человека. Да они часто так и делают. А олень тут. Сейчас я тебе его покажу. *(Открывает верхнюю половину одной из дверей в стене.)* Мой олень умеет прекрасно говорить. Это редкий олень — северный.
ГЕРДА. Северный?
МАЛЕНЬКАЯ РАЗБОЙНИЦА. Да. Сейчас я покажу тебе его. Эй ты! *(Свистит.)* Поди сюда! Ну, живо! *(Хохочет.)* Боится! Я каждый вечер щекочу ему шею острым ножом. Он так уморительно дрожит, когда я это делаю... Ну, иди же! *(Свистит.)* Ты знаешь меня! Знаешь, что я все равно заставлю тебя подойти...

В верхней половине двери показывается рогатая голова Северного Оленя.

Видишь, какой смешной! Ну, скажи же что-нибудь... Молчит. Никогда не заговорит сразу. Эти северяне такие молчаливые. *(Достает из ножен большой нож. Проводит по шее Оленя.)* Ха-ха-ха! Видишь, как потешно он прыгает?
ГЕРДА. Не надо.
МАЛЕНЬКАЯ РАЗБОЙНИЦА. Отчего? Ведь это очень весело!

ГЕРДА. Я хочу спросить его. Олень, ты знаешь, где страна Снежной Королевы?

Олень кивает головой.

МАЛЕНЬКАЯ РАЗБОЙНИЦА. Ах, знаешь — ну тогда убирайся вон! *(Захлопывает окошечко.)* Я все равно не пущу тебя туда, Герда.

Входит Атаманша. За нею несет зажженный факел бородач. Он укрепляет факел в стене.

АТАМАНША. Дочь, стемнело, мы уезжаем на охоту. Ложись спать.
МАЛЕНЬКАЯ РАЗБОЙНИЦА. Ладно. Мы ляжем спать, когда наговоримся.
АТАМАНША. Советую тебе девочку уложить здесь.
МАЛЕНЬКАЯ РАЗБОЙНИЦА. Она ляжет со мной.
АТАМАНША. Как знаешь! Но смотри! Ведь если она нечаянно толкнет тебя во сне, ты ударишь ее ножом.
МАЛЕНЬКАЯ РАЗБОЙНИЦА. Да, это верно. Спасибо, мать. *(Бородачу.)* Эй ты! Приготовь здесь девочке постель. Возьми соломы в моей комнате.
БОРОДАЧ. Повинуюсь. *(Уходит.)*
АТАМАНША. Он останется сторожить вас. Он, правда, новичок, но за тебя я мало беспокоюсь. Ты сама справишься с сотней врагов. До свидания, дочь. *(Дает ей щелчок в нос.)*
МАЛЕНЬКАЯ РАЗБОЙНИЦА. До свидания, мать! *(Отвечает ей тем же.)*
АТАМАНША. Спи спокойно, козочка. *(Щелчок.)*
МАЛЕНЬКАЯ РАЗБОЙНИЦА. Ни пуха, ни пера, коза. *(Отвечает ей тем же.)*

Атаманша уходит, бородач стелет постель.

ГЕРДА. Я хочу поговорить с оленем.
МАЛЕНЬКАЯ РАЗБОЙНИЦА. Но ведь ты потом опять начнешь просить, чтобы я отпустила тебя.
ГЕРДА. Я только хочу спросить — а вдруг олень видел Кея. *(Вскрикивает.)* Ай-ай-ай!
МАЛЕНЬКАЯ РАЗБОЙНИЦА. Что ты?
ГЕРДА. Этот разбойник дернул меня за платье!

МАЛЕНЬКАЯ РАЗБОЙНИЦА *(Бородачу).* Ты как посмел это сделать? Зачем?

БОРОДАЧ. Прошу прощения, маленькая атаманша. Я стряхнул жука, который полз по ее платью.

МАЛЕНЬКАЯ РАЗБОЙНИЦА. Жука!.. Я тебе покажу, как пугать моих подруг. Постель готова? Тогда вон отсюда! *(Целится в него из пистолета.)* Раз, два, три!

Бородач уходит.

ГЕРДА. Девочка! Поговорим с оленем... Два слова... Только два слова!

МАЛЕНЬКАЯ РАЗБОЙНИЦА. Ну уж ладно, будь по-твоему. *(Открывает верхнюю половину двери.)* Олень! Сюда! Да живее! Я не буду тебя щекотать ножом.

Показывается Олень.

ГЕРДА. Скажи мне, пожалуйста, олень, ты видел Снежную Королеву?

Олень кивает головой.

А скажи, пожалуйста, не видал ли ты когда-нибудь вместе с нею маленького мальчика?

Олень кивает головой.

ГЕРДА И МАЛЕНЬКАЯ РАЗБОЙНИЦА *(схватившись за руки, пораженные, друг другу).* Видал!

МАЛЕНЬКАЯ РАЗБОЙНИЦА. Говори сейчас же, как это было.

ОЛЕНЬ *(говорит тихо, низким голосом, с трудом подбирая слова).* Я... прыгал по снежному полю... Было совсем светло... потому что... сияло северное сияние... И вдруг... я увидел: летит Снежная Королева... Я ей сказал... здравствуйте... А она ничего не ответила... Она разговаривала с мальчиком. Он был совсем белый от холода, но улыбался... Большие белые птицы несли его санки...

ГЕРДА. Санки! Значит, это был действительно Кей.

ОЛЕНЬ. Это был Кей — так звала его королева.

ГЕРДА. Ну вот, так я и знала. Белый от холода! Надо растереть его рукавицей и потом дать ему горячего чаю с малиной, Ах, я избила бы его! Глупый мальчишка! Может, он превратился теперь в кусок льда. *(Маленькой Разбойнице.)* Девочка, девочка, отпусти меня!

ОЛЕНЬ. Отпусти! Она сядет ко мне на спину, и я довезу ее до самой границы владений Снежной Королевы. Там моя родина.

МАЛЕНЬКАЯ РАЗБОЙНИЦА *(захлопывает дверцу).* Довольно, наговорились, пора спать. Не смей на меня смотреть так жалобно, а то я застрелю тебя. Я с тобой не поеду, потому что терпеть не могу холода, а одна я здесь не могу жить. Я к тебе привязалась. Понимаешь?

ГОЛОС ОЛЕНЯ *(за дверью).* Отпусти...

МАЛЕНЬКАЯ РАЗБОЙНИЦА. Спи! И ты ложись спать. Ни слова больше! *(Убегает к себе и сейчас же возвращается с веревкой в руках.)* Я привяжу тебя тройным секретным разбойничьим узлом к этому кольцу в стене. *(Привязывает Герду.)* Веревка длинная, она не помешает тебе спать. Вот и все. Спи, моя крошечка, спи, моя миленькая. Я отпустила бы тебя, но — сама посуди — разве я в силах расстаться с тобой! Ни слова! Ложись! Так... Я всегда засыпаю сразу — я все делаю быстро. И ты сразу же усни. Веревку и не пробуй развязывать. Ножа у тебя нет?

ГЕРДА. Нет.

МАЛЕНЬКАЯ РАЗБОЙНИЦА. Вот и умница. Молчи. Спокойной ночи! *(Убегает к себе.)*

ГЕРДА. Ах ты глупый, бедный маленький Кей!

ОЛЕНЬ *(за дверцей).* Девочка!

ГЕРДА. Что?

ОЛЕНЬ. Давай убежим. Я увезу тебя на Север.

ГЕРДА. Но я привязана.

ОЛЕНЬ. Это ничего. Ты ведь счастливая: у тебя есть пальцы. Это я своими копытами не могу развязать узла.

ГЕРДА *(возится с веревкой).* Ничего мне не сделать.

ОЛЕНЬ. Там так хорошо... Мы помчались бы по огромному снежному полю... Свобода... Свобода... Северное сияние освещало бы дорогу.

ГЕРДА. Скажи, олень, Кей был очень худой?

ОЛЕНЬ. Нет. Он был довольно полненький... Девочка, девочка, бежим!

ГЕРДА. Когда я спешу, у меня руки дрожат.

ОЛЕНЬ. Тише! Ложись!

ГЕРДА. А что?

ОЛЕНЬ. У меня чуткие уши. Кто-то крадется по лестнице. Ложись!

Герда ложится. Пауза. Дверь медленно приоткрывается. Показывается голова бородача. Он оглядывается, потом входит в комнату и закрывает за собой дверь. Тихо крадется к Герде.

ГЕРДА *(вскакивает).* Что вам надо?
БОРОДАЧ. Умоляю тебя, ни слова! Я пришел спасти тебя. *(Подбегает к Герде и взмахивает ножом.)*
ГЕРДА. Ах!
БОРОДАЧ. Тише! *(Перерезает веревку.)*
ГЕРДА. Кто вы?

Бородач срывает бороду и нос. Это Сказочник.

Это вы? Вы ведь убиты!
СКАЗОЧНИК. Ранен не я, а лакей, которому я отдал свой плащ. Бедняга ужасно мерз на запятках кареты.
ГЕРДА. Но как вы попали сюда?
СКАЗОЧНИК. Я намного обогнал твою карету и услышал разбойничий свист. Что делать? Лакей, кучер, я — нам не отстоять золотой кареты от жадных разбойников. Тогда я переоделся разбойником.
ГЕРДА. Но откуда вы взяли бороду и нос?
СКАЗОЧНИК. Они давно со мной. Когда я в городе следил за советником, то всегда переодевался до неузнаваемости. Борода и нос остались в кармане и сослужили мне чудную службу. У меня тысяча талеров... Бежим! В ближайшей деревне мы найдем лошадей...

Топот копыт.

Что это? Они возвращаются? Шаги. Ложись!

В комнату входят Первый Разбойник и Атаманша.

АТАМАНША. Это еще кто?
СКАЗОЧНИК. Что за вопрос? Вы не узнаете меня, атаманша?
АТАМАНША. Нет.
СКАЗОЧНИК *(тихо).* Ах, черт... Я забыл надеть бороду... *(Громко.)* Я побрился, атаманша!
ПЕРВЫЙ РАЗБОЙНИК. Да ты и нос побрил, приятель!.. О-гей! Сюда!

Вбегают разбойники.

Глядите, товарищи, как изменился наш друг бородач!

РАЗБОЙНИКИ. Полицейская собака! Ищейка! Сыщик!
ПЕРВЫЙ РАЗБОЙНИК. Какая прекрасная поездка, друзья. Едва выехали, как поймали четырех купцов; едва вернулись — поймали сыщика.
ГЕРДА *(вскрикивает).* Это мой друг! Он пришел сюда, рискуя своей жизнью, чтобы спасти меня!

> Разбойники хохочут.

Нет уж. Довольно вы смеялись! Девочка! Девочка!
ПЕРВЫЙ РАЗБОЙНИК. Зови, зови ее. Она разом застрелит тебя за то, что ты хотела удрать.
ГЕРДА. Сюда! Помоги!

> Вбегает Маленькая Разбойница с пистолетом в руке.

МАЛЕНЬКАЯ РАЗБОЙНИЦА. Что случилось? Что такое? Кто посмел обидеть тебя? Кто это?
ГЕРДА. Это мой друг, сказочник. Он пришел, чтобы спасти меня.
МАЛЕНЬКАЯ РАЗБОЙНИЦА. И ты хотела бежать? Так вот ты какая!
ГЕРДА. Я оставила бы тебе записку.

> Разбойники хохочут.

МАЛЕНЬКАЯ РАЗБОЙНИЦА. Вон отсюда все! *(Наступает на разбойников.)* И ты, мама, уйди! Идите! Идите делите добычу!

> Разбойники хохочут.

Прочь! *(Наступает на них.)*

> Разбойники и Атаманша уходят.

Эх, Герда, Герда. Я бы, может быть, или даже наверное, сама тебя отпустила завтра.
ГЕРДА. Прости.

> Маленькая Разбойница открывает дверь в зверинец. Скрывается там на миг. Выходит и выводит Оленя.

МАЛЕНЬКАЯ РАЗБОЙНИЦА. Он очень смешил меня, да, видно, ничего не поделаешь. Возьми шубу, шапку, сапожки. А муфту и перчатки я тебе не отдам. Они мне очень уж понравились. Вот тебе вместо них безобразные рукавицы моей матушки. Садись верхом. Поцелуй меня.

ГЕРДА *(целует ее).* Спасибо!
ОЛЕНЬ. Спасибо!
СКАЗОЧНИК. Спасибо!
МАЛЕНЬКАЯ РАЗБОЙНИЦА *(Сказочнику).* А ты меня за что благодаришь? Герда, это и есть твой друг, который знает так много сказок?
ГЕРДА. Да.
МАЛЕНЬКАЯ РАЗБОЙНИЦА. Он останется со мной. Он будет развлекать меня, пока ты не вернешься.
СКАЗОЧНИК. Я...
МАЛЕНЬКАЯ РАЗБОЙНИЦА. Кончено. Скачи, скачи, олень, пока я не передумала.
ОЛЕНЬ *(на бегу).* Прощай!
ГЕРДА. До свидания!

Исчезают.

МАЛЕНЬКАЯ РАЗБОЙНИЦА. Ну, чего ж ты стоишь? Говори! Рассказывай сказку, да посмешнее. Если ты меня не рассмешишь, я застрелю тебя. Ну? Раз... Два...
СКАЗОЧНИК. Но послушайте...
МАЛЕНЬКАЯ РАЗБОЙНИЦА. Три!
СКАЗОЧНИК *(чуть не плача).* Много лет назад жил был снежный болван. Стоял он во дворе, как раз против кухонного окна. Когда в плите вспыхивал огонь, снежный болван вздрагивал от волнения. И вот однажды он сказал... Бедная девочка! Бедная Герда! Там кругом льды, ветер ревет и ревет. Между ледяными горами бродит Снежная Королева... А Герда, маленькая Герда там одна...

Маленькая Разбойница вытирает слезы рукояткой пистолета.

Но не надо плакать. Нет, не надо! Честное слово, все еще, может быть, кончится ничего себе... Честное слово!

Занавес

Действие четвертое

В разрезе занавеса показывается голова Северного Оленя. Он оглядывается во все стороны. Дальше не идет. Следом за ним выходит Герда.

ГЕРДА. Вот здесь и начинается страна Снежной Королевы?

Олень кивает головой.

Дальше ты не смеешь идти?

Олень кивает головой.

Ну, тогда до свидания. Большое тебе спасибо, олень. *(Целует его.)* Беги домой.
ОЛЕНЬ. Подожди.
ГЕРДА. Чего ждать? Нужно идти не останавливаясь, ведь тогда гораздо скорее придешь.
ОЛЕНЬ. Подожди. Снежная Королева очень злая...
ГЕРДА. Я знаю.
ОЛЕНЬ. Здесь жили когда-то люди, множество людей — и все они бежали на юг, прочь от нее. Теперь вокруг только снег и лед, лед и снег. Это могущественная королева.
ГЕРДА. Я знаю.
ОЛЕНЬ. И ты все-таки не боишься?
ГЕРДА. Нет.
ОЛЕНЬ. Здесь холодно, а дальше будет еще холодней. Стены дворца Снежной Королевы сделаны из метелей, окна и двери — из ледяного ветра, а крыша — из снеговых туч.
ГЕРДА. Покажи, пожалуйста, куда мне идти.
ОЛЕНЬ. Идти нужно прямо на север, никуда не сворачивая. Говорят, что Снежной Королевы сегодня нет дома, беги, пока она не вернулась, беги, ты согреешься на бегу. До дворца отсюда всего две мили.
ГЕРДА. Значит, Кей так близко! До свидания! *(Бежит.)*
ОЛЕНЬ. До свидания, девочка.

Герда скрывается.

Ах, если бы она была сильна, как двенадцать оленей... Но нет... Что может сделать ее сильней, чем она есть? Полмира обошла она, и ей служили и люди, и звери, и птицы. Не у нас занимать ей силу — сила в ее горячем сердце. Я не уйду. Я подожду ее тут. И если девочка победит — я порадуюсь, а если погибнет — заплачу.

Картина первая

Занавес открывается. Зала во дворце Снежной Королевы. Стены дворца состоят из снежинок, которые вертятся и вьются со страшной быстротой. На большом ледяном троне сидит Кей. Он бледен. В руках у него длинная ледяная палка. Он сосредоточенно перебирает палкой плоские остроконечные льдинки, лежащие у подножия трона. Когда открывается занавес, на сцене тихо. Слышно только, как глухо и однообразно воет ветер. Но вот издали раздается голос Герды.

ГЕРДА. Кей, Кей, я здесь!

> Кей продолжает свою работу.

Кей! Отзовись, Кей! Здесь так много комнат, что я заблудилась.

> Кей молчит. Голос Герды все ближе.

Кей, дорогой, здесь так пусто! Тут некого спросить, как пройти к тебе, Кей!

> Кей молчит.

Кей, неужели ты совсем замерз? Скажи хоть слово. Когда я думаю, что ты, может быть, замерз, у меня подгибаются ноги. Если ты не ответишь, я упаду.

> Кей молчит.

Пожалуйста, Кей, пожалуйста... *(Вбегает в залу и останавливается как вкопанная.)* Кей! Кей!
КЕЙ *(сухо, глуховатым голосом).* Тише, Герда. Ты сбиваешь меня.
ГЕРДА. Кей, милый, это я!
КЕЙ. Да.
ГЕРДА. Ты меня забыл?
КЕЙ. Я никогда и ничего не забываю.
ГЕРДА. Подожди, Кей, я столько раз видела во сне, что нашла тебя... Может быть, опять я вижу сон, только очень плохой.
КЕЙ. Вздор!
ГЕРДА. Как ты смеешь так говорить? Как ты посмел замерзнуть до того, что даже не обрадовался мне?
КЕЙ. Тише.
ГЕРДА. Кей, ты нарочно пугаешь меня, дразнишь? Или нет? Ты подумай, я столько дней все иду, иду — и вот нашла тебя, а ты даже не сказал мне «здравствуй».
КЕЙ *(сухо).* Здравствуй, Герда.

ГЕРДА. Как ты это говоришь? Подумай. Что, мы с тобой в ссоре, что ли? Ты даже не взглянул на меня.

КЕЙ. Я занят.

ГЕРДА. Я не испугалась короля, я ушла от разбойников, я не побоялась замерзнуть, а с тобой мне страшно. Я боюсь подойти к тебе. Кей, это ты?

КЕЙ. Я.

ГЕРДА. А что ты делаешь?

КЕЙ. Я должен сложить из этих льдинок слово «вечность».

ГЕРДА. Зачем?

КЕЙ. Не знаю. Так велела королева.

ГЕРДА. Но разве тебе нравится вот так сидеть и перебирать льдинки?

КЕЙ. Да. Это называется: ледяная игра разума. А кроме того, если я сложу слово «вечность», королева подарит мне весь мир и пару коньков в придачу.

Герда бросается к Кею и обнимает его. Кей безучастно повинуется.

ГЕРДА. Кей, Кей, бедный мальчик, что ты делаешь, дурачок? Пойдем домой, ты тут все забыл. А там что делается! Там есть и хорошие люди, и разбойники — я столько увидела, пока тебя искала. А ты сидишь и сидишь, как будто на свете нет ни детей, ни взрослых, как будто никто не плачет, не смеется, а только и есть в мире, что эти кусочки льда. Ты бедный, глупый Кей!

КЕЙ. Нет, я разумный, право так...

ГЕРДА. Кей, Кей, это все советник, это все королева. А если бы я тоже начала играть с этими кусочками льда, и сказочник, и маленькая разбойница? Кто бы тогда спас тебя? А меня?

КЕЙ *(неуверенно).* Вздор!

ГЕРДА *(плача и обнимая Кея).* Не говори, пожалуйста, не говори так. Пойдем домой, пойдем! Я ведь не могу оставить тебя одного. А если и я тут останусь, то замерзну насмерть, а мне этого так не хочется! Мне здесь не нравится. Ты только вспомни: дома уже весна, колеса стучат, листья распускаются. Прилетели ласточки и вьют гнезда. Там небо чистое. Слышишь, Кей, — небо чистенькое, как будто оно умылось. Слышишь, Кей? Ну, засмейся, что я говорю такие глупости. Ведь небо не умывается, Кей! Кей!

КЕЙ *(неуверенно).* Ты... ты беспокоишь меня.

ГЕРДА. Там весна, мы вернемся и пойдем на речку, когда у бабушки будет свободное время. Мы посадим ее на траву. Мы ей руки разотрем. Ведь когда она не работает, у нее руки болят. Помнишь? Ведь мы ей хотели купить удобное кресло и очки... Кей! Без тебя во дворе все идет худо. Ты помнишь сына слесаря, его звали Ганс? Того, что всегда хворает. Так вот, его побил соседский мальчишка, тот, которого мы прозвали Булкой.
КЕЙ. Из чужого двора?
ГЕРДА. Да. Слышишь, Кей? Он толкнул Ганса. Ганс худенький, он упал и коленку ушиб, и ухо поцарапал, и заплакал, а я подумала: «Если бы Кей был дома, то заступился бы за него». Ведь правда, Кей?
КЕЙ. Правда. *(Беспокойно.)* Мне холодно.
ГЕРДА. Видишь? Я ведь тебе говорила. И еще они хотят утопить бедную собаку. Ее звали Трезор. Лохматая, помнишь? Помнишь, как она тебя любила? Если бы ты был дома, то спас бы ее... А прыгает дальше всех теперь Оле. Дальше тебя. А у соседской кошки три котенка. Одного нам дадут. А бабушка все плачет и стоит у ворот. Кей! Ты слышишь? Дождик идет, а она все стоит и ждет, ждет...
КЕЙ. Герда! Герда, это ты? *(Вскакивает.)* Герда! Что случилось? Ты плачешь? Кто тебя посмел обидеть? Как ты попала сюда? Как здесь холодно! *(Пробует встать и идти — ноги плохо повинуются ему.)*
ГЕРДА. Идем! Ничего, ничего, шагай! Идем... Вот так. Ты научишься. Ноги разойдутся. Мы дойдем, дойдем, дойдем!

Занавес

Картина вторая

Декорация первого действия. Окно открыто. У окна в сундуке розовый куст без цветов. На сцене пусто. Кто-то громко и нетерпеливо стучит в дверь. Наконец дверь распахивается, и в комнату входят Маленькая Разбойница и Сказочник.

МАЛЕНЬКАЯ РАЗБОЙНИЦА. Герда! Герда! *(Быстро обходит всю комнату, заглядывает в дверь спальни.)* Ну вот! Я так и знала, она еще не вернулась! *(Бросается к столу.)* Смотри, смотри, записка. *(Читает.)* «Дети! В шкафу булочки, масло и сливки. Все свежее. Кушайте, не ждите меня. Ах, как я соскучилась без вас. Бабушка». Видишь, значит, она не пришла еще!

СКАЗОЧНИК. Да.

МАЛЕНЬКАЯ РАЗБОЙНИЦА. Если ты будешь смотреть на меня такими глазами, я пырну тебя ножом в бок. Как ты смеешь думать, что она погибла!

СКАЗОЧНИК. Я не думаю.

МАЛЕНЬКАЯ РАЗБОЙНИЦА. Тогда улыбайся. Конечно, это очень грустно — сколько времени прошло, а о них ни слуху ни духу. Но мало ли что...

СКАЗОЧНИК. Конечно.

МАЛЕНЬКАЯ РАЗБОЙНИЦА. Где ее любимое место? Где она сидела чаще всего?

СКАЗОЧНИК. Вот здесь.

МАЛЕНЬКАЯ РАЗБОЙНИЦА. Я сяду тут и буду сидеть, пока она не вернется! Да, да! Не может быть, чтобы такая хорошая девочка и вдруг погибла. Слышишь?

СКАЗОЧНИК. Слышу.

МАЛЕНЬКАЯ РАЗБОЙНИЦА. Я верно говорю?

СКАЗОЧНИК. В общем — да. Хорошие люди всегда побеждают в конце концов.

МАЛЕНЬКАЯ РАЗБОЙНИЦА. Конечно!

СКАЗОЧНИК. Но некоторые из них иногда погибают, не дождавшись победы.

МАЛЕНЬКАЯ РАЗБОЙНИЦА. Не смей так говорить!

СКАЗОЧНИК. Лед — это лед; ему все равно — хорошая Герда девочка или нет.

МАЛЕНЬКАЯ РАЗБОЙНИЦА. Она справится со льдом.

СКАЗОЧНИК. Туда она доберется в конце концов. А обратно ей придется вести за собой Кея. А он ослабел, просидев столько времени взаперти.

МАЛЕНЬКАЯ РАЗБОЙНИЦА. Если она не вернется, я всю жизнь буду воевать с этим ледяным советником и со Снежной Королевой.

СКАЗОЧНИК. А если она вернется?

МАЛЕНЬКАЯ РАЗБОЙНИЦА. Все равно буду. Подойди и сядь рядом со мною. Ты мое единственное утешение. Только если ты хоть раз вздохнешь — прощайся с жизнью!

СКАЗОЧНИК. Темнеет. Скоро должна прийти бабушка.

Ворон садится на окно. Через плечо у него лента.

Е.Л. Шварц, на заднем плане — Е.В. Юнгер. Лето 1956 г. Комарово

Е.Л. Шварц с дочерью Н.Е. Крыжановской и внуками Андреем и Машей

О.Ф. Берггольц и Е.Л. Шварц. Вторая половина 50-х гг. Комарово

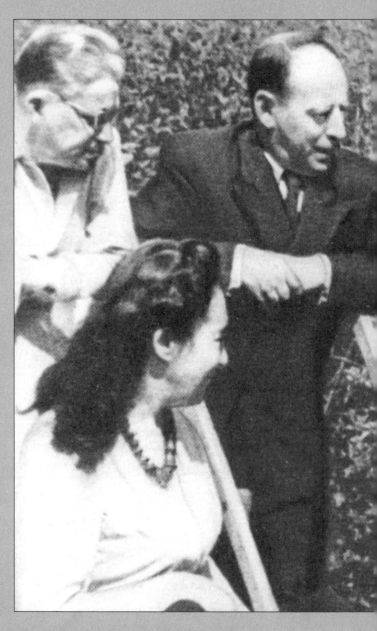

В доме творчества «Комарово». Начало 50-х гг. Стоят (слева направо): Н.Н. Никитин, Е.Л. Шварц. Сидят: Е.Г. Полонская, О.Д. Форш

Н.И. Альтман, Е.Л. Шварц , И.Г. Эренбург
1957 г. Ленинград

Е.Л. Шварц . Последняя фотография. 1957 г. Ленинград.

ВОРОН. Здравствуйте, господин сказочник.

СКАЗОЧНИК. Ворон! Здравствуй, дорогой! Как я рад видеть тебя!

ВОРОН. И я рад! Я так рад, что попрошу вас называть меня в дальнейшем просто ворон, хотя теперь меня следует именовать «ваше превосходительство». *(Поправляет клювом ленту.)*

СКАЗОЧНИК. Ты прилетел узнать, не вернулась ли Герда?

ВОРОН. Я не прилетел, я прибыл, но как раз именно с этой целью. Герда не вернулась домой?

СКАЗОЧНИК. Нет.

ВОРОН *(кричит в окно)*. Кр-ра! Кр-ра! Клара! Они еще не вернулись, но господин сказочник присутствует тут. Доложи об этом их высочествам.

СКАЗОЧНИК. Как! Клаус и Эльза здесь?

ВОРОН. Да, их высочества прибыли сюда.

МАЛЕНЬКАЯ РАЗБОЙНИЦА. Им тоже надоело и днем и ночью, и утром и вечером ждать Герду? И они тоже решили узнать, не вернулась ли она прямо к себе?

ВОРОН. Совершенно верно, маленькая госпожа. Так много быстротекущих дней кануло в реку времени, что нетерпение наше перешло границы вероятного. Ха-ха-ха! Красиво я говорю?

МАЛЕНЬКАЯ РАЗБОЙНИЦА. Ничего себе.

ВОРОН. Ведь я теперь настоящий придворный ученый ворон. *(Поправляет клювом ленту.)* Я женился на Кларе и состою при принце и при принцессе.

Дверь открывается. Входят Принц, Принцесса и Ворона.

ПРИНЦ *(сказочнику)*. Здравствуй, старый друг. Герда не приехала? А мы только о ней и говорим.

ПРИНЦЕССА. А когда не говорим, то думаем о ней.

ПРИНЦ. А когда не думаем, то видим ее во сне.

ПРИНЦЕССА. И сны эти часто бывают страшные.

ПРИНЦ. И мы решили поехать сюда узнать, не слышно ли чего-нибудь. Тем более что дома очень невесело.

ПРИНЦЕССА. Папа все дрожит и вздыхает: он боится советника.

ПРИНЦ. Мы больше не вернемся во дворец. Мы поступим тут в школу. Девочка, ты кто?

МАЛЕНЬКАЯ РАЗБОЙНИЦА. Я — маленькая разбойница. Вы дали Герде четырех коней, а я подарила ей моего любимого оленя. Он понесся на север и не вернулся до сих пор.

СКАЗОЧНИК. Уже совсем стемнело. *(Закрывает окно и зажигает лампу.)* Дети, дети! У моей мамы — она была прачка — не было денег платить за мое учение. И в школу я поступил уже совсем взрослым парнем. Когда я учился в пятом классе, мне было восемнадцать лет. Ростом я был такой же, как теперь, а нескладен был еще больше. И ребята дразнили меня, а я, чтобы спастись, рассказывал им сказки. И если хороший человек в моей сказке попадал в беду, ребята кричали: «Спаси его сейчас же, длинноногий, а то мы тебя побьем». И я спасал его... Ах, если бы я мог так же легко спасти Кея и Герду!

МАЛЕНЬКАЯ РАЗБОЙНИЦА. Надо было ехать не сюда, а на Север, к ней навстречу. Тогда, может быть, мы и спасли бы ее...

СКАЗОЧНИК. Но ведь мы думали, что дети уже дома.

Распахивается дверь, и в комнату почти бегом вбегает Бабушка.

БАБУШКА. Вернулись! *(Обнимает Маленькую Разбойницу.)* Герда... Ах нет! *(Бросается к Принцу.)* Кей!.. Опять нет... *(Вглядывается в Принцессу.)* И это не она... А это птицы. *(Вглядывается в Сказочника.)* Но вы — это действительно вы... Здравствуйте, друг мой! Что с детьми? Вы... вы боитесь сказать?

ВОРОНА. Ах нет, уверяю вас — мы просто ничего не знаем. Поверьте мне. Птицы никогда не врут.

БАБУШКА. Простите меня... Но каждый вечер, возвращаясь домой, я видела со двора темное окно нашей комнаты. «Может быть, они пришли и легли спать», — думала я. Я поднималась, бежала в спальню — нет, постельки пустые. Тогда я обыскивала каждый уголок. «Может быть, они спрятались, чтобы потом вдруг обрадовать меня», — думала я. И никого не находила. А сегодня, когда я увидела освещенное окно, у меня тридцать лет слетело с плеч долой. Я взбежала наверх бегом, вошла — и годы мои опять упали мне на плечи: дети не вернулись еще.

МАЛЕНЬКАЯ РАЗБОЙНИЦА. Сядьте, бабушка, милая бабушка, и не надрывайте мне сердце, я этого терпеть не могу. Сядьте, родная, а то я всех перестреляю из пистолета.

БАБУШКА *(садится)*. Я всех узнала по письмам господина сказочника. Это — Клаус, это — Эльза, это — маленькая разбойница, это — Карл, это — Клара. Садитесь, пожалуйста. Я отдышусь немножко и угощу вас чаем. Не надо так печально смотреть на меня. Ничего, это все ничего. Может быть, они вернутся.

МАЛЕНЬКАЯ РАЗБОЙНИЦА. Может быть, может быть! Прости меня, бабушка, я не могу больше. Человек не должен говорить «может быть». *(Сказочнику.)* Рассказывай! Рассказывай сейчас же веселую сказку, такую, чтобы мы улыбались, если придут Герда и Кей. Ну? Раз! Два! Три!

СКАЗОЧНИК. Жили-были ступеньки. Их было много — целая семья, и все они вместе назывались «лестница». Жили ступеньки в большом доме, между первым этажом и чердаком. Ступеньки первого этажа гордились перед ступеньками второго. Но у тех было утешение — они ни в грош не ставили ступеньки третьего. Только ступенькам, ведущим на чердак, некого было презирать. «Но зато мы ближе к небу, — говорили они. — Мы такие возвышенные!» Но в общем ступеньки жили дружно и дружно скрипели, когда кто-нибудь подымался наверх. Впрочем, скрип свой они называли пением... «И нас очень охотно слушают, — уверяли они. — Мы сами слыхали, как докторша говорила мужу: «Когда ты задержался у больного, я всю ночь ждала, не заскрипят ли наконец ступеньки!» Бабушка! Дети! И мы давайте послушаем, не заскрипят ли ступеньки наконец. Слышите? Кто-то идет, и ступеньки поют под ногами. Вот уже запели ступеньки пятого этажа. Это идут хорошие люди, потому что под ногами плохих людей ступеньки ворчат, как собаки. Все ближе, ближе! Идут сюда! Сюда!

Бабушка встает; за нею — все.

Вы слышите? Ступеньки радуются. Они поскрипывают, как скрипочки. Пришли! Я уверен, что это...

Дверь с шумом распахивается, и в комнату входят Снежная Королева и Советник.

СНЕЖНАЯ КОРОЛЕВА. Извольте немедленно вернуть мне мальчишку. Слышите? Иначе я превращу вас всех в лед.

СОВЕТНИК. А я после этого расколю вас на куски и продам. Слышите?

БАБУШКА. Но мальчика здесь нет.
СОВЕТНИК. Ложь!
СКАЗОЧНИК. Это чистая правда, советник.
СНЕЖНАЯ КОРОЛЕВА. Ложь. Вы прячете его где-то здесь. *(Сказочнику.)* Вы, кажется, осмеливаетесь улыбаться?
СКАЗОЧНИК. Да. До сих пор мы не знали наверное, что Герда нашла Кея. А теперь знаем.
СНЕЖНАЯ КОРОЛЕВА. Жалкие хитрости! Кей, Кей, ко мне! Они прячут тебя, мальчик, но я пришла за тобой. Кей! Кей!
СОВЕТНИК. У мальчишки ледяное сердце! Он наш!
СКАЗОЧНИК. Нет!
СОВЕТНИК. Да. Вы прячете его здесь.
СКАЗОЧНИК. Ну попробуйте найдите его.

Советник быстро обходит комнату, вбегает в спальню, возвращается.

СНЕЖНАЯ КОРОЛЕВА. Ну что?
СОВЕТНИК. Его здесь нет.
СНЕЖНАЯ КОРОЛЕВА. Отлично. Значит, дерзкие дети погибли в пути. Идем!

Маленькая Разбойница бросается ей наперерез, Принц и Принцесса подбегают к Маленькой Разбойнице. Все трое берутся за руки. Храбро загораживают дорогу Королеве.

Имейте в виду, любезные, что мне довольно взмахнуть рукой — и тут навеки воцарится полная тишина.
МАЛЕНЬКАЯ РАЗБОЙНИЦА. Маши руками, ногами, хвостом — все равно мы тебя не выпустим!

Снежная Королева взмахивает руками. Раздается вой и свист ветра. Маленькая Разбойница хохочет.

Ну что?
ПРИНЦ. Мне даже и холодно не сделалось.
ПРИНЦЕССА. Я очень легко простуживаюсь, а сейчас я даже насморка не схватила.
СКАЗОЧНИК *(подходит к детям, берет за руку Маленькую Разбойницу)*. Тех, у кого горячее сердце...
СОВЕТНИК. Вздор!
СКАЗОЧНИК. ...вам не превратить в лед!
СОВЕТНИК. Дайте дорогу королеве!

БАБУШКА (*подходит к Сказочнику и берет его за руку*). Простите, господин советник, но мы ни за что не дадим вам дорогу. А вдруг дети близко и вы нападете на них! Нет, нет, нельзя, нельзя!

СОВЕТНИК. Вы поплатитесь за это!

СКАЗОЧНИК. Нет, мы победим!

СОВЕТНИК. Никогда! Власти нашей не будет конца. Скорее повозки побегут без коней, скорее люди полетят по воздуху, как птицы.

СКАЗОЧНИК. Да, так все оно и будет, советник.

СОВЕТНИК. Вздор! Дорогу королеве!

СКАЗОЧНИК. Нет.

Двигаются цепью, держась за руки, к Советнику и Королеве. Королева, стоящая у окна, взмахивает рукой. Слышен звон разбитого стекла. Лампа гаснет. Воет и свистит ветер.

Держите дверь!

БАБУШКА. Сейчас я зажгу свет.

Свет вспыхивает. Советник и Снежная Королева исчезли, несмотря на то, что дверь держат Принц, Принцесса и Маленькая Разбойница.

Где же они?

ВОРОНА. Ее величество...

ВОРОН. ...и их превосходительство...

ВОРОНА. ...изволили отбыть...

ВОРОН. ...через разбитое окно.

МАЛЕНЬКАЯ РАЗБОЙНИЦА. Надо скорее, скорее догнать их...

БАБУШКА. Ах! Смотрите! Розовый куст, наш розовый куст опять расцвел! Что это значит?

СКАЗОЧНИК. Это значит... это значит... (*Бросается к дверям.*) Вот что это значит!

Распахивается дверь. За дверью Герда и Кей. Бабушка обнимает их. Шум.

МАЛЕНЬКАЯ РАЗБОЙНИЦА. Бабушка, смотрите — это Герда!

ПРИНЦ. Бабушка, смотрите — это Кей!

ПРИНЦЕССА. Бабушка, смотрите — это они оба!

ВОРОН И ВОРОНА. Ур-ра! Ур-ра! Ур-ра!

КЕЙ. Бабушка, я больше не буду, я больше никогда не буду!

ГЕРДА. Бабушка, у него было ледяное сердце. Но я обняла его, плакала, плакала — и сердце его взяло да и растаяло.
КЕЙ. И мы пошли сначала потихоньку...
ГЕРДА. А потом все быстрее и быстрее.
СКАЗОЧНИК. И — крибле-крабле-бумс — вы пришли домой. И друзья ваши ждали вас, и розы расцвели к вашему приходу, а советник и королева удрали, разбив окно. Все идет отлично — мы с вами, вы с нами, и все мы вместе. Что враги сделают нам, пока сердца наши горячи? Да ничего! Пусть только покажутся, и мы скажем им: «Эй вы! Снип-снап-снурре...»
ВСЕ *(хором).* Пурре-базелюрре!..

Занавес

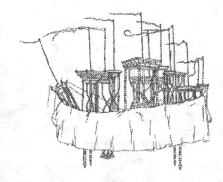

Золушка
Киносценарий

Скромный ситцевый занавес. Тихая, скромная музыка. На занавесе появляется надпись:

ЗОЛУШКА

СТАРИННАЯ СКАЗКА, КОТОРАЯ РОДИЛАСЬ МНОГО-МНОГО ВЕКОВ НАЗАД И С ТЕХ ПОР ВСЕ ЖИВЕТ ДА ЖИВЕТ, И КАЖДЫЙ РАССКАЗЫВАЕТ ЕЕ НА СВОЙ ЛАД.

Пока эти слова пробегают по скромному ситцевому занавесу, он постепенно преображается. Цвета на нем оживают. Ткань тяжелеет. Вот занавес уже бархатный, а не ситцевый.

А надписи сообщают:

МЫ СДЕЛАЛИ ИЗ ЭТОЙ СКАЗКИ МУЗЫКАЛЬНУЮ КОМЕДИЮ, ПОНЯТНУЮ ДАЖЕ САМОМУ ВЗРОСЛОМУ ЗРИТЕЛЮ.

Теперь и музыка изменилась — она стала танцевальной, праздничной, и, пока проходят остальные полагающиеся в начале картины надписи, занавес покрывается золотыми узорами. Он светится теперь. Он весь приходит в движение, как будто он в нетерпении, как будто ему хочется скорее-скорее открыться.

И вот едва последняя надпись успевает исчезнуть, как занавес с мелодичным звоном раздвигается.

За занавесом ворота, на которых написано:

ВХОД В СКАЗОЧНУЮ СТРАНУ

Двое бородатых привратников чистят не спеша бронзовые буквы надписи. Раздается торжественный марш. Вбегают, строго сохраняя строй, пышно одетые музыканты.

За ними галопом влетает Король. Вид у него крайне озабоченный, как у хорошей хозяйки во время большой уборки. Полы его мантии подколоты булавками, под мышкой метелка для обметания пыли, корона сдвинута набекрень. За Королем бежит почетный караул — латники в шлемах с копьями. Король останавливается у ворот, и музыканты разом обрывают музыку

КОРОЛЬ. Здорово, привратники сказочного королевства!
ПРИВРАТНИКИ. Здравия желаем, ваше королевское величество!
КОРОЛЬ. Вы что, с ума сошли?!
ПРИВРАТНИКИ. Никак нет, ваше величество, ничего подобного.
КОРОЛЬ *(все более и более раздражаясь).* Спорить с королем! Какое сказочное свинство! Раз я говорю: сошли — значит, сошли! Во дворце сегодня праздник. Вы понимаете, какое великое дело — праздник! Порадовать людей, повеселить, приятно удивить — что может быть величественнее? Я с ног сбился — а вы? Почему ворота еще не отперты, а? *(Швыряет корону на землю.)* Ухожу, к черту, к дьяволу, в монастырь! Живите сами как знаете. Не желаю я быть королем, если мои привратники работают еле-еле, да еще с постными лицами.
1-й ПРИВРАТНИК. Ваше величество, у нас лица не постные!
КОРОЛЬ. А какие же?
1-й ПРИВРАТНИК. Мечтательные.
КОРОЛЬ. Врешь!
1-й ПРИВРАТНИК. Ей-богу правда!
КОРОЛЬ. О чем же вы мечтаете?
2-й ПРИВРАТНИК. О предстоящих удивительных событиях. Ведь будут чудеса нынче вечером во дворце на балу.
1-й ПРИВРАТНИК. Вот видите, ваше величество, о чем мы размышляем.
2-й ПРИВРАТНИК. А вы нас браните понапрасну.
КОРОЛЬ. Ну ладно, ладно. Если бы ты был королем, может, еще хуже ворчал бы. Подай мне корону. Ладно! Так и быть, остаюсь на престоле. Значит, говоришь, будут чудеса?
1-й ПРИВРАТНИК. А как же! Вы король сказочный? Сказочный! Живем мы в сказочном королевстве? В сказочном!
2-й ПРИВРАТНИК. Правое ухо у меня с утра чесалось? Чесалось! А это уже всегда к чему-нибудь трогательному, деликатному, завлекательному и благородному.
КОРОЛЬ. Ха-ха! Это приятно. Ну, открывай ворота! Довольно чистить. И так красиво

Привратники поднимают с травы огромный блестящий ключ, вкладывают в замочную скважину и поворачивают его в замке. И ворота, повторяя ту же мелодию, с которой раздвигался занавес, широко распахиваются.

Перед нами сказочная страна.

Это страна прежде всего необыкновенно уютная. Так уютны бывают только игрушки, изображающие деревню, стадо на лугу, озеро с лебедями и тому подобные мирные, радующие явления.

Дорога вьется между холмами. Она вымощена узорным паркетом и так и сияет на солнце, до того она чистая. Под тенистыми деревьями поблескивают удобные диванчики для путников.

Король и привратники любуются несколько мгновений своей уютной страной.

КОРОЛЬ. Все как будто в порядке? А, привратники? Не стыдно гостям показать? Верно я говорю?

Привратники соглашаются.

До свидания, привратники. Будьте вежливы! Всем говорите: добро пожаловать! И смотрите у меня, не напейтесь!

ПРИВРАТНИКИ. Нет, ваше величество, мы люди разумные, мы пьем только в будни, когда не ждешь ничего интересного. А сегодня что-то будет, что-то будет! До свидания, ваше величество! Бегите, ваше величество! Будьте покойны, ваше величество!

Король подает знак музыкантам, гремит марш. Король устремляется вперед по дороге.

Уютная усадьба, вся в зелени и цветах. За зеленой изгородью стоит очень рослый и очень смирный человек.

Он низко кланяется Королю, вздрагивает и оглядывается.

КОРОЛЬ. Здравствуйте, господин лесничий!
ЛЕСНИЧИЙ. Здравствуйте, ваше королевское величество!
КОРОЛЬ. Слушайте, лесничий, я давно вас хотел спросить: отчего вы в последнее время все вздрагиваете и оглядываетесь? Не завелось ли в лесу чудовище, угрожающее вам смертью?
ЛЕСНИЧИЙ. Нет, ваше величество, чудовище я сразу заколол бы!
КОРОЛЬ. А может быть, у нас в лесах появились разбойники?
ЛЕСНИЧИЙ. Что вы, государь, я бы их сразу выгнал вон!
КОРОЛЬ. Может быть, какой-нибудь злой волшебник преследует вас?

ЛЕСНИЧИЙ. Нет, ваше величество, я с ним давно расправился бы!

КОРОЛЬ. Что же довело вас до такого состояния?

ЛЕСНИЧИЙ. Моя жена, ваше величество! Я человек отчаянный и храбрый, но только в лесу. А дома я, ваше величество, сказочно слаб и добр.

КОРОЛЬ. Ну да?!

ЛЕСНИЧИЙ. Клянусь вам! Я женился на женщине прехорошенькой, но суровой, и они вьют из меня веревки. Они, государь, — это моя супруга и две ее дочери от первого брака. Они вот уже три дня одеваются к королевскому балу и совсем загоняли нас. Мы, государь, — это я и моя бедная крошечная родная дочка, ставшая столь внезапно, по вине моей влюбчивости, падчерицей.

КОРОЛЬ (*срывает с себя корону и бросает на землю*). Ухожу, к черту, к дьяволу, в монастырь, если в моем королевстве возможны такие душераздирающие события, живите сами как знаете! Стыдно, стыдно, лесничий!

ЛЕСНИЧИЙ. Ах, государь, не спешите осуждать меня. Жена моя — женщина особенная. Ее родную сестру, точно такую же, как она, съел людоед, отравился и умер. Видите, какие в этой семье ядовитые характеры. А вы сердитесь!

КОРОЛЬ. Ну хорошо, хорошо! Эй! Вы там! Подайте мне корону. Так уж и быть, остаюсь на престоле. Забудьте все, лесничий, и приходите на бал. И родную свою дочку тоже захватите с собой.

При этих словах Короля плющ, закрывающий своими побегами окна нижнего этажа, раздвигается. Очень молоденькая и очень милая растрепанная и бедно одетая девушка выглядывает оттуда. Она, очевидно, услышала последние слова Короля. Она так и впилась глазами в Лесничего, ожидая его ответа.

ЛЕСНИЧИЙ. Золушку? Нет, что вы, государь, она совсем еще крошка!

Девушка вздыхает и опускает голову.

КОРОЛЬ. Ну как хотите, но помните, что у меня сегодня такой праздник, который заставит вас забыть все невзгоды и горести. Прощайте!

И Король со свитой уносится прочь по королевской дороге.

А девушка в окне вздыхает печально. И листья плюща отвечают ей сочувственным вздохом, шелестом, шорохом. Девушка вздыхает еще печальнее, и листья плюща вздыхают с нею еще громче. Девушка начинает петь тихонько. Стена и плющ исчезают. Мы видим просторную кухню со сводчатым потолком, огромным очагом, полками с посудой.

Девушка поет:

> Дразнят Золушкой меня,
> Оттого что у огня,
> Силы не жалея,
> В кухне я тружусь, тружусь,
> С печкой я вожусь, вожусь,
> И всегда в золе я.
>
> Оттого что я добра,
> Надрываюсь я с утра
> До глубокой ночи,
> Всякий может приказать,
> А спасибо мне сказать
> Ни один не хочет.
>
> Оттого что я кротка,
> Я чернее уголька.
> Я не виновата.
> Ах, я беленькой была!
> Ах, я миленькой слыла,
> Но давно когда-то!
>
> Прячу я печаль мою,
> Я не плачу, а пою,
> Улыбаюсь даже.
> Но неужто никогда
> Не уйти мне никуда
> От золы и сажи!

— Тут все свои, — говорит Золушка, кончив песню и принимаясь за уборку, — огонь, очаг, кастрюли, сковородки, метелки, кочерга. Давайте, друзья, поговорим по душам.

В ответ на это предложение огонь в очаге вспыхивает ярче, сковородки, начищенные до полного блеска, подпрыгивают и звенят, кочерга и метелка шевелятся, как живые, в углу, устраиваются поудобней.

— Знаете, о чем я думаю? Я думаю вот о чем: мачеху и сестриц позвали на бал, а меня — нет. С ними будет танцевать принц — а обо мне он даже и не знает. Они там будут есть мороженое — а я не буду, хотя никто в мире не любит его так, как я! Это несправедливо, верно?

Друзья подтверждают правоту Золушки сочувственным звоном, шорохом и шумом.

— Натирая пол, я очень хорошо научилась танцевать. За шитьем я очень хорошо научилась думать. Терпя напрасные обиды, я научилась сочинять песенки. За прялкой я их научилась петь. Выхаживая цыплят, я стала доброй и нежной. И ни один человек об этом не знает. Обидно! Правда?

Друзья Золушки подтверждают и это.

— Мне так хочется, чтобы люди заметили, что я за существо, но только непременно сами. Без всяких просьб и хлопот с моей стороны. Потому что я ужасно гордая, понимаете?

Звон, шорох, шум.

— Неужели этого никогда не будет? Неужели не дождаться мне веселья и радости? Ведь так и заболеть можно Ведь это очень вредно не ехать на бал, когда ты этого заслуживаешь! Хочу, хочу, чтобы счастье вдруг пришло ко мне! Мне так надоело самой себе дарить подарки в день рождения и на праздники! Добрые люди, где же вы? Добрые люди, а добрые люди!

Золушка прислушивается несколько мгновений, но ответа ей нет.

— Ну что же, — вздыхает девочка, — я тогда вот чем утешусь когда все уйдут: я побегу в дворцовый парк, стану под дворцовыми окнами и хоть издали полюбуюсь на праздник

Едва Золушка успевает произнести эти слова, как дверь кухни с шумом распахивается. На пороге — Мачеха Золушки. Это рослая, суровая, хмурая женщина, но голос ее мягок и нежен. Кисти рук она держит на весу.

ЗОЛУШКА. Ах, матушка, как вы меня напугали!
МАЧЕХА. Золушка, Золушка, нехорошая ты девочка! Я забочусь о тебе гораздо больше, чем о родных своих дочерях. Им я не делаю ни одного замечания целыми месяца-

ми, тогда как тебя, моя крошечка, я воспитываю с утра до вечера. Зачем же ты, солнышко мое, платишь мне за это черной неблагодарностью? Ты хочешь сегодня убежать в дворцовый парк?

ЗОЛУШКА. Только когда все уйдут, матушка. Ведь я тогда никому не буду нужна!

МАЧЕХА. Следуй за мной!

Мачеха поднимается по лестнице. Золушка — следом. Они входят в гостиную. В креслах сидят сводные сестры Золушки — Анна и Марианна. Они держат кисти рук на весу так же, как мать. У окна стоит Лесничий с рогатиной в руках. Мачеха усаживается, смотрит на Лесничего и на Золушку и вздыхает:

— Мы тут сидим в совершенно беспомощном состоянии, ожидая, пока высохнет волшебная жидкость, превращающая ногти в лепестки роз, — а вы, мои родные, а? Вы развлекаетесь и веселитесь. Золушка разговаривает сама с собой, а ее папаша взял рогатину и пытался бежать в лес. Зачем?

ЛЕСНИЧИЙ. Я хотел сразиться с бешеным медведем.

МАЧЕХА. Зачем?

ЛЕСНИЧИЙ. Отдохнуть от домашних дел, дорогая.

МАЧЕХА. Я работаю как лошадь. Я бегаю, хлопочу, очаровываю, ходатайствую, требую, настаиваю. Благодаря мне в церкви мы сидим на придворных скамейках, а в театре — на директорских табуреточках. Солдаты отдают нам честь! Моих дочек скоро запишут в бархатную книгу первых красавиц двора! Кто превратил наши ногти в лепестки роз? Добрая волшебница, у дверей которой титулованные дамы ждут неделями. А к нам волшебница пришла на дом. Главный королевский повар вчера прислал мне в подарок дичи.

ЛЕСНИЧИЙ. Я ее сколько угодно приношу из лесу.

МАЧЕХА. Ах, кому нужна дичь, добытая так просто! Одним словом, у меня столько связей, что можно с ума сойти от усталости, поддерживая их. А где благодарность? Вот, например, у меня чешется нос, а почесать нельзя. Нет, нет, отойди, Золушка, не надо, а то я тебя укушу.

ЗОЛУШКА. За что же, матушка?

МАЧЕХА. За то, что ты сама не догадалась помочь бедной, беспомощной женщине.

ЗОЛУШКА. Но ведь я не знала, матушка!

АННА. Сестренка, ты так некрасива, что должна искупать это чуткостью.
МАРИАННА. И так неуклюжа, что должна искупать это услужливостью.
АННА. Не смей вздыхать, а то я расстроюсь перед балом.
ЗОЛУШКА. Хорошо, сестрицы, я постараюсь быть веселой.
МАЧЕХА. Посмотрим еще, имеешь ли ты право веселиться. Готовы ли наши бальные платья, которые я приказала тебе сшить за семь ночей?
ЗОЛУШКА. Да, матушка!

Она отодвигает ширмы, стоящие у стены. За ширмами на трех ивовых манекенах — три бальных платья. Золушка, сияя, глядит на них. Видимо, она вполне удовлетворена своей работой, гордится ею. Но вот девочка взглядывает на Мачеху и сестер, и у нее опускаются руки. Мачеха и сестры смотрят на свои роскошные наряды недоверчиво, строго, холодно, мрачно. В напряженном молчании проходит несколько мгновений.

— Сестрицы! Матушка! — восклицает Золушка, не выдержав. — Зачем вы смотрите так сурово, как будто я сшила вам саваны? Это нарядные, веселые бальные платья. Честное слово, правда!

— Молчи! — гудит Мачеха. — Мы обдумали то, что ты натворила, а теперь обсудим это!

Мачеха и сестры перешептываются таинственно и зловеще. И вот Мачеха изрекает наконец:

— У нас нет оснований отвергать твою работу. Помоги одеться.

К усадьбе Лесничего подкатывает коляска. Толстый усатый Кучер в ливрее с Королевскими гербами осаживает сытых коней, затем он надевает очки, достает из бокового кармана записку и начинает по записке хриплым басом петь:

Уже вечерняя роса
Цветочки оросила.
Луга и тихие леса
К покою пригласила.
(Лошадям.) Тпру! Проклятые!

А я, король, наоборот,
Покою не желаю.

К себе любезный мой народ
На бал я приглашаю.
(Лошадям) Вы у меня побалуете, окаянные!

А чтоб вернее показать
Свою любовь и ласку,
Я некоторым велел послать
Свою личную, любимую,
Ах-ах, любимую,
Да-да, любимую,
Любимую, любимую
Коляску.

Двери дома распахиваются. На крыльцо выходят Мачеха, Анна, Марианна в новых и роскошных нарядах. Лесничий робко идет позади. Золушка провожает старших. Кучер снимает шляпу, лошади кланяются дамам. Перед тем как сесть в коляску, Мачеха останавливается и говорит ласково:

— Ах да, Золушка, моя звездочка! Ты хотела побежать в парк, постоять под королевскими окнами.

— Можно? — спрашивает девочка радостно.

— Конечно, дорогая, но прежде прибери в комнатах, вымой окна, натри пол, выбели кухню, выполи грядки, посади под окнами семь розовых кустов, познай самое себя и намели кофе на семь недель.

—- Но ведь я и в месяц со всем этим не управлюсь, матушка!

— А ты поторопись!

Дамы усаживаются в коляску и так заполняют ее своими пышными платьями, что Лесничему не остается места. Кучер протягивает ему руку, помогает взобраться на козлы, взмахивает бичом, и коляска с громом уносится прочь.

Золушка медленно идет в дом. Она садится в кухне у окна. Мелет кофе рассеянно и вздыхает.

И вдруг раздается музыка — легкая-легкая, едва слышная, но такая радостная, что Золушка вскрикивает тихонько и весело, будто вспомнила что-то очень приятное. Музыка звучит все громче, а за окном становится все светлее и светлее. Вечерние сумерки растаяли.

Золушка открывает окно и прыгает в сад. И она видит: невысоко, над деревьями сада, по воздуху шагает не спеша богато и вместе с тем солидно, соответственно возрасту одетая пожилая дама Ее сопровождает

Мальчик-Паж. Мальчик несёт в руках футляр, похожий на футляр для флейты.

Увидев Золушку, солидная дама так и расцветает в улыбке, отчего в саду делается совсем светло, как в полдень.

Дама останавливается над лужайкой в воздухе так просто и естественно, как на балконе, и, опершись на невидимые балконные перила, говорит:

— Здравствуй, крестница!

— Крестная! Дорогая крестная! Ты всегда появляешься так неожиданно! — радуется Золушка.

— Да, это я люблю! — соглашается Крестная.

— В прошлый раз ты появилась из тёмного угла за очагом, а сегодня пришла по воздуху...

— Да, я такая выдумщица! — соглашается Крестная.

И, подобрав платье, она неторопливо, как бы по невидимой воздушной лестнице, спускается на землю. Мальчик-Паж — за нею. Подойдя к Золушке, Крестная улыбается ещё радостнее. И совершается чудо. Она молодеет. Перед Золушкой стоит теперь стройная, лёгкая, высокая, золотоволосая молодая женщина. Платье её горит и сверкает как солнце.

— Ты всё ещё не можешь привыкнуть к тому, как легко я меняюсь? — спрашивает Крестная.

ЗОЛУШКА. Я восхищаюсь, я так люблю чудеса!

КРЕСТНАЯ. Это показывает, что у тебя хороший вкус, девочка! Но никаких чудес ещё не было. Просто мы, настоящие феи, до того впечатлительны, что стареем и молодеем так же легко, как вы, люди, краснеете и бледнеете. Горе старит нас, а радость — молодит. Видишь, как обрадовала меня встреча с тобой. Я не спрашиваю, дорогая, как ты живёшь... Тебя обидели сегодня... *(Фея взглядывает на Пажа.)*

ПАЖ. ...двадцать четыре раза.

ФЕЯ. Из них напрасно...

ПАЖ. ...двадцать четыре раза.

ФЕЯ. Ты заслужила сегодня похвалы...

ПАЖ. ...триста тридцать три раза!

ФЕЯ. А они тебя...

ПАЖ. ...не похвалили ни разу.

ФЕЯ. Ненавижу старуху лесничиху, злобную твою мачеху, да и дочек её тоже. Я давно наказала бы их, но у них такие большие связи! Они никого не любят, ни о чём не думают, ничего не умеют, ничего не делают, а ухитряются жить

лучше даже, чем некоторые настоящие феи. Впрочем, довольно о них. Боюсь постареть. Хочешь поехать на бал?
ЗОЛУШКА. Да, крестная, но...
ФЕЯ. Не спорь, не спорь, ты поедешь туда. Очень вредно не ездить на балы, когда ты заслужил это.
ЗОЛУШКА. Но у меня столько работы, крестная!
ФЕЯ. Полы натрут медведи — у них есть воск, который они наворовали в ульях. Окна вымоет роса. Стены выбелят белки своими хвостами. Розы вырастут сами. Грядки выполют зайцы. Кофе намелют кошки. А самое себя ты познаешь на балу.
ЗОЛУШКА. Спасибо, крестная, но я так одета, что...
ФЕЯ. И об этом я позабочусь. Ты поедешь на бал в карете, на шестерке коней, в отличном бальном платье. Мальчик!

> Паж открывает футляр.

Видишь, вот моя волшебная палочка. Очень скромная, без всяких украшений, просто алмазная с золотой ручкой.

> Фея берет волшебную палочку. Раздается музыка, таинственная и негромкая.

Сейчас, сейчас буду делать чудеса! Обожаю эту работу. Мальчик!

> Паж становится перед Феей на одно колено, и Фея, легко прикасаясь к нему палочкой, превращает мальчика в цветок, потом в кролика, потом в фонтан и наконец снова в Пажа.

— Отлично, — радуется Фея, — инструмент в порядке, и я в ударе. Теперь приступим к настоящей работе. В сущности, все это нетрудно, дорогая моя. Волшебная палочка подобна дирижерской. Дирижерской — повинуются музыканты, а волшебной — все живое на свете. Прежде всего прикатим сюда тыкву.

> Фея делает палочкой вращательные движения. Раздается веселый звон. Слышен голос, который поет без слов, гулко, как в бочке. Звон и голос приближаются, и вот к ногам Феи подкатывает огромная тыква. Повинуясь движениям палочки, вращаясь на месте, тыква начинает расти, расти... Очертания ее расплываются, исчезают в тумане, а песня без слов переходит в нижеследующую песню:

> Я тыква, я дородная
> Царица огородная,
> Лежала на боку,
> Но, палочке покорная,
> Срываюсь вдруг проворно я
> И мчусь, мерси боку!
> Под музыку старинную
> Верчусь я балериною,
> И вдруг, фа, соль, ля, си,
> Не тыквой огородною —
> Каретой благородною
> Я делаюсь, мерси!

С последними словами песни туман рассеивается, и Золушка видит, что тыква действительно превратилась в великолепную золотую карету.

— Какая красивая карета! — восклицает Золушка.
— Мерси, фа, соль, ля, си! — гудит откуда-то из глубины экипажа голос.

Волшебная палочка снова приходит в движение. Раздается писк, визг, шум, и шесть крупных мышей врываются на лужайку. Они вьются в бешеном танце. Поднимается облако пыли и скрывает мышей. Из облака слышится пение: первые слова песни поют слабые высочайшие сопрано, а последние слова — сильные глубокие басы. Переход этот совершается со строгой постепенностью.

> Дорогие дети.
> Знайте, что для всех
> Много есть на свете
> Счастья и утех.
> Но мы счастья выше.
> В мире не найдем,
> Чем из старой мыши
> Юным стать конем!

Пыль рассеивается — на лужайке шестерка прекрасных коней в полной упряжке. Они очень веселы, бьют копытами, ржут.

— Тпру! — кричит Фея. — Назад! Куда ты, демон! Балуй!

Лошади успокаиваются. Снова приходит в движение волшебная палочка. Не спеша входит старая, солидная крыса. Отдуваясь, тяжело дыша, нехотя она встает на задние лапки и, не погружаясь в туман, не поднимая пыли, начинает расти. Ставши крысой в человеческий рост, она подпрыгивает и превращается в Кучера — солидного и пышно одетого. Кучер тотчас же идет к лошадям, напевая без всякого аккомпанемента:

> Овес вздорожал,
> Овес вздорожал,
> Он так вздорожал,
> Что даже кучер заржал.

— Через пять минут подашь карету к крыльцу, — приказывает Фея.

Кучер молча кивает головой.

— Золушка, идем в гостиную, к большому зеркалу, и там я одену тебя.

Фея, Золушка и Паж — в гостиной. Фея взмахивает палочкой, и раздается бальная музыка — мягкая, таинственная, негромкая и ласковая. Из-под земли вырастает манекен, на который надето платье удивительной красоты.

ФЕЯ. Когда в нашей волшебной мастерской мы положили последний стежок на это платье, самая главная мастерица заплакала от умиления. Работа остановилась. День объявили праздничным. Такие удачи бывают раз в сто лет. Счастливое платье, благословенное платье, утешительное платье, вечернее платье.

Фея взмахивает палочкой, гостиная на миг заполняется туманом, и вот Золушка, ослепительно прекрасная в новом платье, стоит перед зеркалом. Фея протягивает руку. Паж подает ей лорнет.

— Удивительный случай, — говорит Фея, разглядывая Золушку, — мне нечего сказать! Нигде не морщит, нигде не собирается в складки, линия есть, удивительный случай! Нравится тебе твое новое платье?

Золушка молча целует Фею.

— Ну вот и хорошо, — говорит Фея, — идем. Впрочем, постой. Еще одна маленькая проверка. Мальчик, что ты скажешь о моей крестнице?

И маленький Паж отвечает тихо, с глубоким чувством:

— Вслух я не посмею сказать ни одного слова. Но отныне днем я буду молча тосковать о ней, а ночью во сне рассказывать об этом так печально, что даже домовой на крыше заплачет горькими слезами.

— Отлично, — радуется Фея. — Мальчик влюбился. Нечего, нечего смотреть на него печально, Золушка. Мальчуганам полезно безнадежно влюбляться. Они тогда начинают писать стихи, а я это обожаю! Идем!

> Они делают несколько шагов.

— Стойте, — говорит вдруг маленький Паж повелительно. Фея удивленно взглядывает на него через лорнет.
— Я не волшебник, я еще только учусь, — говорит мальчик тихо, опустив глаза, — но любовь помогает нам делать настоящие чудеса.

> Он взглядывает на Золушку. Голос его звучит теперь необыкновенно нежно и ласково:

— Простите меня, дерзкого, но я осмелился чудом добыть для вас это сокровище.

> Мальчик протягивает руки, и прозрачные туфельки, светясь в полумраке гостиной, спускаются к нему на ладони.

— Это хрустальные туфельки, прозрачные и чистые, как слезы, — говорит мальчик, — и они принесут вам счастье, потому что я всем сердцем жажду этого! Возьмите их!

> Золушка робко берет туфельки.

— Ну, что скажешь? — спрашивает Фея, еще более молодея и сияя. — Что я тебе говорила? Какой трогательный, благородный поступок. Вот это мы и называем в нашем волшебном мире — стихами. Обуйся и поблагодари.
— Спасибо, мальчик, — говорит Золушка, надевши туфельки. — Я никогда не забуду, как ты был добр ко мне.

> Золотая карета, сверкая, стоит у калитки. На небе полная луна. Кучер с трудом удерживает шестерку великолепных коней. Мальчик-Паж, распахивая дверцу кареты, осторожно и почтительно помогает девочке войти.
>
> Сияющее лицо Золушки выглядывает из окошечка. И Фея говорит ей:

— А теперь запомни, дорогая моя, твердо запомни самое главное. Ты должна вернуться домой ровно к двенадцати часам. В полночь новое платье твое превратится в старое и бедное. Лошади снова станут мышами...

Лошади бьют копытами.

— Кучер — крысой.
— Эх, черт, — ворчит Кучер.
— А карета — тыквой!
— Мерси сан суси! — восклицает карета.
— Спасибо вам, крестная, — отвечает Золушка, — я твердо запомню это.

И Фея с маленьким Пажом растворяются в воздухе.
Золотая карета мчится по дороге к королевскому замку. Чем ближе карета к замку, тем торжественнее и праздничнее все вокруг. Вот подстриженное деревце, сплошь украшенное атласными ленточками, похожее на маленькую девочку. Вот деревце, увешанное колокольчиками, которые звенят на ветру.
Появляются освещенные фонариками указатели с надписями:
ОТКАШЛЯЙСЯ,
СКОРО САМ КОРОЛЬ БУДЕТ ГОВОРИТЬ С ТОБОЙ
УЛЫБАЙСЯ,
ЗА ПОВОРОТОМ ТЫ УВИДИШЬ КОРОЛЕВСКИЙ ЗАМОК.
И действительно, за поворотом Золушка видит чудо. Огромный, многобашенный и вместе с тем легкий, праздничный, приветливый дворец сказочного Короля весь светится от факелов, фонариков, пылающих бочек. Над дворцом в небе висят огромные грозди воздушных разноцветных шариков. Они привязаны ниточками к дворцовым башням. Увидев все это сказочное великолепие, Золушка хлопает в ладоши и кричит:

— Нет, что-то будет, что-то будет, будет что-то очень хорошее!

Карета со звоном влетает на мост, ведущий к воротам королевского замка. Это необыкновенный мост. Он построен так, что, когда гости приезжают, доски его играют веселую приветливую песню, а когда гости уезжают, то они играют печальную прощальную.
Весь огромный плац перед парадным входом в замок занят пышными экипажами гостей. Кучера в богатых ливреях стоят покуривают у крыльца.

Увидев карету Золушки, кучера перестают курить, глядят пристально. И Золушкин Кучер на глазах у строгих ценителей осаживает коней на всем скаку перед самой входной дверью. Кучера одобрительно гудят:

— Ничего кучер! Хороший кучер! Вот так кучер!

Парадная дверь Королевского дворца распахивается, два лакея выбегают и помогают Золушке выйти из кареты.
Золушка входит в королевский замок. Перед нею высокая и широкая мраморная лестница. Едва Золушка успевает взойти на первую ступень, как навстречу ей с верхней площадки устремляется Король. Он бежит так быстро, что великолепная мантия развевается за королевскими плечами.

КОРОЛЬ. Здравствуйте, неизвестная, прекрасная, таинственная гостья! Нет, нет, не делайте реверанс на ступеньках. Это так опасно. Не снимайте, пожалуйста, перчатку. Здравствуйте! Я ужасно рад, что вы приехали!
ЗОЛУШКА. Здравствуйте, ваше величество! Я тоже рада, что приехала. Мне очень нравится у вас.
КОРОЛЬ. Ха-ха-ха! Вот радость-то! Она говорит искренне!
ЗОЛУШКА. Конечно, ваше величество.
КОРОЛЬ. Идемте, идемте.

Он подает руку Золушке и торжественно ведет ее вверх по лестнице.

Старые друзья — это, конечно, штука хорошая, но их уже ничем не удивишь! Вот, например, Кот в Сапогах. Славный парень, умница, но, как приедет, сейчас же снимет сапоги, ляжет на пол возле камина и дремлет. Или Мальчик с Пальчик. Милый, остроумный человек, но отчаянный игрок. Все время играет в прятки на деньги. А попробуй найди его. А главное — у них все в прошлом. Их сказки уже сыграны и всем известны. А вы... Как король сказочного королевства, я чувствую, что вы стоите на пороге удивительных сказочных событий.
ЗОЛУШКА. Правда?
КОРОЛЬ. Честное королевское!

Они поднимаются на верхнюю площадку лестницы, и тут навстречу им выходит Принц. Это очень красивый и очень юный человек. Увидев Золушку, он останавливается как вкопанный. А Золушка краснеет и опускает глаза.

— Принц, а принц! Сынок! — кричит Король. — Смотри, кто к нам приехал! Узнаешь?

> Принц молча кивает головой.

Кто это?

ПРИНЦ. Таинственная и прекрасная незнакомка!

КОРОЛЬ. Совершенно верно! Нет, вы только подумайте, какой умный мальчик! Ты выпил молоко? Ты скушал булочку? Ты на сквозняке не стоял? Отчего ты такой бледный? Почему ты молчишь?

ПРИНЦ. Ах, государь, я молчу потому, что я не могу говорить.

КОРОЛЬ. Неправда, не верьте ему! Несмотря на свои годы, он все, все говорит: речи, комплименты, стихи! Сынок, скажи нам стишок, сынок, не стесняйся!

ПРИНЦ. Хорошо, государь! Не сердитесь на меня, прекрасная барышня, но я очень люблю своего отца и почти всегда слушаюсь его.

> Принц поет:
>
> Ах, папа, я в бою бывал,
> Под грохот барабана
> Одним ударом наповал
> Сразил я великана.
>
> Ах, папа, сам единорог
> На строгом поле чести
> Со мною справиться не мог
> И пал со свитой вместе.
>
> Ах, папа, вырос я большой,
> А ты и не заметил.
> И вот стою я сам не свой —
> Судьбу мою я встретил!

КОРОЛЬ. Очень славная песня. Это откуда? Нравится она вам, прекрасная барышня?

— Да, мне все здесь так нравится, — отвечает Золушка.

— Ха-ха-ха! — ликует Король. — Искренне! Ты заметь, сынок, она говорит искренне!

И Король устремляется вперед по прекрасной галерее, украшенной картинами и скульптурами на исторические сюжеты: «Волк и Красная

Шапочка», «Семь жен Синей Бороды», «Голый король», «Принцесса на горошине» и т. п. Золушка и Принц идут следом за Королем.

ПРИНЦ *(робко)*. Сегодня прекрасная погода, не правда ли?
ЗОЛУШКА. Да, принц, погода сегодня прекрасная.
ПРИНЦ. Я надеюсь, вы не устали в дороге?
ЗОЛУШКА. Нет, принц, я в дороге отдохнула, благодарю вас!

Навстречу Королю бежит пожилой, необыкновенно подвижный и ловкий человек. Собственно говоря, нельзя сказать, что он бежит. Он танцует, мчась по галерее, танцует с упоением, с наслаждением, с восторгом. Он делает несколько реверансов Королю, прыгая почти на высоту человеческого роста.

— Позвольте мне представить моего министра бальных танцев господина маркиза Падетруа, — говорит Король. — В далеком, далеком прошлом маркиз был главным танцмейстером в замке Спящей Красавицы. Сто лет он проспал вместе со всем штатом королевского замка. Вы представляете, как он выспался! Он теперь совсем не спит. Вы представляете, как он стосковался по танцам! Он теперь танцует непрерывно. И как он проголодался за сто лет! У маркиза теперь прекрасный аппетит.

Маркиз низко кланяется Золушке и начинает исполнять перед нею сложный и изящный танец.

— Вы понимаете балетный язык? — спрашивает Король.
— Не совсем, — отвечает Золушка.
— В торжественных случаях маркиз объясняется только средствами своего искусства. Я переведу вам его приветственную речь.

И, внимательно глядя на танец маркиза, Король переводит:

— Человек сам не знает, где найдет, где потеряет. Рано утром, глядя, как пастушок шагал во главе стада коров...

Маркиз вдруг останавливается, укоризненно взглядывает на Короля и повторяет последние па.

— Виноват, — поправляется Король, — глядя на пастушка, окруженного резвыми козочками, маркиз подумал: ах, жизнь пастушка счастливее, чем жизнь министра, отягощенного рядом государственных забот и треволнений. Но вот пришел вечер, и маркиз выиграл крупную сумму в карты...

Маркиз останавливается и повторяет последние па, укоризненно глядя на своего государя.

— Виноват, — поправляется Король, — но вот пришел вечер, и судьба послала маркизу неожиданное счастье. Даже дряхлая, но бойкая старушка...

Маркиз снова повторяет па.

— Виноват, — поправляется Король, — даже сама муза Терпсихора менее грациозна и изящна, чем наша грациознейшая гостья. Как он рад, как он рад, как он рад, ах-ах-ах!

Закончив танец, Министр кланяется Золушке и говорит:

— Черт, дьявол, демон, мусор! Простите, о прелестная незнакомка, но искусство мое так изящно и чисто, что организм иногда просто требует грубости! Скоты, животные, интриганы! Это я говорю обо всех остальных мастерах моего искусства! Медведи, жабы, змеи! Разрешите пригласить вас на первый танец сегодняшнего бала, о прелестная барышня!

— Простите, — вмешивается Принц решительно, — но гостья наша приглашена мною!

Бальный зал — роскошный и вместе с тем уютный. Гости беседуют, разбившись на группы.
Мачеха Золушки шепчется с Анной и Марианной, склонившись над большой записной книжкой, очень похожей на счетную. Лесничий дремлет возле.

АННА. Запиши, мамочка: принц взглянул в мою сторону три раза, улыбнулся один раз, вздохнул один, итого — пять.

МАРИАННА. А мне король сказал: «Очень рад вас видеть» — один раз, «ха-ха-ха» — один раз и «проходите, проходите, здесь дует» — один раз. Итого — три раза.

ЛЕСНИЧИЙ. Зачем вам нужны все эти записи?

МАЧЕХА. Ах, муженек дорогой, не мешай нам веселиться!

АННА. Папа всегда ворчит.

МАРИАННА. Такой бал! Девять знаков внимания со стороны высочайших особ!
МАЧЕХА. Уж будьте покойны, теперь я вырву приказ о зачислении моих дочек в бархатную книгу первых красавиц двора.

Гремят трубы. Гости выстраиваются двумя рядами.
Входят Король. Золушка, Принц и Министр бальных танцев.
Гости низко кланяются Королю.

КОРОЛЬ. Господа! Позвольте вам представить девушку, которая еще ни разу не была у нас, волшебно одетую, сказочно прекрасную, сверхъестественно искреннюю и таинственно-скромную.

Гости низко кланяются. Золушка приседает. И вдруг Мачеха Золушки выступает из рядов.

МАЧЕХА. Ах, ах, ваше величество, я знаю эту девушку. Клянусь, что знаю.
КОРОЛЬ. Закон, изданный моим прадедом, запрещает нам называть имя гостьи, пожелавшей остаться неизвестной.
ЗОЛУШКА. Ах, ваше величество, я вовсе не стыжусь своего имени. Говорите, сударыня, прошу вас!
МАЧЕХА. Ах, слушайте, сейчас вы все будете потрясены. Эта девушка...

Мачеха выдерживает большую паузу.

...эта девушка — богиня красоты. Вот кто она такая...
КОРОЛЬ. Ха-ха-ха! Довольно эффектный комплимент. Мерси.
МАЧЕХА. Многоуважаемая богиня...
ЗОЛУШКА. Уверяю вас, вы ошибаетесь, сударыня... Меня зовут гораздо проще, и вы меня знаете гораздо лучше, чем вам кажется.
МАЧЕХА. Нет, нет, богиня! А вот, богиня, мои дочери. Эту зовут...
ЗОЛУШКА. Анна!
МАЧЕХА. Ах! А эту...
ЗОЛУШКА. Марианна!
МАЧЕХА. Ах!
ЗОЛУШКА. Анна очень любит землянику, а Марианна — каштаны, И живете вы в уютной усадьбе, возле королев-

ской дороги, недалеко от чистого ручья. И я рада видеть вас всех, вот до чего я счастлива сегодня.

Золушка подходит к Лесничему.

— А вы меня не узнаете? — спрашивает она его ласково.
— Я не смею, — отвечает ей Лесничий робко.

Золушка нежно целует отца в лоб и проходит с Королем дальше, мимо низко кланяющихся гостей.
Раздаются звуки музыки. Гости выстраиваются парами. Бал открылся.
В первой паре — Принц и Золушка.

ПРИНЦ. Я знаю, что вы думаете обо мне.
ЗОЛУШКА. Нет, принц, нет, я надеюсь, что вы не знаете этого!
ПРИНЦ. Я знаю, к сожалению. Вы думаете: какой он глупый и неповоротливый мальчик.
ЗОЛУШКА. Слава тебе господи, вы не угадали, принц!

Танцами дирижирует маркиз Падетруа. Он успевает и танцевать, и следить за всеми. Он птицей вьется по всему залу и улыбается блаженно.

А скажите, пожалуйста, принц, кто этот высокий человек в латах, который танцует одно, а думает о другом?
ПРИНЦ. Это младший сын соседнего короля. Два его брата уехали искать приключений и не вернулись. Отец захворал с горя. Тогда младший отправился на поиски старших и по дороге остановился у нас отдохнуть...
ЗОЛУШКА. А кто этот милый старик, который все время путает фигуры?
ПРИНЦ. О, это самый добрый волшебник на свете. Он по доброте своей никому не может отказать, о чем бы его ни попросили. Злые люди так страшно пользовались его добротой, что он заткнул уши воском. И вот теперь он не слышит ничьих просьб, но и музыки тоже. От этого он и путает фигуры.
ЗОЛУШКА. А почему эта дама танцует одна?
ПРИНЦ. Она танцует не одна. Мальчик с Пальчик танцует с ней. Видите?

И действительно, на плече у дамы старательно пляшет на месте веселый, отчаянный мальчуган, с палец ростом, в коротеньких штанишках. Он держит свою даму не за руку, а за бриллиантовую сережку и кричит ей в самое ухо что-то, должно быть, очень веселое, потому что дама хохочет во весь голос.

Вот танец окончен.

— Играть, давайте играть, — кричит Король.

— В кошки-мышки, — кричит Кот в Сапогах, выскакивая из-под камина.

— В прятки! — просит Мальчик с Пальчик.

— В фанты, — приказывает Король, — В королевские фанты. Никаких фантов никто не отбирает, никто ничего не назначает, а что, ха-ха, король прикажет — то все, ха-ха, и делают.

Он знаками подзывает Доброго Волшебника. Тот вынимает воск из ушей и идет к Королю.

Сразу к Доброму Волшебнику бросаются просители с Мачехой Золушки во главе. Но стража окружает Волшебника и оттесняет просителей.

Подойдя к Королю, Добрый Волшебник чихает.

— Будьте здоровы! — говорит Король.

— Не могу отказать вам в вашей просьбе, — отвечает Добрый Волшебник старческим, дребезжащим голосом — и необычайно здоровеет. Плечи его раздвигаются. Он становится много выше ростом. Через миг перед королем стоит богатырь.

— Спасибо, дорогой волшебник, — говорит Король, — хотя, откровенно говоря, просьбу свою я высказал нечаянно.

— Ничего, ваше величество, — отвечает Добрый Волшебник великолепным баритоном, — я только выиграл на этом!

— Мы сейчас будем играть в королевские фанты, — объясняет Король.

— Ха-ха-ха! Прелестно! — радуется Волшебник.

— Первый фант — ваш! Сделайте нам что-нибудь этакое... — Король шевелит пальцами, — доброе, волшебное, чудесное и приятное всем без исключения.

— Это очень просто, ваше величество, — отвечает Волшебник весело.

Он вынимает из кармана маленькую трубочку и кисет. Тщательно набивает трубочку табаком. Раскуривает трубку, затягивается табачным дымом во всю свою богатырскую грудь и затем принимается дуть, дуть, дуть.

Дым заполняет весь бальный зал. Раздается нежная, негромкая музыка. Дым рассеивается.

Принц и Золушка плывут по озеру, освещенному луной. Легкая лодка скользит по спокойной воде не спеша, двигается сама собой, слегка покачиваясь под музыку.

— Не пугайтесь, — просит Принц ласково.

— Я нисколько не испугалась, — отвечает Золушка, — я от сегодняшнего вечера ждала чудес — и вот они пришли. Но все-таки где мы?

— Король попросил доброго волшебника сделать что-нибудь доброе, волшебное, приятное всем. И вот мы с вами перенеслись в волшебную страну.

— А где же остальные?

— Каждый там, где ему приятно. Волшебная страна велика. Но мы здесь ненадолго. Человек может попасть сюда всего на девять минут девять секунд, и ни на один миг больше.

— Как жалко! Правда? — спрашивает Золушка.

— Да, — отвечает Принц и вздыхает.

— Вам грустно?

— Я не знаю, — отвечает Принц. — Можно задать вам один вопрос?

— Конечно, прошу вас!

— Один мой друг, — начинает Принц после паузы, запинаясь, — тоже принц, тоже, в общем, довольно смелый и находчивый, тоже встретил на балу девушку, которая вдруг так понравилась ему, что он совершенно растерялся. Что бы вы ему посоветовали сделать?

Пауза.

— А может быть, — спрашивает Золушка робко, — может быть, принцу только показалось, что эта девушка ему так нравится?

— Нет, — отвечает Принц, — он твердо знает, что ничего подобного с ним не было до сих пор и больше никогда не будет. Не сердитесь.

— Нет, что вы! — отвечает Золушка. — Знаете, мне грустно жилось до сегодняшнего вечера. Ничего, что я так говорю? А сейчас я очень счастлива! Ничего, что я так говорю?

В ответ Золушке Принц поет:

> Перед вашей красотою
> Словно мальчик я дрожу.
> Нет, я сердца не открою,
> Ничего я не скажу.
>
> Вы как сон или виденье.
> Вдруг нечаянно коснусь,
> Вдруг забудусь на мгновенье
> И в отчаянье проснусь...

И тут музыка затихает, Принц умолкает, а чьи-то нежные голоса объявляют ласково и чуть печально:

— Ваше время истекло, ваше время истекло, кончайте разговор, кончайте разговор!

Исчезает озеро, лодка и луна. Перед нами снова бальный зал.

— Благодарю, — говорит Король, пожимая руку Доброму Волшебнику, — вино, которое мы пили с вами из волшебных бокалов в волшебном кабачке, было сказочно прекрасным!

— Какие там магазины! — восхищается Мачеха Золушки.

— Какие духи! — стонет Анна.
— Какие парикмахерские! — кричит Марианна.
— Как там тихо и мирно! — шепчет Лесничий.
— Какой успех я там имел! — ликует маркиз Падетруа.

Он делает знак музыкантам, и они начинают играть ту же самую музыку, которую мы слышали в волшебной стране. Все танцуют. Принц и Золушка в первой паре.

— Мы вернулись из волшебной страны? — спрашивает Принц.

— Не знаю, — отвечает Золушка, — по-моему, нет еще. А как вы думаете?

— Я тоже так думаю, — говорит Принц.

— Знаете что, — говорит Золушка, — у меня бывали дни, когда я так уставала, что мне даже во сне снилось, будто я хочу спать! А теперь мне так весело, что я танцую, а мне хочется танцевать все больше и больше!

— Слушаюсь, — шепчет маркиз Падетруа, услышавший последние слова Золушки. Он дает знак оркестру. Музыка меняется. Медленный и чинный бальный танец переходит в веселый, нарядный, живой, быстрый, отчаянный.

Золушка и Принц пляшут вдохновенно.
Музыканты опускаются на пол в изнеможении. Танец окончен.
Принц и Золушка на балконе.

— Принц, а принц, — весело говорит Золушка, обмахиваясь веером. — Теперь мы знакомы с вами гораздо лучше! Попробуйте, пожалуйста, угадать, о чем я думаю теперь.

Принц внимательно и ласково смотрит Золушке в глаза.

— Понимаю! — восклицает он. — Вы думаете: как хорошо было бы сейчас поесть мороженого.

— Мне очень стыдно, принц, но вы угадали, — признается Золушка.

Принц убегает. Внизу — дворцовый парк, освещенный луной.

— Ну вот, счастье, ты и пришло ко мне, — говорит Золушка тихо, — пришло неожиданно, как моя крестная! Глаза у тебя, счастье мое, ясные, голос нежный А сколько заботливости! Обо мне до сих пор никто никогда не заботился. И мне кажется, счастье мое, что ты меня даже побаиваешься. Вот приятно-то! Как будто я и в самом деле взрослая барышня.

Золушка подходит к перилам балкона и видит справа от себя на башне большие освещенные факелами часы. На часах без двадцати одиннадцать.

— Еще целый час! Целый час и пять минут времени у меня, — говорит Золушка, — за пятнадцать минут я, конечно, успею доехать до дому. Через час и пять минут я убегу. Конечно, может быть, счастье мое, ты не оставишь меня, даже когда увидишь, какая я бедная девушка! Ну а если вдруг все-таки оставишь? Нет, нет... И пробовать не буду... Это слишком страшно... А кроме того, я обещала крестной уйти вовремя. Ничего. Час! Целый час да еще пять минут впереди. Это ведь не так уж мало!

Но тут перед Золушкой вырастает Паж ее Крестной.

— Дорогая Золушка! — говорит мальчик печально и нежно. — Я должен передать вам очень грустное известие. Не огорчайтесь, но король приказал перевести сегодня все дворцовые часы на час назад. Он хочет, чтобы гости танцевали на балу подольше.

Золушка ахает:

— Значит, у меня почти совсем не осталось времени?!
— Почти совсем, — отвечает Паж. — Умоляю вас, не огорчайтесь. Я не волшебник, я только учусь, но мне кажется, что все еще может кончиться очень хорошо.

Паж исчезает.

— Ну вот и все, — говорит девочка печально.

Вбегает Принц, веселый и радостный. За ним — три лакея. Один лакей несет поднос, на котором сорок сортов мороженого, другой несет легкий столик, третий — два кресла. Лакеи накрывают на стол и убегают с поклонами.

— Это лучшее мороженое на всем белом свете, — говорит Принц, — я сам выбирал его. Что с вами?
ЗОЛУШКА. Спасибо вам, принц, спасибо вам, дорогой принц, за все. За то, что вы такой вежливый. За то, что вы такой ласковый. И заботливый, и добрый. Лучше вас никого я не видела на свете!
ПРИНЦ. Почему вы говорите со мной так печально?
ЗОЛУШКА. Потому что мне пора уходить.
ПРИНЦ. Нет, я не могу вас отпустить! Честное слово, не могу! Я... я все обдумал... После мороженого я сказал бы вам прямо, что люблю вас... Боже мой, что я говорю. Не уходите!
ЗОЛУШКА. Нельзя!
ПРИНЦ. Подождите! Ах, я вовсе не такой смешной, как это кажется. Все это потому, что вы мне слишком уж нравитесь. Ведь за это сердиться на человека нехорошо! Простите меня. Останьтесь! Я люблю вас!

Золушка протягивает Принцу руки, но вдруг раздается торжественный и печальный звон колоколов. Куранты башенных часов отбивают три четверти!

И, закрыв лицо руками, Золушка бросается бежать. Принц несколько мгновений стоит неподвижно. И вдруг решительно устремляется в погоню.

В большом зале веселье в полном разгаре. Идет игра в кошки-мышки. Принц видит: платье Золушки мелькнуло у выхода в картинную галерею. Он бежит туда, но хоровод играющих преграждает ему путь. Бледный, сосредоточенный, мечется Принц перед веселым, пляшущим препятствием, и никто не замечает, что Принцу не до игры.

Король стоит у колонны с бокалом вина в руках.

— Ха-ха-ха! — радуется он. — Мальчик-то как развеселился. Счастливый возраст!

Принцу удалось наконец вырваться. Он выбегает в галерею, а Золушка исчезает в противоположном ее конце. Принц выбегает на верхнюю площадку лестницы.

Золушка спешит вниз по широким мраморным ступеням. Она оглядывается. Принц видит на миг ее печальное, бледное лицо. Золушка, узнав Принца, еще быстрее мчится вниз. И хрустальная туфелька соскальзывает с правой ее ноги. У нее нет времени поднять туфельку. На бегу снимает она левую и в одних чулочках выскальзывает на крыльцо.

Карета ее уже стоит у дверей.

Мальчик-Паж печально улыбается Золушке. Он помогает ей войти в карету. Входит вслед за ней и кричит Кучеру:

— Вперед!

И когда Принц выбегает на крыльцо, он слышит, как доски моста играют печальную прощальную песенку.

Принц стоит на крыльце опустив голову. В руках его сияет хрустальная туфелька.

А Золушка, сидя в карете, глядит на туфельку, оставшуюся у нее, и плачет.

И Мальчик-Паж, сидя на скамеечке напротив, негромко всхлипывает из сочувствия.

— Дорогая Золушка, — говорит он сквозь слезы, — я, чтобы хоть немножко развеселить вас, захватил один рубиновый стаканчик со сливочным мороженым. Попробуйте, утешьте меня, а стаканчик я потом верну во дворец.

— Спасибо, мальчик, — говорит Золушка.

И она ест мороженое, продолжая тихонько плакать.

Карета бежит все быстрее и быстрее.

— Ох, натерпелся я страху! — бормочет Кучер. — Обратиться в крысу при лучших кучерах королевства! Нет, уж лучше в крысоловке погибнуть.
— Да, уж за это мерси, фа, соль, ля, си! — бормочет карета.

Кучер лихо осаживает коней у самой калитки усадьбы Лесничего. И в тот же миг раздается отдаленный звон часов, бьющих двенадцать.

Все исчезает в вихре тумана. Тоненькие голоса кричат издали:

— Прощай, хозяйка! Прощай, хозяйка!

Голос гулкий, как из бочки, бормочет, замирая:

— Адье, адье, адье, ма пти, тюр-лю-тю-тю!..

И когда затихает вихрь и рассеивается туман, мы видим прежнюю Золушку, растрепанную, в стареньком платьице, но в руках ее сияет драгоценная хрустальная туфелька.

Бальный зал королевского дворца. Король, веселый, сдвинув корону на затылок, стоит посреди зала и кричит во весь голос:

— Ужинать, ужинать, господа, ужинать! Таинственная гостья, где вы?

Старик лакей наклоняется к уху Короля и шепчет:

— Они изволили отбыть в три четверти одиннадцатого по дворцовому времени.
— Какой ужас! — пугается Король. — Без ужина?! Ты слышишь, сынок? Принц, где ты?
— Их королевское высочество изволят тосковать на балконе с одиннадцати часов по дворцовому времени, ваше величество!
— Садитесь за стол без меня, господа, — кричит Король, — я сейчас — тут меня вызывают на минутку.

Принц стоит у перил балкона, задумчивый и печальный. В руках у него хрустальная туфелька. Вихрем врывается Король.

КОРОЛЬ. Мальчик, что случилось? Ты заболел? Так я и знал!
ПРИНЦ. Нет, государь, я совершенно здоров!

КОРОЛЬ. Ай-яй-яй! Как нехорошо обманывать старших! Сорок порций мороженого! Ты объелся! Фу, стыд какой! Сорок порций! С шести лет ты не позволял себе подобных излишеств. Конечно, конечно — ты отморозил себе живот!

ПРИНЦ. Я не трогал мороженого, папа!

КОРОЛЬ. Как — не трогал? Правда, не трогал! Что же тогда с тобой?

ПРИНЦ. Я влюбился, папа.

Король с размаху падает в кресло.

Да, папа, я влюбился в нашу таинственную, прекрасную, добрую, простую, правдивую гостью. Но она вдруг убежала так быстро, что эта хрустальная туфелька соскользнула с ее ноги на ступеньках лестницы.

КОРОЛЬ. Влюбился? Так я и знал... Впрочем, нет, я ничего не знал. *(Срывает корону и швыряет ее на пол.)* Ухожу, к черту, к дьяволу, в монастырь, живите сами как знаете! Почему мне не доложили, что ты уже вырос?

ПРИНЦ. Ах, папа, я еще сегодня спел тебе об этом целую песню.

КОРОЛЬ. Разве? Ну ладно, так и быть, остаюсь. Ха-ха! Мальчик влюбился. Вот счастье-то!

ПРИНЦ. Нет, папа! Это несчастье!

КОРОЛЬ. Ерунда!

ПРИНЦ. Она не любит меня.

КОРОЛЬ. Глупости! Любит, иначе не отказалась бы от ужина. Идем искать ее!

ПРИНЦ. Нет, папа, я обиделся!

КОРОЛЬ. Хорошо, я сам ее разыщу!

Он складывает ладони рупором и кричит:

— Привратники сказочного королевства! Вы меня слышите?

Издали-издали доносится ответ:

— Мы слушаем, ваше величество!

КОРОЛЬ. Не выезжала ли из ворот нашего королевства девушка в одной туфельке?

ГОЛОС ИЗДАЛИ. Сколько туфелек было, говорите, на ней?

КОРОЛЬ. Одна, одна!

ГОЛОС ИЗДАЛИ. Блондинка? Брюнетка?

КОРОЛЬ. Блондинка! Блондинка!
ГОЛОС ИЗДАЛИ. А лет ей сколько?
КОРОЛЬ. Примерно шестнадцать.
ГОЛОС ИЗДАЛИ. Хорошенькая?
КОРОЛЬ. Очень!
ГОЛОС ИЗДАЛИ. Ага, понимаем. Нет, ваше величество, не выезжала. И никто не выезжал! Ни один человек! Муха и та не пролетала, ваше величество!
КОРОЛЬ. Так чего же вы меня так подробно расспрашивали, болваны?
ГОЛОС ИЗДАЛИ. Из интереса, ваше величество!
КОРОЛЬ. Ха-ха-ха! Дураки! Никого не выпускать! Поняли? Запереть ворота! Поняли? Сынок, все идет отлично! Она у нас в королевстве, и мы ее найдем! Ты знаешь мою распорядительность. Дай сюда эту туфельку!

Король вихрем уносится прочь. Он подбегает к столу, за которым ужинают гости, и кричит:

— Господа, радуйтесь! Принц женится! Свадьба завтра вечером. Кто невеста? Ха-ха-ха! Завтра узнаете! Маркиз Падетруа, за мной!

И Король бежит из зала, сопровождаемый Министром бальных танцев.

Раннее утро.

На лужайке позади двора выстроился отряд королевской стражи. Выбегает Король, сопровождаемый Министром бальных танцев. Король останавливается перед стражей в позе величественной и таинственной.

КОРОЛЬ. Солдаты! Знаете ли вы, что такое любовь?

Солдаты вздыхают.

Мой единственный сын и наследник влюбился, и влюбился серьезно.

Солдаты вздыхают.

И вот какая, вы понимаете, штука получилась. Только он заговорил с девушкой серьезно, как она сбежала!
СОЛДАТЫ. Это бывает!
КОРОЛЬ. Не перебивайте' Что тут делать? Искать надо! Я и министр знаем девушку в лицо. Мы будем ездить взад

и вперед, глядеть в подзорные трубы. А вы будете ловить невесту при помощи этой хрустальной туфельки. Я знаю, что все вы отлично умеете бегать за девушками.
СОЛДАТЫ. Что вы, ваше величество!
КОРОЛЬ. Не перебивайте! Я приказываю вам следующее: ловите всех девушек, каких увидите, и примеряйте им туфельку. Та девушка, которой хрустальная туфелька придется как раз по ноге, и есть невеста принца. Поняли?
СОЛДАТЫ. Еще бы, ваше величество!
КОРОЛЬ. А теперь отправляйтесь в мою сокровищницу. Там каждому из вас выдадут по паре семимильных сапог. Для скорости. Берите туфельку и бегите. Шагом марш!
Солдаты удаляются.

Король бежит к королевским конюшням. Министр — за ним. Коляску уже выкатили из конюшни, но коней еще не запрягли. Король и Министр усаживаются в коляску. Король прыгает на месте от нетерпения.

— Кучер! — кричит Король. — Да что же это такое, кучер!

Королевский Кучер выходит из конюшни.

КОРОЛЬ. Где кони?
КУЧЕР. Завтракают, ваше величество!
КОРОЛЬ. Что такое?
КУЧЕР. Овес доедают, ваше величество. Не позавтракавши разве можно? Кони королевские, нежные!
КОРОЛЬ. А сын у меня не королевский? А сын у меня не нежный? Веди коней!
КУЧЕР. Ладно! Пойду потороплю'

Кучер уходит не спеша. Король так и вьется на месте.

— Не могу! — вскрикивает он наконец. — Да что же это такое? Я сказочный король или нет? А раз я сказочный — так к черту коней! Коляска, вперед!

И коляска, повинуясь сказочному Королю, срывается с места, подняв оглобли, и вот уже несется по королевской дороге.

Семь розовых кустов, выросших под окнами Золушкиного дома. Золушка выходит из дверей.

— Здравствуйте, дорогие мои, — говорит она приветливо цветам.

И розы кивают ей.

— Знаете, о чем я думаю? — спрашивает девушка.

Розы качают головами отрицательно.

— Я скажу вам, но только шепотом. Он мне так понравился, что просто ужас! Понимаете?

Розы дружно кивают в ответ.

— Только смотрите, никому ни слова, — просит Золушка.

Розы изо всех сил подтверждают, что они не проболтаются.

— Дорогие мои, — шепчет Золушка, — я пойду в лес и помечтаю о том, что все, может быть, кончится хорошо.

Золушка идет по лесу по тропинке и поет. И вдруг останавливается. Лицо ее выражает ужас. Она опускает голову, и длинные ее волосы, распустившись, закрывают лицо.
Из лесной чащи навстречу Золушке выходит Принц. Он бледен.

ПРИНЦ. Я испугал вас, дитя мое? Не бойтесь! Я не разбойник, не злой человек, я просто несчастный принц! С самого рассвета я брожу по лесу и не могу найти места с горя. Помогите мне.

Золушка отворачивается.

Скажите мне: кто пел сейчас здесь, в лесу, где-то неподалеку? Вы никого не встретили?

Золушка отрицательно качает головой.

Вы говорите мне правду? Вы в самом деле не знаете, кто пел?

Золушка отрицательно качает головой.

Я не вижу вашего лица, но мне думается почему-то, что вы девушка добрая. Будьте добры! Помогите мне. Мне так грустно, как никогда в жизни! Мне нужно, непременно нужно найти одну девушку и спросить ее, за что она так обидела меня. Нет, нет, не уходите, стойте! Покажите мне ваше лицо!

Золушка отрицательно качает головой.

Ну пожалуйста! Не знаю, может быть, я сошел с ума, но скажите, это не вы пели здесь сейчас?

Золушка отрицательно качает головой.

Что-то очень знакомое есть в ваших руках, в том, как вы опустили голову... И эти золотые волосы... Вы не были вчера на балу? Если это вы, то не оставляйте больше меня. Если злой волшебник околдовал вас, я его убью! Если вы бедная, незнатная девушка, то я только обрадуюсь этому. Если вы не любите меня, то я совершу множество подвигов и понравлюсь вам наконец!.. Скажите мне хоть слово! Нет-нет — это вы! Я чувствую, что это вы!

Принц делает шаг вперед, но Золушка прыгает от него легко, как котенок, и исчезает в чаще. Она мчится без оглядки между кустами и деревьями и у калитки своего дома оглядывается. Никто не преследует ее.
Золушка подбегает к розовым кустам и шепчет им:

— Я встретила принца!

Розы дрожат, пораженные.

— Что со мной сталось! — шепчет Золушка. — Я такая правдивая — а ему не сказала правды! Я такая послушная — а его не послушалась! Я так хотела его видеть — и задрожала, когда встретила, будто волк попался мне навстречу. Ах, как просто все было вчера и как странно сегодня.

Золушка входит в дом.
Вся семья сидит в столовой и пьет кофе.

МАЧЕХА. Где ты пропадала, нехорошая девочка? Бери пример с моих дочек. Они сидят дома, и судьба награждает их за это. Они пользовались вчера на балу таким успехом! И я нисколько не удивлюсь, если принц женится на одной из присутствующих здесь девушек.
ЗОЛУШКА. Ах, что вы, матушка!
МАЧЕХА. Как ты смеешь сомневаться, негодная!
ЗОЛУШКА. Простите, матушка, я думала, что вы говорите обо мне.

Мачеха и дочки переглядываются и разражаются хохотом.

— Прощаю тебя, самодовольная девочка, потому что я в духе. Идемте постоим у изгороди, дочки. Может, проедет какая-нибудь важная особа и мы крикнем ей «здравствуйте». Иди за нами. Золушка, я подумаю, что тебе приказать.

Мачеха и сестры выходят из дому и замирают на месте в крайнем удивлении: мимо дома по королевской дороге проносится отряд солдат в семимильных сапогах. Их едва можно разглядеть, с такой быстротой они мчатся. Вот они уже превратились в едва заметные точки на горизонте. Но сейчас же точки эти начинают расти, расти. Солдаты летят обратно. Поравнявшись с домом Лесничего, солдаты разом, не нарушая строя, валятся на спину, снимают с себя семимильные сапоги.
Вскакивают. Капрал отдает честь дамам и говорит:

— Здравия желаем, сударыня. Простите: известно, что снимать сапоги при дамах некрасиво. Но только они, извините, сударыня, семимильные.

МАЧЕХА. Да, я это заметила, капрал. А зачем их надели, капрал?

КАПРАЛ. Чтобы поймать невесту принца, сударыня.

Дамы ахают.

КАПРАЛ. С этими семимильными сапогами мы просто извелись. Они, черти, проносят нас бог знает куда, мимо цели. Вы не поверите, сударыня, мимо какого количества девушек мы проскочили с разгона, а еще большее количество напугали до полусмерти. Однако приказ есть приказ, сударыня. Разрешите примерить вашим дочкам эту туфельку.

МАЧЕХА. Какой номер?

КАПРАЛ. Не могу знать, сударыня, но только кому туфелька как раз, та и есть невеста принца.

Дамы ахают.

МАЧЕХА. Капрал! Зовите короля! Туфелька как раз по ноге одной из моих дочек.

КАПРАЛ. Но, сударыня...

МАЧЕХА. Зовите короля! *(Многозначительно.)* Я вам буду очень благодарна. Вы понимаете меня? Очень! *(Тихо.)* Озолочу!

КАПРАЛ. За это спасибо, но как же без примерки?

МАЧЕХА *(тихо)*. Водка есть. Два бочонка. Слышите?

КАПРАЛ. Еще бы! Однако не могу. Приказ есть приказ!
МАЧЕХА. Дайте туфлю.

Она примеряет туфельку Анне, Анна стонет. Примеряет Марианне — та кряхтит.

МАЧЕХА. Других размеров нету?
КАПРАЛ. Никак нет, сударыня.

Мачеха еще раз пробует надеть своим дочерям хрустальную туфельку, но ничего у нее не получается. Она думает напряженно несколько мгновений, потом говорит нежно и мягко:

— Золушка!
ЗОЛУШКА. Да, матушка!
МАЧЕХА. Мы иногда ссорились с тобою, но ты не должна на меня сердиться, девочка. Я всегда хотела тебе добра. Отплати и ты мне добром. Ты все можешь — у тебя золотые руки. Надень эту туфельку Анне.
ЗОЛУШКА. Матушка, я...
МАЧЕХА. Я очень тебя прошу, крошка моя, голубушка, дочка моя любимая.

Золушка не может противиться ласковым речам. Она подходит к Анне. Осторожно и ловко действуя, она каким-то чудом ухитряется надеть сестре туфлю.

Готово! Кончено! Поздравляю тебя, Анна, ваше королевское высочество! Готово! Все! Ну, теперь они у меня попляшут во дворце! Я у них заведу свои порядки! Марианна, не горюй! Король — вдовец! Я и тебя пристрою. Жить будем! Эх, жалко — королевство маловато, разгуляться негде! Ну ничего! Я поссорюсь с соседями! Это я умею. Солдаты! Чего вы стоите, рот раскрыли?! Кричите «ура» королевским невестам!

Солдаты повинуются.

Зовите короля!

Капрал трубит в трубу. Раздается шум колес. К калитке подкатывает королевская коляска без коней. Король, сияющий, прыгает из коляски как мальчик. За ним, танцуя и кружась, вылетает маркиз Падетруа.

Король мечется по лужайке и вопит:

— Где она, дорогая? Где она, моя дочка?

Золушка робко выглядывает из-за розовых кустов.

МАЧЕХА. Вот она, ваше величество, дорогой зятек.

И она, торжествуя, указывает на Анну.

КОРОЛЬ. Ну вот еще, глупости какие!
МАЧЕХА. Взгляните на ее ножки, государь!
КОРОЛЬ. Чего мне смотреть на ножки? Я по лицу вижу, что это не она.
МАЧЕХА. Но хрустальный башмачок пришелся ей впору, государь!
КОРОЛЬ. И пусть! Все равно это не она!
МАЧЕХА. Государь! Слово короля — золотое слово. Хрустальная туфелька ей впору? Впору. Следовательно, она и есть невеста. Вы сами так сказали солдатам. Верно, солдаты? Ага, молчат! Нет, нет, зятек, дельце обделано. Муж!

Вбегает Лесничий.

МАЧЕХА. Твоя дочка выходит за принца!
ЛЕСНИЧИЙ. Золушка?
МАЧЕХА. При чем тут Золушка? Вот эта дочь! Чего ты стоишь как пень? Кричи «ура»!
КОРОЛЬ. Ах, черт побери, какая получается неприятность! Что делать, маркиз?
МАРКИЗ. Танцевать, конечно.

Он протягивает Анне руку и ведет ее в танце.

Что с вами, красавица? Вы прихрамываете, красавица? Эге! Да туфелька убежала от вас, красавица!

И он поднимает с травы хрустальную туфельку. Пробует надеть ее Анне.

Но она вам невозможно мала! Какой чудодей ухитрился обуть вас?

Маркиз пробует надеть туфельку Марианне.

Увы, и вам она мала, барышня!
— Это ничего не значит! — кричит Мачеха. — Неизвестная невеста тоже потеряла эту туфельку во дворце.
МАРКИЗ. Неизвестной красавице туфелька была чуть-чуть великовата.

КОРОЛЬ. Ну, ничего, ничего, это бывает, не расстраивайтесь, сударыня. Больше здесь нет девушек?
ЛЕСНИЧИЙ. Есть, государь, моя дочка Золушка.
КОРОЛЬ. Но ведь вы говорили, лесничий, что она еще совсем крошка?
ЛЕСНИЧИЙ. Так мне казалось вчера, государь.

И он выводит из-за розовых кустов упирающуюся Золушку. Мачеха и сестры хохочут.

КОРОЛЬ. Приказываю не хихикать! Не смущайтесь, бедная девочка. Посмотрите мне в глаза. Ах! Что такое?! Какой знакомый взгляд. Примерить ей немедленно туфельку!

Маркиз повинуется.

— Государь, — кричит он, — это она! А это что? Смотрите, государь!

Он достает из кармана Золушкиного фартука вторую туфельку.
Король подпрыгивает как мячик. Целует Золушку, кричит:

— Где принц? Принца сюда! Скорее! Скорее!

Топот копыт. Верхом на коне влетает галопом Старый Лакей.

— Где принц? — спрашивает Король.

Старый Лакей соскакивает с седла и говорит негромко:

— Его высочество, чтобы рассеять грусть-тоску, изволили бежать за тридевять земель в одиннадцать часов дня по дворцовому времени.

Король плачет как ребенок. Дамы торжествующе улыбаются.

— Боже мой! Это я виновата, — убивается Золушка, — почему я не заговорила с ним в лесу? Он погибнет теперь из-за моей застенчивости. Принц! Милый принц! Где ты?

И нежный детский голосок отвечает Золушке:

— Он здесь!

И из дома выходит Мальчик-Паж. Он ведет за руку улыбающегося Принца. Король хохочет как ребенок.

— Я не волшебник. Я только учусь. Но ради тех, кого люблю, я способен на любые чудеса, — говорит мальчик.

Музыка.

Фея появляется среди присутствующих. Она взмахивает волшебной палочкой — и вот Золушка одета так же блистательно, как была вчера.

Новый взмах палочкой — и знакомая золотая карета со знакомым Кучером и знакомыми конями лихо подкатывает к калитке.

— Ну, что скажешь, старуха лесничиха? — спрашивает Фея.

Мачеха молчит.

— Венчаться! — кричит Король. — Скорее, скорее во дворец венчаться!

— Но, — говорит Принц тихо, — но Золушка так и не сказала, любит ли она меня.

И Золушка подходит к Принцу. Она робко улыбается ему. Он наклоняется к ней, и тут Король хлопотливо и озабоченно задергивает тот самый занавес, который мы видели в начале сказки.

КОРОЛЬ. Не люблю, признаться, когда людям мешают выяснять отношения. Ну вот, друзья, мы и добрались до самого счастья. Все счастливы, кроме старухи лесничихи. Ну, она, знаете ли, сама виновата. Связи связями, но надо же и совесть иметь. Когда-нибудь спросят: а что ты можешь, так сказать, предъявить? И никакие связи не помогут тебе сделать ножку маленькой, душу — большой, а сердце — справедливым. И знаете, друзья мои, мальчик-паж тоже в конце концов доберется до полного счастья.

У принца родится дочь, вылитая Золушка. И мальчик в свое время влюбится в нее И я с удовольствием выдам за мальчугана свою внучку. Обожаю прекрасные свойства его души — верность, благородство, умение любить. Обожаю, обожаю эти волшебные чувства, которым никогда никогда не придет...

И Король указывает на бархатный занавес, на котором загорается слово
КОНЕЦ

Приятно вспоминать о Шварце

Какая мне выпала в жизни удача...

На одном писательском собрании в Ленинграде, в середине тридцатых годов, выступил Евгений Львович Шварц и между прочим сказал:

«Конечно, никому не возбраняется втайне, в глубине души надеяться, что он недурен собой и что кто-нибудь, может быть, считает его красивым. Но утверждать публично: я красивый — непристойно. Так и пишущий может в глубине души надеяться, что он писатель. Но говорить вслух: я писатель — нельзя. Вслух можно сказать: я член Союза писателей, потому что это есть факт, удостоверяемый членским билетом, подписью и печатью. А писатель — слишком высокое слово...»

Он так действительно думал и никогда не называл себя писателем. В советской литературе проработал он лет тридцать пять, но только к концу этого периода стали понимать, как значительно, важно, своеобразно и неповторимо все, что он делает. Сначала это понимали только несколько человек, да и то не в полную меру. Потом это стали понимать довольно многие. И с каждым годом становится все яснее, что он был одним из замечательнейших писателей России.

Мне трудно рассказывать о нем, потому что я знал его слишком близко и слишком долго. Я познакомился и подружился с ним сразу после его приезда в Петроград, в 1922 году, и был у него в последний раз за месяц до его смерти в 1958 году. Я столько пережил с ним вместе, столько разговаривал с ним, наши согласия и разногласия носили такой устойчивый, привычный, застарелый характер, что я относился к нему скорее как к брату, чем как к другу. А никому еще не удавалось написать хороших воспоминаний о собственном брате.

Он родился в 1896 году в Казани и, следовательно, был старше меня на восемь лет. Отец его, Лев Борисович Шварц, учился в конце прошлого века на медицинском факультете Казанского университета и, будучи студентом, женился на Марии Федоровне Шелковой.

Жизни в Казани Евгений Львович не помнил совсем — двухлетним ребенком родители перевезли его на Северный Кавказ, в город Майкоп. Однажды он рассказал мне, что в течение многих лет его мучил один и тот же сон, постоянно повторявшийся. Ему снилась безграничная песчаная пустыня, накаленная солнцем; в самом конце этой пустыни — дворец с башнями, и ему непременно нужно пересечь эту пустыню и дойти до дворца. Он идет, идет, идет, изнемогая от зноя и жажды, и когда наконец до дворца остается совсем немного, ему преграждают путь исполинские кони, грызущие желтыми зубами вбитые в землю деревянные столбы. И вид этих коней был так страшен, что он всякий раз просыпался от ужаса. Как-то раз Евгений Львович, уже взрослым человеком, рассказал этот сон своему отцу. Отец рассмеялся и сказал, что сон этот — воспоминание о переезде из Казани в Майкоп. Они ехали в июле, в самую жару, и на одной станции, где была пересадка, им пришлось ждать поезда целые сутки. Станционное здание — это и есть дворец с башнями. Перед станционным зданием была песчаная площадь, которую им приходилось пересекать, возвращаясь из трактира, где они завтракали, обедали и ужинали. А кони — извозчичьи лошади, привязанные к столбам перед станцией.

Годы гражданской войны Женя Шварц прожил в Ростове-на-Дону. Там он начал писать стихи — по большей части шуточные. Там он служил в продотряде. Там он стал актером. Там он женился.

Первая жена его была актриса Гаянэ Халаджиева, по сцене Холодова, в просторечии — Ганя, маленькая женщина, шумная, экспансивная, очень славная. Она долго противилась ухаживаниям Шварца, долго не соглашалась выйти за него. Однажды, в конце ноября, поздно вечером, шли они в Ростове по берегу Дона, и он уверял ее, что по первому слову выполнит любое ее желание.

— А если я скажу: прыгни в Дон? — спросила она.

Он немедленно перескочил через парапет и прыгнул с набережной в Дон, как был — в пальто, в шапке, в калошах. Она подняла крик, и его вытащили. Этот прыжок убедил ее — она вышла за него замуж.

Они приехали в Петроград в октябре 1921 года. Петроград был давнишней мечтой Шварца, он стремился в него много лет. Шварц был воспитан на русской литературе, любил ее до неистовства, и весь его душевный мир был создан ею. Пушкин, Гоголь, Толстой, Достоевский, Лесков и, главное, Чехов были не только учителями его, но ежедневными спутниками, руководителями в каждом поступке. Ими определялись его вкусы, его мнения, его нравственные требования к себе, к окружающим, к своему времени. От них он унаследовал свой юмор — удивительно русский, конкретный, основанный на очень точном знании быта, на беспощадном снижении всего ложноторжественного, всегда тайно грустный и всегда многозначный, то есть означающий еще что-то, лежащее за прямым значением слов. Русская литература привела его в Петроград, потому что для него, южанина и провинциала, Петроград был городом русской литературы. Он хорошо знал его по книгам, прежде чем увидел собственными глазами, и обожал его заочно, и немного боялся — боялся его мрачности, бессолнечности.

А между тем Петроград больше всего поразил его своей солнечностью. Он мне не раз говорил об этом впоследствии. Весной 1922 года Петроград, залитый сиянием почти незаходящего солнца, был светел и прекрасен. В начале двадцатых годов он был на редкость пустынен, жителей в нем было вдвое меньше, чем перед революцией. Автобусов и троллейбусов еще не существовало, автомобилей было штук десять на весь город, извозчиков почти не осталось, так как лошадей съели в девятнадцатом году, и только редкие трамваи, дожидаться которых приходилось минут по сорок, гремели на заворотах рельс. Пустынность обнажала несравненную красоту города, превращала его как бы в величавое явление природы, и он, легкий, омываемый зорями, словно плыл куда-то между водой и небом.

Приехал Шварц вместе с труппой маленького ростовского театрика, которая вдруг, неизвестно почему, из смутных тяготений к культуре, покинула родной хлебный

Ростов и, захватив свои убогие раскрашенные холсты, перекочевала навсегда в чужой голодный Питер. Театрик этот возник незадолго перед тем из лучших представителей ростовской интеллигентской молодежи. В годы гражданской войны каждый город России превратился в маленькие Афины, где решались коренные философские вопросы, без конца писались и читались стихи, создавались театры — самые «передовые» и левые, ниспровергавшие все традиции и каноны. Театрик, где актером работал Шварц, до революции назвали бы любительским, а теперь — самодеятельным, но в то время он сходил за настоящий профессиональный театр. Характер он носил почти семейный: ведущее положение в нем занимали два Шварца — Евгений и его двоюродный брат Антон, и их жены — жена Евгения Ганя Холодова и жена Антона Фрима Бунина. Режиссером был Павел Вейсбрем, которого все называли просто Павликом. Остальные актеры были ближайшие друзья-приятели. По правде говоря, в театрике этом был только один человек с крупным актерским дарованием — Костомолоцкий. Это был прирожденный актер, стихийно талантливый, настоящий комик — когда он выходил на сцену, зрители задыхались от хохота при каждом его движении, при каждом слове.

Переехав в Петроград, труппа захватила пустующее театральное помещение на Владимирском проспекте. У нее в репертуаре были три пьесы — «Гондла» Гумилева, «Проделки Скапена» Мольера и «Трагедия об Иуде» Алексея Ремизова. В гумилевской пьесе главную роль — роль Гондлы — исполнял Антон Шварц. Пьеса Гумилева, написанная хорошими стихами, совершенно не годилась для постановки, потому что это не пьеса, а драматическая поэма, и спектакль свелся к декламации, — декламировал больше всех Антон Шварц.

Конечно, театрик этот оказался чрезвычайно неустойчивым и скоро распался. Петроград как бы растворил его в себе. Костомолоцкого заприметил Мейерхольд и взял в свой театр в Москву. Павел Вейсбрем стал ленинградским режиссером и долго кочевал из театра в театр. Ганя Холодова и Фрима Бунина тоже много лет работали в разных театрах. Остальные расстались с актерством навсегда. Я не раз потом удивлялся близкому знакомству Жени

Шварца с каким-нибудь экономистом, юрисконсультом или завклубом, и он объяснял:

— А это бывший актер нашего театра.

Юрисконсультом стал и Антон Шварц, юрист по образованию. Но страсть к чтению вслух не оставила его. Несколько лет спустя он занялся этим профессионально, бросил свое юрисконсульство и очень прославился как чтец. А Женя Шварц потянулся к литературе. Он как-то сразу, с первых дней, стал своим во всех тех петроградских литературных кружках, где вертелся и я.

Не могу припомнить, кто меня с ним познакомил, где я его увидел в первый раз. Он сразу появился и у серапионов, и у Наппельбаумов, и в клубе Дома искусств. И у серапионов, и в Доме искусств его быстро признали своим, привыкли к нему так, словно были знакомы с ним сто лет.

В то время он был худощав и костляв, носил гимнастерку, обмотки и красноармейские башмаки. Никакой другой одежды у него не было, а эта осталась со времен его службы в продотряде. У него не хватало двух верхних передних зубов, и это тоже была память о службе в продотряде: ночью, в темноте, он споткнулся, и ствол винтовки, которую он нес перед собой в руках, заехал ему в рот.

Шварц стал часто бывать у меня. Жил я тогда еще с родителями, на Кирочной улице.

Родителям моим Женя Шварц понравился, и отец взял его к себе в секретари. И те несколько месяцев, которые Шварц проработал секретарем у отца, сблизили меня с ним еще больше.

Я нередко бывал и у него. Жил он тогда на Невском, недалеко от Литейного, во дворе доходного дома, в маленькой квартиренке с таким низким потолком, что до него можно было достать рукою.

Шварц очень бедствовал и жил в постоянных поисках заработка. Однако в те годы, годы молодости, это его нисколько не угнетало. Все кругом тоже были отчаянно бедны, и поэтому бедностью он не выделялся. Бедны были и все серапионы, с которыми, как я уже говорил, он сблизился сразу после переезда в Петроград. Ему разрешалось присутствовать на их еженедельных собраниях, а это была честь, которой удостаивались немногие. Из серапионов он особенно подружился с Зощенко и Слонимским. И вот в самом начале 1923 года он затеял с Михаилом Слонимским поездку на Донбасс.

Уехали они из Петрограда вдвоем, а вернулись втроем. Они привезли с собой своего нового друга — Николая Макаровича Олейникова.

Коля Олейников был казак, и притом типичнейший — белокурый, румяный, кудрявый, похожий лицом на Козьму Пруткова, с чубом, созданным Богом для того, чтобы торчать из-под фуражки с околышком. Он был сыном богатого казака, державшего в станице кабак, и ненавидел своего отца. Все его взгляды, вкусы, пристрастия выросли в нем из ненависти к окружавшему его в детстве быту. Родня его сочувствовала белым, а он стал яростным большевиком, вступил сначала в комсомол, потом в партию. Одностаничники избили его за это шомполами на площади, — однажды он снял рубаху и показал мне свою крепкую спину, покрытую жутким переплетением заживших рубцов.

Первоначальным увлечением Олейникова была вовсе не литература, а математика. У него были замечательные математические способности, но занимался он математикой самоучкой, покупая учебники на книжных развалинах. Особенно интересовала его теория вероятности.

В журнал «Забой» Олейникова прислали из губкома. Это было первое его соприкосновение с редакционной работой, с литературой. В редакции «Забоя» он подружился со Шварцем и Слонимским. Когда Шварц и Слонимский стали собираться в Петроград, он решил поехать с ними.

Он показывал мне официальную справку, с которой приехал в Петроград. Справка эта, выданная его родным сельсоветом, гласила:

«Сим удостоверяется, что гр. Олейников Николай Макарович действительно красивый. Дана для поступления в Академию художеств». Печать и подпись.

Олейников вытребовал эту справку в сельсовете, уверив председателя, что в Академию художеств принимают только красивых. Председатель посмотрел на него и выдал справку.

Олейникову свойственна была страсть к мистификации, к затейливой шутке. Самые несуразные и причудливые вещи он говорил с таким серьезным видом, что люди мало проницательные принимали их за чистую монету. Олейникова и Шварца прежде всего сблизил юмор — и очень разный у каждого, и очень родственный. Они любили смешить и смеяться, они подмечали смешное там, где другим виделось только торжественное и величавое. Юмор у них был то конкретный и бытовой, то пародийный и эксцентрический, вдвоем они поражали неистощимостью своих шуток, с виду очень простых и веселых, но если посмотреть поглубже, то порой захватывало дух от их печальной многозначительности.

Я уже сказал, что первыми произведениями Шварца были шуточные стихотворения, которые он сочинял с легкостью по всякому поводу и без повода. Они далеко не всегда были удачны, да он и не придавал им никакого значения и щедро плескал ими во все стороны. Еще из Ростова привез он целый цикл стихотворений про некоего князя Звенигородского, напыщенного идиота, рассуждавшего самым нелепым и смешным образом обо всем на свете. Одно из стихотворений начиналось так:

> Звенигородский был красивый.
> Однажды он гулял в саду
> И ел невызревшие сливы.
> Вдруг слышит: быть тебе в аду!..

Всем этим своим молниеносным шуточным стихам, основным качеством которых была нелепость, Шварц не придавал никакого значения, и в его творчестве они занимают самое скромное место. Но они оказались как бы зерном, из которого выросла буйная поросль своеобразнейших стихов, расцветших в ленинградской поэзии конца двадцатых и начала тридцатых годов. Кажущаяся нелепость была основным отличительным признаком всей этой поэзии.

Наиболее непосредственное влияние шуточных стихов Шварца испытал на себе Олейников.

Олейников никогда не считал себя поэтом. До переезда в Ленинград он стихов не писал. Но очень любил стихи и очень ими интересовался. В редакции «Забоя» он ведал начинающими поэтами, и наиболее причудливые из их стихотворений переписывал себе в особую тетрадку. У него образовалась замечательная коллекция плохих стихов, доставлявшая его насмешливому уму большое удовольствие.

Помню, что одно стихотворение из этой коллекции начиналось так:

> Когда мне было лет семнадцать,
> Любил я девочку одну,
> Когда мне стало лет под двадцать,
> Я прислонил к себе другу.

В Ленинграде Олейников стал писать стихи, как бы подхватив игру, начатую Шварцем. Стихи его были еще причудливее Шварцевых. Расцвету его поэзии чрезвычайно способствовало то, что они оба — и Олейников и Шварц — стали работать в детском отделе Госиздата.

Детский отдел Госиздата в Ленинграде в первые годы своего существования был учреждением талантливым и веселым. Возник он примерно в 1924 году. С 1925 года настоящим его руководителем стал Самуил Яковлевич Маршак, вернувшийся с юга в Ленинград.

То была эпоха детства детской литературы, и детство у нее было веселое. Детский отдел помещался на шестом этаже Госиздата, занимавшего дом бывшей компании Зингер, Невский, 28; и весь этот этаж ежедневно в течение всех служебных часов сотрясался от хохота. Некоторые посетители детского отдела до того ослабевали от смеха, что, кончив свои дела, выходили на лестничную площадку держась руками за стены, как пьяные. Шутникам нужна подходящая аудитория, а у Шварца и Олейникова аудитория была превосходнейшая. В детский отдел прислали практикантом молоденького тоненького студентика по имени Ираклий Андроников. Стихов практикант не писал никаких, даже шуточных, но способностью шутить и воспринимать шутки не уступал Шварцу и Олейникову. Ежедневно приходили в Детский отдел поэты — Введенский, Хармс, Заболоцкий, — люди молодые, смешливые.

Олейников писал:

> Я люблю Генриэтту Давыдовну,
> А она меня, кажется, нет
> Ею Шварцу квитанция выдана.
> Ну а мне и квитанции нет.

Генриэтта Давыдовна Левитина была прехорошенькая молодая женщина. Она тоже служила в детском отделе, и чаще ее называли просто Груней — Шварц и Олейников играли, будто оба влюблены в нее, и сочиняли, множество стихов, в которых поносили друг друга от ревности и воспевали свои любовные страдания

При детском отделе издавались два журнала — «Чиж» и «Еж». «Чиж» — для совсем маленьких, «Еж» — для детей постарше. Конечно, Маршак, руководивший всем детским отделом, руководил и этими журналами. Однако до журналов у него руки не всегда доходили, и настоящими хозяевами «Чижа» и «Ежа» оказались Шварц и Олейников. Никогда в России, ни до ни после, не было таких искренне веселых, истинно литературных, детски озорных детских журналов. Особенно хорош был «Чиж», — каждый номер его блистал превосходными картинками, уморительными рассказиками, отточенными, неожиданными, блистательными стихами. В эти годы Шварц пристрастился к раешнику. В каждый номер «Чижа» и «Ежа» давал он новый раешник — веселый, свободный, естественный, без того отпечатка фальшивой простонародности, который обычно лежит на раешниках. Олейников участвовал в этих журналах не как поэт и даже не как прозаик, а, скорее, как персонаж, как герой. Героя этого звали Макар Свирепый. Художник — если память мне не изменяет, Борис Антоновский — изображал его на множестве маленьких квадратных картинок неотличимо похожим на Олейникова — кудри, чуб, несколько сложно построенный нос, хитрые глаза, казацкая лихость в лице. Подписи под этими картинками писал Олейников; они всегда были блестяще забавны и складывались в маленькие повести, очень популярные среди ленинградских детей того времени.

Евгений Львович был писатель, очень поздно «себя нашедший». Первые десять лет его жизни в литературе заполнены пробами, попытками, мечтами, домашними стишками, редакционной работой. Это была еще не литературная, а прилитературная жизнь — время поисков себя, поисков своего пути в литературу. О том, что путь этот лежит через театр, он долго не догадывался. Он шел ощупью, он искал, почти не пытаясь печататься. Искал он упорно и нервно, скрывая от всех свои поиски. У него была отличная защита своей внутренней жизни от посторонних взглядов — юмор. От всего, по-настоящему его волнующего, он всегда отшучивался. Он казался бодрым шутником, вполне довольным своей долей. А между тем у него была одна мечта — высказать себя в литературе. Ему хотелось передать людям свою радость, свою боль. Он не представлял себе своей жизни вне литературы. Но он слишком уважал и литературу, и себя, чтобы превратиться в литературную букашку, в поденщика. Он хотел быть писателем — в том смысле, в каком понимают это слово в России, — то есть и художником, и учителем, и глашатаем правды.

Тех, кого он считал писателями, он уважал безмерно. Помню, как летом 1925 года мы шли с ним вдвоем по Невскому, по солнечной стороне, и вдруг увидели, что навстречу нам идет Андрей Белый. Мы заметили его издали, за целый квартал. Белый шел, опираясь на трость, стремительной своей походкой, склонив седую голову набок и никого не замечая вокруг. Он шел сквозь толпу, как нож сквозь масло, на людном Невском он казался совершенно одиноким. Как метеор пронесся он мимо нас, погруженный в себя и не обративший на нас никакого внимания.

Шварц остановился и остановил меня. Мы долго смотрели Белому вслед — пока его не скрыла от нас толпа, далеко, где-то у Главного штаба.

— Он думает, — сказал Шварц, почтительно вздохнув.

Во второй половине двадцатых годов вышла в свет стихотворная сказка Шварца «Степка-растрепка и Погремушка». Эта прелестная сказка в стихах для маленьких детей не переиздавалась уже лет тридцать пять, что свидетельствует только о том, как мы не умеем ценить и беречь наши сокровища; она могла бы расходиться каждый год в миллионах экземпляров и весело учить читателей изяществу мысли, телесной и душевной чистоплотности.

Вдруг в литературе возник человеческий голос, мягко, но настойчиво изобличающий грязь, лицемерие, жестокость и говорящий о красоте доброты. Конечно, в «Степке-растрепке» голос этот был еще очень невнятен; прошли годы, прежде чем он окреп и стал голосом «Обыкновенного чуда», «Тени», «Дракона» — голосом, говорящим правду навеки. Шварц как писатель созревал медленно. Как человек он созрел гораздо быстрее, но прошли годы, прежде чем он нашел изобразительные средства, чтобы выразить себя.

В конце двадцатых годов в Ленинграде образовалось новое литературное объединение — обэриуты. Не помню, как расшифровывалось это составное слово. О — это, вероятно, общество, р — это, вероятно, реалистическое, но что означали остальные составляющие — сейчас установить не могу. Обэриутами стали Хармс, Александр Введенский, Олейников, Николай Заболоцкий, Леонид Савельев и некоторые другие. Не знаю, вступил ли в обэриуты Шварц — может быть, и не вступил. Насмешливость мешала ему уверовать в какое-нибудь одно литературное знамя. Но, конечно, он был с обэриутами очень близок, чему способствовала его старая дружба с Олейниковым и новая, очень прочная дружба с Заболоцким — дружба, сохранившаяся до конца жизни.

Олейников по-прежнему писал только домашние шуточные стихи и не делал ни малейших попыток стать профессиональным литератором. Как бы для того чтобы подчеркнуть шуточность и незначительность своих произведений, он их героями делал обычно не людей, а насекомых. В этом он бессознательно следовал древнейшей традиции мировой сатиры.

Чем ближе подходило дело к середине тридцатых годов, тем печальнее и трагичнее становился юмор Олейникова. Как раз на переломе двух десятилетий написал, он стихотворение «Блоха мадам Петрова».

Эта несчастная блоха влюбилась. Чего только она не делала, чтобы завоевать любовь своего избранника:

> Юбки новые таскала
> Из чистейшего пике,
> И стихи она писала
> На блошином языке.
> Но прославленный милашка
> Оказался просто хам,
> И в душе его кондрашка,
> А в головке тарарам.

Разочарованная в своем любимом, блоха мадам Петрова разочаровалась во всей вселенной. Все, что происходит в мире, кажется ей ужасным:

> Страшно жить на этом свете —
> В нем отсутствует уют.
> Тигры воют на рассвете,
> Волки зайчика грызут.
> Плачет маленький теленок
> Под кинжалом мясника,
> Рыба бедная спросонок
> Лезет в сети рыбака.
> Лев рычит во мраке ночи,
> Кошка стонет на трубе,
> Жук-буржуй и жук-рабочий
> Гибнут в классовой борьбе.

И блоха, не перенеся этой жестокости мира, кончает жизнь самоубийством:

> С горя прыгает букашка
> С трехсаженной высоты,
> Расшибает лоб бедняжка.
> Расшибешь его и ты.

В начале тридцатых годов Шварц расстался с детским отделом. Не он один. Вместе с ним ушли из детского отдела и Олейников, и Андроников, и Груня Левитина. Ушли и почти все авторы, которые издавались там с самого начала, — в том числе и я.

После продолжительных поисков Шварц нашел свое место в театре, в драматургии.

Мне это показалось неожиданным, хотя, разумеется, ничего неожиданного в этом не было. Шварц начал свой жизненный путь с того, что стал актером, и было это не случайно. Служа долгие годы в детском отделе Госиздата, он был оторван от театра, но только теперь я понимаю, сколько театрального было в этом самом детском отделе. Там постоянно шел импровизированный спектакль, который ставили и разыгрывали перед случайными посетителями Шварц, Олейников и Андроников. В этот спектакль, вечно новый, бесшабашно веселый, удивительно многозначный, они вовлекали и хорошенькую Груню Левитину, и Хармса с его угрюмыми чудачествами. И даже на всей продукции детского отдела за те годы — на удивительных похождениях Макара Свирепого, на неистовых по ритмам и образам стихотворных сказках для трехлетних детей, на журналах «Чиж» и «Еж» — лежит отпечаток неосознанной, но кипучей и блестящей театральности.

Свою работу драматурга Шварц начал со сказок для детского театра. Потом он стал писать пьесы для взрослых, но его пьесы для взрослых — тоже сказки. Он выражал условным языком сказок свои мысли о действительности. Шварц, тяготел к сказке потому, что чувствовал сказочность реальности, и чувство это не покидало его на протяжении всей жизни.

Занявшись драматургией, он вовсе не сразу понял, что ему надо писать сказки; он попробовал было писать так называемые «реалистические» пьесы. Но сказка, как бы против его воли, врывалась в них, завладевала ими. В 1934 году он напечатал в журнале «Звезда» пьесу «Похождения Гогенштауфена». Действие пьесы происходило в самом обыкновенном советском учреждении, где служат обыкновенные «реалистические» люди. Например, на должности управделами этого учреждения работала некая тов. Упырева. Странность заключалась только в том, что эта Упырева действительно была упырем, вампиром и сосала кровь из живых людей, а когда крови достать не могла, принимала гематоген.

Подобные его пьесы, например «Ундервуд», имели ограниченный успех — именно из-за своей жанровой неопределенности. Вся первая половина тридцатых годов ушла у него на поиски жанра, который дал бы ему возможность свободно выражать свои мысли, свое понимание мира. Первой его настоящей сказкой для сцены была «Красная Шапочка». Сделал он ее талантливо, мило, но очень робко. Первым сказочным произведением, написанным Шварцем во весь голос, был «Голый король» (1934). Тут он впервые обратился к сказкам Андерсена, воспользовавшись сразу тремя — «Свинопасом», «Принцессой на горошине» и «Голым королем».

Только четверть века спустя, уже после смерти автора, «Голому королю» суждено было иметь шумный, даже буйный, сценический успех. Запоздалый успех доказал только прочность и жизнеспособность этой пьесы, благородные герои которой, ополчившиеся против бессмертной людской глупости и подлости, поют:

> Если мы врага повалим,
> Мы себя потом похвалим,
> Если враг не по плечу,
> Попадем мы к палачу.

Шварц, в пору своей художественной зрелости, охотно использовал для своих пьес и сценариев общеизвестные сказочные сюжеты. «Снежная королева» и «Тень» — инсценировка сказок Андерсена, «Золушка» — экранизация известнейшей народной сказки, «Дон Кихот» — экранизация знаменитого романа. Даже в таких его пьесах с вполне самостоятельными сюжетами, как «Дракон», «Обыкновенное чудо», «Два клена», отдельные мотивы откровенно заимствованы из широчайше известных сказок. И при этом трудно найти более самостоятельного и неповторимого художника, чем Евгений Шварц. Его инсценировки несравненно самобытнее, чем великое множество так называемых оригинальных пьес, в которых, при всей их «оригинальности», нет ничего, кроме банальностей. Шварц брал чужие сюжеты, как их брал Шекспир, он использовал сказки, как Гете использовал легенду о Фаусте, как Пушкин в «Каменном госте» использовал традиционный образ Дон Жуана. Я слышу голос Шварца, когда в кинокартине «Дон Кихот» студент-медик, леча больного Дон Кихота, говорит: «Подумать только — эти неучи пускали вам кровь по нечетным числам, тогда как современная наука установила, что это следует делать только по четным! Ведь сейчас уже тысяча шестьсот пятый год! Шутка сказать!» Я слышу голос Шварца в каждом кадре, хотя написанный им сценарий — необыкновенно верное и сильное истолкование великого романа Сервантеса.

Пьесы Шварца написаны в тридцатые и в сороковые годы двадцатого века, в эти два страшных десятилетия, когда фашизм растаптывал достигнутое в предшествующую революционную эпоху. Сжигались книги, разрастались концентрационные лагеря, разбухали армии, полиция поглощала все остальные функции государства. Ложь, подлость, лесть, низкопоклонство, клевета, наушничество, предательство, шпионство, безмерная, неслыханная жестокость становились в гитлеровском государстве основными законами жизни. Все это плавало в лицемерии, как в сиропе, умы подлецов изощрялись в изобретении пышных словесных формул, то религиозных, то националистических, то ложнодемократических, чтобы как-нибудь принарядить всю эту кровь и грязь. Всему этому способствовали невежество и глупость. И трусость. И неверие в то, что доброта и правда могут когда-нибудь восторжествовать над жестокостью и неправдой.

И Шварц каждой своей пьесой говорил всему этому: нет. Нет — подлости, нет — трусости, нет — зависти. Нет — лести, низкопоклонству, пресмыкательству перед сильным. Нет — карьеристам, полицейским, палачам. Всей низости людской, на которую всегда опирается реакция, каждой новой пьесой говорил он — нет.

Верил ли он в свою победу, верил ли, что пьесы его помогут искоренению зла? Не знаю. Однажды он сказал мне:

— Если бы Франц Моор попал на представление Шиллеровых «Разбойников», он, как и все зрители, сочувствовал бы Карлу Моору.

Это мудрое замечание поразило меня своим скептицизмом. С одной стороны, сила искусства способна заставить даже закоренелого злодея сочувствовать победе добра. Но, с другой стороны, Франц Моор, посочувствовав во время спектакля Карлу Моору, уйдет из театра тем же Францем Моором, каким пришел. Он просто не узнает себя в спектакле. Как всякий злодей, он считает себя справедливым и добрым, так как искренне уверен, что он сам и его интересы и являются единственным мерилом добра и справедливости.

Верил ли Шварц в возможность побеждать зло искусством или не верил, но пьесы его полны такой горячей ненависти к злу, к подлости всякого рода, что они обжигают. Охлаждающего скептицизма в них нет ни крупинки: скептицизм насмешливого, житейски осторожного Шварца сгорел в пламени этой ненависти без остатка. Его пьесы начинаются с блистательной демонстрации зла и глупости во всем их позоре и кончаются торжеством добра, ума и любви. И хотя пьесы его — сказки, и действие их происходит в выдуманных королевствах, зло и добро в них — не отвлеченные, не абстрактные понятия.

В 1943 году он написал сказку «Дракон» — на мой взгляд, лучшую свою пьесу. Потрясающую конкретность и реалистичность придают ей замечательно точно написанные образы персонажей, только благодаря которым и могли существовать диктатуры, — трусов, стяжателей, обывателей, подлецов и карьеристов. Разумеется, как все сказки на свете, «Дракон» Шварца кончается победой добра и справедливости. На последних страницах пьесы Ланцелот свергает Бургомистра, как прежде сверг Дракона, и женится на спасенной девушке. Под занавес он говорит освобожденным горожанам и всем зрителям:

— Я люблю всех вас, друзья мои. Иначе чего бы ради я стал возиться с вами. А если уж люблю, то все будет прелестно. И все мы после долгих забот и мучений будем счастливы, очень счастливы наконец!

Так говорил Шварц, который, держа меч в вечно дрожавших руках, двадцать лет наносил дракону удар за ударом.

В эти годы у него сильнее стали дрожать руки. Почерк его изменился, превратился в каракули.

После войны я довольно долго не видел Шварца. Но в 1950 году в феврале месяце поехал я в Комарово, в Дом творчества и — поработать. Я жил тогда в Москве и выбрал из литфондовских домов творчества именно Комарово потому, что поездка туда давала мне возможность побывать в Ленинграде, где я не был со времен осады, и повидать наш старый куоккальский дом, где прошло мое детство и до которого от Комарова всего восемь километров, и пожить в тесном общении с моими старинными любимыми друзьями Леонидом Рахмановым и Евгением Шварцем. Я списался с ними заранее и знал, что они оба будут жить в феврале в Комарове — Рахманов в Доме творчества, а Шварц в маленьком домике, который он арендовал у дачного треста — возле самого железнодорожного переезда.

За время нашей разлуки лицом он изменился мало, но потолстел.

Я заметил, что его волнует тема постарения и что он в разговорах часто возвращается к ней. Мы с ним несколько лет не виделись, и, возможно, я казался ему сильно изменившимся. Но говорил он о себе.

— На днях я узнал наконец, кто я такой, — сказал он. — Я стоял на трамвайной площадке, и вдруг позади меня девочка спрашивает: «Дедушка, вы сходите?»

Каждый день перед обедом мы втроем отправлялись на прогулку — Рахманов, Шварц и я. Бродили мы часа два по узким снежным лесным тропинкам и нагибались, пролезая под лапами елок. Шварц шел всегда впереди, шел быстро, уверенно сворачивал на поворотах, и мы с Рахмановым не без труда догоняли его. Говорили о разном, понимая друг друга с полуслова, — мы трое были слишком давно и слишком близко знакомы. Много говорили о Льве Толстом. В сущности, весь разговор сводился к тому, что кто-нибудь из нас вдруг произносил: «А помните, Наташа Ростова...» или: «А помните, Анна...», и далее следовала цитата, которую, оказывается, помнили все трое и долго повторяли вслух, наслаждаясь, смакуя каждое слово. Это была прелестная игра, очень сблизившая нас, потому что мы всякий раз убеждались, что чувствуем одинаково и любим одно и то же.

И только однажды обнаружилось разногласие — между мной и Шварцем. Было это уже в конце прогулки, когда мы устали и озябли. Перебирая в памяти сочинения Толстого, я дошел до «Смерти Ивана Ильича» и восхитился какой-то сценой.

— Это плохо, — сказал вдруг Шварц жестко.

Я оторопел от изумления. Гениальность «Смерти Ивана Ильича» казалась мне столь очевидной, что я растерялся.

— Нет, это мне совсем не нравится, — повторил Шварц.

Я возмутился. С пылом я стал объяснять ему, почему «Смерть Ивана Ильича» — одно из величайших созданий человеческого духа. Мое собственное красноречие подстегивало меня все больше. Однако я нуждался в поддержке и все поглядывал на Рахманова, удивляясь, почему он меня не поддерживает. Я не сомневался, что Рахманов восхищается «Смертью Ивана Ильича» не меньше, чем я.

Но Рахманов молчал.

Он молчал и страдальчески смотрел на меня, и я почувствовал, что говорю что-то бестактное. И красноречие мое увяло. Потом, оставшись со мной наедине, Рахманов сказал:

— При нем нельзя говорить о смерти. Он заставляет себя о ней не думать, и это не легко ему дается.

После нашего свидания в Комарове Шварц прожил еще около восьми лет. Время от времени я наезжал в Ленинград — всегда по делам, всегда только на день или на два, — и всякий раз самым приятным в этих моих приездах была возможность провести два-три часа с Женей Шварцем. И дружба и вражда складываются в первую половину человеческой жизни, а во вторую половину только продолжаются, проявляя, однако, удивительную стойкость. Так было и в нашей дружбе с Шварцем — она уже не менялась. После любой разлуки мы могли начать любой разговор без всякой подготовки и понимали друг друга с четверти слова. У него вообще было замечательное умение понимать — свойство очень умного и сердечного человека.

Главной его работой в эти последние годы жизни был сценарий «Дон Кихот». По этому сценарию был поставлен отличный фильм, снимавшийся в окрестностях Коктебеля. Он получил всемирное признание.

Как-то во время одного из моих приездов Шварц прочел мне свои воспоминания о Борисе Житкове. Он очень волновался, читая, и я видел, как дорого ему его прошлое, как дороги ему те люди, с которыми он когда-то встречался. А так как его прошлое было в большой мере и моим прошлым, я, слушая его, тоже не мог не волноваться. Я порой даже возмущался — мне все казалось, что он ко многим людям относится слишком мягко и снисходительно. Когда он кончил, я заспорил с ним, доказывая, что такой-то был ханжа и ловчило, а такой-то — просто подлец. Он не возражал мне, а промолчал, увел разговор в сторону — как поступал обычно, когда бывал несогласен. И мне вдруг пришло в голову, что он добрее меня, и потому прав.

В последние годы он был уже очень болен.

В Ленинграде, в Доме Маяковского, отпраздновали его шестидесятилетие.

Актеры и литераторы говорили ему всякие приятности — как всегда на всех юбилеях. Шварц был весел, оживлен, подвижен, очень приветлив со всеми, скромен и, кажется, доволен. Но вскоре после этого вечера ему стало плохо. И потом становилось все хуже и хуже.

Я навестил его незадолго до смерти. Он лежал, когда я вошел, он присел на постели. Мне пришлось сделать над собой большое усилие, чтобы не показать ему, как меня поразил его вид. Мой приход, кажется, обрадовал его, оживил, и он много говорил слабым, как бы потухшим голосом. Ему запретили курить, и его это мучило. Всю жизнь курил он дешевые маленькие папиросы, которые во время войны называли «гвоздиками»; он привык к ним в молодости, когда был беден, и остался им верен до конца. Несмотря на протесты Екатерины Ивановны, он все-таки выкурил при мне папироску. Рассказывал он мне о своей новой пьесе, которую писал в постели, — «Повесть о молодых супругах». Глаза его блестели, говорил он о Театре комедии, о Николае Павловиче Акимове, об актерах, но смотрел на меня тем беспомощным, просящим и прощающим взором, которым смотрит умирающий на живого.

Живым я его больше не видел. Чем дальше уходит его смерть в прошлое, тем яснее я вижу, какая мне выпала в жизни удача — близко знать этого человека с высокой и воинственной душой.

Николай ЧУКОВСКИЙ

До самой смерти росла его душа

Имя Шварца я впервые услыхал от Златы Ионовны Лилиной, заведующей Ленинградским губернским отделом народного образования.

— Вашу рукопись я уже передала в редакцию, — сказала она. — Идите в Дом книги, на Невский, поднимитесь на шестой этаж в отдел детской литературы и спросите там Маршака, Олейникова или Шварца.

Должен признаться, что в то время ни одно из названных выше имен, даже имя Маршака, мне буквально ничего не говорило.

И вот в назначенный день мы с Гришей Белых, молодые авторы только что законченной повести «Республика Шкид», робко поднимаемся на шестой этаж бывшего дома Зингер, с трепетом ступаем на метлахские плитки длинного издательского коридора и вдруг видим: навстречу нам бодро топают на четвереньках два взрослых дяди — один пышноволосый, кучерявый, другой — тонколицый, красивый, с гладко причесанными на косой пробор волосами.

Несколько ошарашенные, мы прижимаемся к стенке, чтобы пропустить эту странную пару, но четвероногие тоже останавливаются.

— Вам что угодно, юноши? — обращается к нам кучерявый.

— Маршака... Олейникова... Шварца, — лепечем мы.

— Очень приятно... Олейников! — рекомендуется пышноволосый, поднимая для рукопожатия правую переднюю лапу.

— Шварц! — протягивает руку его товарищ.

Боюсь, что современный молодой читатель усомнится в правдивости моего рассказа, не поверит, что таким странным образом могли передвигаться сотрудники советского государственного издательства. Но так было, из песни слова не выкинешь. Позже мы узнали, что, отдыхая от работы, редакторы разминались, «изображали верблюдов». Евгению Львовичу Шварцу было тогда двадцать девять лет, Николаю Макаровичу Олейникову, кажется, и того меньше.

...Евгений Львович был первым официальным редактором «Республики Шкид». Говорю «официальным», потому что неофициальным, фактическим руководителем всей работы детского отдела был тогда С.Я. Маршак.

Несколько отвлекаясь от плана этих заметок, скажу, что редактура Евгения Львовича была очень снисходительная и, как я сейчас понимаю, очень умная. Книгу писали два мальчика, только что покинувшие стены детского дома, и выправить, пригладить, причесать их шероховатую рукопись было нетрудно. Шварц этого не сделал.

И еще отвлекусь. Весьма вероятно, что встреча в коридоре Леногиза не была первой нашей встречей. Я мог видеть Евгения Львовича лет за пять до этого.

Еще в «дошкидские» годы, подростком, я был частым посетителем маленьких (а иногда и совсем малюсеньких) театриков, которые, как грибы, плодились в Петрограде первых нэповских лет. Бывал я несколько раз и в театре на Загородном, во втором или третьем доме от Бородинской улицы. Много лет спустя я узнал, что в труппе этого артельного, «коммунального» театрика подвизался и милый наш друг Евгений Львович Шварц.

Познакомились мы с ним в апреле 1926 года и чуть ли не с первого дня знакомства перешли на ты. Это не значит, что мы стали друзьями — нет, я мог бы назвать несколько десятков человек, которым Шварц говорил «ты» и которые никогда не были его друзьями. И, наоборот, ко многим близким ему людям (к таким, как Д.Д. Шостакович, Г.М. Козинцев, Л.Н. Рахманов, М.В. Войно-Ясенецкий, академик В.И. Смирнов) он до конца дней своих обращался на «вы».

Его характер, то, что он во всяком обществе становился «душой» этого общества, делали его несколько фамильярным. Многих он называл просто по фамилии. И не каждому это нравилось. Помню, как рассердилась и обиделась Тамара Григорьевна Габбе, человек умный, остроумный, понимающий шутку, когда Шварц пришел в редакцию и, проходя мимо ее столика, спросил:

— Как дела, Габбе?

Тамара Григорьевна вспыхнула и загорелась, как только она одна могла загораться:

— Почему вы таким странным образом обращаетесь ко мне, Евгений Львович? Насколько я знаю, мы с вами за одной партой в реальном училище не сидели!..

Рассказывали мне об этом и она и он. Она — с ядовитым юмором, возмущенная, он — с искренним простодушным удивлением: дескать, чего она обиделась?

Со стороны он мог показаться (и кое-кому казался) очень милым, очень ярким, веселым, легким и даже легкомысленным человеком. До какой-то поры и мне он виделся только таким. До какой поры?

Хочу рассказать об одной нашей встрече в предвоенные годы. Впоследствии Евгений Львович часто говорил, что в этот день он «узнал меня по-настоящему». И для меня этот день тоже памятен, хотя, если подумать, решительно ничего исключительного в этот день не случилось.

Середина тридцатых годов, лето. Как и почему мы встретились в этот день — не скажу, не помню. Но хорошо помню каждую мелочь и почти каждое слово, сказанное тогда.

Мы — в Сестрорецке, вернее в Сестрорецком Курорте, сидим под пестрым полосатым тентом на эспланаде ресторана в ста, а может быть, и в пятидесяти метрах от финской границы, пьем красное грузинское вино и говорим...

О чем? Да как будто ни о чем особенном и значительном. Я рассказываю Шварцу о своей недавней поездке в Одессу, о встречах с Ю.К. Олешей и другими одесситами, вспоминаю что-то смешное, и Евгений Львович смеется и смотрит на меня с удивлением: по-видимому, раньше он не знал за мной такого греха, как юмор. И он тоже рассказывает смешное — и тоже об Одессе. Например, презабавно пересказал очаровательную сценку, слышанную им от артистки Зарубиной, — о том, как она принимала лечебную ванну, а в соседней кабине лежала молодая, «будто вынутая из Бабеля» одесситка, которая пятнадцать или двадцать минут в самых восторженных, почти молитвенных выражениях рассказывала о своем молодом муже. Этот яркий колоритный рассказ, переданный из вторых в третьи уста, я помню едва ли не дословно даже сейчас, тридцать лет спустя.

Но ведь не такими пустячками, анекдотами памятен мне этот вечер, этот предзакатный час на берегу моря?! Да, не этими пустячками, но и этими тоже. Все в этот вечер было почему-то значительным, глубоким, сакраментальным. Я вдруг увидел Шварца вплотную, заглянул ему поглубже в глаза и понял, что он не просто милый, обаятельный человек, не просто добрый малый, а что он человек огромного таланта, человек думающий и страдающий.

Именно в этот день мы стали друзьями, хотя не было у нас никаких объяснений, никакой «клятвы на Воробьевых горах», и даже само слово «дружба» ни здесь, ни где-нибудь в другом месте никогда произнесено не было.

Встречались мы с Евгением Львовичем в предвоенные годы редко, чему виной был мой характер, моя бобыльская малоподвижность и замкнутость. Только с осени 1949 года, когда я стал частым постояльцем писательского Дома творчества в Комарове, мы стали видеться часто, почти ежедневно. К тому времени Шварцы уже арендовали в Комарове тот маленький синий домик на Морском проспекте, где Евгений Львович провел последнее десятилетие своей жизни и где настигла его та страшная, последняя болезнь.

Он очень долго считал себя несостоявшимся писателем. Слишком уж быстро прошла молодость. А в молодости, да и недавно еще совсем, казалось — все впереди, еще успеется... У тебя этого не было?

В молодости Евгений Львович был немножко ленив и, пожалуй, работал не всегда серьезно, не берег и не оттачивал свой большой талант. Но я его таким уже почти не помню. Когда мы с ним сошлись близко, он был всегда, постоянно, каждый час и каждую минуту поглощен работой, даже на прогулке, за едой, даже когда шутил или говорил о вещах посторонних...

Начинал он когда-то, в двадцатые годы, со стихов, писал сказки и рассказы для детей, долго и много работал для тюзовской сцены... Все это — и пьесы, и рассказы, и стихи для детей — было написано талантливой рукой, с блеском, с искрометным шварцевским юмором. Но полного удовлетворения эта работа ему не доставляла.

— Ты знаешь, до сих пор не могу найти себя, — много раз жаловался он мне. — Двадцать пять лет пишу, сволочь такая, для театра, а косноязычен, как последний юродивый на паперти...

Конечно, это было сильным самокритическим преувеличением, но была здесь, как говорится, и доля истины. Многие (в том числе и С.Я. Маршак) очень долго считали, что Евгений Львович принадлежит к числу тех писателей, которые говорят, рассказывают лучше, чем пишут.

Рассказчиком, импровизатором Евгений Львович действительно был превосходным. А писать ему было труднее.

В конце сороковых годов он на моих глазах мучительно «искал свой слог«. В то время ему было уже за пятьдесят, а он, как начинающий литератор, просиживал часами над каждой страничкой и над каждой строкой. Бывать у него в то время было тоже мучительно. Помню, он читал мне первые главы повести, о которой, при всей моей любви и уважении к автору, я не мог сказать ни одного доброго слова. Это было что-то холодное, вымученное, безжизненное, нечто вне времени и пространства, напоминавшее мне не формалистов даже, а то, что сочиняли когда-то, в давние времена эпигоны формалистов.

Он сам, конечно, понимал, что это очень плохо, но критику, даже самую деликатную, воспринимал болезненно, сердился, огорчался, терял чувство юмора. Критика же несправедливая, грубая буквально укладывала его в постель.

Он был легко раним. И был тщеславен.

Однако это было такое тщеславие, которому я даже немножко завидовал. В нем было что-то трогательное, мальчишеское.

Помню, зашел у нас как-то разговор о славе, и я сказал, что никогда не искал ее, что она, вероятно, только мешала бы мне.

— Ах, что ты! Что ты! — воскликнул Евгений Львович с какой-то застенчивой и вместе с тем восторженной улыбкой. — Как ты можешь так говорить! Что может быть прекраснее... Слава!!!

И вместе с тем это был человек исключительно скромный. Например, он никогда не употреблял по отношению к себе слова «писатель».

— Ты знаешь, — говорил он, — сказать о себе «я драматург» я могу. Это профессия. А сказать «я писатель» — стыдно, все равно что сказать «я красавец».

Однажды, а было это, если не ошибаюсь, осенью 1949 года, мы ехали с ним зачем-то из Комарова в Зеленогорск, и в вагоне электрички он мне рассказывал о своем детстве. Как всегда, рассказывал блестяще. Я не выдержал и воскликнул:

— Женя! Дорогой! Напиши обо всем этом!

— Как? — уныло откликнулся он. — Скажи, как написать! Где взять нужные слова?

— А ты попробуй запиши буквально теми словами, какими сейчас рассказывал.

— Да, теми! — мрачно усмехнулся он. — Легко сказать.

А через день-два прихожу в голубой домик. Евгений Львович выходит мне навстречу, и я сразу вижу — что-то случилось. Лицо у него в красных пятнах. Очки сползли на сторону. В руках он крепко и как-то торжественно держит большую серо-голубую «бухгалтерскую» книгу.

— Ты знаешь, — говорит он, делая попытку улыбнуться, — а ведь я тебя послушался... попробовал...

И, уведя меня к себе в кабинет, усадив на диван, он прочел мне первые две или три страницы того своего сочинения, которому он, начиная с этого дня, посвятил последние девять лет своей жизни.

Это было прекрасное начало его лирического дневника, книги, которая еще не имеет названия и из которой до сих пор только очень немного страниц увидело свет...[1]

---

[1] Книга издана под названием «Живу беспокойно... Из дневников»

Был ли он добрым? Да, несомненно, он был человек очень добрый. Но добряком (толстым добряком), каким он мог показаться не очень внимательному наблюдателю, Евгений Львович никогда не был.

Он умел сердиться (хотя умел и сдерживать себя). Умел невзлюбить и даже возненавидеть подлеца, нехорошего человека и просто человека, обидевшего его (хотя умел, когда нужно, заставить себя и простить обиду).

Но тут не обойдешься без несколько тривиальной оговорки: Евгений Львович был человек сложный.

В молодости он крепко дружил с Николаем Олейниковым. Это была неразлучная пара. Много лет в наших литературных кругах «Шварц и Олейников» звучало как «Орест и Пилад», «Ромул и Рем» или «Ильф и Петров»...

И вот спустя много лет после трагической гибели Олейникова Евгений Львович читает мне свои «ме»[1]. И там встречается такая фраза:

«Мой лучший друг и закадычный враг Николай Макарович Олейников...»

Тот, кто знал Олейникова только как очень своеобразного поэта, отличного журнального редактора, каламбуриста и острослова, тот вряд ли поймет, что кроется за этим страшноватым шварцевским парадоксом. Я тоже не знаю подробностей их дружбы-вражды, но знаю, что их отношения не были простыми и безоблачными. В Олейникове было нечто демоническое. Употребляю это немодное слово потому, что другого подыскать не мог. Тем более что это выражение самого Шварца.

...Связывало нас с Евгением Львовичем, по-видимому, еще и то, что были мы с ним «прямые противоположности». Я — нелюдим, замкнутый, молчальник. Он — веселый, красноречивый, общительный, из тех, кто часа не может провести в одиночестве.

Количество знакомых, с которыми он раскланивался или заговаривал на прогулке, меня иногда просто пугало. Круг его знакомств (так же как и круг интересов) был необозримо широк. Он вступал в разговор (и увлеченно поддерживал этот разговор) и с собратьями по перу, и с

---

[1] «Ме» — от слова «мемуары». Так оба писателя называли будущую книгу...

музыкантом, и с врачом, и с парикмахером, и с ученым-ботаником, и с официантом, и с человеком любой другой профессии. За маленьким обеденным столом в кухне голубого дома можно было встретить и моряка дальнего плавания, и актеров, и художников, и кинорежиссеров, и школьного учителя, и юного студента, и маститого академика, и патологоанатома, и священника...

Это не было всеядностью. Это был настоящий художнический, а следовательно, и человеческий интерес к людям.

При этом надо помнить, что далеко не все, с кем Шварц был знаком, и даже не все, с кем он был на «ты», имели доступ в его дом. Может быть, он сам и пустил бы, да не пускала Екатерина Ивановна, человек сложный, нелегкий, даже трудный, но честный, прямолинейный. Я много лет знал эту женщину и не переставал удивляться, как сложно и даже причудливо сочетались в ней черты русские, московские, черкизовские с чем-то туманным, английским, диккенсовским... Впрочем, не о ней сейчас речь...

Он постоянно был чем-нибудь или кем-нибудь увлечен. Не было случая, чтобы он встретил тебя ленивым вопросом:

— Ну, как живешь?

Или:

— Что нового?

Нет, он всегда хотел первым подарить тебя чем-нибудь, хотя бы шуткой, анекдотом, последним газетным сообщением.

— Знаешь, вчера вечером Акимов рассказывал...

Или:

— Вчера были Германы у нас. Удивительно смешную историю рассказал Юрий Павлович...

Или:

— Видел сегодня на вокзале Мишу Слонимского. Он только что из Ленинграда. Говорит, что...

Другой раз встречает тебя с огромной книжищей в руках. Оказывается, купил третьего дня у букиниста старую «Ниву», вечером проглядывал ее и — смотри, на что наткнулся! Описание коронации Николая II, написанное в восторженных, подхалимских тонах.

— Здорово?! А? Ты садись, послушай,, до чего же это похоже...

И он с пафосом читает верноподданнейшую, аллилуйную статейку...

А завтра утром он покажет тебе (и весь будет сиять при этом) большой стеклянный шар-поплавок, найденный им рано утром на берегу залива... Или поставит на проигрыватель пластинку с новым концертом Свиридова:

— Садись, послушай. А? Здорово, правда?! А я ведь его почти не знал, этого Свиридова...

Даже больной, лежа в постели, он встречал тебя открытием:

— Смотри, какой замечательный писатель был Атава-Терпигорев! Можно тебе прочесть?

И волнуясь, как будто читает свое, он читал и в самом деле очень хорошие строки забытого русского писателя.

Читал он колоссально много, и я всегда удивлялся, когда он успевает это делать. Читал быстро: вечером возьмет у тебя книгу или рукопись, а утром, глядишь, уже идет возвращать. Конечно, я говорю о хорошей книге. Плохих он не читал, бросал на второй странице, даже если книга эта была авторским даром близкого ему человека.

Круг его чтения был тоже очень широк. Перечитывал классиков, следил за современной прозой, выписывал «Иностранную литературу», любил сказки, приключения, путешествия, мемуары, читал книги по философии, по биологии, социологии, современной физике...

Книг он не собирал, не коллекционировал, как вообще ничего в жизни не копил, не собирал. (Собирала старинный бисер и какой-то особенный старинный английский фарфор или фаянс Екатерина Ивановна. Ей он любил подарить что-нибудь редкостное и радовался такой покупке вместе с нею.) Но покупать книги было для него наслаждением. Особенно любил ходить к букинистам, откуда приносил покупки самые неожиданные. То холмушинский сонник, то настенный календарь за 1889 год, то потрепанный, без переплета томик Корана, то сборник воспоминаний декабристов, то книгу по истории Петербурга, то лубочное сытинское издание русских сказок...

Я никогда не видел Евгения Львовича за чтением Андерсена, но книги датского сказочника, которому он так много обязан и который не меньше обязан ему, — это старинное многотомное издание с черными кожаными корешками всегда стояло на видном месте в рабочем кабинете Шварца.

Очень любил он Чапека.

Много раз (и еще задолго до того, как начал писать для Козинцева своего пленительного «Дон Кихота») читал и перечитывал Сервантеса.

Но самой глубокой его привязанностью, самой большой любовью был и оставался до последнего дня Антон Павлович Чехов.

На первый взгляд это может показаться удивительным: ведь то, что делал Шварц, было так не похоже, так далеко от чеховских традиций. И тем не менее Чехов был его любимым писателем. По многу раз читал он и рассказы Чехова, и пьесы, и письма, и записные книжки...

Чехов был для него, как, впрочем, и для многих из нас, образцом не только как художник, но и как человек. С какой гордостью, с какой сыновней или братской нежностью перечитывал Евгений Львович известное «учительное» письмо молодого Чехова, адресованное старшему брату Александру...

Евгений Львович сам был того же склада, он был человек очень большого благородства, но, так же как и Чехов, умел прятать истинное свое лицо под маской шутки, иногда грубоватой.

Всю жизнь он воспитывал себя. Толстой где-то заметил, что труднее всего быть хорошим, проявлять сдержанность в отношениях с самыми близкими, со своими домашними, даже с теми, кого любишь. Нелегко бывало подчас и Евгению Львовичу. А как трогательно, как бережно и уважительно относился он к Екатерине Ивановне. Не было на моей памяти случая, чтобы он на нее рассердился, сказал ей что-нибудь грубое или резкое. Но и терпеть то, что ему не нравилось, он тоже не умел. Бывало, за чайным столом Екатерина Ивановна начнет по дамской нехорошей привычке чесать язычком, перемалывать косточки какому-нибудь нашему общему знакомому. Евгений Львович послушает, послушает, не вытерпит, поморщится и скажет мягко:

— Ну, Машенька, ну, не надо!..

Почему-то в этих случаях (и только в этих) он называл Екатерину Ивановну Машенькой.

...Он много думал и часто говорил об искусстве, но всегда это была живая и даже простоватая речь — как и Чехов, он стеснялся произносить громкие слова, изрекать что-нибудь было не в характере Евгения Львовича. Даже самые дорогие ему, глубокие, сокровенные мысли он облекал в полушутливую, а то и просто в «трепливую» форму, и надо было хорошо знать Шварца, чтобы понимать этот эзопов язык, отличать шутку просто от шутки-одежды, шутки-шелухи...

И вот еще тема — шварцевский юмор. Нельзя говорить о Евгении Львовиче и обойти эту черту, эту яркую особенность его личности.

«Где Шварц — там смех и веселье!» Не помню, был ли где-нибудь выбит такой девиз, но если и не был, то незримо он сиял над нашими головами всюду, в любом обществе, где появлялся Женя Шварц.

Ему всю жизнь поручали открывать собрания (правда, не самые ответственные), на банкетах и званых вечерах он был тамадой, хозяином стола, и совершенно невозможно представить себе, чтобы в его присутствии первую застольную речь произносил не он, а кто-нибудь другой.

Вспомнилось почему-то одно странное собрание в Ленинграде, в клубе имени Маяковского.

Тридцать восьмой или тридцать девятый год. В гостях у писателей юристы-прокуроры, следователи, маститые адвокаты, в том числе прославленный Коммодов. Время, надо сказать, не очень уютное. За спиной у нас ежовщина. Многих наших товарищей нет с нами. Смешного, улыбчатого тут не скажешь как будто.

Но открывает собрание Евгений Львович. Своим милым, негромким, интеллигентным, хорошо поставленным голосом он говорит:

— В девятьсот пятнадцатом году на юридическом факультете Московского университета я сдавал профессору такому-то римское право. Я сдавал его очень старательно и упорно, но, увы, как я ни бился, юрист из меня не получался. И на другое утро в Майкоп, где проживали мои родители, полетела гордая и печальная телеграмма: «Римское право умирает, но не сдается!»

А вот другой год и другая обстановка. В послеобеденный зимний час пришел на огонек в комаровский Дом творчества. В столовой, где только что закончился обед, идет своеобразное соревнование: писатели пишут на спор, кто скорее и кто лучше, фантастический рассказ «Двадцать лет спустя, или 1975 год». Сосредоточенные лица, лихорадочно скрипят перья. Узнав, в чем дело, Евгений Львович задумывается, останавливает взгляд на своем старом приятеле Моисее Осиповиче Янковском и вдруг поднимает руку:

— Можно?

Ему говорят:

— Можно.

И он с ходу, как по писаному читает свой только что придуманный рассказ:

— «Океанский лайнер «Моисей Янковский», медленно разворачиваясь, входил в комаровский порт...»

Я до сих пор дословно помню первые фразы этого рассказа. И помню хохот, потрясший стены нашей маленькой столовой. Громче всех и чистосердечнее всех смеялся милейший М.О. Янковский.

...Он не только сам шутил и острил — он подхватывал все мало-мальски смешное в окружающей жизни, ценил юмор в других, радовался, как маленький, удачному розыгрышу, хорошей остроте, ловкой проделке.

Вот мы с ним в Зеленогорске. По поручению Екатерины Ивановны заходили в слесарную мастерскую, брали из починки электрический чайник. Я почему-то задержался с этим чайником, и, когда вышел на улицу, Евгений Львович был уже далеко — спешил к поезду. Мне пришлось бежать, догонять его.

Бегу, размахиваю чайником и вдруг слышу:

— Дю-у! Дю-у-у!.. Дядька чайник украл!

Это — мальчишки с какого-то забора.

Надо было видеть, как радовался, как смеялся Евгений Львович, с каким аппетитом рассказывал всем об этом моем позоре.

— Ничтожество! — говорил он. — На что польстился... Чайник украл!

Мы в театре — на прекрасном гастрольном спектакле американских негров «Порги и Бесс». На сцене — страсти-мордасти, дикая поножовщина. И прекрасные танцы, дивные голоса, великолепная музыка Джорджа Гершвина.

В антракте, протискиваясь к выходу и посмеиваясь, Евгений Львович сказал мне:

— Порги в морге...

Меня «осенило», и я подхватил:

— ...или «Бесс в ребро»...

Он обрадовался, как всегда радовался мало-мальски удачной находке — своей или чужой. Прогуливаясь со мной под руку по коридорам и фойе Дома культуры, он останавливал всех знакомых и каждому спешил сообщить:

— Знаете, какое мы с Пантелеевым новое название придумали: «Порги в морге, или Бесс в ребро»!..

Однако уже через десять минут Шварц не смеялся и не радовался. В коридоре мы встретили известного писателя NN. Гневно размахивая металлическим номерком от шубы, тот направлялся в гардероб и тащил туда же свою растерянную и расстроенную жену.

— Коля, ты куда? — окликнул его Евгений Львович.

NN весь кипел и шипел.

— Не могу! Довольно! Иду домой. Не понимаю, почему разрешают подобное на нашей сцене!!

В таких случаях Евгению Львовичу изменяла сдержанность, он приходил в ярость. И тут он долго не мог успокоиться. И на спектакле, и после театра, на улице, он несколько раз вспоминал NN и взрывался:

— Сволочь! Ханжа! Дурак!..

Вспомнилось, как он изображал одного нашего общего знакомого, малограмотного автора, сочинившего когда-то посредственную «производственную» книжку и застрявшего на много лет и даже десятилетий в Союзе писателей.

— Ты обратил внимание, — говорил Евгений Львович, — как интеллигентно выражается Z? А знаешь, что он делает для этого? Он почти не произносит гласных. Сегодня встретил его, спрашиваю: «Как ваше здоровье, Федя?» Говорит: «Плохо, Евгн Лььвич». — «Что же с вами?» — Гордо откинул назад волосы и — трагическим голосом: «Зблеванье цнтралн нервн сстемы».

Записать на бумаге эти реплики Z почти невозможно, а в устах Евгения Львовича это звучало удивительно смешно и очень похоже, я сразу представил себе этого по-епиходовски глупого и несчастного человека.

Свои словесные зарисовки Евгений Львович никогда не оттачивал, не отрабатывал, как делает это, например, И.Л. Андроников. И все-таки импровизации Шварца, его устные портреты были удивительно талантливы, точны и комичны.

А как здорово изображал он животных! Один раз прихожу к нему — он встречает меня улыбкой, вижу — сейчас порадует чем-нибудь.

— Я не показывал тебе, как собаки, когда они одни, в своем собачьем кругу, изображают нас, человеков?

И он каким-то воистину собачьим голосом, с «собачьим акцентом» и с собачьей иронией заговорил на том ломаном, сюсюкающем языке, каким обычно городские люди обращаются к животным:

— Собаченька, собаченька! Нельзя! Апорт! Ко мне! К ноге! Дай лапку! — и т.д.

Вообще свои актерские, лицедейские способности он проявлял на каждом шагу. Я уже говорил, что несколько лет Шварц подвизался в театре. Но вместе с тем представить его на сцене, в какой-нибудь определенной роли, в костюме, в гриме, я почему-то не могу. Так же как не могу представить в роли Гамлета или Чацкого Антона Павловича Чехова. Хотя мы знаем, что и Чехов в молодые годы принимал участие в любительских спектаклях. И, говорят, был хорош.

Я уже упоминал о том, что последние десять—пятнадцать лет своей жизни Евгений Львович работал очень много, буквально с утра до ночи. Но это никогда не было «каторжной работой» — наоборот, работал он весело, со вкусом, с аппетитом, с удивительной и завидной легкостью, — так работали, вероятно, когда-то мастера Возрождения.

Самое удивительное, что ему никогда не мешали люди. Для многих из нас, пишущих, приход в рабочее время посетителя — почти катастрофа. Он же, услышав за дверью чужие голоса, переставал стучать на своем маленьком «ремингтоне», легко поднимался и выходил на кухню. И кто бы там ни был — знакомый ли писатель, дочь ли Наташа, приехавшая из города, почтальон, молочница или соседский мальчик — он непременно оставался какое-то время на кухне, принимал участие в разговоре, шутил, входил в обсуждение хозяйственных дел, а потом как ни в чем не бывало возвращался к машинке и продолжал прерванную работу.

Он обижался и даже сердился, если видел из окна, как я проходил мимо и не свернул к его калитке.

— Вот сволочь! — говорил он. — Шел утром на почту и не заглянул.

— Я думал, ты работаешь, боялся помешать.

— Скажите пожалуйста! «Помешать»! Ты же знаешь, что я обожаю, когда мне мешают.

Говорилось это отчасти для красного словца, отчасти — по инерции, потому что было время, когда он действительно «обожал» помехи... Но была тут и правда — я и в самом деле был нужен ему утром, чтобы выслушать из его уст новые страницы «ме» или последний, двадцать четвертый вариант третьего действия его новой пьесы... Это ведь тоже было работой. Читая кому-нибудь рукопись, он проверял себя и на слух, и на глаз (то есть следил и за точностью фразы, и за реакцией слушателя).

Он был мастером в самом высоком, в самом прекрасном смысле слова. Если в молодости он мог написать пьесу за две, за три недели, то на склоне дней на такую же трехактную пьесу у него уходили месяцы, а иногда и годы...

Сколько вариантов пьесы «Два клена» или сценария «Дон Кихота» выслушал я в его чтении!

При этом он часто говорил:

— Надо делать все, о чем тебя попросят, не отказываться ни от чего. И стараться, чтобы все получалось хорошо и даже отлично.

— Пишу все, кроме доносов, — говорил он. Если не ошибаюсь, он был первым среди ленинградских литераторов, кто откликнулся пером на фашистское нашествие: уже в конце июня или начале июля 1941 года он работал в соавторстве с М.М. Зощенко над сатирической пьесой-памфлетом «Под липами Берлина».

Упомянув о Зощенко, не могу не сказать о том, как относился к нему Евгений Львович. Он не был близок с Михаилом Михайловичем (очень близких друзей у Зощенко, по-моему, и не было), но очень любил его — и как писателя и как человека. Привлекало его в Зощенко то же, что и в Чехове, — душевная чистота, мужество, прямолинейность, неподкупность, рыцарское отношение к женщине...

...Между прочим, Зощенко был, пожалуй, единственный человек, о ком Евгений Львович никогда не говорил в иронических тонах. Он очень любил Самуила Яковлевича Маршака, относился к нему с сыновней преданностью и почтительностью, но, зная некоторые человеческие слабости нашего друга и учителя, иногда позволял отзываться о нем (конечно, с друзьями, в очень своей компании) с легкой насмешливостью. Так же насмешливо, иронизируя, «подкусывая», говорил он и о других близких ему людях, в том числе и обо мне.

Мы не обижались, понимали, что говорится это по-дружески, любя, но временами, когда Шварц терял чувство меры (а это с ним бывало), такая однотонность приедалась и даже вызывала раздражение.

Как-то летом мы гуляли с ним и с моей будущей женой в комаровском лесу. Евгений Львович был, что называется, в ударе, шутил, каламбурил, посмеивался над вещами, над которыми, может быть, смеяться не следовало. В запале острословия он пошутил не очень удачно, даже грубовато, обидел меня. И рассердившись, я сказал ему:

— А ты знаешь, что говорил о таких, как ты, Аристотель? Он говорил: «Видеть во всем одну только смешную сторону — признак мелкой души».

Евгений Львович смеяться и шутить не перестал, но что-то его задело.

— Как? Как? — переспросил он минуту спустя. — Повтори! Что там сказал о таких, как я, твой Сократ?

Отшутиться, однако, в этом случае он не сумел, а скорее всего, и не захотел.

С тех пор у нас так повелось: если Шварц в моем присутствии не очень удачно или не к месту острил, я начинал тихонечко напевать или насвистывать:

> Аристотель мудрый,
> Древний философ,
> Продал панталоны и т.д.

Ухмыльнувшись, он принимал мой сигнал, и если считал этот сигнал уместным и справедливым, или менял тему разговора, или делался чуть-чуть серьезнее.

Музыку он любил, но как-то умел обходиться без нее, в филармонии и на других концертах на моей памяти не бывал, думаю — из-за Екатерины Ивановны, которая выезжала (да и то не всегда) только на первые спектакли пьес Евгения Львовича.

В Комарове одну зиму Евгений Львович часто ходил по вечерам к Владимиру Ивановичу Смирнову, нашему прославленному математику и талантливейшему любителю-музыканту. Эти музыкальные вечера в «Академяках» доставляли Шварцу много радости, хотя и тут он не мог удержаться, чтобы не сострить, не побуффонить, не высмеять и музыкантов, и слушателей, и самого себя.

Помню его рассказ о том, как накануне вечером был он у В.И. Смирнова и как хозяин и гость его — тоже почтенный академик — играли в четыре руки что-то редкостное, очень серьезное и очень по-немецки основательное, часа на полтора-два. Причем Евгений Львович был единственным слушателем этого изысканного фортепианного концерта.

— Сижу слушаю, гляжу с умилением на их черные шапочки и чувствую, что музыка меня укачивает. Глаза слипаются. Вот-вот провалюсь куда-то. И вдруг: бам-ба-ра-бам-бамм! Четыре аккорда! Гром! И еще раз: бамм! бамм! бамм! Встряхиваюсь, открываю глаза, ничего не понимаю: где я, что, почему? И опять мерно покачиваются шапочки, и опять мерно рокочет музыка. Опять голова моя сползает на грудь, и вдруг опять: бам-ба-ра-бам-бамм! Тьфу, черт! Стыдно и страшно вспомнить. Это называется: сладкая пытка!..

В самые последние годы Евгений Львович опять по-настоящему увлекся музыкой. По совету Б.М. Эйхенбаума завел проигрыватель, разыскивал и покупал редкие пластинки...

Не забуду, с какой светлой, радостной улыбкой (такую улыбку вызывали на его лице только маленькие дети и животные) по многу раз слушал он трогательно-наивного «Орфея» Глюка.

У меня он как-то слушал Четырнадцатую сонату Бетховена и сказал:

— Люблю страшно. Когда-то ведь и сам играл ее.

А я, признаться, и не знал совсем, что он ко всему прочему еще и музыкант.

Да, он очень любил и ценил умную шутку, сказанное к месту острое слово, веселый рассказ, талантливый анекдот.

На лету подхватывал все последние «хохмы» Эрдмана, Светлова, Никиты Богословского, Исидора Штока... С удовольствием, а бывало, и с детским восторгом смотрел спектакли Аркадия Райкина...

Но с таким же, если не с большим, восторгом мог он залюбоваться какой-нибудь сосенкой в дюнах, морем, закатом. Помню, как проникновенно, со слезами в голосе читал он мне чеховского «Гусева», те последние страницы этого рассказа, где как-то не по-чеховски густо, живописно, многоцветно изображен заход солнца.

Все ли и всегда мне в нем нравилось? Было ли такое, что вызывало между нами разногласия? Ссорились ли мы? Да, разумеется, бывало и такое.

Пожалуй, чаще это я давал ему повод для недовольства, но случалось и обратное.

Мне, например, не нравилось его безоговорочно снисходительное отношение ко многим неталантливым авторам, к их рукописям, даже самым беспомощным. Несколько лет мы с Евгением Львовичем состояли в редколлегии журнала «Костер» и не один раз при обсуждении той или другой работы выступали с позиций диаметрально противоположных: он, как правило, защищал рукопись, я проявлял колебания, сомневался в необходимости ее публикации.

На редколлегии наш спор носил характер корректный, а позже, в Комарове, на прогулке, я сердился и говорил Шварцу, что это беспринципность, что должен же он понимать, как безнадежно слаба рукопись такого-то, зачем же ее защищать, отстаивать! Евгений Львович шел улыбался, поскрипывал стариковскими ботиками, потыкивал своей можжевеловой палкой и молчал. Или говорил, как мне казалось, не очень серьезно и убежденно:

— Нет, ты не прав. Там что-то есть. Там, например, очень хорошо написано, как вода льется из крана.

Временами мне казалось, что такая позиция Шварца объясняется тем, что он не хочет ссориться с авторами. Ссориться он и в самом деле не любил. Но было ли это беспринципностью?

Ведь в том же грехе излишней снисходительности можно было обвинить и Антона Павловича Чехова. Ведь и тот, случалось, расхваливал и проталкивал в печать самые жалкие творения самых ничтожных своих собратьев по перу.

Дело не в том, что Евгений Львович не любил и не хотел ссориться — он не любил и не хотел огорчать ближних.

Месяца за два до смерти, уже прикованный к постели, он смотрел по телевизору фильм «Они встретились в пути». Фильм этот ставился по моему сценарию, и появление его на экранах доставило мне очень много огорчений.

А Евгений Львович фильм похвалил.

— Что ты! Что ты! — говорил он не тем, не прежним, а уже теряющим силу голосом. — Напрасно ты огорчаешься. Уверяю тебя — это очень смешно, очень умно, очень тонко. И, главное, там твой почерк виден!..

Убедить он меня, конечно, не убедил, но как-то все-таки ободрил, утешил. Стало казаться, что, может быть, там и в самом деле что-то от моего «почерка» осталось...

В молодости Шварц никогда не хворал. И вообще всю жизнь был очень здоровым человеком. В конце сороковых годов в Комарове он купался в заливе до поздней осени, едва ли не до заморозков. Никогда не кутался, и зимой и летом ходил нараспашку, в сильный мороз выходил провожать гостей без пальто и без шапки и при этом понятия не имел, что такое кашель или насморк.

И, как часто это бывает с людьми, никогда раньше не хворавшими, он очень трудно переносил те болезни, которые вдруг свалились на него в преддверии старости.

Собственно говоря, одна болезнь мучила его всю жизнь — во всяком случае с тех пор, как я его помню. Кажется, это называется тремор. У него дрожали руки. Болезнь, конечно, не такая уж опасная, но она доставляла ему очень много маленьких огорчений.

Почерк у него был совершенно невообразимый — через две недели он сам не понимал того, что написал. И чем дальше, тем ужаснее и неудобочитаемее становились его каракули, последние страницы «ме» вообще не поддаются расшифровке...

Руки у него не дрожали, а прыгали. Чтобы расписаться в бухгалтерской ведомости или в разносной книге почтальона, он должен был правую руку придерживать левой. Рюмку брал со стола как медведь, двумя руками, и все-таки рюмка прыгала и вино расплескивалось.

Однажды, еще в предвоенные годы, он выступал по ленинградскому радио. Я уже говорил, каким замечательным оратором, импровизатором был Евгений Львович. А тут я сижу у себя дома, слушаю в репродуктор нашего милого Златоуста и не узнаю его, не понимаю, в чем дело. Он запинается, мычит, волнуется, делает невероятной длины паузы. Заболел, что ли?

Вечером мы говорили с ним по телефону, и я узнал, в чем дело. В то время существовало правило, по которому выступать перед микрофоном можно было, только имея на руках готовый, завизированный текст. Первый, кому разрешили говорить не по шпаргалке, был Николай, митрополит Крутицкий. Упоминаю об этом потому, что впервые слышал этот рассказ именно от Шварца.

В начале войны митрополита попросили выступить по радио с обращением к верующим. В назначенное время известный деятель православной церкви прибывает в радиостудию, следует в помещение, где стоит аппаратура. У него деликатно спрашивают:

— А где, ваше преосвященство, так сказать, текстик вашего доклада?

— Какого доклада? Какой текстик?

— Ну, одним словом, то, что вы будете сейчас произносить в микрофон.

— А я, милые мои, никогда в жизни не произносил своих проповедей по бумажке.

Слова эти будто бы вызвали некоторую панику. Позвонили туда, сюда, дошли до самых высоких инстанций. И там решили:

— Пусть говорит что хочет.

А у Евгения Львовича дела обстояли похуже. Правда, порядки того времени были ему известны и он заблаговременно приготовил, отстукал на машинке две или три странички своего выступления. Но на его несчастье, выступать ему пришлось в радиотеатре, на сцене, где микрофон был вынесен к самой рампе, и перед ним не стояло ни столика, ни пюпитра, вообще ничего, на что можно было бы опереться или положить завизированные, заштемпелеванные листочки. И вот без малого час бедный Евгений Львович на глазах у публики мужественно боролся со своими руками и с порхающими по сцене бумажками.

— Никогда в жизни не испытывал такой пытки, — говорил он вечером в телефон.

Но это, конечно, не было ни пыткой, ни болезнью. Настоящие болезни пришли позже, лет двадцать спустя.

Обычно недуги, как известно, подкрадываются, и подкрадываются незаметно. Тут было по-другому. Был человек здоров, курил, пил, купался в ледяной воде, ходил на десятикилометровые прогулки, работал зимой при открытом окне, спал как ребенок, сладко и крепко, — и вдруг сразу всему пришел конец.

Конечно, не совсем всему и не совсем сразу, но все-таки быстро, ужасно быстро протекала его болезнь.

Началось с того, что Евгений Львович стал болезненно полнеть и стал жаловаться на сердце. В разговоре вдруг появились слова, о каких мы раньше не слыхивали: стенокардия, бессонница, обмен веществ, валидол, мединал, загрудинные боли... В голубом домике запахло лекарствами. Чаще чем прежде можно было встретить теперь в этом доме старого приятеля Шварцев профессора А. Г. Дембо.

Несколько раз он признавался мне, что ненавидит Комарово, что места эти вредны ему, губят его. Последние два года он жил там только ради жены. Екатерина Ивановна любила свой голубой домик, свой маленький сад, цветы, возделанные ее руками. А он — чем дальше, тем больше относился ко всему этому неприязненно, даже враждебно, однако не жаловался, молчал, терпел, только все грустнее становились его глаза, и уже не искренне, а натужно, деланно посмеивался он над собой и над своими недугами.

Комарово он не мог любить за одно то, что там свалил его первый инфаркт и вообще начались все его болезни. А тут еще некстати прошел слух, будто места эти по каким-то причинам сердечным больным противопоказаны. Была ли правда в этих разговорах — не знаю, но не сомневаюсь, что в этом случае, как и во многих подобных, комаровскому климату успешно помогала мнительность больного. Евгений Львович верил, что в городе ему станет лучше, что там он поправится. И я никогда не перестану ругать себя, не прощу ни себе, ни другим друзьям Шварца, что мы не собрались с духом и не настояли на его своевременном переезде в Ленинград. Переехал он туда, когда уже было совсем поздно.

Человек, казалось бы, очень городской, кабинетный, домашний, он с большой и неподдельной нежностью относился к природе, любил, понимал и тонко чувствовал ее. Охотником и рыболовом никогда не был, но обожал ходить по грибы, по ягоды или просто бродить по лесу. Пока он был здоров, мы закатывались с ним, бывало, километров за десять—двенадцать от Комарова, бывали и на Щучьем озере, и на озере Красавица, и за старым Выборгским шоссе, и за рекой Сестрой. Большими компаниями ходили редко — на природе он шумного общества избегал, в этих случаях ему нужен был собеседник. Если собеседника не находилось, гулял один или со своей любимицей — пожилой, толстой и некрасивой дворняжкой Томкой.

Вот сидишь работаешь у себя в келье, в Доме творчества, и вдруг слышишь — где-то еще далеко за дверью повизгиванье собаки, позвякиванье ошейника, потом грузные шаги, тяжелое дыхание. Косточки пальцев постучали в дверь, и милый грудной голос спросил:

— Можьня?

Это он так со своей воспитанной, дрессированной Томочкой разговаривал, разрешал ей взять что-нибудь — конфету, косточку, кусочек мяса:

— Можьня!

Шумно и весело, как волшебник, входит — высокий, широкий, в высокой, осыпанной снегом шапке-колпаке, румяный, мокрый, разгоряченный. Собака поскуливает, натягивает поводок, рвется засвидетельствовать почтение. А он наклоняется, целует в губы, обдает тебя при этом свежестью зимнего дня и несколько смущенно спрашивает:

— Работаешь? Помешал? Гулять не пойдешь?

Трудно побороть искушение, отказаться, сказать «нет». Смахиваешь в ящик стола бумаги, одеваешься, берешь палку и идешь на прогулку — по первому снегу, или по рыжему ноябрьскому листу, или по влажному весеннему песочку.

Если в Доме творчества гостил в это время Леонид Николаевич Рахманов, соблазняли попутно его и шли втроем...

Но, увы, чем дальше, тем короче делались эти утренние прогулки, с каждым днем труднее, тягостнее становился для Евгения Львовича подъем на крутую Колокольную гору. И все реже и реже раздавался за дверью моей комнаты милый петрушечный голос:

— Можьня?

И вот однажды под вечер иду в голубой домик и еще издали вижу у калитки веселую краснолицую Нюру, сторожиху соседнего гастронома. Машет мне рукой и через улицу пьяным испуганным голосом кричит:

— АЯвгения Львовича увезли, Ляксей Иваныч! Да! В Ленинград! На «скорой помощи»! Чего? Случилось-то? Да говорят — янфаркт!

Нюра из соседнего гастронома. И прочие соседи. И какая-то Мотя, помогавшая некогда Екатерине Ивановне по хозяйству. И какой-то местный товарищ, любитель выпить и закусить, с эксцентрическим прозвищем Елка-Палка. И родственники. И товарищи по литературному цеху. И даже товарищи по Первому майкопскому реальному училищу. Приходили. Приезжали. Писали. Просили. И не было, на моей памяти, случая, чтобы кто-нибудь не получал того, в чем нуждался.

Что же он, был очень богат — Евгений Львович? Да нет, вовсе не был. Наоборот...

Однажды, года за два до смерти, он спросил меня:

— У тебя когда-нибудь было больше двух тысяч на книжке? У меня — первый раз в жизни.

Пьесы его широко шли, пользовались успехом, но богатства он не нажил, да и не стремился к нему. Голубую дачку о двух комнатах арендовали у дачного треста, и каждый год (или, не помню, может быть, каждые два года) начинались долгие и мучительные хлопоты о продлении этой аренды.

Куда же убегали деньги? Может быть, слишком широко жили? Да, пожалуй, если под широтой понимать щедрость, а не мотовство. Беречь деньги (как и беречь себя) Евгений Львович не умел. За столом в голубом доме всегда было наготове место для гостя, и не для одного, а для двух-трех. Но больше всего, как я уже говорил, уходило на помощь тем, кто в этом нуждался. Если денег не было, а человек просил, Евгений Львович одевался и шел занимать у приятеля. А потом приходил черед брать и для себя, на хозяйство, на текущие расходы, брать часто по мелочам, «до получки», до очередной выплаты авторских в Управлении по охране авторских прав.

Только перед самым концом, вместе с широкой известностью, вместе со славой пришел к Евгению Львовичу и материальный достаток. Следуя примеру некоторых наших собратьев по перу и чтобы вырваться из кабалы дачного треста, он даже задумал строить дачу. Все уже было сделано для этого, присмотрели очень симпатичный участок (на горе, за чертой поселка — в сторону Зеленогорска), Евгений Львович взял в Литфонде ссуду. (Именно тут и завелись у него на сберегательной книжке «лишние» деньги.) Но дом так и не был построен. И ссуду года через два вернули в Литфонд с процентами.

Отлежавшись, оправившись от болезни, он опять вернулся в Комарово. И только после очередного приступа стенокардии, перед вторым инфарктом приехал в Ленинград, чтобы остаться здесь навсегда.

В Ленинграде мы жили в одном доме, здесь у нас было больше возможностей встречаться... Но встречались, пожалуй, реже.

Когда болезнь слегка отпускала его, он гулял. Но что это были за прогулки! Дойдем от Малой Посадской до мечети, до Петропавловской крепости, до Сытного рынка и поворачиваем назад.

У него появилась одышка. Он стал задыхаться. И чаще он стал задумываться. Молчать. Он хорошо понимал, к чему идет дело.

— Испытываю судьбу, — сказал он мне с какой-то смущенной и даже виноватой усмешкой. — Подписался на тридцатитомное собрание Диккенса. Интересно, на каком томе это случится?

Это случилось задолго до выхода последнего тома.

Он меньше гулял, меньше и реже встречался с людьми (врачи предписали покой), только работать не переставал ни на один день и даже ни на одну минуту. Его «ме» выросли за время болезни на несколько толстых «гроссбухов».

До последнего часа не угасало в нем ребяческое, мальчишеское. Но это не было инфантильностью. Инфантильность он вообще ни в себе, ни в других не терпел.

Проказливость мальчика, детская чистота души сочетались в нем с мужеством и мудростью зрелого человека.

Однажды, осуждая меня за легкомысленный, необдуманный поступок, он сказал:

— Ты ведешь себя как гимназист.

Сам он, при всей легкости характера, при всей «трепливости» его, в решительных случаях умел поступать как мужчина. И чем дальше, тем реже проявлял он опрометчивость, душевную слабость, тем чаще выходил победителем из маленьких и больших испытаний.

У него был очередной инфаркт. Было совсем плохо, врачи объявили, что остаток жизни его исчисляется часами. И сам он понимал, что смерть стоит рядом.

О чем же он говорил в эти решительные мгновения, когда пульс его колотился со скоростью 220 ударов в минуту?

Он просил окружающих:

— Дайте мне, пожалуйста, карандаш и бумагу! Я хочу записать о бабочке...

Думали — бредит. Но это не было бредом.

Болезнь и на этот раз отпустила его, и дня через два он рассказывал мне о том, как мучила его тогда мысль, что он умрет — сейчас вот, через минуту умрет — и не успеет рассказать о многом, и прежде всего об этой вот бабочке.

— О какой бабочке?

— Да о самой простой белой бабочке. Я ее видел в Комарове — летом — в садике у парикмахерской...

— Чем же она тебе так понравилась, эта бабочка?

— Да ничем. Самая обыкновенная, вульгарная капустница. Но, понимаешь, мне казалось, что я нашел слова, какими о ней рассказать. О том, как она летала. Ведь ты сам знаешь, как это здорово — найти нужное слово.

... Бунин писал о Чехове:

«До самой смерти росла его душа».

То же самое, теми же словами я могу сказать и про Евгения Львовича Шварца.

Семь лет нет его с нами. И семь лет я не могу в это поверить. Знаю, так часто говорят об ушедших: «Не верится». И мне приходилось не раз говорить: «не верю», «не могу поверить»... Но в этом случае, когда речь идет о Шварце, это не фраза и не преувеличение.

Да, уже восьмой год пошел с тех пор, как мы отвезли его на Богословское кладбище, я сам, своими руками, бросил тяжелый ком мерзлой земли в глубокую черную яму, — а ведь нет, пожалуй, ни одного дня, когда, живя в Комарове и проходя по Морскому проспекту, или по Озерной улице, или по нижнему Выборгскому шоссе, я бы не встретил на своем пути Евгения Львовича. Нет, я, разумеется, не о призраках говорю. Я имею в виду ту могучую, титаническую силу, с какой запечатлелся этот человек в моей (и не только в моей) памяти.

...Вот он возник в снежной дали, идет на меня — высокий, веселый, грузный, в распахнутой шубе, легко опираясь на палку, изящно и даже грациозно откидывая ее слегка в сторону наподобие какого-то вельможи XVII столетия.

Вот он ближе, ближе... Вижу его улыбку, слышу его милый голос, его тяжелое сиплое дыхание.

И все это обрывается, все это — мираж. Его нет. Впереди только белый снег и черные деревья.

Леонид ПАНТЕЛЕЕВ.
1965 г.

Комментарии

Елена Владимирова. Душа легкая

Автор предисловия — театральный критик, журналист, завлит театра «Et cetera» А.А. Калягина.

Приятно быть поэтом

«Я не пишу больших полотен...»

Впервые опубликовано в книге «Житие сказочника. Евгений Шварц», М., 1991. Печатается по этому изданию.

Случай

Впервые опубликовано в журнале «В мире книг», № 10, 1976. Печатается по этому изданию.

На именины хирурга Грекова

Стихотворение написано совместно с Н. Олейниковым. Впервые опубликовано в «Литературной газете», 17 июня 1968.

Греков Иван Иванович (1867–1934), известный хирург, главный врач Обуховской больницы в Ленинграде.

Басня

Записано в «Чукоккалу». К стихотворениям из «Чукоккалы» здесь и далее использованы комментарии К.И. Чуковского.

Страшный Суд

Стихотворение впервые опубликовано в газете «Экран и сцена», № 12, 1990.

«Один зоил...»

Впервые не полностью опубликовано в кн.: Л. Чуковская «В лаборатории редактора», М., 1963. Впервые полностью — в ж. «В мире книг», № 10, 1976. Печатается по этому изданию.

Песенка клоуна

Впервые опубликовано в «Литературной газете», 18 мая 1983. Печатается по этому изданию.

Стихи о Серапионовых братьях

Стихотворение записано в рукописный альманах К.И. Чуковского — «Чукоккала». После долгих мытарств «Чукоккала» была издана лишь в 1979 г.

«Приятно быть поэтом...»
Авторы и Леногиз

Оба стихотворения записаны Шварцем в «Чукоккалу» и печатаются по тексту этой книги. Стих. «Авторы и Леногиз» впервые опубликованы в альманахе «Прометей». М., 1966.

Стихотворение «Авторы и Леногиз» написано по поводу того, что некий администратор отказался уплатить авторам (в том числе Ю. Тынянову) гонорар.

«Кто приехал на съезд?»

Стихотворение написано в поезде. Записано в «Чукоккалу».

Перечень расходов на одного делегата

Стихотворение написано совместно с Н. Олейниковым. Записано в «Чукоккалу» рукой Н. Олейникова.

Торжественное заседание

Капустническая пьеса для кукол. Была поставлена в ночь на 1 января 1935 г. на открытии ленинградского Дома писателей. Режиссер — Л.В. Шапорина-Яковлева. Музыка В. Соловьева-Седого. Роли А. Толстого, С. Маршака и Н. Чуковского читал И. Андроников.

Впервые опубликовано в книге «Житие сказочника. Евгений Шварц», М., 1991. Печатается по этому изданию

Эпистолярные послания

Е.И. Зильбер (Шварц)

Екатерина Ивановна, урожд. Обух (1904–1963), в первом замужестве Зильбер. Стала женой Е. Шварца. Сохранилось более ста писем к ней. Впервые опубликовано в книге «Житие сказочника. Евгений Шварц», М., 1991.

Н. К. Чуковскому

Николай Корнеевич Чуковский — сын Корнея Ивановича Чуковского — был близким другом Е. Шварца. Переписка с ним шла на протяжении всей жизни Шварца, но, к сожалению, сохранилось лишь несколько писем. Письмо, подготовленное к печати М.Н. Чуковской, опубликовано впервые в книге «Житие сказочника. Евгений Шварц», М., 1991. Печатается по этому изданию.

Приятно быть волшебником

Обыкновенное чудо

Поставлена впервые Николаем Акимовым в Ленинградском театре комедии в 1956 году.

Голый король

Пьеса написана в 1934 году. Помимо обозначенных автором основных героев, в пьесе фигурируют Мэр, Камергер, Гувернантка, Поэт, Ученый и другие действующие лица, среди которых, конечно же, Мальчик с его знаменитой фразой о голом короле.

Впервые спектакль поставлен в 1960 году в театре «Современник».

Комментарии

Тень
В 1940 году Евгений Шварц вновь обратился к андерсеновскому сюжету. Впервые пьеса поставлена Николаем Акимовым в Ленинградском театре комедии. Вскоре спектакль был снят и вторично увидел свет в этом же театре лишь в 1960 году.

Дракон
Впервые поставлен Николаем Акимовым в Ленинградском театре комедии в 1944 году. Спектакль после первого же представления был запрещен. Как вспоминал Николай Акимов, председатель Комитета по делам искусств СССР М.Б. Храпченко «мотивировок не высказал». Только в 1962 году эта пьеса появилась в Театре комедии. Затем она была поставлена в Польше, Чехословакии, ГДР и США. По пьесе был сделан радиоспектакль в Лондоне. Позже М.Захаров снял по этой пьесе фильм.

Приятно быть детским писателем

Сказка о потерянном времени
«Мурзилка», № 5–6 (сдвоенный номер), 1945.

Новые приключения Кота в Сапогах
Написана в 1937 году. Дата первой публикации неизвестна.

Рассеянный волшебник
«Мурзилка», №№ 2–3, 1945.

Приключения Шуры и Маруси
Детиздат, Л., 1937.

Война Петрушки и Степки-растрепки
Впервые вышла в 1925 году. Первое издание этой книжки было проиллюстрировано веселыми рисунками художника А.Радакова.

Снежная Королева
Поставлена впервые в 1939 году в Новом ТЮЗе.

Золушка
Съемка по сценарию Е. Шварца началась на студии «Ленфильм» в 1946 году. Кинокомедия поставлена Н.Кошеверовой и М.Шапиро.

Приятно вспоминать о Шварце

Николай Чуковский. Какая мне выпала в жизни удача...
Леонид Пантелеев. До самой смерти росла его душа
Обе статьи впервые напечатаны в книге «Мы знали Евгения Шварца», «Искусство», Москва–Ленинград, 1966.

Воспоминания Л.Пантелеева печатаются с сокращениями.

Литературно-художественное издание

Шварц Евгений Львович

АНТОЛОГИЯ САТИРЫ И ЮМОРА РОССИИ XX ВЕКА

Том четвертый

Редактор *Ю. Кушак*
Корректор *Е. Остроумова*
Компьютерная верстка *Дмитрий Мозоль*

Налоговая льгота — общероссийский классификатор
продукции ОК-005-93, том 2; 953000 — книги, брошюры.
Подписано в печать с готовых диапозитивов 10.04.2000.
Формат 84×108 $^1/_{32}$. Гарнитура «Таймс».
Печать офсетная. Усл. печ. л. 26,88.
Тираж 10 000 экз. Заказ 4638.

ООО «Издательство «ЭКСМО-МАРКЕТ»
Изд. лиц. № 071591 от 10.02.98

ЗАО «Издательство «ЭКСМО-Пресс»
Изд. лиц. № 065377 от 22.08.97.

125190, Москва, Ленинградский проспект,
д. 80, корп. 16, подъезд 3.
Интернет/Home page — www.eksmo.ru
Электронная почта (E-mail) — info@ eksmo.ru

ISBN 5-04-004894-7

АООТ «Тверской полиграфический комбинат»
170024, г. Тверь, пр-т Ленина, 5.